集人文社科之思　刊专业学术之声

集 刊 名：企业史评论
主办单位：中国政法大学商学院
协办单位：上海文盛资产管理股份有限公司
编辑单位：《企业史评论》编辑部
学术支持单位：中国政法大学商学院企业史研究所

BUSINESS HISTORY REVIEW

《企业史评论》编委会

主　　编：李　晓　巫云仙
副主编：熊金武　岳清唐　姜　涛
编辑部主任：熊金武（兼）
编辑部副主任：陈芑名　曾　江
编委会成员（按姓氏拼音排序）：

陈志武（香港大学亚洲环球研究所）　　杜恂诚（上海财经大学经济学院）
方书生（上海社会科学院经济研究所）　高超群（中国社会科学院经济研究所）
兰日旭（中央财经大学经济学院）　　　李　毅（中国社会科学院世界经济与政治研究所）
李　玉（南京大学历史系）　　　　　　梁　华（中国社会科学院）
林立强（福建师范大学社会历史学院）　刘建生（山西大学经济与工商管理学院）
刘兰兮（中国社会科学院经济研究所）　刘　鹰（清华大学华商研究中心）
龙登高（清华大学华商研究中心）　　　瞿　商（中南财经政法大学经济学院）
王　珏（中国人民大学经济学院）　　　王茹芹（中国商业史学会会长）
王玉茹（南开大学经济学院）　　　　　魏明孔（中国社会科学院经济研究所）
魏　众（中国社会科学院经济研究所）　武　力（中国社会科学院当代中国史研究所）
燕红忠（上海财经大学经济学院）　　　叶　坦（北京大学经济学院、中南财经政法大学
袁为鹏（上海交通大学历史系）　　　　　　　　经济学院）
赵　津（南开大学经济学院）　　　　　张忠民（上海社会科学院经济研究所）
周建波（北京大学经济学院）　　　　　郑学檬（厦门大学历史系）
周小兰（华南师范大学历史文化学院）　周黎安（北京大学光华管理学院）

第6期

集刊序列号：PIJ-2019-403
中国集刊网：www.jikan.com.cn/企业史评论
集刊投约稿平台：www.iedol.cn

企业史
BUSINESS HISTORY
评 论

李 晓　巫云仙　主编

REVIEW

社会科学文献出版社
SOCIAL SCIENCES ACADEMIC PRESS (CHINA)

目　　录

卷首语 ……………………………………………………… / 1

◎ 企业史学·理论与方法 ◎

企业史研究的价值所在 ……〔美〕N.S.B. 格拉斯　陈维聪　译 / 1
岔路口上的路标：瓦尔拉斯的企业家理论及其影响 …… 李　晓 / 6
超越市场与等级：走向美国企业史研究的新综合
　　……〔美〕娜奥米·R. 拉莫雷奥克斯　〔美〕丹尼尔·M.G. 拉夫
　　　　　　　　　　　　　　〔美〕彼得·特敏　张　莹译 / 35
美国企业史百年研究述评 ……………………………… 巫云仙 / 66

◎ 企业发展·制度变革 ◎

加拿大政府与企业关系的新解读
　……………………………………〔美〕休·艾特肯　仇江宁译 / 84
官僚、商人与对外贸易：美国商会的起源
　………………………………〔美〕理查德·休姆·沃金　沙　娅译 / 104
行业协会与经济力量：德国钢铁和机械制造利益集团的发展（1900-
　1933） ……〔美〕杰拉尔德·D. 费尔德曼〔美〕乌尔里希·诺肯
　　　　　　　　　　　　　　　　　　　　　　周斯雅译 / 121
改革开放前国营企业内部管理体制的沿革及利弊分析 …… 岳清唐 / 152

◎**经营方略·管理理念**◎

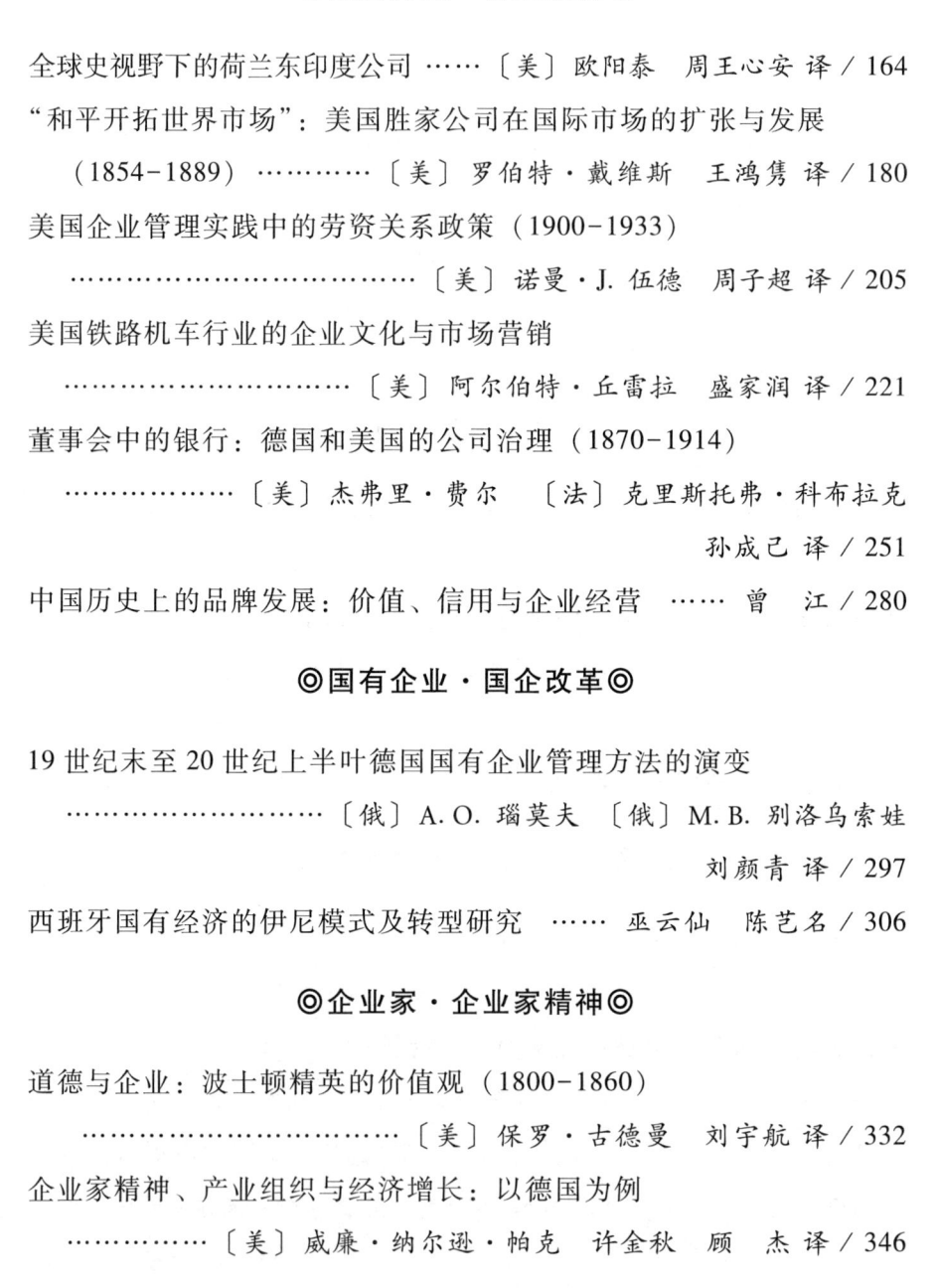

全球史视野下的荷兰东印度公司 …… 〔美〕欧阳泰　周王心安 译 / 164

"和平开拓世界市场"：美国胜家公司在国际市场的扩张与发展
（1854-1889） ……… 〔美〕罗伯特·戴维斯　王鸿隽 译 / 180

美国企业管理实践中的劳资关系政策（1900-1933）
……………………… 〔美〕诺曼·J. 伍德　周子超 译 / 205

美国铁路机车行业的企业文化与市场营销
………………………… 〔美〕阿尔伯特·丘雷拉　盛家润 译 / 221

董事会中的银行：德国和美国的公司治理（1870-1914）
………… 〔美〕杰弗里·费尔　〔法〕克里斯托弗·科布拉克
孙成己 译 / 251

中国历史上的品牌发展：价值、信用与企业经营 …… 曾　江 / 280

◎**国有企业·国企改革**◎

19 世纪末至 20 世纪上半叶德国国有企业管理方法的演变
……………… 〔俄〕A. O. 瑠莫夫　〔俄〕M. B. 别洛乌索娃
刘颜青 译 / 297

西班牙国有经济的伊尼模式及转型研究 …… 巫云仙　陈艺名 / 306

◎**企业家·企业家精神**◎

道德与企业：波士顿精英的价值观（1800-1860）
………………………… 〔美〕保罗·古德曼　刘宇航 译 / 332

企业家精神、产业组织与经济增长：以德国为例
………… 〔美〕威廉·纳尔逊·帕克　许金秋　顾　杰 译 / 346

美国内战前路易斯安那州的黑人企业家
................〔美〕戴维·惠顿　侯冠宇　杜秋阳 译 / 362

◎学术研究述评◎

第七届蓟门经济史学论坛暨《企业史评论》出版发布会观点汇编
....仇江宁　侯冠宇 / 381

《企业史评论》投稿须知 .... / 386

卷首语

中共二十大报告强调："完善中国特色现代企业制度，弘扬企业家精神，加快建设世界一流企业。"[①] 企业改革和企业发展的现实需要，呼唤中国特色企业理论，也为企业史研究提出了时代要求。企业是社会经济活动中最重要的微观经营主体，我们将企业史定义为从事商品生产和经营的组织产生及演变的历史。针对企业发展历史的专门研究源远流长。20世纪20年代，企业史研究形成相对独立的学科体系。1925年，美国企业史学会成立；1927年，美国哈佛大学设立第一个企业史教授席位，首任者是 N.S.B. 格拉斯；1928年出版的《经济与企业史杂志》，很快就成为该研究领域的权威刊物。迄至今日的近百年间，美国学界一直在企业史研究领域独领风骚。小艾尔弗雷德·钱德勒更是以研究大企业历史著称，开创了企业史研究的"钱德勒时代"。与此同时，英国、法国、德国、意大利、日本、韩国乃至苏联、东欧等国家和地区的学者也相继开展了兼具各国特色的企业史研究，形成与经济史研究既有联系，又有区别的研究范式、研究方法和理论体系。

企业史是一个跨学科的独立研究领域，聚焦企业的相关问题，为经济学贡献微观研究基础，为工商管理学提供历史性素材。格拉斯认为，企业史是关于商业管理进展的研究，包括商业政策制定和企业管

[①] 习近平：《高举中国特色社会主义伟大旗帜 为全面建设社会主义现代化国家而团结奋斗——在中国共产党第二十次全国代表大会上的报告》，人民出版社，2022，第29页。

理史及其二者间的关系，处理商学院课程的历史背景部分，是对商业机构各种要素使用及其绩效的全方位研究。著名的哈佛商学院案例教学就是建立在企业史研究基础上的。甚至可以说，没有企业史研究成果支撑，就没有案例教学这种培养模式。

如果把工商业历史的研究约等于企业史研究，那么中国的企业史研究也像古老的华夏文明一样历史悠久。2100多年前的司马迁就写成了《史记·货殖列传》，专门为32位有名有姓的工商业者树碑立传，其中关于商业本质和经营规律的揭示，迄今犹闪烁着真理的光芒。

改革开放以来，中国逐步建立和不断完善社会主义市场经济体制，市场体系不断发展，各类市场主体蓬勃成长。截至2024年9月30日，全国登记在册经营主体1.88亿户，较2023年同期增长3.9%。其中，企业6020万户、个体工商户1.25亿户，同比分别增长6.1%、3.0%。新设经营主体保持较好增长势头。2024年前三季度，全国新设经营主体2069.6万户，其中，新设企业662.2万户，新设个体工商户1402.4万户，新设农民专业合作社5万户，多种经营主体均呈现稳定增长势头。三次产业结构进一步优化。2024年前三季度，第一产业新设经营主体99.7万户、第二产业新设154万户、第三产业新设1815.9万户，新设"四新"经济企业239.3万户，占同期新设企业数量的36.1%。[1] 这些市场主体是中国经济活动的主要参与者、就业机会的主要提供者、技术进步的主要推动者，在国家发展中发挥着十分重要的作用，一大批世界级企业已经在国际舞台扮演重要角色。但中国的企业史研究却依然处在起步和探索阶段，不仅与国外同行差距较大，也与中国企业的迅猛发展颇不相称。时代呼唤着有志者投身这片学术热土。

---

[1] 《全国登记在册经营主体达1.88亿户》，2024年11月8日，中华人民共和国中央人民政府官网，https://www.gov.cn/lianbo/bumen/202411/content_6985531.htm。

中国政法大学商学院的企业史研究团队，就是在此背景下注意到企业史研究并迈入这个领域的。20世纪90年代末，李晓在日本文部省所属国际日本文化研究中心担任客员助教授（副教授）期间，初步接触到企业史（日本谓之经营史）研究，着手搜集有关资料。2007年，李晓在日本北九州大学经济学部为经营学专业三年级本科生讲授选修课《中国经济》，其中涉及不少中国企业问题。2007年8月，李晓又在日本九州大学经济学府·经济学研究院面向教师和研究生作了题为"中国における経営史研究の現状と課題"的学术报告（该文发表于九州大学《经济学研究》第74卷，2008年4月号）。2007年12月，在中国政法大学商学院经济史研究所师生教研活动中，李晓专题介绍了企业史学的由来、研究对象、研究方法、相关理论等。师生们通过气氛热烈的学术研讨，形成了明确共识：在经济史领域开辟新的方向、新的研究园地——企业经营史，并围绕这一新领域开展学术研究、学生培养和教学活动。

2009~2010年，本研究团队的李晓和巫云仙两位教授参加国务院发展研究中心的年度招标课题《工业化中期阶段美国、日本工业化历程、企业经营方式的历史经验比较及对中国的借鉴意义》的研究，并于2010年1月结项。这是本研究团队开展跨单位合作研究[①]和集体协作的第一个项目，涉及美国、日本和英国等企业经营史相关问题，为后续研究工作奠定了基础。

近20年来，本研究团队推出的主要成果有：巫云仙《汇丰银行与中国金融研究》（2007年）、李晓《商贾智慧》（2011年）[②]、巫云仙《德国企业史》（2013年）、熊金武《国之润，自疏浚始——天津

---

① 该课题由国务院发展研究中心企业所范保群和中国政法大学商学院李晓共同主持，成员除李晓和巫云仙外，还有中国人民大学经济学院、湖北经济学院、清华大学经管学院，以及国务院发展研究中心的多位学者。

② 此书已被韩国 In-Gan-Sa-Rang Publishing Company 译为韩文，在韩国出版发行。

航道局120年发展史》（2017年，与清华大学龙登高、常旭等合作）、巫云仙《美国企业发展的历史演进：技术创新与产业迭代的视角》（国家社科基金后期资助项目，18FJL004）、岳清唐《中国国有企业改革发展史（1978-2018）》（2018年）、熊金武《中国百年企业数据库及近代传统商业文化现代化研究》（用友公益基金会课题，2017~2020年）、陈岜名《社会信任对创新的影响》（17ZFQ79002，法大人文社科青年项目）（2016~2019年）、李晓《货殖春秋》（2019年）、曾江的《财政—金融结合视角的近代中国金融业态演进研究》（2022年国家社科基金项目，22BJL007）、李晓的《企业家职能：基于经济思想史的研究》（2023年国家社科基金后期资助项目，23FJL020）、熊金武的《全球史视野下近代中国地价税制度思想研究》（2023年国家社科基金后期资助项目，23FJL027）等；成立了中国政法大学金融不良资产研究中心、企业家研究中心、"一带一路"中国企业创新发展研究中心三个研究机构。本团队的相关研究成果还分别吸收进了李晓和巫云仙参加编纂的第三批"马克思主义理论研究和建设工程"教材《中国经济史》和《世界经济史》之中。熊金武教授组织的8卷本"计量史学译丛"得到国家出版资金的资助，以及格致出版社和上海人民出版社的大力支持，已于2023年付梓。

在科研方面特别值得一提的是，本团队不仅致力于文献研究，而且跨出校门，走向经济建设主战场，深入国内外企业，与企业家打成一片，在车间现场访谈调研，掌握了大量的第一手资料，亲身感受到了有血有肉的企业生机，深化了对企业经营管理的理解和认识。

在开展科研工作的同时，研究生培养也愈益聚焦企业史领域，涵盖每月一次的研究生的经典著作"读书会"、毕业论文选题等。面向本科生、研究生、MBA、EDP等不同层次的学生，相继开设企业史方面的课程有"商道智慧与现代企业投资经营""企业史通论""当代中国企业改革史专题""企业史专题研究""领导力与企业家精神"

"西方管理思想史""创新与企业家精神"等。

本团队还遵循"把论文写在祖国大地上"的精神，积极开展社会化服务，把科研成果转化为企业生产力。2011年5月中央电视台科教频道热门栏目"百家讲坛"播出了李晓的10集系列讲座《商贾传奇》，此后国际频道、财经频道、央视精品等频道多次重播。本团队还运用有关成果针对企业进行战略决策、企业文化、组织建设、员工培训等方面的咨询服务，受到企业家广泛好评，创造了良好的社会效益。此外，本团队成员还积极参加北京市和国资委相关问题的研究，为相关政策制定提供研究基础和借鉴。

中国政法大学商学院经济史研究所成立于2007年5月，2017年3月正式更名为企业史研究所[①]，成为国内高校第一家专门进行企业史研究与教学的机构。现有专任教师6人，在理论经济学一级学科下设博士和硕士层次的经济史二级学科学位授权点，以及博士后流动站。

奉献给读者的《企业史研究》集刊，是本团队倾心打造的一个崭新的学术园地。本集刊得到中国政法大学商学院和学校科研处、上海文盛资产管理股份有限公司的资助，计划每年出版一期，每期约25万字。旨在为有志于企业史研究的同道学人集中展现国内外有关成果，为推动本学科发展贡献我们的绵薄之力。

收入第6期的共20篇文章，涉及企业史学理论与方法、企业发展与制度变革、经营方略与管理理念、企业家与企业家精神、国有企业与国企改革、学术研究述评等方面。其中的15篇译稿，初版时间跨越1929年到2022年，可以反映国外企业史研究在不同阶段关注的问题。由于该期间正值国外企业史研究的发轫、兴起发展和调整时期，且这些文章较少得到关注和引用，因此即使部分译稿发表的时间

---

① 2007年5月至2017年3月20日，经济史研究所所长由巫云仙担任；2017年3月至2020年9月16日，企业史研究所所长由巫云仙担任；2020年9月17日起由熊金武担任企业史研究所所长，2020年9月至今由陈苣名担任副所长。

较早，对我们亦不乏新意。限于本刊篇幅和版权所限，我们对外文文献做了摘译或编译处理。读者若感兴趣，可循原文链接按图索骥。其余文章，除少量约稿，皆出自本研究团队之手。水平所限，错讹难免，敬祈同行专家和读者朋友批评指正。

主编 李晓 巫云仙

2024 年 4 月于北京蓟门桥小月河畔

◎企业史学·理论与方法◎

企业史研究的价值所在

〔美〕N.S.B. 格拉斯　陈维聪 译*

【摘　要】 本文认为企业史研究分为个体商业公司的历史和普遍意义上的企业史，都对企业管理决策具有重要的借鉴价值。前者的历史数据和经验有助于管理者找到面对的问题并帮助决策者解决问题，特别是为对公司高管所在企业发展提出指导性建议、做出可行性方案提供参考，同时企业史研究能够为公司未来的发展行动提供实用性指导。公司的政策史是检验企业变革正确与否的有效方法，汲取私人公司过去的发展经验，有助于公司避免过去发生的错误。企业史的研究成果也可以成为教育企业管理人员和社会公众的有趣故事和有效方式。

【关键词】 企业史　学术研究　实用性指导　教育功能

引　言

当这一课题摆到我面前时，对我来说是一大挑战。我第一次对企业史感兴趣时，它还是一门在某种程度上脱离日常事务的研究；而当

---

* 本文原文系美国学者 N.S.B. 格拉斯所著，原文及出处：N.S.B. Gras, "The Value of Research to Business", *Bulletin of the Business Historical Society*, Nov., 1929, Vol. 3, No. 6, pp. 3-6; https://www.jstor.org/stable/311052. 中国政法大学商学院博士研究生陈维聪对原文进行翻译，并提炼摘要和关键词；巫云仙教授译校全文。

我是一名经济史专业的学生时，我已确信研究企业史的基础方法是沿着私营企业的路径发展的。如今，有人请我指出企业史对企业有哪些借鉴意义。首先在研究的开始，我认为应该对两类企业史进行区分：一是个体商业公司的历史；二是普遍意义上的企业史。

首先，我们在梳理个体商业公司历史时会发现，在过去 50~100 年的时间里，私营企业的发展受到诸多因素的影响，政策也发生很多变化。就像是硬币的两面，一些导致了成功，而另一些却导致灾难。而当我与商人们谈论这一话题时，我总是惊讶地发现，商人们对自身企业的发展史并不在意。

随着技术进步，根本性的变革总会随之发生，我们不能总是依赖过去的经验寻求指导。但就政策而言，情况并非如此。正如某些政策会成就许多行业，也毁掉了许多行业一样。

一

弗雷明汉姆的丹尼森公司已着手编纂了其公司自 1844 年以来的历史，这并非出于营销目的，而是为了供公司高管使用，为其对公司发展提出指导性建议、做出可行性方案提供参考。该公司的历史数据非常丰富，精华部分已经被筛选出来编纂成册，所有新上任的高管都要阅读。每当公司出现新的问题时，历史数据总会恰如其分地有助于管理者找到手头面对的问题，并帮助决策者解决问题。该私人公司的历程表明，历史总是惊人的相似，该公司一次又一次地处于同样的境地，历史也总在反复地重演着。

可以预见的是企业史能够为该公司未来的发展行动提供实用性指导，我对此非常感兴趣。盖伊教授已经获得丹尼森公司的许可，允许其出版截止到 1920 年该公司最重要的一部分历史。相信在未来的某一时刻，研究者将获得该公司 1920 年以后剩余时间的发展史资料。

我希望并期望把丹尼森公司的这段历史带给某些商人阅读了解，并询问他们是否具有参考借鉴意义。我们已在两到三家公司中这样做了，并得到他们的许可。目前，我们正以位于纽约市的一家大型零售商店作为研究对象。该零售商的管理层认为，政策已经发生诸多变化，其中有些变化是错误的。因此，该公司的政策史或许是检验企业变革正确与否的有效方法。对于公司而言，技术和方法的革新总是瞬息万变的，但企业的政策却往往是保持不变的。

我很想知道商人在多大程度上依赖于他们的经验记忆做决策。我发现他们确实依赖 10 年、20 年，甚至 30 年前发生的事情作为经验判断。但在某些情况下，他们却完全记错某些事情，所引用的完全是不可靠的企业史文献。未来会有新的企业管理的辅助阶层出现，这件事并非不可能。他们将接受专业性的训练，以汲取个别私人公司过去的发展经验，并在某些特定情形下观察以前的做法，从而帮助公司避免过去的错误。

二

接下来要分析的是普遍意义上的企业史对商人的意义。在这个方面，有一种无形的东西——教育，一旦提及就会被大家所接受。我们大多数从事企业史研究的人员，基本上没有经过任何特殊的训练，也没有过往的经验参考。我们知道政治史、社会史、宪制史，但从来不懂企业史。从表面上看，这似乎是个错误。但我认为，企业史将使商人对他们所做之事产生浓厚的兴趣。

当我和那些整天在办公室里工作的人交谈时，我发现他们只对日常重复性的工作感兴趣。当我谈及人们从智力角度对企业史感兴趣时，他们感到惊讶。很多商人都没有这种兴趣，因此他们认为我学习企业史有助于培养他们的这种兴趣。

一般而言，商人完全没有意识到他们的企业对社会和公众所做的巨大贡献。在与退休商人的多次交谈中，我发现这是真的。经营一家成功的私人企业具有重大的社会意义，因此，我们应该了解商人和企业的历史，了解他们是如何解决问题并使其事业取得成功的。这些人在以后的岁月里主要是因他们以慈善事业的形式为公众服务而闻名，而不是因为他们在汇集资本和劳动力并管理它们以形成一个成功的商业企业方面提供了宝贵服务而被人所知。同样，我们只知道文艺复兴时期及以后那些成为艺术赞助人的生活细节，其实这些人在商业以外的其他方面也很有知名度，但我们很难了解他们的商业方式。希望我们所要推动的工作能在某种程度上纠正这种情况。

三

目前美国大学的商学院正在研究某些个体私人企业和企业类组织的发展史。研究者差不多已经梳理完成1784年至1865年马萨诸塞州银行的发展史。这是一个非常有趣的商业故事。创立这家银行的人并不是受过专门训练的银行家，他们对银行业知之甚少，甚至一无所知。他们的身份是商人，没有接受过金融工作方面的任何训练。为了学习如何经营银行，该银行专门派出一名人员去费城学习。这家银行早期的经营方式也很有趣。起初，他们对存入银行的存款支付很少比例的利息。后来他们不收取保险费，最后他们开始支付低利率。这家银行非常保守，并不会为了适应内战前几年所发生的经济变化而去改变他们的经营方式。其他银行如雨后春笋般涌现，以帮助棉纺厂、矿山、运河建设和类似事业为己任，他们在各方面都比马萨诸塞州银行进步得多，自然而然的这些新兴银行迅速发展，而马萨诸塞州银行却发展缓慢，最后不得不与另一家银行合并了。

我们还在撰写《约翰·雅各布·阿斯特》一文，正在描述其生平经历。目前一切进展顺利，预计大约在两年内准备出版。该文叙述了阿斯特有趣的职业生涯，从他开始从事乐器和毛皮生意，到他对荒野旅行和西部探险感兴趣，最后他凭借敏锐的洞察力，认识到未来纽约会成为美国商业中心，因此在纽约购买大量的土地，这些土地后来变得非常有价值，为后来阿斯特的巨额财富奠定重要基础。

我们正在撰写一部有关企业案例的著作，涵盖自 1200 年至今不同类型商业公司的具体案例。最有趣的问题之一是发现有早期的商人是如何为其企业融资获得资本的。尽管法律已经明令禁止在贷款时放高利贷，但研究发现高利贷是一直存在的现象，当时解决问题的方法与当下解决类似问题的方法是如此惊人的相似。

我尤其感兴趣的是我目前的研究工作，那就是如何延伸和扩展我们在企业史方面的研究，以涵盖更多特定商业公司的历史。企业史学会已经整理了他们所收集的商业公司的经营记录。埃尔斯先生和康宁先生出色的合作研究正在发挥不可估量的促进作用，有助于推动企业史研究，衷心祝贺他们取得如此成就。

岔路口上的路标：瓦尔拉斯的企业家理论及其影响[*]

李 晓[**]

【摘 要】 瓦尔拉斯的企业家理论可以概括为五个突出特点。一是把企业家置于一般均衡市场的结构性体系中考察，企业家在由生产性服务市场、产品市场、资本品市场构成的市场体系中居于核心位置，其关于企业家与市场体系的论述比前人更加细致深入。二是认为企业家的利润来自产品售价和平均成本之间的差额，企业家的职能是把生产性服务组织集合起来生产产品，并根据价格信号从亏损领域转向盈利领域。三是利用复式簿记制度和资产负债表具体阐明了企业家盘算盈亏的做法。四是首次把政府和市场、行政力量和企业家职能并立起来分析，有助于认识两种资源配置机制之优劣。五是格外强调企业家面对的数量问题，无视本质差别。这些理论特点使瓦尔拉斯在西方经济学企业家理论史上成为"岔路口上的双向路标"：其中的一个方向启迪了熊彼特代表的现代企业家理论；另一个方向因为过分追求数学化，为新古典经济学不再关注企业家因素而埋下了祸根。

【关 键 词】 瓦尔拉斯 企业家理论 双向影响

---

[*] 本文是李晓主持的国家社科基金后期资助项目"企业家职能：基于经济思想史的研究"[23FJB020]的阶段性研究成果。

[**] 李晓，中国政法大学商学院教授，博士生导师，主要研究领域为经济史、企业史和中国特色社会主义理论。

引　言

"瓦尔拉斯的企业家理论为现代企业家理论和利润理论提供了重要基础，但这一事实被误解和长期忽视所遮蔽。"① 这是美国学者唐·沃克（Donald A. Walker）的看法。事实确是如此，莱昂·瓦尔拉斯（Leon Walras，1834-1910）的企业家理论，只在19世纪末20世纪初得到过冰火两重天的两种境遇：一种是被其追随者帕累托（Pareto）、熊彼特（Schumpeter）继承发扬，另一种是遭到马歇尔（Marshall）的门徒埃奇沃思（Edgeworth）② 的冷嘲热讽。在那之后的一百多年间，研究者寥若晨星。除了此处所引唐·沃克的一篇论文外，值得称道的就是日本学者 Kayoko Misaki 最近关于瓦尔拉斯的"工人企业家"（Worker-Entrepreneur）以及关于瓦尔拉斯与萨伊企业家理论比较的这两篇论文了③。这种研究状况，与瓦尔拉斯在企业家理论史上的重要地位颇不相称。

瓦尔拉斯在企业家理论史上的重要地位，可以表述为"岔路口上的双向路标"：一方面，他对企业家与市场经济体系的关系做了细致论述，把企业家职能从生产过程转向市场过程，扩展了企业家职能

---

① Donald A. Walker, "Walras's Theory of the of Entrepreneur", *De Economist* 134. NR. 1. 1986. pp. 1-24.

② Francis Y. Edgeworth, "The Theory of Distribution", *Quarterly journal of Economics*, 1904, 18, pp. 159-291. "Recent Contributions to Mathematical Economics", *Economic Journal*, Vol, 25, March 1915, pp. 36-62. *Papers Relating to Political Economy*, Vol. 40, No. 1, 1925, pp. 1-3, Reprint, New York.

③ Kayoko Misaki, "Léon Walras on the Worker-Entrepreneur: New Light on his Concept of Profits", *Discussion Paper* No. E-7, The Institute for Economic and Business Research Faculty of Economics Shiga University, Japan. February 2021. P. 1-14. Kayoko Misaki, "Walras's Critique of Jean Baptiste Say: Entrepreneur and Laissez-Faire", *Discussion Paper* No. E-19, The Institute for Economic and Business Research Faculty of Economics Shiga University, Japan. Novenber 2022. P. 1-13.

理论的研究领域，上承萨伊代表的法国传统，下启熊彼特代表的现代企业家理论；另一方面，瓦尔拉斯开创的经济学实行一般均衡范式和数学化，为新古典经济学删除企业家理论埋下了祸根。后者恰恰是瓦尔拉斯的企业家理论长期遭受主流经济学和经济思想史研究者漠视的原因。

一 企业家在一般均衡市场体系中的核心位置

在瑞士洛桑大学的校园里，这个瓦尔拉斯工作了近30年的地方，矗立着瓦尔拉斯的纪念碑，上面只镌刻了寥寥数语："经济均衡"。[1] 确实如通常认为的，瓦尔拉斯在西方经济思想史上的不朽地位是靠其一般均衡理论奠定的，这个理论的基本内容是揭示在一个宏大的充满广泛联系的市场体系中通过供求双方的完全竞争形成价格的机制。即所谓的"纯粹经济学本质上是在完全自由竞争制度假设下确定价格的理论"。[2]

瓦尔拉斯的企业家理论就镶嵌在这个关于市场经济的一般均衡理论之中，因此究明其企业家理论，首先有必要了解其一般均衡理论。

（一）一般均衡理论及其市场结构

何谓"一般"呢？

瓦尔拉斯经济学展现的市场经济体系，是一个宏阔无垠、错综复杂的宇宙系统，各种事物都直接或间接、广泛而普遍地联系在一起。"市场是商品进行交换的场所。""实际上我们尽可以把整个世界看成是一个巨大、广泛的市场，由各种专门市场构成，社会财富就在那里

---

[1] 〔美〕约瑟夫·熊彼特：《十位伟大的经济学家：从马克思到凯恩斯》，贾拥民译，中国人民大学出版社，2017，第67页。

[2] 〔法〕莱昂·瓦尔拉斯：《纯粹经济学要义》，蔡受百译，商务印书馆，1989，第17页。

进行买卖。"①

在这样的市场体系中,商品数不胜数,主体如恒河之沙,买卖层出不穷,交易活动无时不有、无处不在。其中的任何一次交换,都有可能引发或大或小,或直接或间接的连锁反应,就仿佛一块石头投入湖面激起一圈圈涟漪一样,其冲击力在逐波扩散的同时,又会反过来对原点产生反馈效应。

基于这种认识,瓦尔拉斯对以往经济学的关注对象颇不满意。他批评说经济学的通病,是只盯着一些"特殊情况下的交换价值"。例如,经济学家们热衷讨论的总是金刚石、拉斐尔的油画、著名歌唱家演出之类的故事。甚至有的经济学著作津津乐道这样的传奇:在苏必利尔湖的一艘渡船上,恰巧有一个人拿着一只八音盒,而另外一个人要前往一个蛮荒地区,为了慰藉寂寥,恰巧需要这么一个八音盒。于是买卖关系就顺理成章地一拍即合了。现实生活中,这类事情不能说绝对没有,但毕竟是个别现象、偶发事件、极端案例。瓦尔拉斯认为经济学不应该把目光仅仅局限于这类事情。"出于逻辑的要求,我们应当先考虑一般情况,然后再考虑特殊情况,不应当把次序颠倒过来。"②

可见,所谓"一般均衡"之"一般",不管后来人如何理解,在瓦尔拉斯那里指的都是正常的、普遍的、司空见惯的市场现象。

这样的市场体系并非杂乱无章,而是有条理可循。瓦尔拉斯把市场体系的内部结构区分为三种商品(服务、产品、资本品)、三种"专门市场"(服务市场、产品市场、资本市场)、四类主体(地主、工人、资本家、企业家)。这四类主体在三种"专门市场"上进行着三种商品的交易,有时以买者的身份出现,有时以卖者的面目活动。

---

① 〔法〕莱昂·瓦尔拉斯:《纯粹经济学要义》,蔡受百译,商务印书馆,1989,第72~73页。
② 〔法〕莱昂·瓦尔拉斯:《纯粹经济学要义》,蔡受百译,商务印书馆,1989,第75~76页。

企业家就是这三种市场结构中的一类独特的市场主体。

在服务市场上，提供土地服务的是地主，提供人力服务的是工人，提供狭义资本（即货币资本）服务的是资本家。这些服务的需求者，既有"处于生产者立场的企业家"，也有处于消费者立场的地主、工人和资本家。供求双方交易形成的价格，土地的价格谓之地租，人力的价格谓之工资，狭义资本的价格谓之利息。① 可见，瓦尔拉斯所谓的"服务市场"，不完全等同于要素市场。因为其中的服务不一定都用于生产，也可能用于最终消费。后来瓦尔拉斯在其《纯粹经济学要义》第四版序言中进一步强调说："服务如果是供直接消费的，则其需求者仍然为地主、工人和资本家，服务如果是生产性的，则其需求者为企业家。"②

在产品市场上，其供给者是企业家，如果产品是最终消费品，则其需求者是地主、工人和资本家；如果产品属于原材料、机器设备等中间货，则其需求者是企业家。交易形成的价格谓之产品的价格。

在资本市场上交易的资本品是股票、债券、票据等，其供给者是工商企业或金融类企业的企业家，其需求者是"资本家——储蓄者"，交易形成的价格谓之"净收入率"。③

虽然这三种市场上交易的商品和交易主体各不相同，但这三种市场不是彼此割裂的，而是紧密联系、互为条件的。地主、工人和资本家首先必须在服务市场上出卖其服务，获得了货币性收入，然后才能到产品市场或服务市场上作为消费者购买产品或服务。企业家也一样，只有在产品市场或资本市场上实现盈利，获得货币性收入，才能到服务市场或产品市场上作为消费者购买生产性服务或生产资料。

---

① 〔法〕莱昂·瓦尔拉斯：《纯粹经济学要义》，蔡受百译，商务印书馆，1989，第480页。
② 〔法〕莱昂·瓦尔拉斯：《纯粹经济学要义》，蔡受百译，商务印书馆，1989，第四版序言，第18~19页。
③ 〔法〕莱昂·瓦尔拉斯：《纯粹经济学要义》，蔡受百译，商务印书馆，1989，第480页。

当然，服务市场和产品市场又不是平行的关系，而是有主次之分、因果之别。这里，瓦尔拉斯作为边际革命的发起者之一，提出了与古典经济学截然相反，而与卡尔·门格尔相同的观点，即最终消费品价格决定着生产资料价格，服务市场的价格决定于产品市场的价格："虽然生产服务的确是在其自己的市场中进行买卖的，但是这些服务的价格是在产品市场中被确定的。"① 其道理在于，世界上没有人会单纯地为了供给而供给，为了生产而生产。人们之所以要供给某种物品，唯一理由就是人们对这种物品有所需求。因此"应当将需求看作主要事实，将供给看作从属事实""供给只是需求的一个结果"。②

那么，瓦尔拉斯的"均衡"又是什么呢？他认为，经济学的任务，就是以市场体系中的"一般情况"为研究对象，"寻出在这类买进和卖出中会被自动地遵守着的一些规律"。③ 为了完成这个任务，瓦尔拉斯把完全自由竞争、均衡等概念引入了经济分析。

完全自由竞争（在瓦尔拉斯那里又称完全竞争、自由竞争），"指的是这样一种自由竞争：在这一制度下，服务的各个卖者之间互相压低价格，产品的各个买者之间互相抬高价格"。④ 瓦尔拉斯明确强调，这种完全自由竞争并非市场经济之实态，纯粹是一种理论上的假定条件，"就同我们在纯粹力学中一开始时假定机械是完全无摩擦的情形一样"。⑤

"均衡"同样是在假设的完全自由竞争条件下的一种理论上假定的市场状态。在瓦尔拉斯的行文中，"均衡"多数时候谓之"平衡""稳定""静态平衡"等。类似于"力学中的所谓稳定系统"。⑥

---

① 〔法〕莱昂·瓦尔拉斯：《纯粹经济学要义》，蔡受百译，商务印书馆，1989，第474页。
② 〔法〕莱昂·瓦尔拉斯：《纯粹经济学要义》，蔡受百译，商务印书馆，1989，第79页。
③ 〔法〕莱昂·瓦尔拉斯：《纯粹经济学要义》，蔡受百译，商务印书馆，1989，第72~73页。
④ 〔法〕莱昂·瓦尔拉斯：《纯粹经济学要义》，蔡受百译，商务印书馆，1989，第四版序言，第17页注释1。
⑤ 〔法〕莱昂·瓦尔拉斯：《纯粹经济学要义》，蔡受百译，商务印书馆，1989，第72~73页。
⑥ 〔法〕莱昂·瓦尔拉斯：《纯粹经济学要义》，蔡受百译，商务印书馆，1989，第422页。

瓦尔拉斯经济学中的市场均衡状态,涵盖生产和交换两个环节,"生产平衡就意味着交换平衡"。他关于均衡的定义指的是这样三种状态:其一,在生产性服务市场上,这时有效需求与有效供给相等,[1] 这类服务在交易中有着一个稳定的现期价格;其二,在产品市场上,这时产品的有效需求与有效供给也相等,在产品交易中也有一个稳定的现期价格;其三,这时产品的售价等于投入该项产品的生产性服务的成本。以上三者,前两个状态与"交换平衡"有关,第三种情况是"生产平衡"问题。[2]

瓦尔拉斯再次明确强调:"生产平衡与交换平衡一样,是理想状态,不是真实状态。任一种产品的售价与投入这一产品的生产服务的成本绝对相等的情况,或者是产品或服务的有效需求与有效供给绝对相等的情况,在现实世界绝不会发生。"[3] 真实世界并不存在的东西,之所以需要理论上的假定,是为了给分析提供一个参照系。这是西方经济学的研究范式,其道理如同自然科学研究在实验室里人为设定某些条件一样。

(二) 企业家在一般均衡市场上的核心地位

在上述三种"专门市场"上,企业家无论是以需求者身份登场,还是以供给者面目出现,都与地主、工人和资本家相对立。瓦尔拉斯把企业家称为与这些人完全不同的"第四种人"。他说,土地的持有者不管他是什么样的人都可以叫做地主,个人能力的持有者可以叫做工人,狭义资本的持有者叫做资本家。"此外,再让我们用企业家这

---

[1] 瓦尔拉斯关于有效需求和有效供给的定义分别是:"一种形式的数量确定、价格确定的商品供给,我们把它叫做有效供给。""一种形式的数量确定、价格确定的商品需求,我们把它叫做有效需求。"(参见《纯粹经济学要义》,第73页)
[2] 〔法〕莱昂·瓦尔拉斯:《纯粹经济学要义》,蔡受百译,商务印书馆,1989,第240页。
[3] 〔法〕莱昂·瓦尔拉斯:《纯粹经济学要义》,蔡受百译,商务印书馆,1989,第240页。

个名称来称呼与上述那些人全然不同的'第四类人'。"①

企业家何以与其他市场主体不同呢？原因在于六点。

第一，参与市场交易的出发点不同。企业家是为了获得利润，地主、工人和资本家是为了获得最大满足。"支配着在企业家方面对服务的需求和消费品及新资本品的供给的，是他们赚取利润和避免损失的愿望。支配着在地主、工人和资本家方面服务的供给和对消费品及新资本品的需求的，是他们求得最大满足的愿望。"② 企业家们"所追求的是将生产服务转变成产品后的利润"。③

第二，企业家具有与地主、工人和资本家不同的任务即职能，这就是把生产性服务组织结合（瓦尔拉斯有时谓之"配合"④）起来运用到生产中得到产品，出售获利。"企业家是这样一种人（自然人或法人），他从其他企业家那里买进原料，然后向地主租入土地，付出地租，向工人雇佣个人能力，付出工资，向资本家借入资本，付出利息，最后将某些生产服务应用到未加工的原料上，将由此得来的产品出售，盈亏则由他们自己负担。"⑤ 例如，农业企业家的工作流程是，买进种子、肥料或幼畜，然后租入土地、农场建筑物和农具，雇佣长工、收割工和饲料员等，最后将农作物或长成的家畜出售。工业企业家的工作流程是，买进纺织物或未加工的金属，然后租入工厂和作坊、机器和工具，雇用纺织工或金属工人和机匠，最后将其制成品如纺织品或金属制品出售。商业企业家的工作流程是，整批买进商品，然后租入仓库和店面，雇佣店员和推销员，最后将其商品零星出售。

---

① 〔法〕莱昂·瓦尔拉斯：《纯粹经济学要义》，蔡受百译，商务印书馆，1989，第237页。
② 〔法〕莱昂·瓦尔拉斯：《纯粹经济学要义》，蔡受百译，商务印书馆，1989，第480页。
③ 〔法〕莱昂·瓦尔拉斯：《纯粹经济学要义》第四版序言，蔡受百译，商务印书馆，1989，第18页。
④ 〔法〕莱昂·瓦尔拉斯：《纯粹经济学要义》，蔡受百译，商务印书馆，1989，第278页。
⑤ 〔法〕莱昂·瓦尔拉斯：《纯粹经济学要义》，蔡受百译，商务印书馆，1989，第242页。

"这就是企业家执行其任务时所面临的特有情况。"① 企业家履行职能的过程，实质是把土地、劳动、资本"这三种生产服务在农业、工业和商业中结合起来"的过程。生产性服务的不同组合形式，构成了不同的企业形态。"事实上是，这些任务的不同方式的结合，会造成不同类型的企业。"瓦尔拉斯明确认为，把生产性服务组织结合起来投入到工农业生产或商业经营中的工作，是企业家特有的职能。"即使由同一个人执行这些任务，而这些任务本身仍然是各不相同的。从科学的观点来看，必须把这些任务区分开来。"因此他既像萨伊那样反对英国经济学家把企业家和资本家混为一谈，也批评"有些法国经济学家则把企业家看成是负有管理一个企业的特殊任务的一个工人"的错误。企业家的工作虽然未必不付出劳动，但其性质和内容与工人的劳动有根本区别。② 把企业家职能与一般意义上的管理职能区别开来，这在企业家理论史上是一个非常重要的进步。此后，熊彼特在这一点上直接继承了瓦尔拉斯的衣钵，但马歇尔依旧把企业家视为管理者。这也从正反两个方面显示了瓦尔拉斯的思想高度。

现实生活中，企业家所需的各种服务也可能都是自己拥有的。例如，他所使用的土地或其宅基地是他自己所有的，他在自己的企业中也参与管理，在企业中还有他自己的投资等。但在企业经营实践中，按照合理的簿记原则，这些情况都"应当一方面计入业务开支，另一方面将相应的租金、工资和利息，按照生产服务的当时市场价格计算，计入他自己账户的贷方"。③ 这些生产性服务的性质，并不会因为在所有权上归属于企业家自己而有所改变。因此按照投入产出的价格计算，企业家使用自有服务照例存在盈亏问题。

在经济思想史上，认为企业家的职能是把生产性服务和生产资料

---

① 〔法〕莱昂·瓦尔拉斯：《纯粹经济学要义》，蔡受百译，商务印书馆，1989，第243页。
② 〔法〕莱昂·瓦尔拉斯：《纯粹经济学要义》，蔡受百译，商务印书馆，1989，第238页。
③ 〔法〕莱昂·瓦尔拉斯：《纯粹经济学要义》，蔡受百译，商务印书馆，1989，第242页。

组织结合起来运用于生产的观点，肇始于萨伊。瓦尔拉斯对此的强调，反映了企业家理论之"法国谱系"的特点。我们知道，在熊彼特经济学那里，生产要素的"组合""新组合"是非常重要的概念。究其渊源，显然来自萨伊和瓦尔拉斯。

第三，企业家居于市场体系的核心位置。由于在三种市场上，企业家是产品和资本品的唯一提供者，是生产性服务和生产资料的唯一需求者，因而企业家不仅在生产过程中，而且在市场体系中都居于核心地位，在市场经济制度下的整个社会经济体系中占据了核心地位。可以说，没有企业家就没有市场经济体系，也不存在市场经济制度下的社会经济体系。如果说萨伊、熊彼特等格外关注企业家在生产过程中的地位，那么瓦尔拉斯同门格尔一道，开启了西方经济学对于企业家与市场体系的重视。

第四，企业家的利润来自产品售价和生产成本之间的差额，产品价格和成本价格都是由供求关系决定的。瓦尔拉斯认为，无论在服务市场上还是在产品市场上，交易双方都处在完全竞争之下，价格的升降都取决于供求关系。

例如，在服务市场上，地主、工人和资本家作为卖主出现，企业家作为买主出现，买卖的是各种生产性服务。如果在某个价格上有效需求超过了有效供给，企业家将竞相出价，生产性服务的价格会趋于上升。如果有效供给超过了有效需求，地主、工人和资本家将竞相压低价格，价格将趋于下降。有效需求与有效供给相等时的价格，谓之"服务的现期价格"。地租就是这个时候用金钱计量的土地服务的现期约定价格[①]，工资则是这个时候用金钱计量的劳动的现期约定价格，这个时候用金钱计算的资本服务的现期约定价格就叫做利息支出。按照这个逻辑，生产性服务之价格，也就是服务提供者之所得，

---

① 〔法〕莱昂·瓦尔拉斯：《纯粹经济学要义》，蔡受百译，商务印书馆，1989，第238页。

或者说生产成本，全然是市场供求因素决定的。

产品市场上的情形亦复如是。如果在某个价格上有效需求超过了有效供给，作为消费者的地主、工人和资本家在竞争机制下会竞相出价，价格将趋于上升。如果有效供给超过了有效需求，彼此竞争的企业家将竞相压低价格，价格会趋于下降。有效需求与有效供给相等之际的价格，就是产品的现期价格。

瓦尔拉斯又举例说，如果我们作为消费者向制鞋商买一双鞋，此时这位制鞋商充当的就是一个企业家，他售出产品，收进货币。这笔交易发生在产品市场。此时此刻，如果这双鞋求过于供，其他消费者就会出价比我们高；如果供过于求，其他卖鞋的企业家就会出价低于我们交易的鞋商所索取的价格。制鞋的企业家通常需要雇用工人，此时他买进的是生产性服务，付出的是货币。这笔交易发生在服务市场。工人出卖的劳动服务，如果求过于供，其他企业家就会出更高的价格争购；如果供过于求，另外一些工人就会按较低价格求职。①

第五，产品价格影响企业家盈亏，进而影响生产性服务的需求和价格。

包括工人工资在内的各种生产性支出，构成了企业家的生产成本。企业家在产品市场上获得的收入，减去其在服务市场上的开支等生产成本，就构成了其利润。"不管是属于哪一类型的企业家，只要他售出其产品或商品时，其价格高于以原料、租金、工资和利息并记的成本，他就获得了利润，其价格低于上述成本，就受到亏损。"②"如果成本高于售价，对企业家说来是糟糕透了，他们得亏本；如果成本低于售价，对企业家说来是件好事，他可以赚钱。"③

但进一步看，由于需求是第一位的、先导性的，供给是第二位

---

① 〔法〕莱昂·瓦尔拉斯：《纯粹经济学要义》，蔡受百译，商务印书馆，1989，第240页。
② 〔法〕莱昂·瓦尔拉斯：《纯粹经济学要义》，蔡受百译，商务印书馆，1989，第243页。
③ 〔法〕莱昂·瓦尔拉斯：《纯粹经济学要义》，蔡受百译，商务印书馆，1989，第447页。

的、从属性的，不仅"确定产品的售价的并不是生产服务的成本，而是反一个方向，前者确定后者"。① 而且生产性服务的价格，归根结底也不是由服务市场上的供求关系决定的，而是由产品市场价格涨落带来的需求变化决定的。即产品市场上的收入，决定服务市场上的支出。例如，一瓶葡萄酒在市场上售价为 5 法郎。这个售价的决定因素究竟是付出的这租金 2 法郎、工资 2 法郎和利息 1 法郎呢？还是倒过来，这瓶酒的最终售价为 5 法郎，才导致租金为 2 法郎、工资为 2 法郎和利息为 1 法郎呢？瓦尔拉斯的答案是后者。②

如果产品售价低于生产成本，企业家面临亏损，势必减少对生产服务的需求，生产性服务的价格就会下降；如果产品售价高于生产成本，企业家实现盈利，将增加对生产性服务的需求，服务的价格就会上升。产品销售带来的盈利状况，最终决定着对生产性服务的需求。"这就是这类现象的互相关联情况。对这一情况的任何其他设想都是错误的。"③

瓦尔拉斯这种世人皆醉我独醒的自信不能说没有一定道理。他批评法国与英国的古典经济学家以往在确定地租、工资和利息及生产服务的价格时，并不考虑任何市场性因素。从这个角度看，瓦尔拉斯把生产问题与市场体系联系起来，把市场供求关系视为决定生产要素价格的重要条件，就像研究一种动物必须考虑它所处的生态环境一样，无疑是值得肯定的学术进步。但萨伊尚且较为充分地把企业家的劳动、创造价值的职能与企业家的得利相联系，瓦尔拉斯却丝毫不提这些，单纯强调企业家靠买卖差价谋利，即使从西方经济思想史上的企业家理论的角度来看，也是一种显而易见的倒退。如果站在马克思主义立场上看，瓦尔拉斯把企业家利润、地主地租、资本家利息等完全归于价值实现的交换环节，不仅抹杀了价值创造过程中企业家、地

---

① 〔法〕莱昂·瓦尔拉斯：《纯粹经济学要义》，蔡受百译，商务印书馆，1989，第 447 页。
② 〔法〕莱昂·瓦尔拉斯：《纯粹经济学要义》，蔡受百译，商务印书馆，1989，第 224 页。
③ 〔法〕莱昂·瓦尔拉斯：《纯粹经济学要义》，蔡受百译，商务印书馆，1989，第 447 页。

主、资本家等对工人剩余劳动的剥削和分割,而且把工人的工资说成是由产品市场上包括工人在内的需求、服务市场上包括工人在内的供给决定的,即工人工资全然是自己供求状况的产物,与其他人毫不相干,更加暴露了其为资本主义分配制度辩护的错误观点。

第六,企业家根据价格信号和盈亏状况扩大或缩小生产规模,或者在不同领域的进入和退出,都影响着资源的配置形态和社会福利。

在完全自由竞争制度下,如果某些企业的某一产品的售价超过了生产性服务的成本,从而获得了利润,就会吸引其他企业家们"涌向这一生产部门,扩大其产量,结果这一产品在市场上的数量将增加,价格将下降,价格与成本之间的差距将缩减"。反之,如果某些企业的某一种产品,其在产品市场上的售价低于生产性服务的成本,从而导致了亏损,"企业家就会退出这个生产部门或减低其产量,结果这一产品在市场上的数量将减少,价格将上升,价格与成本之间的差距就又将缩减"①。"无论什么时候,只要产品的售价高于其生产中所需要的生产服务的成本,这些企业家就会扩大产量;只要这类生产服务的成本高于售价,他们就会缩减产量。"② 企业家"将资本从生产较小利益的用途中收回,以便把它投入产生较大利益的用途,就使社会获得了效用上的增进"。③ 瓦尔拉斯的这些观点阐述了企业家与市场经济的关系。如果说市场经济本质上是一种资源配置机制,那么市场经济制度下的资源流动并不是自动进行的,而是离不开人的有意识的活动,这个人就是企业家。尽管企业家在市场上的表现带有很大盲目性,经常处于无政府状态,但正是他们的买和卖、在不同领域的进入退出构成了资源的配置。所谓的市场经济的资源配置,实际上就

---

① 〔法〕莱昂·瓦尔拉斯:《纯粹经济学要义》,蔡受百译,商务印书馆,1989,第241页。
② 〔法〕莱昂·瓦尔拉斯:《纯粹经济学要义》,蔡受百译,商务印书馆,1989,第四版序言,第19页。
③ 〔法〕莱昂·瓦尔拉斯:《纯粹经济学要义》,蔡受百译,商务印书馆,1989,第四版序言,第25~26页。

是企业家在服务市场和产品市场上主导的潮起潮落——没有企业家，就没有市场经济；没有企业家的买和卖、进入和退出，就不存在市场经济的资源配置。瓦尔拉斯虽然没有明确提出这种论断，但沿着他的逻辑走下去，已经离这一论断不远了。

在详细分析企业家是与地主、工人、资本家不同的"第四种人"的过程中，瓦尔拉斯直接继承了萨伊的观点，进一步厘清了企业家与资本家的界限，并对英国经济学家混淆企业家和资本家的做法提出了尖锐批判："这类理论对资本家的职能与企业家的职能没有能做出区别。"英国的经济学家借口如果一个企业家不同时是一个资本家在实际上是很困难的，就"对两种职能就不再加以区别"。使得他们的利息理论和利润理论从一开始就陷入了错误泥潭——无论是利息一词还是利润一词，其中都既包括资本的利息，也包括企业的利润。现实中，经常可以见到一个人是企业家但不是资本家的情况。有些人自己没有资本，但是为人诚实且有才能、有经验，完全可以为农业、工业、商业或金融企业筹得贷款。是资本家但不是企业家的人为数更多，例如拥有抵押债券、无担保债券、有限公司股票、公债者便是。"即使企业家职能和资本家职能事实上是多数结合在一起的，在理论上仍然有必要将两者加以区别。"[①]

瓦尔拉斯对萨伊的继承和对英国经济学的批判，进一步反映了企业家理论"法国谱系"的特点。

二　企业家与动态发展、政府干预

（一）静态宏观经济体系中的企业家地位

瓦尔拉斯经济学的重点内容是"经济现象的一般体系"[②]，即充

[①] 〔法〕莱昂·瓦尔拉斯：《纯粹经济学要义》，蔡受百译，商务印书馆，1989，第475页。
[②] 〔法〕莱昂·瓦尔拉斯：《纯粹经济学要义》，蔡受百译，商务印书馆，1989，第422页。

满广泛联系的宏观市场经济体系问题。那么，在这个宏观系统中，企业家的地位和作用究竟如何计量呢？

瓦尔拉斯首先从一个国家为期一年的时间截面入手展开静态分析。假定这个国家在本年度里经济领域的一些基本数据（例如资本品保有量、消费品及消费服务的效用和净收入增量的效用等）都保持不变。其人口总量 2500 万人或 3000 万人，土地总值为 T = 800 亿，人力总值为 P = 500 亿，资本总值为 K = 600 亿（其中，固定资本总值 400 亿，流通资本总值 200 亿），则 $T+P+K$ = 1900 亿。这个数值"所表示的是，其形式为资本品和收入品的一国的总社会财富"。①

瓦尔拉斯又进一步假定，土地总值 T = 800 亿当中，属于消费服务的计值 320 亿，属于生产性服务的计值 480 亿；人力总值 P = 500 亿当中，属于消费服务的计值 140 亿，生产性服务计值 360 亿；固定资本总值的 400 亿当中，用于消费服务的计值 120 亿，用于生产性服务的计值 280 亿；流通资本总值 200 亿当中，"由消费者掌握的计 40 亿（其中属于消费品贮积的和属于现金及储蓄的各 20 亿），由企业家掌握的 160 亿（其中属于新资本品的 40 亿，原料贮积 40 亿，新收入品 60 亿，货币 20 亿）"②。

据此，我们可以计算，在总值为 1900 亿元的社会财富总量中，在服务市场上归企业家支配的部分为：土地的生产性服务 480 亿元+人力的生产性服务 360 亿元+固定资本的生产性服务 280 亿元+企业家掌握的流动资本 160 亿元 = 1280 亿元。占社会财富总额的 67.37%。易言之，如果说占社会财富总量的逾 2/3 属于生产性服务，而企业家又是服务市场上生产性服务的唯一需求者，那么，也就意味着逾 2/3 的社会财富归企业家掌握、其在服务市场上的价格由企业家支配。这些数值固然是瓦尔拉斯假设的，我们无法判断其在统计学意义上的精

---

① 〔法〕莱昂·瓦尔拉斯：《纯粹经济学要义》，蔡受百译，商务印书馆，1989，第 424 页。
② 〔法〕莱昂·瓦尔拉斯：《纯粹经济学要义》，蔡受百译，商务印书馆，1989，第 423 页。

确程度，但他之所以这样假设，无非企图说明企业家在社会经济体系中的极端重要地位。而这样的数据语言所产生的强烈视觉冲击力，远远超过"重要""核心"之类的文字描述！

那么，在产品市场上，企业家作为唯一供给者，其地位和影响又是何等量级呢？瓦尔拉斯假定土地一年产生的地租为 $t=20$ 亿，工人的总工资为 $p=50$ 亿，狭义资本品的总收入为 $k=30$ 亿，则 $t+p+k=100$ 亿。去除地主、工人、资本家用于购买服务和储蓄部分，是否意味着企业家面对的产品市场只有几十亿呢？瓦尔拉斯认为不能这样看，这三种人购买的只是最终消费品，实际上企业家之间的产品（中间品）交易市场更加庞大："即使一年的生产和消费的值为 100 亿，则一年的营业，即交换额，也许达 1000 亿；因为企业家不但对消费者进行销售，还得对别的企业家进行销售，这些人相互之间整批地买进原料和商品等等。"① 瓦尔拉斯在这里虽然没有使用后来被凯恩斯提出的"乘数"概念，但已经明确意识到了产品市场上由于产业关联关系所引致的乘数效应。企业家作为产品市场上的唯一供给者，也是生产资料（中间产品）的唯一需求者，因此理应是这种乘数效应的唯一发动者。

（二）动态宏观经济发展中企业家的作用

为期一年的截面终究是基于静态均衡的假定，并非市场经济体系之实态。瓦尔拉斯认为，"为了更进一步接近于现实，我们必须放弃为期一年的市场的假设而采用持续市场来代替这个假设。这就从静态情况转到了动态情况"。②

动态的市场经济体系充满了变化。例如，无论是消费品、资本品，还是原料、新收入品，都不断地被消耗掉，又不断地生产出来。

---

① 〔法〕莱昂·瓦尔拉斯：《纯粹经济学要义》，蔡受百译，商务印书馆，1989，第 423 页。
② 〔法〕莱昂·瓦尔拉斯：《纯粹经济学要义》，蔡受百译，商务印书馆，1989，第 424 页。

"就像是那么多的新枝嫩叶一样，不断地在这一面被剪除，而又在那一面滋长起来。"每一小时，甚至每一分钟，都"在那里忽而消失，忽而出现"。① 这使得动态的"持续市场"始终处在既趋向均衡，又打破均衡的无穷无尽的变化之中。"它不断地走向平衡，但从来没有能实际达到平衡；因为市场除了借助于摸索以外，没有别的方法接近平衡，而在它达到目标之前就又得另起炉灶，一切重新开始。"宏观经济中的一切基本数据，如原始保有量、商品和服务的效用、技术系数、收入对消费的超过量、运用资本的需求量等，几乎每一时刻都在变化。"市场就像是被风力激动着的一池春水它不停地要趋向于水平，但这个愿望始终不能实现。"自然界里，"湖泊的水面总还有接近于完全平静的时候"，但市场体系中，"产品和服务的有效需求却决不会等于其有效供给，产品的售价也决不会等于用以制造这些产品的生产服务的成本"。② 宏观经济体系中，人口增减、资本蓄积等，更是长期流动、变化不居。

瓦尔拉斯认为，市场经济体系动态变化的基本方向是社会经济的发展。他关于发展的定义是"所谓发展，实际上无非是在一个人口增长中的国家，降低获得满足的最后欲望的强度，也就是降低制成品的稀少性。因此，发展的可能取决于产品增加的可能"③ "发展的意义就是，跟人口的增加同时演进的制成品稀少性的降低"④ "如果产品的增加没有一定限制，发展的可能就不会有一定限制"。⑤ 物质资料人均拥有量的增长超过人口的增长，这种关于经济发展的认识已经成为现代经济学的常识。

问题是，究竟如何实现产品的增长超过人口的增长呢？瓦尔拉斯

---

① 〔法〕莱昂·瓦尔拉斯：《纯粹经济学要义》，蔡受百译，商务印书馆，1989，第425页。
② 〔法〕莱昂·瓦尔拉斯：《纯粹经济学要义》，蔡受百译，商务印书馆，1989，第425页。
③ 〔法〕莱昂·瓦尔拉斯：《纯粹经济学要义》，蔡受百译，商务印书馆，1989，第427~428页。
④ 〔法〕莱昂·瓦尔拉斯：《纯粹经济学要义》，蔡受百译，商务印书馆，1989，第432页。
⑤ 〔法〕莱昂·瓦尔拉斯：《纯粹经济学要义》，蔡受百译，商务印书馆，1989，第428页。

分析说，如果产品的增长受到某种限制，发展的空间也就顶到了天花板。此时，要么人口保持不变，要么人口的增加限制在一定范围之内。实际情况是，在发展中的经济体，人口增加十分迅速，以至于引起了马尔萨斯的惊恐和悲观。但马尔萨斯提出人口论过去了半个多世纪，欧洲经济并没有陷入"马尔萨斯陷阱"，奥秘何在？

瓦尔拉斯认为，在欧洲国家，土地的开垦是有限的。产品的增加不是凭借土地增加，更不是得益于人口增加，而是依靠资本增加。具体来说，是"资本服务代替土地服务"的结果。①

瓦尔拉斯举例说，欧洲的粮食产量之所以大幅度提高，原因在于"我们可以通过种种设施，如实行作物轮种以代替休耕制度，如使用人造氮肥之类的肥料，如采用条播机、新式犁形器具等改进的农具和机器作进一步有效的深耕细作，从而使1公顷土地的小麦年产量越来越提高"。② 此处列举的新耕种方式、人造氮肥、新式农业机械等，不就是熊彼特所说的创新吗？

要素替代效应并不限于资本替代土地，在瓦尔拉斯的"生产方程"中，这种"生产一种商品时，要多用些或少用些某些生产服务"的现象，还体现在资本与劳动的替代关系上。可惜瓦尔拉斯在这些方面缺乏进一步挖掘，他反复阐述的主要是资本对土地的替代："产品的无限量增加，只能以资本服务代替土地服务的范围越来越扩大时所达到的程度为限，但资本服务不能完全代替土地服务。"③

沿着这个逻辑，瓦尔拉斯区分了"经济的发展"和"技术的发展"两种发展情况。所谓经济的发展是"变化的只是生产系数的量，这时表示土地服务的使用的系数降低，表示资本服务的使用的系数则提高"，意思是在生产技术不变的情况下，完全依靠要素替代实现发

----

① 〔法〕莱昂·瓦尔拉斯：《纯粹经济学要义》，蔡受百译，商务印书馆，1989，第428页。
② 〔法〕莱昂·瓦尔拉斯：《纯粹经济学要义》，蔡受百译，商务印书馆，1989，第427页。
③ 〔法〕莱昂·瓦尔拉斯：《纯粹经济学要义》，蔡受百译，商务印书馆，1989，第428页。

展。所谓技术的发展就是"生产系数的性质本身有了变化，这时采用的是附加的技术系数，其他则被放弃"。[1] 意思是通过生产技术进步，增加生产中的技术系数，进而引起生产函数变化的发展。

虽然瓦尔拉斯承认这两种发展情况往往同时发生。例如，"在土地服务系数降低而生产服务系数提高的同时，生产函数也会发生变化"。而且，"生产系数本身每经过一次变化，其间就含有由科学促成的技术的发展"。但是他更加强调的是"经济的发展"，而主张将"技术的发展"这种情况抽掉。他的经济学"所研究的只是经济的发展"，且"假定生产函数是已知的，所注意的只是在于资本服务系数提高时土地服务系数会降低的那些条件"。[2]

瓦尔拉斯的这种取舍，表明他更注重资本、土地、劳动这三种主要生产要素在数量上的消长变动，而对技术进步的本质性作用缺乏敏感，以至于本来属于技术创新的新肥料、新机械之类现象，也都被他简单化地归功于资本数量的增加、土地数量的减少。这种观念，或许反映了他那个时代，经济发展尚主要依靠要素驱动而不是创新驱动。

由此，瓦尔拉斯在谈到经济发展时，说来说去始终在资本与土地的数量关系上打转转："一般说来，在消费品和新资本品的一个单位的生产中，如果狭义资本品服务的使用量越来越扩大，就可以使土地服务的使用量越来越缩小。发展的前途所以是无限的，道理就在这里。"[3] "发展的意义就是，跟人口的增加同时演进的制成品稀少性的降低。尽管土地的量不能增加而发展仍然是有可能的。这是由于狭义资本品的量的增加；但是这方面的增加必须先于人口的增加，并且在比例上超过人口的增加。"[4]

---

[1] 〔法〕莱昂·瓦尔拉斯：《纯粹经济学要义》，蔡受百译，商务印书馆，1989，第428页。
[2] 〔法〕莱昂·瓦尔拉斯：《纯粹经济学要义》，蔡受百译，商务印书馆，1989，第431页。
[3] 〔法〕莱昂·瓦尔拉斯：《纯粹经济学要义》，蔡受百译，商务印书馆，1989，第427页。
[4] 〔法〕莱昂·瓦尔拉斯：《纯粹经济学要义》，蔡受百译，商务印书馆，1989，第432页。

那么，究竟什么原因导致了资本对土地的要素替代呢？瓦尔拉斯的解释依然着眼于数量引起的价格变化。他自称继承了父亲（安托万·奥古斯特·瓦尔拉斯）关于价值的思想，即物品的价值取决于其有用性和稀缺性（所谓稀缺就是"数量有定限"①），价格高低与稀缺性负相关。基于这种学说，随着经济发展，生产要素的数量有变化，其价格也有升降：由于土地相对于人口的数量减少，地租会上升；由于资本积累增加，②利息会降低；由于人口增加，劳动力供给量也会增加，同时又因为总体收入水平提高，工资会保持不变。这种生产要素价格的变化，势必从供给侧影响生产成本。"投入任一产品一个单位的生产中的各种生产服务的量，是同它们的价格一道被生产成本达到最低限度这个条件所决定的。"③

企业家与动态变化和经济发展有什么关系呢？瓦尔拉斯认为，"在全面平衡下，企业家是既不获利也不亏本的"。④ 企业家的利润只能来自供求变化引致的价格变化之中。又鉴于企业家是生产要素的唯一需求者，"他们向地主、工人和资本家购入某一定量的生产服务，在一定期间由他们自由支配"。⑤ 因此，当然是企业家决定某一种生产性服务的用多用少。在产品数量和生产要素数量确定的前提下，企业家必然选择那些成本最低的生产要素。即土地成本上升会迫使企业家少用土地，资本使用成本降低会促使企业家多用资本。这就是资本替代土地的奥秘，也是瓦尔拉斯认为的企业家与经济发展的关系。

在经济思想史上，要素替代理论最早由德国经济学家冯·屠能提出，经过李嘉图、马克思的阐发而进一步深入和拓展，最终在马歇尔

---

① 〔法〕莱昂·瓦尔拉斯：《纯粹经济学要义》，蔡受百译，商务印书馆，1989，第17页。
② 由于瓦尔拉斯认为资本积累主要靠储蓄，所以他又把"经济的发展"视为储蓄的结果："由土地服务构成的生产系数每经过一次降低而由资本服务构成的生产系数却有所提高时，其间就含有由储蓄造成的经济的发展。"（参见《纯粹经济学要义》，第431页）
③ 〔法〕莱昂·瓦尔拉斯：《纯粹经济学要义》，蔡受百译，商务印书馆，1989，第429页。
④ 〔法〕莱昂·瓦尔拉斯：《纯粹经济学要义》，蔡受百译，商务印书馆，1989，第518页。
⑤ 〔法〕莱昂·瓦尔拉斯：《纯粹经济学要义》，蔡受百译，商务印书馆，1989，第348页。

那里上升到方法论的高度并紧密与企业家联系起来。瓦尔拉斯的上述内容是该理论发展中的重要一环。

(三) 政府与市场、权力机构与企业家的并立和矛盾

瓦尔拉斯认为,在真实世界的经济体系中,除了由商品、专门市场、市场主体构成的市场系统外,还有一个政府系统。在任何市场经济体系中,政府的存在及其服务供给和消费需求都是客观存在和必需的。"很明显,一个经济体系而没有一个权力机构以保持秩序和治安、主持公道、保证国防,并执行许多其他任务是不能发挥作用的。"①

但政府和企业有本质区别。"政府并不是个企业家。"② 政府在提供公共服务时,既不根据自由竞争原则,使产品售价趋向等于生产成本;也不根据独占原则,追求最大净收入。政府往往在亏本的情况下提供服务,有时甚至免费提供服务。这是因为政府的服务对象是公共消费而不是个人消费。

政府行政权力的存在,使公共管理、价格管制、特权等,成为与市场机制并立的经济制度。瓦尔拉斯总的思想倾向是,认为"自由竞争优于其他制度"③,主张减少政府对市场经济的干预,尽量多让企业家在自由竞争制度下履行职能。

例如,瓦尔拉斯反对政府对生产要素规定最高或最低价格。政府如果对地租实行价格管制,在规定最高地租额的情况下,要么有一部分企业家无法购得任何土地服务,要么所有企业家都不得不勉强使用少于他们所要使用的土地服务;在规定最低地租额的情况下,要么有一部分地主无法售出任何土地服务,要么所有地主都无法售出他们所

---

① 〔法〕莱昂·瓦尔拉斯:《纯粹经济学要义》,蔡受百译,商务印书馆,1989,第505页。
② 〔法〕莱昂·瓦尔拉斯:《纯粹经济学要义》,蔡受百译,商务印书馆,1989,第505页。
③ 〔法〕莱昂·瓦尔拉斯:《纯粹经济学要义》,蔡受百译,商务印书馆,1989,第485页。

要售出的那么多的土地服务。同理，如果政府规定最高利息率，则企业家尽管借到的资本成本较低，却无法借到他们所要借入的那么多的资本。"国家用法律规定最低工资，或者是某些私营机构使用威胁和强暴手段做同样的规定，那么不是有一部分工人将无法售出任何劳动，就是他们都将无法售出如他们所要售出的那么多的劳动。"①

这是因为在市场经济中，服务价格和产品价格的升降都是由供求关系调节的正常现象，企业家可以根据价格信号在各个领域进入或退出。这也是市场经济机制发挥作用的应有现象。政府的价格管制扭曲了价格形成机制。在规定最高价格的情况下，企业家盈利空间受限，从而退出该领域，供给减少，这反而会使价格进一步上涨。政府限制面包的最高价，烤面包的企业家就会减少，价格只会更高；政府规定面包的最低价，企业家有利可图，蜂拥而入，供过于求，价格会跌得更低。因此，政府的价格管制都是长官意志的一厢情愿，徒劳无益的多此一举。

对政府需要即公共消费的供应方式，不外两种：一是政府搞官办企业，"让政府跟个人一道参与社会财富的分配"；二是向民众课税。② 瓦尔拉斯主张这两种方式都应加以限制。

政府亲自出马搞官办企业，"自己担任作为一个企业家的任务"。无论利用政治权力规定一个最低价格，以便牟取利润，用以代替赋税；还是规定一个最高价格，由此遭受的损失用财政资金补偿，这些行径都非常糟糕，不仅是对市场秩序的直接破坏，而且"这样一种制度对公共福利与社会正义不相适应"。③

政府向企业家征税亦在瓦尔拉斯反对之列。他认为企业家会把这一税额作为成本转嫁到"销售给地主、工人和资本家的产品的价格

---

① 〔法〕莱昂·瓦尔拉斯：《纯粹经济学要义》，蔡受百译，商务印书馆，1989，第488页。
② 〔法〕莱昂·瓦尔拉斯：《纯粹经济学要义》，蔡受百译，商务印书馆，1989，第505页。
③ 〔法〕莱昂·瓦尔拉斯：《纯粹经济学要义》，蔡受百译，商务印书馆，1989，第489~490页。

上去，从而得到补偿"。① 如果产品涨价受到消费者抵制难以立即实现，企业家就可能遭受亏损，"生产将停顿，产量将降低"。在供求关系作用下，产品价格迟早会涨上去，最终都"由消费者负担纳税义务"，因此对企业家的课税最终"结果会妨碍经济发展"。②

三 数学与企业家在经济学中的命运

一个考大学时数学都不及格，被经济思想史研究者称为"平庸数学家"的人，居然不仅在其著作中大量堆砌"令人生畏"的数学方程式，而且怀着宗教般的狂热给当时世界上几乎所有经济学家写信，主要目的之一是"为了使数学分析方法得到普及并被应用于经济理论而热烈地渴望说服、恳求、诱导或寻求其他经济学家的支持"。③ 这种发生在瓦尔拉斯这同一个人身上的极其矛盾的现象，岂止在经济思想史上绝无仅有，即使在其他学科的学术史上恐怕也十分罕见。

瓦尔拉斯带给经济学的矛盾并未到此为止。他一方面利用数据说明企业家的重要地位，其说服力和给人的深刻印象远超含混的、难以精确把握的文字描述，另一方面却因为他狂热追求的经济学数学化而导致企业家理论被新古典经济学删除。

放眼西方经济思想史，瓦尔拉斯并非最早使用数学的人。在他之前，法国的安东尼·奥古斯丁·古诺（Antoine Augustin Cournot, 1801-1877）、德国的赫尔曼·海因里希·戈森（Hermann Heinrich Gossen, 1810-1858），与他同时代的英国的威廉·杰文斯（William

---

① 〔法〕莱昂·瓦尔拉斯：《纯粹经济学要义》，蔡受百译，商务印书馆，1989，第507页。
② 〔法〕莱昂·瓦尔拉斯：《纯粹经济学要义》，蔡受百译，商务印书馆，1989，第518页。
③ 〔美〕小罗伯特·艾克伦德、罗伯特·赫伯特：《经济理论和方法史（第四版）》，杨玉生、张凤林等译，中国人民大学出版社，2001，第324、336、326、327页。

S. Jevons，1835-1882)、马歇尔等都程度不同地把数学运用于经济分析。但瓦尔拉斯那样的执念和魔怔，前无古人，实属罕见。究其原因，与他对经济学任务和对象的理解有关。

瓦尔拉斯认为，世间的学问可以分为三大门类：科学、技术和伦理学。"它们各自的标准是真、效用（指的是物质福利）和善（指的是公道）。"在经济学领域，与科学相对应的是"纯粹经济学"，包括交换和交换价值理论，其研究任务是揭示最基本的经济规律；与技术相对应的是"应用经济学"，即关于工业、农业和商业的理论，其任务是研究效率问题；与伦理学相对应的是财富的分配问题，其任务是公平和良善。① 瓦尔拉斯的三部学术著作，分别研究的就是这三个方面的经济学。

纯粹经济学既然属于纯粹科学的范畴，它就应该像一切不以人的意志为转移的自然现象一样无善恶之别、无是非之分。瓦尔拉斯由此认为经济学的任务不应该像亚当·斯密主张的使人民和君主都富足起来，这不是一门科学的目的。"科学的一个主要特征是，在全然不计及成果好坏的情况下不断追求纯粹的真理。"例如几何学的基本原理可以指导土木建筑，天文学家的发现可以指导航海家，但是几何学和天文学本身不能等同于土木建筑或者航海家的活动。"经济学家的首要任务并不是如何为人民提供丰富的收入或为政府提供适当的岁入，而是在于追求和掌握纯粹的科学真理。"②

格外强调数量关系，是瓦尔拉斯的《纯粹经济学要义》的突出特点。主要把数量问题作为研究对象，使得数学成为研究方法具有了必然性和必要性。瓦尔拉斯说："交换价值是相对的和客观的，而稀少性是绝对的和主观的；这一区别是对交换价值与使用价值之间的差

---

① 〔法〕莱昂·瓦尔拉斯：《纯粹经济学要义》，蔡受百译，商务印书馆，1989，第47~48页。
② 〔法〕莱昂·瓦尔拉斯：《纯粹经济学要义》，蔡受百译，商务印书馆，1989，第32~33页。

异的一个精确表述。"① 所谓稀少性、交换价值（价格）等，实质上都是数量问题。针对这样的研究对象，要说明量与量之间的关系、解释数量变化的关联效应，不使用数学这种精确严密的表述形式和分析手段，反而显得不可思议。瓦尔拉斯反问："当同样的事物，用数学语言可以做出简洁、精确而清楚得多的表达时，为什么一定要像李嘉图经常所做的那样，或者像 J. S. 穆勒在《政治经济学原理》中一再所做的那样，用日常语言，在极其笨拙并且不正确的方式下来解释这些事物呢？"②

进而，瓦尔拉斯认为数学不仅是经济学的最佳语言形式，而且是最得力的证明方法。"表述一个理论是一回事；证明一个理论是另一回事。"③ 因为"数学方法不是实验方法，而是推理方法"。④ 所以，理论虽然可以用通常语言叙述，但理论的证明必须用数学表达。这是因为，纯粹经济学在逻辑上的证明过程是完全以交换理论为根据的。而交换理论的全部内容可以概括为以下两个市场平衡条件："第一，各个交换参与者应取得最大效用；第二，对每一种商品来说，所有参与者的需求总量应相等于供给总量。"针对这样的研究对象，只有借助数学，我们才能懂得最大效用的条件的意义是什么。"如果不用数学，我们就不会懂得，当服务、产品和新资本品求过于供时提高他们的价格，在相反情况下降低他们的价格。"不仅在交换中，而且在生产中，在资本形成和流通中，也不会明白为什么会达到现时平衡价格，"数学使这一切都成为可以理解的"。⑤

---

① 〔法〕莱昂·瓦尔拉斯：《纯粹经济学要义》，蔡受百译，商务印书馆，1989，第184页注释1。
② 〔法〕莱昂·瓦尔拉斯：《纯粹经济学要义》，蔡受百译，商务印书馆，1989，第57页。
③ 〔法〕莱昂·瓦尔拉斯：《纯粹经济学要义》，蔡受百译，商务印书馆，1989，第481页。
④ 〔法〕莱昂·瓦尔拉斯：《纯粹经济学要义》，蔡受百译，商务印书馆，1989，第56页。
⑤ 〔法〕莱昂·瓦尔拉斯：《纯粹经济学要义》，蔡受百译，商务印书馆，1989，第四版序言，第21页。

瓦尔拉斯的一般均衡理论把市场经济体系视为一个具有内在联系，既相互依赖又彼此制约的有机整体，与门格尔、杰文斯、马歇尔等人主张的局部均衡相比，这为观察真实世界打开了一扇极富智慧的窗户；瓦尔拉斯采用线性代数和几何图形解释和证明市场经济体系各部分之间的相互关系，显著提升了经济学的科学性。在西方经济思想史上，一般均衡和数学，无论从哪个角度看，都是两个具有划时代意义的重大成就，也都如瓦尔拉斯所愿，最终成为新古典经济学的基石——一般均衡成为新古典经济学的研究范式，数学成为新古典经济学的"官方语言"和最重要的实证分析工具。

经济世界确实存在无穷无尽的数量问题和数量关系，因此经济学研究注重数量、运用数学无可厚非，理所应当。但问题是经济世界除了量的变化，亦有质的差别。如果只看见数量，只强调量化分析，只运用数理逻辑，有可能导致漠视本质，弱化了对本质的揭示，排斥了定性分析。新古典经济学的沉疴积弊之一即在于此。

事实上，一般均衡的数量分析并不容易。因为一般均衡概念包括许多方程式并且因此包括若干未知量，所以对这样一个浩瀚无垠的天文级系统的求解也就变得极端复杂、无比困难。即使动用最先进的超级计算机，也很难准确地计算出真实世界的无穷无尽、瞬息万变的变量。为此，一般均衡分析必须假定某些变量不变，例如"假设报酬不变、不存在外部性、工资和价格具有完全弹性，在所有的市场上都是完全竞争"等，以便观察和分析研究者有意识选定的研究对象。但这样一来，被观察和分析的对象又与真实世界产生了距离。可以说，瓦尔拉斯的一般均衡概念作为一个"理论工具"是很有启发意义的，但它"不是一个操作上有用的统计工具"。[①]

但在瓦尔拉斯看来，条件假定造成的科学理论与真实世界之间的

---

① 〔美〕斯坦利·布鲁：《经济思想史》（原书第六版），焦国华、韩红译，机械工业出版社，2003，第258页。

距离甚至脱节，不仅不算什么事，而且是必要的合理的。他举例说，凡是有一点几何学知识的人都知道，只有在抽象的、理想的情况下，同圆的半径才会个个相等；只有在抽象的、理想的三角形中、内角之和才等于二直角之和。虽然现实中未必存在这种抽象的、理想的条件下的状态，但并不妨碍由此得出的科学论断在现实中获得极其广泛、极有成效的应用。同理，纯粹经济学理论也可以先从经验中抽象出某些类型概念，如交换、供给、需求、市场、资本、收入、生产服务、产品等，得出理想化的定义和论断，然后回到现实中指导应用。"我们在理想市场中有理想价格，而与这类理想价格保持着密切关系的是理想需求和理想供给。如此等等。纯粹经济学的真理能够解决应用经济学和社会经济学中一些极其重要的问题。"[1]

当瓦尔拉斯的这种令人难以辩驳的信念，成为一众新古典经济学家们奉为圭臬的信仰的时候，企业家的鲜活生命，就这样在经济学的科学化的狂欢中，最终被一般均衡和数学化阉割了。[2] 一方面，必须借助一系列严格假定才能进行分析的理论工具，必然否认研究对象的异质性，将其导向无差异的同质化。另一方面，企业家充满差异和变化的创新，无法用数学表达和分析。于是乎，诡异的一幕上演了：本来应该服务于研究工作的分析工具和研究方法，一旦被异化为上帝在末日审判时的选择标准，那么不符合这个标准的事物，无论它原本多么不可或缺，都会被有意无意地屏蔽、遗忘，或者假装不存在了。

异化的起点在瓦尔拉斯那里就出现了。即使在瓦尔拉斯的理论体系中，企业家也基本上是一个只会在数学模型中打算盘的人。卖巧克力的企业家，无论是换个糖纸，还是添点香精，除了忽悠消费者多花

---

[1] 〔法〕莱昂·瓦尔拉斯：《纯粹经济学要义》，蔡受百译，商务印书馆，1989，第57页。
[2] 根据英国经济学家科兹纳的说法，采用一般均衡模型的经济学家，自20世纪20年代以后就实际上忽略了企业家的存在。参见 Israel M. Kizner, *Perception, Opportunity and Profit*, Chicago, 1979, p. 53。

钱，没有任何实质价值。需要企业家操心的只是如何应对价格波动。"市场价格的向上和向下的变动，以及继之而起的企业家由亏本企业流向有利企业，只是对有关这些问题的方程求解时的一个探索前进的方式。"① 企业家决策只是对价格涨落的回应。企业家的工作，都只是在处理数量问题，不作质的文章，彼此之间也没有个性差异和质的不同。这属于企业家职能的本质特征吗？

美国经济学家威廉·鲍莫尔（William J. Baumol）批评道，在被严格设定的数理模型中，"企业被认为是用来进行数学计算的"计算器，必须在价格、产出、广告支出等变量之间，计算出最优决策（例如利润最大化）。如果没有外生变量引起环境变化，企业的工作就是日复一日、年复一年地重复以前的决策。这样的企业活动是机械地、自动地进行的，根本不需要"企业家的想象力和创造力"，于是"企业家被排除在理论模型之外"了。②

显而易见的是，在瓦尔拉斯那里，企业家似乎已经被定格为缺乏想象力和创造力的计算器了。新古典经济学后来删除了企业家，只不过是沿着瓦尔拉斯已经迈开的脚步，多走了几步而已。

结　语

瓦尔拉斯说过：经济学理论只有"加入从事于农业、工业和商业的企业家以及产品市场、服务市场，等等"，才是一个"比较完整、比较美满的系统"。③ 这个观点无疑非常有道理，瓦尔拉斯也为此做出了自己的贡献。但他也许做梦都没有想到，正是他，一只手用

---

① 〔法〕莱昂·瓦尔拉斯：《纯粹经济学要义》，蔡受百译，商务印书馆，1989，第四版序言，第 22 页。

② William J. Baumol, "Entrepreneurship in Economic Theory", *American Economic Review*, Papers and Proceedings, 1968, vol. 58, No. 2, pp. 64-71.

③ 〔法〕莱昂·瓦尔拉斯：《纯粹经济学要义》，蔡受百译，商务印书馆，1989，第 443 页。

数学语言雄辩地把企业家送上了荣耀的天堂,另一只手也为把企业家赶下经济学的舞台而打开了地狱之门。这两只手呈一条直线指向两个极端,恰好形成了两个截然相反的路标:其中一个路标指引的方向启迪了熊彼特;另一个路标指引的方向则是删除了企业家。

超越市场与等级：走向美国企业史研究的新综合

〔美〕娜奥米·R. 拉莫雷奥克斯　〔美〕丹尼尔·M. G. 拉夫
〔美〕彼得·特敏　张　莹译*

【摘　要】 本文认为第三种协调机制即长期关系超越了市场和等级的简单二分法，成为美国企业史研究的新方法。等级、市场和长期关系三类协调机制各有利弊，但会并存和相互作用。19世纪初，除家庭或商铺等采用等级协调外，不同经济主体的活动通常采用长期关系进行协调。市场和等级结合的协调机制可以创新解决远距离大宗商品的交易问题。19世纪下半叶，为应对批发商带来的挑战，小企业通过网络关系相互聚集形成"工业区"，而大企业则在公司整合中利用等级制度来协调劳动力要素，并在20世纪的大规模发展中进行了M型组织结构的创新。20世纪末，大企业的等级组织对市场的个性化需求反应迟钝，导致发展缓慢，能够利用长期关系网络和具有生产灵活性的企业得以逐步兴起。因此，基于长期关系的新协调机制可以为探讨美国企业史发展变革等相关问题提供新的研究范式。

---

* 本文原文系美国学者娜奥米·R. 拉莫雷奥克斯、丹尼尔·M. G. 拉夫和彼得·特敏所著，原文及出处：Naomi R. Lamoreaux, Daniel M. G. Raff and Peter Temin, "Beyond Markets and Hierarchies: Toward a New Synthesis of American Business History", *The American Historical Review*, Vol. 108, No. 2 (April 2003), pp. 404 - 433, http://www.jstor.org/stable/10.1086/533240；中国政法大学商学院博士研究生张莹对原文进行翻译，并提炼摘要和关键词；巫云仙教授对全文进行译校。

【关 键 词】美国企业史　新研究范式　钱德勒范式　协调机制

引　言

本文提供一种美国企业史研究的新综合范式，旨在取代但也包含占主导地位的钱德勒研究范式。小阿尔弗雷德·D.钱德勒于20世纪70年代中期撰文指出，20世纪美国经济的成功归功于国家最重要产业中的大型、纵向一体化、管理导向型企业的崛起。钱德勒认为，与以往代表美国经济特点的小型家族所有和管理的企业相比，这些大企业明显是更高效的。小企业依赖市场协调其原材料采购和产品销售，而大企业自己承担了供应和营销的职能，聘用授薪职业经理人，并通过等级制度进行行政上的协调。钱德勒认为，这只"看得见的管理之手"代表大企业对市场这只"看不见的手"的巨大改进，具备这些能力的企业不仅能够主宰其所在的行业，而且能够多元化投资其他经济部门，并在这些领域获得权力和地位。

从21世纪早期来看，这类大规模的企业似乎不再那么令人印象深刻。事实上，到20世纪80年代，传统的钱德勒式的企业，甚至在其核心业务上也频繁地被更专业化和非纵向一体化的竞争对手所超越。考虑到企业最近发展的这些趋势，至少我们的企业研究的综合范式必须得修改钱德勒企业史研究范式的框架。但我们的目标不止于此，我们还要为企业史研究提供另一种方法论，以避免将当前的研究视为发展过程的最后阶段，从而实际上将当前视为企业史研究终点的倾向（这种倾向以钱德勒范式为例，但也是该领域的普遍特征）。带着这个目标，我们超越了支撑钱德勒研究范式的市场和等级的简单二分法，将注意力集中在企业家长期发展起来的协调其经营活动的各种技术上。利用最新的经济理论，我们首先将这些机制按照一个维度分析排列，并对其在不同情况下的优劣势进行概括。然后我们描述了这些机制在美国历史进程中的作用，强调在任何特定时期下企业运行机制的多样性，以及他们适应不断变化的经济环境的异质方式。

虽然事后看来，成功和失败的适应模式似乎有一个清晰的经济逻辑，但我们认为，这些结果并非是预先设定的。我们关注异质性（即企业应对变化的多种方式），其优势是能使我们保持一种双重视角。通过这种视角，我们既可以阐明所做选择的经济逻辑，与此同时又能保持对偶然性的感知。最后，这种双重视角不仅使我们能够解释为什么钱德勒式企业在20世纪后期遭遇了财富的衰退，而且能够将那个时期的"新经济"企业置于更广阔的历史长河中——这段企业发展史的模式可以通过历史追溯得到很好理解，但其发展方式仍不是非常清晰。

一 三种协调机制：市场、等级与长期关系

钱德勒的研究起点是他观察到19世纪后期，由于技术变革使某些经济部门的企业有可能获得实质性的规模经济。其理由是，要实现规模经济下较低的单位成本，企业不仅要建造大型工厂，还有更多事情要做。他们还必须保持工厂在高水平的产能利用率下持续运行，因此，他们必须确保供应短缺不会扰乱他们的生产过程，以及产品不会堆积在他们的仓库中卖不出去。正如钱德勒所看到的，解决方案是企业将这些供应和分销置于直接控制之下，方法是通过后向整合进入原材料生产中，通过前向整合进入营销中，并建立一个能够协调从原材料到最终消费的投入和产出流程的管理层级。

钱德勒认为，采取这些措施的企业改善了市场的运作，获得了由此带来的效率提升，并获得了巨大的竞争优势。他认为，唯一有能力与他们竞争的是那些成功复制其垂直整合结构和管理等级的公司。由

于相对较少的公司能够筹集到所要求的巨额资本,这些行业很快呈现寡头垄断的结构。此外,由于大公司可以通过将其业务分散到其他的行业来发展范围经济和规模经济,随着时间的推移,他们能对经济中越来越大的份额行使管理权。

1977年《看得见的手》首次出版时,钱德勒的企业史研究方法代表一种非凡的成就。该书提供了一个令人信服的替代方案,以取代在文献中占据突出地位的大企业"强盗贵族"说。该书首次为企业史学家提供一个分析框架,使其能够理解到当时构成某个行业领域的主要公司和行业的(通常是古老的)发展史。最重要的是,它把注意力聚焦于一个核心的经济问题,即理解制造业和分销组织中发生的巨变,并指出这种变化对美国经济结构和美国在世界上的地位所产生的影响。

然而,钱德勒的分析方法主要是描述性的,且由于缺乏组织变革的基本理论,其分析方法难以解释20世纪后期这些大公司地位所受到的侵蚀。幸运的是,其他学者,尤其是奥利弗·威廉姆森已经认识到将钱德勒的叙述融入更广泛的企业理论中的必要性。威廉姆森的理论出发点是罗纳德·科斯于1937年发表的一篇影响深远的文章《企业的性质》,该文认为,某些类型的经济活动发生在公司内部,而非在市场上,是因为商人可以通过这种方式降低交易成本。基于科斯的基本见解,威廉姆森认为交易成本的产生有两个相关原因。首先,经济参与者只有不完全的信息来指导他们的行为。其次,他们所拥有的信息通常是不对称的,也就是说,比起与他们交易的各方,人们更了解自己的能力和环境。正如威廉姆森所指出的那样,这种不对称性的存在使得经济参与者有可能利用彼此,从交换中获得比他们拥有相同信息时更多的利益。他认为,在没有任何组织或机构来调节这种获益的情况下,交易的一方可能会利用另一方,这种担忧可能会严重限制交易的范围,甚至完全危及交易。在他看来,大型的、纵向一体化的公司之所以能够取得这样的支配地位,是因为它能够通过扩大其边界，用管理协调代替市场交易，来解决困扰制造商和供应商以及制造商和分销商之间的严重信息不对称问题。但是威廉姆森的理论留下了一种可能性，即经济环境的变化可能会影响这些交易成本的水平，从而影响管理协调的相对优势和劣势。

在下面的分析中，我们保留了威廉姆森的核心假设，即无论何时交换商品或服务，不完善的信息都会产生剥削的可能性，但我们认为，经济行为者试图以各种各样的方式解决这些问题。为了便于解释，我们根据交易双方之间产生关系的持久性，将这些方法按一个尺度来排列（称之为协调机制）。这一尺度的最左端，是纯粹的市场交换，这是基于价格的一次性交易，在这种交易中，交易双方没有持续的联系；在尺度的最右端，是纯粹的等级制度，这是永久的，或者至少是长期存在的指令关系，在这种关系中，上级向下级下达指令（明显的例子包括普通士兵和奴隶），不服从的下级将面临严厉的惩罚。当某一方从纯粹的市场交易向右端移动时，各方可能会与对方进行不止一次交易，因此能够激励重复交易行为的发生。当一方从纯粹的等级制度向左移动时，各方越来越有能力从其认为不利的情境中退出。在这两个极端之间则是长期关系，也就是说，在独立的经济参与者之间的交易中，各方自愿选择在相当长一段时间内继续相互交易。本文核心观点是，这种中间形式是足够独特并普遍的，可以被确定为第三类主要的协调机制。

这三类协调机制中的每一种都在某些方面突出，而在其他方面有不足。此外，它们的相对优势和劣势可能会随着影响各方获取信息的经济环境的变化而发生变化。例如，作为一种协调形式，公平交易（市场）的好处主要在于它能最小化成本。当卖家和买家距离相近，且买家可以在购买前检查商品时，这些好处可能很容易获得。但卖家可能会把质量不合格的商品硬卖给距离很远的买家。因为在纯粹的市场环境中，买卖双方没有重复互动的期望，买方不能通过拒绝与卖方再次交易来惩罚这种行为。出于类似的原因，买方不能惩罚未能及时交货的供应商，甚至不能可靠地确定供应商是行为不端还是仅仅经历了不可避免的延误。

等级制度协调的优势在于，它有可能通过内部化来解决这类问题，从而更稳定地控制货物的质量和交货时间。然而，为了使作为协调机制的等级制度发挥良好的作用，上级发出的指令必须得以遵从。下级可能不愿意服从他们认为不符合自己利益的命令。或者他们可能对要做什么有着自己的想法。如果组织规模很大，或者很难将个别员工的贡献与其他员工的贡献区分开来，那么上级可能对下级的行为不甚了解，可能无法发现和处置员工行为的偏差。因此，下级可能会利用这种"委托-代理"问题，从事与上级意愿相反的行为。

长期关系有时优于市场和等级制度。在前者情况下，即使在现货市场上有可能以更便宜的价格获得表面上类似的商品，为确保商品质量，买家也可能更愿意将业务交给过去与他们有过满意交易的供应商。出于类似的原因，供应商可能会发现，为建立质量声誉而支付额外费用是有利的。在后者中，等级制度中的上级可能更喜欢通过长期关系来进行某些经济活动，他们可以在内部进行，其优势是对机会主义行为的约束，这源于各方建立和维持信任的相互需要。在技术变革的方向存在很大的不确定性以及双方都可以从信任所带来的信息和资源池中受益的情况下，这种外包可能是一种特别有价值的战略。另外，长期关系就其本质而言从某种程度上隔绝了成本的降低和效率的提高。此外，根据不断变化的经济条件重新协商条款可能很困难。

本文研究的第三种协调机制有时可以通过与其他部分的方法相结合而更有效。在某些情况下，市场中的信息不对称问题可以通过有限的等级制度的引入而有所降低（例如，通过创建监管机构来监督市场），等级问题也可以通过增加市场竞争的主体来减轻（例如，根据降低单位成本的相对能力对工厂经理进行评估）。在长期关系中，可以利用竞争来控制成本。同样，当一方比另一方更强大时所产生的等级秩序，可以更容易地根据经济需求改变这种关系条款。

特定协调机制（或其他机制的组合）有效解决信息不对称问题的程度也取决于制度环境，我们将其广义地定义为不仅包括正式规则（如法律）和用于执行它们的各种程序，还包括道德和伦理规范。因此，当买卖双方是同一宗教或种族群体的成员时，市场以及长期关系可能会运作得更好。同样，如果上级的权威受到更广泛的文化价值观的认可，无论是任人唯贤还是任人唯亲，那么等级制度中的下级更有可能对指示做出积极的反应。此外，法律制度对违反合同行为的有效惩罚程度可能会影响市场对于长期关系和等级制度的效用，这两者可以为合同有效执行起替代作用。

上述讨论的结论是，在任何给定时间，经济发展中都可能有多种协调机制共同作用。首先，一种机制相对于其他机制的优势可能因行业而异（如在某些情况下，价格将是比质量更重要的交易属性，而在其他情况下，质量更重要）。其次，企业面临的信息问题的种类可能会随着行业中企业的数量、类型以及它们的地理分散程度的变化而变化。此外，在行业内部，不同国家甚至地区之间可能存在显著差异，因为制度和文化环境的差异将影响各类协调机制的相对有效性。

前面的讨论还表明，在一定时期内，成功缓解信息不对称问题的协调机制，在经济条件或制度环境发生变化时可能无法有效运作。在这种情况下，要实现持续的经济成功就要求企业修改他们的组织架构以适应他们所面临的新环境。在未来变化方向存在大量不确定性的情况下，他们必须如此。由于这种不确定性和完全重塑现有组织和关系存在困难性，经济参与者采取的解决方案将在一定程度上被他们过去所做的事情所影响。有些人可能会尝试创新，即创造性地尝试全新的解决方案。但大多数人可能会模仿其他经济部门或其他地区的本行业内貌似成功的做法。因此，某些协调机制可能会经历人气飙升、暂时占主导地位的时期，这种趋势容易让历史学家误以为它们是某种持续发展的经济逻辑的顶峰。相反，通过强调历史环境与协调经济活动的不同机制的利弊之间的相互作用，我们可以再次体会参与者自己经历的偶然性。此外，我们可以通过增强而非牺牲理论的严谨性来接近更高的真实性。

二 长期关系：历史上生产与销售的调节机制

因为起点影响着经济进程的展开方式，所以我们通过概览19世纪初已经存在的主要协调机制来开始我们的美国企业史研究，那是在运输和通信成本下降急剧改变经济结构之前存在的主要协调机制。当时，绝大多数人口分散在农村，家庭是主要的生产单位，因此大多数交换必然是区域性的。在家庭内部，生产分级协调，父亲是一家之主，负责训练孩子，尤其是儿子，给他们分配任务，并在他们不履行职责时管教他们。在家庭外部，父亲代表着这个家庭的利益，负责销售大部分产品，并购买自己无法生产的物资。他还控制着家庭收入和财富的分配，并对未成年子女的劳动拥有完全的财产权。事实上，如果他自己不想利用这些劳动力，他可以把这些劳动力卖给别人。因为父亲大部分时间都在家里，所以他很容易发现并惩罚不服从的人。偶尔会有孩子为了逃避父亲的掌控而离家出走，但通常，为防止这种叛逆行为的发生，留在家里的孩子会获得一定的奖励。与此同时，父母和孩子之间的情感纽带弱化了，加强了父权的等级色彩。

商店和商铺内的经济活动是家庭经济的延伸。学徒、熟练工和职员一般都住在雇主家里，像孩子一样要服从雇主的管教。他们服从的动机却有所不同，因为这取决于他们在业务中积累技能或知识所获得的未来收益，以及与雇主的良好关系有多大可能在多大程度上帮助年轻人以后开展自己的业务。如职员在经过一段时间的培训后，往往会晋升为初级合伙人，因此他们有强烈的意愿留在雇主的身边。而在那些未来收益微薄、掌握技术所需的培训量不大的职业中，有不需要长时间培训的其他机会时，年轻学徒往往选择离开。因此19世纪早期在由于科技变革而降低技能要求的行业中，学徒制趋于衰落，一个更加客观的劳动力市场得以发展起来。

虽然家庭、商店和商铺内部的活动是分级协调的，但这些不同经济主体之间的互动通常是由更平等的长期关系来调节。当农民与当地店主和工匠做生意时，他们会和与其有着密切多维关系的亲属或邻居进行交易。由于一方需要在许多不同的情况下反复与对方打交道，所以不会占另一方的便宜。此外，这些当地的交易还遵循各种各样的习惯做法，如付款通常采取不承担利息费用的记账债务的形式，且很可能在长时间内通过抵销账面信用来偿还。这些账面信用可能来自借款人提供的商品或服务，也可能来自对借款人有负债的第三方的偿还（通常也来自本地网络）。借款人有偿还债务的社会义务，但出借人同样有不向欠贷人施压的义务。

家庭从当地店主和工匠那里购买他们无法自己生产的大多数商品，但其中一些产品来自很远的地方（主要是制成品和只能在其他气候条件下种植的农产品）。这种长途交易通常是通过港口城市的商人建立的网络来运行的，这些网络既包括农村的店主，也包括整个贸易世界的其他港口的商人。在运输和通信成本高昂的情况下，远距离贸易会带来难以解决的委托-代理问题，因此不同地区商人之间最早的联系主要是家族性的。作为家庭成员的代理人不太可能以牺牲委托人为代价来追求自己的利益，因为他们不想拿家族资源冒险。其他类型的人际关系也可以为建立远距离贸易关系提供基础。例如，少数宗教团体的成员，如贵格会教徒，经常对同一教派者负有责任，即使他是陌生人，但他们对其他信仰的人却没有这种感觉。此外，通过介绍信和重复的交易，久而久之，关系就可以建立起来。如果结果符合预期，商人可能会因为小额交易而信任一个被推荐给他的交易者，从而继续这种关系，进而逐渐扩大交易的金额和类型。由此产生的商业"友谊"带来了一种社会预期，这种预期在很多方面与亲戚和邻居之间的预期类似，并有助于确保这种关系按照双方都能接受的条件来发展。

早期投资工厂的商人利用这些贸易网络出售产品，并利用外包制度加工中间产品。一个很好的例子是艾尔玛和布朗家族企业（Almy & Brown），英国机械师塞缪尔·斯莱特的技术专长与普罗维登斯商人摩西·布朗的商业经验相结合，于1790年成功建立美国第一家棉纺织厂。艾尔玛和布朗家族企业利用布朗家族在过去半个世纪里苦心经营的贸易关系，在市场上出售他们的一些机器纺线。其余则交给农户织成布，把与布朗一家长期做生意的农村店主变成了分发丝线和收集成品布的中间商。这一网络所带来的巨大的协调问题（如无人监督的织布工在家里生产质量参差不齐的织物）促使动力织布机的技术革新，使其能够充分扩大产能之后，立即将生产重新集中到工厂来。

在他们的工厂里，艾尔玛和布朗家族企业和其他早期的纺织制造商最初试图用传统的父权制的控制方式来管理他们的工人。然而，随着工厂规模的扩大，制造商也开始尝试其他方式。例如，投资宗教机构，希望借此向员工灌输努力工作和负责任的价值观。劳动力规模的增长也促使管理者开发新的信息系统，使他们能够监督工人的活动。参与外包制的商家使用传统的商业会计系统来记录借方和贷方，这些方法也被早期的制造商所采用。大企业的管理者也开始修改他们的账目，把生产费用包括在报告中，他们用这些报告来评估工人和监督者的工作成果。此外，他们把按件支付工资的生产习惯引入新的工厂环境，使工人的收入与产出成正比，激励他们勤恳地操作机器。

尽管19世纪初交通和通信系统还很原始，但农村经济是富有生产效率的，农民也相对富足。当地的店主储存着一些预计有稳定需求的商品（由港口城市的商人供应），如英国和后来美国的新英格兰地区的工厂生产的越来越便宜的机器制造的纺织品。但是店主无法维持商品的库存，尤其是昂贵的耐用品，因为当地只有零星的需求，这种情况促使商人寻找新的方法来挖掘农民的购买潜力。一项重要创新是将渴望逃离农业中苦差事的年轻人雇佣为小贩，让他们开着装有货物的车在乡村里兜售。从这一创新中，我们得到两个明显的经验教训。

一是如果耐用消费品的生产成本能让"中等阶层"农民负担得起，那么农村确实有一个广阔的耐用消费品市场。康涅狄格商人李维（Levi）和爱德华·波特（Edward Porter）试图利用这一经验，于1807年与伊莱·特里（Eli Terry）签订合同，生产4000个廉价的木制机芯钟，这比一个使用传统技术的钟匠一生所能生产的还要多。特里在规定的三年内完成了合同，他想出了简化钟表机械装置的方法，并开发了相应的专用机器，使他能够批量生产钟的零部件。因此，将商品分配给广大农民市场的创新刺激了技术向"美国制造体系"的大规模生产方向变革。

二是这种分销方式存在严重的代理问题。商人无法确保他们雇用的小贩会小心地对待昂贵而精致的商品，比如钟表，也无法确保他们会准确地报告他们向农民出售产品的价格。同样的，对制成品的认知经验相对有限的农民有充分的理由怀疑那些他们可能再也见不到的小贩会夸大商品的质量，或者对他们想购买的商品收更多的钱。因此，小贩的经历说明了在运输和通信费用高昂的经济中，远距离销售商品存在的困难。在缺乏基于家庭、宗教或长期交往的关系网络的情况下，交易是难以进行的。

三　市场与等级相结合：协调机制的创新

由于蒸汽船和开发运河的技术创新，以及铁路和电报的发明，交通和通信成本大幅下降，然而这不足以引发一场市场革命。信息不对称的问题依旧需要解决，小麦作为一种基本商品生动地说明了这一点。在中西部不断扩张的农业地区，农民最初将小麦运往市场的方式与其祖先基本相同，即将小麦装进麻袋，然后完成从农场门口到终极市场的整个运输过程。然而，随着铁路网络的建设，芝加哥的腹地不断扩大，以这种方式处理越来越多的货物的成本也随之增加，到了19世纪50年代，商人开始将小麦从袋子里拿出来，倒入谷仓和货运火车车厢里。

来自一个农场的小麦与其他农场的小麦混合在一起无法区分，消费者无法再以农民的信誉作为质量的保证。为解决这个问题，芝加哥期货交易委员会（Chicago Board of Trade）试图将市场上的小麦分为白冬小麦、红冬小麦和春小麦三个类别，并用重量而非体积来衡量小麦。然而，这种补救措施显然是不够的，因为农民不再有任何经济动机去费心清理他们的小麦。相反，这种激励机制促使农民在他们的农产品中掺入更便宜的谷物，甚至掺入不可食用的材料增加重量，从而在市场上获得更多的报酬。其结果是该地区农民的收入普遍下降。在1857年大恐慌之后的艰难时期，情况恶化，期货交易所最终想出了一个解决办法，根据质量将三类小麦分成更精细的等级（包括"拒绝"等级，这是被认为非常低劣的小麦等级），并雇用有权进入仓储电梯的检查员，确保商人遵守新标准。

小麦的例子显示，广阔的地域市场并不会由于运输和通信成本的下降而自动出现。为了使长途贸易有效地进行，必须解决在物理上彼此相距遥远的市场参与者之间与货物交换相关的大量信息问题。如果生产者的个人身份不能再作为质量的指标，就必须设计新的方法来制定交易标准。芝加哥期货委员会的商人们很快认识到，仅仅制定一个等级制度是不够的。只有在某些利益相关的个人或团体确保等级制度能够准确代表质量的情况下，消费者才会接受新标准，认为它具有信息价值。实际上，芝加哥期货委员会要做的，就是在相对纯粹的市场交换中增加一种使等级制度能够执行的因素。

然而，这并不是故事的结局，因为增加的等级制度带来进一步的后果，使芝加哥期货委员会和与之相关的商人们对农民拥有了相当大的市场权力。由于小麦的等级越高,农民获得的利润就越高,因此分级过程成了农民不满情绪的导火索。随之越来越多的投诉称,粮仓经营者操纵商品的分级过程不公平,以牺牲农民的利益来提高收益,伊利诺伊州立法机关介入,将检查责任移交给一个新的政府机构——铁路和仓库委员会。执行等级制度的同时要使市场正常运转起来,但它现在是一个更中立的权威机构。

芝加哥期货委员会为促进小麦贸易而开发的市场和等级协调相结合的特殊方法,对那些可以相对容易划分标准等级的商品来说,效果良好,但是向偏远地区的消费者推销更复杂的商品需要不同的方法。一个解决方案是依靠大型批发公司。这些企业绕过了早期商人苦心建立起来的人际关系网络,在全国各地开设办事处,建立自己的内部采购和销售代理系统。大型批发商按等级制度协调其雇员,创立一种命令指挥结构。在这种结构中,权力范围从全国办事处辐射到区域和地方办事处,这些办事处的管理者负责监督他们各自地区的代理商。与通常按佣金方式运营的纺织品分销商不同,批发商对其所经营的商品拥有正式的所有权,并且通常会给商品打上自己的商标。他们拿自己的名誉做担保,对自己所销售的商品质量负责。

消费者很少从批发商那里直接购买商品,而是从零售商那里购买,而这些零售商又从批发商那里采购。19世纪晚期,城市的发展使城市新型零售商,如五角商店和百货公司(其中最大的能够绕过批发商创建自己的采购网络),能够为城市居民提供各种物美价廉的商品。用雷吉娜·布拉斯奇克(Regina Blaszczyk)的话来说,这些大型零售店的采购员开始充当"经济活动中的时尚中介"的角色。在工作过程中,他们收集顾客品位方面的信息,并将这些信息传达给供货的批发商和制造商。通过这种方式,他们能够保障制造商生产和批发商储备的都是消费者真正想要购买的商品。此外,由于与这些商店保持良好关系是非常有利可图的,供应商有充分理由满足买家对产品质量的期望。

挖掘美国众多富裕农民的消费潜力有赖于该时期的另一项创新——目录邮购公司。先是蒙哥马利·沃德（Montgomery Ward）公司，然后是西尔斯-罗巴克公司（Sears, Roebuck & Company），他们利用新建立起来的全国铁路网络创造了一个商品分销系统，取代了之前的流动小贩。他们向美国农村人邮寄详细描述各种商品类别的目录册，接收回邮订单，随后向买家发送货物并附有无理由退货保障条款。和城市零售商的情况一样，他们的采购员兼具向供应商传达消费者品位信息和执行质量标准的双重职能。

尽管大型批发商和零售商通过等级协调制度替代了早期商人所使用的人际网络和流动小贩，解决了远距离大宗商品的交易问题，但他们的等级制度不像市场那样能自动运转。为了履行对消费者的承诺，且获得足以吸引和留住投资者的利润，他们也必须克服严重的信息问题。如西尔斯百货公司最初安排商品直接从工厂发货给消费者，但该公司之后发现为了确保物品迅速完好到达，他们必须亲自负责配送。为此它进行了后向整合，并于1906年在芝加哥开设一个庞大的新邮购仓库。为了应对不可避免的内部委托代理问题，西尔斯将其仓库分成多个部门，这些部门的主管通过指挥链与公司高层官员联系在一起。同时，它创建了激励机制以使这些主管始终保持警觉。调度员一接到订单就将订单分配给特定装运间，每个部门都有15分钟的时间交货，然后将货物打包运出。没有及时送达的货物必须单独运送，费用由供应部门承担。这种延迟交货的成本促使供应部门保持足够的库存，并对库存进行整理，以便能够快速找到产品。它还为高层管理人员提供了一个衡量下属是否成功履行职责的有用的标准。

四　小厂商的聚集与大企业的整合

19世纪下半叶出现的大型批发商和零售商解决了许多与远距离贸易有关的信息问题，但也对许多依赖它们进入全国市场的小生产者施加了相当大的市场力量。小规模制造商对此的反应是试图提高他们相对于批发商的议价地位，他们最有可能在相似产品生产商聚集的地方取得成功，这些地方现在被称为"工业区"。

无论这些公司最初设立位置如此接近的原因是什么（进入市场或获得低成本原材料或其他投入），这种集中度往往会持续下去，因为它们吸引了能提供互补产品或服务的企业，这是制造商之间及其与相关企业形成的网络成为竞争优势的重要来源。这些工业区的公司往往比偏远地区的公司更小、更专业化。如在19世纪70年代，费城的纺织工业有600多家公司，大多数专注于制造过程的单一步骤（如纺纱、织布或染色），并与其他公司签订合同，以确保完成成品的订单。这种与其他各种高度专业化的生产商合作的能力，使他们能够定制自己的产品以满足特定买家的需求，并灵活应对风格的变化。此外，由于参与这种多公司联动交易对成功至关重要，生产者有持续的动机与彼此公平交易。

像19世纪早期的商人一样，这些工业区中的商家在社会上和经济上相互作用，由此产生的多维关系促进了包括生产以外的其他合作。因此，制造商能够联合起来，开发新的商品营销方式，既能约束批发商，又能直接向零售商销售。如在费城，纺织制造商集体建造"交易所"，这是一栋9层楼的建筑，在一个方便买家参观的中心位置展示数百家当地公司的商品。同样，密歇根州大急流城的家具生产商利用市场力量，组织一年两次的大型展览会，向业界出售他们的产品。

利用批发商进入全国市场可能给大、小制造商都带来问题。正如钱德勒所说，在这种情况下，解决方案是让公司整合分销业务，负责营销自己的产品。在那些公司为广阔的市场生产复杂机械的行业中（如缝纫机、收割机和其他类型的农业设备，以及后来的汽车）；那些商品需要特殊处理的行业中（如加工牛肉和加工其他易腐烂的食品）；以及那些需要从零开始建立需求的行业中（如19世纪后期的一种新产品——香烟）这样的问题极有可能出现。如辛格缝纫机公司（Singer Sewing Machine Company）发现，消费者不愿意购买像缝纫机这样昂贵的物品，除非他们获得如何使用缝纫机的指导，并保证被损坏的设备可以得到迅速而廉价的修理。批发商通常处理来自各种制造商的货物，正如威廉姆森的交易成本分析所预测的那样，他们不愿意在这些昂贵但（为了公司的盈利）必要的指导和维修服务上花钱。因此，企业创始人辛格（Singer）不得不垂直整合其商品的分销业务，自己承担这些任务。从19世纪50年代末开始，公司建立一个全国性的销售办事处系统，每个办事处至少有一名经理、一名女演示员、一名机械师和一名推销员。这些在分销方面的投资得到了回报，订单不断增加，促使辛格公司精简生产流程，以便及时交付机器。就像伊莱·特里之前为了履行合同而改良钟表制造一样，辛格按照美国的生产系统重新设计产品和生产流程，使用专用机床生产标准化部件，可由非熟练工人进行组装。

随着制造企业生产范围和生产规模的扩大，他们面临着协调劳动力的新困难。根据雇员的边际产出收益的价值（例如，计件工资可能是衡量工作成果的有效方法），给小手工作坊的雇员或是小工厂的工人支付工资，是一个相对简单的做法，但在大公司，尽管会计实践有所改进，但单个工人的边际产出的价值也可能不好定义或不易衡量。此外，通过直接观察而获得的有关员工绩效的信息实际上是由工头拥有的，而将这些信息传递给上级可能符合，也可能不符合他们的利益。泰勒主义在某种程度上是一种绕过工头的尝试，这是对员工合理的生产力水平进行直接了解，并激励工人发挥自己的能力。然而，在需要团队努力工作的复杂生产环境中，如果员工不都是以相同的速度工作，那么这种个人激励可能会适得其反。因此，这些行业的公司倾向从个人激励转向集体激励。在机器控制工作节奏的大规模生产企业中，例如福特汽车公司的流水式装配线——更容易识别那些懈怠或跟不上节奏的工人。因此，福特能够通过支付优厚的薪水和解雇达不到要求的工人来确保其员工的高效努力工作。

文化形态也可以用来管理劳动力。事实上，当工人们试图通过加入工会来对抗劳动力市场上大型雇主的垄断力量时，文化形态的确变得尤为重要。最显而易见的是公司可能会聚集那些种族或性别不同的劳动力，这对劳工组织来说是一种障碍。但也可以利用种族或性别差异来灌输对企业的忠诚感或鼓励员工努力工作。南方纺织厂拒绝雇用非裔美国人，目的是给白人工人一种感觉，即他们能免于在不健康的环境下拿着低工资工作。

出于类似的原因，亨利·福特把流水线上的工作看成是男性化的，他故意拒绝雇佣女性，以便诋毁那些跟不上流水线的员工，侧面表明他们缺乏男子气概。此外，通过在其组织中复制社会的种族、性别和阶级结构，公司使他们的等级制度看起来很自然——就好像那些处于等级顶端的人注定要在那里一样。这些管理方式如果与内部的职业阶梯相结合时就会尤其有效。这些职业阶梯让工人们知道，努力工作和忠诚会得到回报，即使他们所追求的职位具有严格的限制。通常情况下，他们还会对亲工会的工人进行骚扰，这些方法通常成功地阻碍了有组织的劳工。直到20世纪第二个25年，联邦政府开始强迫企业承认工会并真诚地与工会谈判时，工人们才能够以任何重要的方式对抗大型制造商的市场支配力。

正如费城纺织业所显示的那样，工业区的一个优势是生产者可以灵活地响应顾客的需求和不断变化的品位。在大型钱德勒式的企业中，大规模分销与大规模生产的结合使生产商能够大幅降低产品成本，但代价是灵活性的重大缺失。例如，在20世纪初，福特汽车公司的工程师们设计了一种零部件简单、加工成本低的汽车，然后想出了将美国制造体系的技术与装配线相结合来大批量生产这种汽车的办法。当时，大多数汽车公司从独立的供应商那里购买零部件，但福特汽车公司早期采取了纵向一体化的战略以降低成本，并确保随时供应精确的符合其规格的零部件。当公司从高地公园的工厂搬到底特律庞大的胭脂河综合工厂时，公司又进一步推动了这一战略，不仅生产零件，还生产用于制造零件的大部分材料。福特公司还投资建立一个销售系统来售卖其工厂大批量生产的汽车。通过专一地推行这种大规模生产和分销的战略，福特公司成功地降低了汽车的成本，使其购买价格在大多数美国消费者的承受范围之内。然而，该公司提供给客户的选择范围非常有限。不管亨利·福特是否真的说过那句名言"买家可以选择任意的汽车颜色，只要是黑色"，这句话都准确表达了公司的理念，即通过不懈的标准化来降低生产成本。

当然，福特公司是一个极端的例子。20世纪20年代，通用汽车公司（GM）开发了一种生产平台系统，为客户提供了更多的选择。但公司通过长时间生产来保持低成本的努力，也严重制约了其满足不同消费者需求的能力，甚至是随着时间推移而改变消费者的品位。预估消费者对各种车型和颜色的需求是一个非常重要的问题，通用汽车公司孜孜不倦地跟踪经销商的销售情况，并尝试了新的市场研究技术。然而，在实际销售之前做出生产决策就不可避免地意味着，像通用汽车公司这样的企业越来越多地依赖广告来塑造买家的品位——也就是说，把获得规模经济所需的高度标准化的产品变成人们的渴望。

五　大型企业的等级协调与多元化和组织创新

19世纪后期，大型垂直一体化企业被限制在相对少数的大规模生产行业（尤其是像缝纫机这样批发商无法提供足够分销服务的行业）。然而，在接下来的100年时间里，一系列的并购浪潮极大地扩大了由这种钱德勒式企业主导的行业的数量。1895~1904年的企业合并运动是这些并购浪潮中最早的，且最重要的，并购主要由横向的、单一行业的企业合并组成，其主要动机是通过提升市场支配力来减少价格竞争。这些合并的数量和规模过大，以及它们突然改变了美国许多大型工业的结构，引起了公众的强烈抗议。联邦政府随后的介入使这种横向并购难以实施。随后的并购浪潮主要是为了实现跨行业多元化而进行的收购。

由于大公司最初建立的高度集中的管理组织在扩展到其他业务时往往会受到僵化和信息过载的影响，因此在这种多元化努力取得成功之前，必须进行组织创新。杜邦公司（Du Pont Company）是最早认真面对这一问题的企业之一。在第一次世界大战期间，杜邦公司获得蓬勃发展，为交战各方提供火药和相关的战争物资。由于公司预计在停战后将面临产能过剩的问题，公司高层决定开拓新的市场，比如涂料，这一方面利用了公司在化学品方面的技术专长，另一方面保证公司在和平时期也有巨大增长潜力。然而，管理层很快就发现，该公司的集中管理无法有效地协调其多元化的业务。经过几次断断续续的努力，以渐进的方式解决了这个问题。杜邦公司的所有者开发并实施了一种多部门的组织形式，其中每个不同的产品线都被组织为一个独立的业务（尽管其中一个是杜邦公司全资拥有的）。

在新的组织结构下，一个部门的负责人就像一个公司的首席执行官，就部门的盈亏表现向所有者负责。每个部门控制着支持其运营所需的所有职能，从产品开发和采购到市场营销和销售，杜邦董事会控制着分配给每个部门的资金量，以及部门主管的任命和任期。虽然这种变化不可避免地会导致规模经济的部分损失（如采购和营销等职能从中央办公室转移到几个部门），但它使中央办公室的高层管理人员能够专注于资源分配和长期战略问题，使部门经理能够对其所在地区不断变化的条件和机会做出及时反应。此外，通过迫使部门经理争夺资金，它还将市场因素引入了企业的等级组织中。

杜邦公司在同一时间管理多个产品线的类似问题启发了其他少数公司也下放了管理权力，但这种组织创新直到 20 世纪下半叶才进一步传播。随着经济从大萧条和第二次世界大战的双重破坏中复苏，许多美国各领域最大企业的第一个冲动是跟随杜邦公司在第一次世界大战后为保护其长期盈利能力而开辟的道路进入了新的业务领域，采用分散的多部门（M 型）组织结构进行管理。与杜邦公司一样，这些公司最初也将业务多元化，涉足与其主要产品线密切相关的一些业务。通过这种方式，这些公司就可以更充分地部署其已经开发的能力，并利用了潜在的范围经济。追求这一战略的公司的一个重要附属目标是通过生产具有互补时间需求模式的商品来平滑商业周期中的利润。

公司可以通过建立自己的工厂来进入新的生产线，但收购已经在这些市场上发展起来的生产商往往更为有效。然而，一旦企业开始将其剩余资本用于收购，似乎就很难停止。如果企业多元化的一个重要目标是使管理者能够通过生产具有不同时间需求模式的产品来稳定收益，那么很容易得出这样的结论，即他们可以像投资者选择证券投资组合一样，通过积累广泛的公司投资组合来更好地实现这一目标。公司开始收购与其核心业务完全无关的其他行业的公司，结果是在 20 世纪 60 年代和 70 年代初出现了巨大规模的并购热潮。

因此，在 20 世纪 70 年代中期，当钱德勒坐下来写《看得见的手》时，大型的、纵向一体化的、水平多元化的、管理协调的企业已经在国家经济活动中占据了很大的份额。大公司不仅将其核心业务的成功转化为其他经济活动，而且还设法在长时间内前所未有地保持其主导地位。理查德·爱德华兹（Richard Edwards）也在20世纪70年代中期出版相关专著，他发现在1919年至1969年，美国最大公司的排名几乎没有什么变化。实际上，所有在1919年引领美国各行业发展的公司在1969年其规模仍然名列前茅。此外，到20世纪70年代，同样是这些美国公司（或看起来结构类似的外国公司）也在国际舞台上取得了胜利。鉴于这一记录，钱德勒关于纵向一体化、管理协调的企业是现代工业企业的观点很容易被人们接受，也就不足为奇了。

六　钱德勒式企业的衰落与个性化创新

然而，情况很快就发生变化。当莱斯利·汉纳（Leslie Hannah）在20世纪90年代末重新审视这个问题时，他发现，曾经占主导地位的钱德勒式企业的相对地位已经急剧恶化。如在1912年跻身世界百强的54家美国公司中，1995年只有17家保持了这一地位。此外，尽管有大量的并购，实际上只有26家公司的资本额（经价格变化调整后）高于1912年。换句话说，在这期间，超过一半的公司无论是绝对价值还是相对价值都失去了优势。

业绩恶化根本原因是经济环境的变化影响到大型纵向一体化、水平多元化公司所采用的协调机制的价值。20世纪70年代突如其来的国际竞争凸显美国企业所面临的严重性问题，但困难的潜在根源主要是在国内。人均收入的增加使消费者偏好转向了更高质量、更个性化的商品，但大公司的等级组织对这一现象的反应被证明是僵化和迟钝的。与此同时，随着运输和通信成本的持续下降，市场更好地发挥了作用，最初促使企业纵向一体化的交易成本问题大大减少。在许多情况下，现在企业购买投入比生产投入更具成本效益。大公司并没有从美国经济中消失（20世纪90年代，公司的平均规模实际上有所扩大，但原因在于中等规模公司的增长，而非巨头公司的增长），但它们开始收缩自己的业务边界，从多元化和纵向一体化中收缩范围。

钱德勒式企业所采用的等级协调技术的缺点在综合性大企业中表现得最早，也最明显。并购中心办公室的高管很少对被收购企业有详细了解，他们越来越局限于用容易解释的财务指标（如收入、利润和投资资本回报率）来评估部门经理的业绩。实际上，高管们试图通过使用会计回报率来模拟竞争过程，扩大M型企业组织架构中内置的市场协调元素。随着时间的推移，这种监测不仅增加的价值越来越少，而且可能十分有害。首先，组织例行的目标设定和频繁评估倾向于将高管的注意力集中在短期的具体目标上，而不是聚焦在确保公司持续成功所需的那种长期战略规划上。其次，随着基础业务变得更加复杂，那些非常适合单一业务线的会计系统会变得非常不合适，关于成本结构和最终利润来源，这些会计系统给出的是无用甚至是具有误导性的信息。最后，这种"数字管理方法"倾向于创建激励结构，奖励通过实现长期生产，将固定成本分摊到大量产出上的子公司，它通过鼓励管理者牺牲产品质量来换取生产数量，使计量问题复杂化。

不出所料，到20世纪80年代，资本市场已经开始估低作为协调机制的中央办公室控制的价值，并对多元化公司施加惩罚（以相对较低的股价的形式）。当固执的公司管理阶层似乎无法或不愿改革自己以应对不断变化的经济状况时，股东们的反应是支持带敌意的收购和杠杆收购。然而，到20世纪90年代，大公司更愿意将前10年的教训内化于心，减少使用带敌意的方式。其主要的改革是将高管的薪酬与公司股票的表现挂钩，试图迫使高级管理人员注意到金融部门对他们决策的评估，将市场力量引入到钱德勒式公司的核心。然而，无论采用何种方法，其结果都是投资多元化的显著倒退。根据一项计算，到 1989 年，公司已经剥离他们在 1970 年至 1982 年在核心业务以外进行的多达 60% 的收购。

在此期间，纵向一体化企业也出现重大倒退。以钢铁为例，从 20 世纪初开始主导该行业的大公司通过向后整合矿石储备和其他原材料，有效地阻止了潜在的进入者必要的投入，从而成功地阻止了新的国内竞争。由于运输成本高昂，美国公司也无法与外国竞争对手抗衡，因此企业几乎没有动力跟上世界的技术发展。到 20 世纪 70 年代，新型散装货船的发展导致运输成本大幅下降，进口激增，面对技术更先进的对手的竞争，美国企业纷纷倒闭。在接下来的 10 年时间里，当国内产业开始复苏时，前一个时代的大型综合企业开始撤退，取而代之的是数量相对较多的规模较小、更专业化的公司，每一家公司都倾向投入专注于生产过程的某一特定生产阶段和一种或两种产出类型。

在汽车工业中，在 20 世纪最后 25 年，大型纵向一体化公司的局限性也变得明显起来。受到广阔的（看似安全的）美国国内市场诱惑，高管们把重点放在延长生产周期和相对肤浅的产品差异化上，以此作为盈利的途径；在开发规模经济压力下，产品质量受到影响。20 世纪 70 年代石油危机导致汽油价格攀升，美国公司在其国内市场的份额下降，因为消费者发现小型、节能的进口汽车与动力越来越强劲但笨重和低效的美国车型相比，更具有吸引力。像丰田公司这样的日本企业，能够利用消费者这种偏好的转变，在美国市场取得长足进步，因为他们不仅能够为消费者提供更大的燃油的经济性，而且还出现更高质量和更广泛的车型选择。

丰田公司最初是一家具有创新历史的纺织企业，在两次世界大战之间的艰难时期开始制造汽车。日本市场规模小，再加上福特和通用汽车在当地建有装配厂，迫使该公司（尽管有政府援助）不得不从一开始就灵活解决差异化需求。这也促使该公司在财务和运营上对供应商进行投资。这些投资包括对零部件设计的支持，对供应商员工培训的帮助，对生产组织和质量的持续改进的帮助，以及对协调和交付零部件的"及时"程序的开发，所有这些都是在承诺关系和持续关系的背景下进行的。在这种关系中，问题是通过声明而不是退出这些关系网络来解决的。丰田将自己定位为一个由不同企业组成的公司网的中心，多年来它不提供任何东西，在这一个动态的世界里，它从这种网络安排所带来的变革和改进能力中获益匪浅。

美国的汽车制造商由于已经建立起等级结构的管理组织，并且长期以来一直专注于降低零部件的成本，尽管付出巨大努力，但也很难按照丰田的方式重组他们的供应系统。不过美国其他制造业的公司，特别是像计算机这样的新兴制造业，已经广泛开发利用了"及时"库存和供应商的网络关系所固有的生产灵活性。如戴尔电脑公司就利用这些技术为个人顾客快速廉价地定制电脑。通过一个被称为"虚拟集成"的过程，戴尔从供应商网络购买零部件，这些供应商愿意进行必要的投资，以保持技术的最新发展，并满足公司严格的质量标准和及时交货的需求。未能满足戴尔要求的供应商面临的处罚比20世纪初西尔斯公司内部部门所面临的惩罚要严厉得多，后者只需要在预算中承担额外的运输成本，而他们则可能会完全失去这些利润丰厚的合同。但戴尔公司帮助其供应商直接、"实时"地访问其订单，以便使他们能够有效地制订计划生产和交付时间表。

在计算机工业的其他领域，公司之间的长期联系网络变得如此密集，在地理上如此集中，以至于它们具备了工业区的所有特征。当然硅谷（Silicon Valley）就是一个杰出的例子。硅谷的公司通常规模较小，而且高度专业化。虽然它们之间竞争激烈，但也共享技术信息，并通过合资企业进行合作，以满足消费者的特殊需求。根据安娜莉·萨克森尼安（Annalee Saxenian）的说法，大型管理企业在技术动态变化的行业中处于竞争劣势，例如计算机行业。她将20世纪80年代波士顿的"128号公路"技术走廊与硅谷的经验进行对比，发现波士顿地区规模较大、等级较高的公司既不能经受住需求的波动，也没有跟上技术发展的步伐。

在电信等受监管的行业中，等级森严的大型公司几乎同时遇到了类似的困难。如到20世纪80年代初，美国电话电报公司（AT&T）一直拥有并经营着一个横向和纵向一体化的电话系统，它的子公司贝尔运营公司（BOCs）为美国电话电报公司的长途网络提供本地服务和互联，西部电气公司在贝尔实验室进行的研究帮助提供网络建设所需的设备。20世纪初，美国电话电报公司与联邦政府达成和解，允许它保持在电话行业的垄断地位，作为交换，它要服从联邦政府对价格和其他业务方面的监管。

然而到20世纪70年代末，在长途通信领域，由于技术变革和新的潜在竞争对手的出现，这种制度安排似乎越来越成为进步的障碍。在联邦政府要求其减少垄断地位的压力下，美国电话电报公司被迫剥离了横向或纵向业务，经过与钱德勒式企业类似的一系列治理，美国电话电报公司的管理层选择保持其垂直结构不变。公司保留西部电气公司和贝尔实验室，放弃贝尔运营公司，将它们成立为7家独立的地区性公司，但这种新的产业结构只维持大约10年时间。美国电话电报公司发现，考虑到西部电气公司的专长是机电一体化，购买所需的新电子硬件比制造硬件容易得多。与当时的其他大公司一样，它开始走向解体，将西部电气和贝尔实验室拆分为一家新公司朗讯科技（Lucent Technologies），而该公司本身也在90年代末陷入困境。与此同时，美国电话电报公司扩张业务（主要通过收购）进入电信市场的无线和宽带领域。当它所期望的新旧业务的协同效应尚未实现或未能提供任何竞争优势时，美国电话电报公司再次将自己拆分为独立公司。

全国性的零售商，如邮购公司和连锁百货公司，也受到20世纪末经济环境变化的严重影响。这些企业雇用专业的采购员来跟踪不断变化的流行趋势，但是制造商需要很长时间才能生产出他们想要的商品，这就意味着他们必须提前很长时间下订单，这就增加了采购员误判消费者品位方向的可能性。商店处理这种决策失误的方法是在季末时以清仓价出售未售出的商品。

然而，从20世纪60年代中期开始，随着人均收入的增加，美国人对标准化商品的容忍度下降，对购买能表达个人品位的商品更感兴趣时，上述的这一问题就恶化了。以床上用品为例，白色床单的市场份额从1960年的75%左右，下降到70年代中期的20%左右，而花式床单的市场份额则呈现完全相反的趋势。同样，男人不再穿白衬衫，女人也不再穿定制服装，普遍的服装趋势是款式、面料和颜色都更加多样化、更休闲。随着消费者品位变得更加多样化，商家只能努力满足这些需求，公司采购员在储备特定商品时出错的可能性就增加了。百货公司用两种方法解决这个问题：一是提高商品的一般加成率；二是加快滞销商品的销售速度。但其组织结构以及获取、处理信息并据此采取行动的能力并没有发生根本性变化。

这种情况为新的全国连锁专卖店提供了一个机会，可以从更传统的商店那里抢走大量业务。乘着新信息技术的浪潮，像 The Limited 和盖璞（The Gap）这样的创新零售商学会如何灵活地管理他们的品类，以减少这类错误。他们的结账扫描仪，读取包含每件售出商品详细信息的条形码，生成大量的数据（风格、颜色和尺寸），精确地显示出每个商店在每个时间段的销售情况。高级管理人员通过分析数据中的本地、区域和全国的模式，不断调整订单（有时是价格），改变运输路线，并修改特定商店提供的商品类型。此外，依靠类似于丰田和戴尔公司的即时供应链关系，他们能够更有效地管理所有这些品类，甚至比在旧的百货公司订购系统下提供的品类更少。类似的技术导致玩具反斗城（Toys R Us）、电路城（Circuit City）和鲍德斯书店

(Borders) 等商店的成功，被统称为"品类杀手"，因为它们对百货公司能够盈利的库存和销售的商品类目产生了影响。

所有这些创新的结果是为消费者在任何特定产品类别中提供了更多选择。通信技术的进步更是推动了这一发展趋势，开创网络营销时代，这种方式让人想起西尔斯公司和其他邮购公司，但没有随之而来的通信不畅劣势，零售商仅仅充当客户界面的角色。当然，互联网本身并不是一种协调机制，而是一种协调基础设施，是在长期历史中基础设施改善的最新发展结果，这些基础设施的改善降低了沟通成本。然而，互联网使搜索和信息传递成为可能，这种速度和便利性表明，它对特定协调机制发生的影响可能是深远的。由于供应商能够收集关于单个消费者的兴趣和偏好的信息，他们就有可能提供个性化产品（节省顾客的搜索时间）与个性化定价，就像19世纪早期的工匠了解当地买家需求，并据此定价一样。

七　第三种协调机制：提供另一种企业史叙述模式

通过扩展市场和等级制度之间的熟悉的对立关系，我们已经能够提供一种比目前文献中所能提供的更复杂的美国企业史叙述。我们在商业人士解决信息问题所使用的技术中所观察到的横向和纵向的异质性，为我们了解三种主要协调机制的相对优势和劣势提供重要的见解。此外，它还为我们提供所需的依据，使我们能够同时对组织变革的历史进行回顾性和前瞻性的观察。

回顾过去，本文的调查研究揭示一种有趣的趋势。一方面，自19世纪初以来，交通和通信成本一直在或多或少地稳步下降，人均收入也或多或少地稳步上升。然而，尽管有这些累积的、单向的趋势，但随着时间的推移，至少到目前为止，经济中等级协调机制的使用却遵循一个明显的驼峰型模式。也就是说，在19世纪下半叶，随着铁路和电报的普及，运输和通信成本下降，以规模经济为特征的行业企业以等级制代替其他形式的经济协调机制，通过前向整合进入分销中，后向整合进入供应中，并发展管理组织来协调这些活动（后来用于扩展到其他行业的组织）。但在计算机时代，随着运输成本，尤其是通信成本的持续下降，这些行业企业的反应是从集团化和垂直一体化中转移出来，越来越多地用长期关系来代替不断扩展的管理等级制度来进行协调。

事后看来，这种令人费解的趋势组合一定程度上可以归因于通信和运输成本对经济活动地点和组织的影响。当这些成本较高时，经济活动往往是地方性的，因此规模较小。当沟通几乎是即时的，就像在互联网上一样，交通也非常便宜时，那么，在其他条件相同的情况下，经济活动几乎可以在任何地方进行，甚至可以根据个人需求进行定制。然而，当通信和运输成本既不是高得令人望而却步，也不是微不足道时，把生产活动集中在特定地点和大公司就会有好处。

人均收入的趋势对经济活动的组织也有类似的影响。在19世纪，大多数家庭都只有相对较少的剩余货币来购买基本生活所需以外的产品，他们扩大消费商品范围的能力在很大程度上只比商品成本略高。在大多数制成品的价格超出消费者承受能力的情况下，通过降低生产成本可以获得巨大的回报。然而，到20世纪后期，人均收入的增加使奖励结构转向那些能够更灵活响应消费者需求的公司。正如我们所看到的，大型的、纵向一体化的大规模生产企业能够以低成本生产商品，但代价是提高标准化程度。这种代价在19世纪后期是消费者乐于接受的，但在一百年后却不太愿意接受。当20世纪末新公司出现时，当它们用长期关系取代垂直一体化，更好地适应对更高质量和更多选择的偏好时，消费者就会用脚投票。

这种对"新经济"起源的解释本身就是对文献的宝贵贡献。它不仅显著地修正了钱德勒的分析框架，使我们能够重新评估其他影响历史写作的单向变革理论。例如，所谓的市场革命学派的成员认为，经济在18世纪末和19世纪初经历向资本主义的过渡，其结果是，迄今为止支配交换（并控制贪婪）的个人关系被广泛的、非个人的市场增长所破坏，在这种市场中，几乎没有什么可以约束贪婪行为。相比之下，本文分析表明，长期关系（以及与之联系在一起的对自利行为的非正式限制）在交换中继续发挥着重要作用——它们实际上构成第三种主要的协调机制，其重要性随着时间的推移时而增强，时而减弱。同样地，本文分析使我们能够将一些历史学家提出的主张（也受到其他人的质疑）置于历史背景之中，即到20世纪初，大型的、纵向一体化的公司能够对美国人的消费选择施加一种葛兰西式的霸权。通过强调不同协调机制和特定营销安排之间的联系，我们为历史学家提供一种理解生产者和消费者的相对权力已经发生（和仍在发生）转变的方法。

尽管本文的分析有助于描述在当前经济中起作用的力量，但作者认为，如果把当今看起来最成功的商业组织类型视为历史不可阻挡地趋向的新终点，那将是一个严重的错误。虽然新经济核心的长期关系有灵活性的优势，但在某些情况下可能存在相应的缺点。如为了使这一种关系能够长期维持下去，所有相关方都必须从这种关系的延续中受益。在需求波动或下降趋势导致产能持续过剩的动态环境中，这种互相均盈利可能难以维持。在市场情况下，制造商可以简单地减少从供应商那里购买的数量；在层级结构中，他们可以根据需求调整产量。然而，在长期关系的情况下，制造商必须设法减轻其合同方的负担，以保持其运营网络的完整。如果他们不能把新的商业机会交给供应商或帮助他们找到其他客户，他们就必须通过积累库存来自己承担部分或全部成本。他们能否承受足够的负担来维持这些关系的运转，取决于经济衰退程度的大小。

最终产品市场的竞争也会影响这些网络关系，迫使制造商以更低的价格获得零部件。在市场环境中，制造商可以简单地要求更低的价格；在等级制度中，他们可以努力降低自己的生产成本。然而，在长期关系的协调机制中，制造商必须帮助供应商改进生产工艺，降低成本，即使他们可能只获得部分收益。同样，在制造商必须进行广泛的产品创新以维护客户群的行业中，他们必须与供应商合作以保持其网络优势。制造商也许只能在整个供应链中收回部分重新加工生产的成本，但是有能够获得多家公司的人力资本和财务资源的潜在优势。

长期关系网络或任何其他类型的协调机制能否承受这种环境压力，可能因行业而异，甚至因企业而异。它也可能在国际上有所不同，因为不同的文化和制度环境会影响协调机制三种主要形式的有效性。特定的国家环境可以培育特定类型的商业组织，当环境增强它们的吸引力时，这些商业组织可能会向国际扩散。钱德勒及其门徒们把20世纪第三个25年中M型组织在欧洲的传播作为美国管理型企业优势的证据。然而，到下一个时期，市场选择的模式是处于长期关系网络中心的非纵向一体化的日本公司。

结　论

经济变革过程的前瞻性观点，要求我们不仅要承认企业在任何给定时间点都有各种各样的选择，还要承认商人在决定采用哪种协调机制最好时所面临的巨大的不确定性。因此，本文结论是，没有什么比英国《金融时报》对首席执行官进行的年度国际调查更能凸显预测商业组织未来趋势的难度了。2001年最受尊敬的十大商业领袖包括来自管理高度集中的公司的领袖，如英特尔（安迪·格罗夫）和微软（比尔·盖茨），以及非垂直一体化公司的专家，如丰田的奥田硕和电脑组装商迈克尔·戴尔。但也有一些更传统的钱德勒式公司的负责人，如美国国际商用公司的郭士纳和英国石油阿莫科公司的约翰·布朗。

更有趣的是，商业领袖榜单上近1/3的位置被大型企业集团的首席执行官占据，如通用电气公司的杰克·韦尔奇、伯克希尔·哈撒韦公司的沃伦·巴菲特和弗吉尼亚州的理查德·布兰森。世界各地的商界人士会选择如此多样化的高管群体作为榜样，这是一个重要的迹象，表明他们在变革方向和如何解决他们面临的协调问题方面的持续的不确定性。他们的不确定性反过来应该是一个强有力的信号，告诉我们，以20世纪末"新经济"为特征的向长期关系的协调机制的转变，不应被视为商业企业史的一个新的终点。

美国企业史百年研究述评*

巫云仙**

【摘　要】 20世纪20年代以来,近百年间欧美学界的美国企业史研究分为三个主要研究阶段,形成综合性、管理学和新企业史学等不同的研究范式。80年代以来国内学界在译介国外学者的相关著述成果、梳理研究文献和开展美国企业史相关内容的研究方面取得一定成效。国内外学界虽然取得丰富研究成果,但仍存在一定局限性。通过技术创新和产业迭代的视角,沿着技术创新、企业兴起、产业发展迭代、经济增长和国家强盛的内在逻辑,即技术创新—企业—产业—经济增长的范式,从历史、制度和实践三个维度对美国企业史进行全方位的研究,可以更好地总结美国企业演进发展的成败得失,体现该研究课题的重要理论价值和实践意义。

【关 键 词】 美国企业史　管理学范式　新企业史学范式　理论价值

恩格斯认为,历史从哪里开始,思想进程也应当从哪里开始[1]。

---

* 本文是作者国家社科后期资助项目"美国企业发展的历史演进:技术创新与产业迭代的视角"(18FJL004)的阶段性研究成果(学术史梳理部分),单独发表以飨读者,希望同仁予以批评指正。

** 巫云仙,中国政法大学商学院教授、博士生导师,主要研究领域为经济史、企业史、金融学和中国特色社会主义理论。

[1] 《马克思恩格斯文集》第2卷,人民出版社,2009,第603页。

美国历史发展的重要特点是先有企业,后有社会,企业发展历史长于国家发展历史。在美国国家尚未建立之前,伴随各类企业的出现,北美殖民地人对商业活动、企业家行为和经济主体就给予多方关注,相关著述、企业档案、时闻和个人传记等是对美国企业最早的鲜活记载,因此,对美国企业史研究的历程甚至早于美国建国的历史。本文主要针对20世纪以来百年间欧美学者和我国学界关于美国企业史的主要研究文献和成果进行简略概述,以此抛砖引玉,推动相关领域的深入研究。

一 20世纪20年代之前综合范式的美国企业史研究

在这一时期,出现了一些新闻报道、经济学、政治学、企业经营、历史学和法律等不同视角的美国企业史研究成果,可以概括为综合范式的研究。作者搜寻到散落于18世纪和19世纪一些文献著述中商业活动和企业家的踪迹,如富兰克林在1730年收购和经营的《宾夕法尼亚报》就报道了费城和宾夕法尼亚当地企业的一些商业活动,并评论政务和针砭时弊[1];亚当·斯密在其经济学论著《国民财富的性质和原因的研究》中分析了英属北美殖民地商人为了垄断贸易而设立的专营公司,制造业和贸易实行的许可证制度等[2];法国人托克维尔在其经典的政治学论著中认为,在自由环境下,与法国人相比,美国人办报相对容易,但竞争非常激烈,任何报纸都无法获得巨大收益,因而精明强干的实业家在这类事业面前却止步不前[3];企业经营视角而出现的成果,如佛蒙特中央铁路公司董事和财务主管为1851

---

[1] 〔美〕本杰明·富兰克林:《富兰克林经济论文选集》,刘学黎译,商务印书馆,2011,译者序,第Ⅱ页。
[2] 〔英〕亚当·斯密:《国民财富的性质和原因的研究》(下),郭大力、王亚楠译,商务印书馆,1974,第147~149页。
[3] 〔法〕托克维尔:《论美国的民主》(上卷),董果良译,商务印书馆,2017,第209页。

年8月27日召开股东大会所做的年度报告就详细记录了该企业的资产、负债和股东权益等情况①；美国拉特兰铁路公司经理和高管们于1872年向股东们所做的报告，列出较为规范的企业资产负债表，详细说明了资金来源、资金使用和经营绩效情况②；塞缪尔·威利斯顿从公司法视角研究美国企业制度，认为股份公司的构成与之前早期企业组织形式的根本区别在于股份资本，认为购买公司股份而获得的财产是组成公司股东所有权利和义务的一小部分；股东是信托人，是公司财产的股权共有人③；在米尔·刘易斯编辑的《美国铁路公司报告》（800多页）中，他把1891年在美国终审法院判决的重要公司案件汇集成书供业界参考④。

20世纪，美国企业史研究成为各领域学者的重要研究话题，如爱德华·舍伍德·米德研究联邦钢铁公司、美国钢铁和电线公司等6家企业合并情况及其成为托拉斯垄断组织的情况，认为1898年至1900年，美国中西部钢铁工业的合并是一场工业试验，钢铁托拉斯巨头的资金头寸基本上是投机性的，主要通过分配红利和建立大量储备来消除投资者疑虑⑤；西蒙·E. 鲍德温以1789年之前6家商业公司的档案资料为基础，研究美国公司制企业发展特点，认为在美国联邦宪法通过之前，在英国宗主国、殖民地政府特许授权下成立的6家商业性公司，因其垄断性使企业所有人不愿意放弃特权，而公众对垄

---

① Vermont Central Railroad Co., "Sixth annual report of the directors and treasurer of the Vermont Central Railroad Company", prepared for the stockholders meeting, August 27, 1851, Middlebury College, 08-27-1851.

② Rutland Railroad Co., "Reports of the managers of the Rutland Railroad Co. to the stockholders with the official", proceeding of the meeting at Rutland, January 30th and 31st, 1872, Middlebury College, 01-01-1872.

③ Samuel Williston, "History of the Law of Business Corporations before 1800. Ⅱ", *Harvard Law Review*, Nov. 15, 1888, Vol. 2, No. 4, pp. 149-166.

④ John Lewis, "American Railroad and Corporation Reports, Vol. Ⅳ", *The American Law Register and Review*, Vol. 40, No. 8, Aug., 1892, Volume 31, pp. 553-556.

⑤ Edward Sherwood Meade, "The Genesis of the United States Steel Corporation", *The Quarterly Journal of Economics*, Aug., 1901, Vol. 15, No. 4, pp. 517-555.

断的敌视使这些机构难以成为普遍的企业组织形式；1781年由莫里斯成立的公司经营的北美银行应是美国作为独立国家后颁发的第一个商业公司特许经营权；而1791年后给商业公司颁发营业执照是各州政府的特权①。

历史学家查尔斯·A. 比尔德在讨论美国宪法经济观时，详细分析了制造业和航运业利益集团的构成，认为大量资本已投放在各工业部门，美国国会的部分议员代表与工业界直接关联②，他们中有不少知名商人和企业家，如富兰克林、汉密尔顿和华盛顿等；约瑟夫·斯坦克利夫·戴维斯从法律视角对美国18世纪前的特许经营公司进行梳理，认为公司制企业在17世纪和18世纪就传入北美殖民地，引发创建特许经营公司的热潮，并取得极大商业成功，对美国的金融、公共事业、交通运输和制造业的发展产生积极影响③，其编撰的两卷本《美国早期公司史论集》以当事人大量书信、商业记录、报章杂志、小册子和地方史材料等为基础，分三个时期追踪1800年之前近500多家各类美国公司（市政、公共事业、慈善事业、金融和商业公司等）设立和运营情况，以及对早期美国金融家和企业家（如威廉·杜尔和莫里斯）进行研究分析④。时至今日其著作仍被视为研究美国商业组织的权威资料，被众多研究论著引用⑤。

---

① Simeon E. Baldwin, "American Business Corporations before 1789", *The American Historical Review*, Apr., 1903, Vol. 8, No. 3, pp. 449–465.
② 〔美〕查尔斯·A. 比尔德：《美国宪法的经济观》，何希齐译，商务印书馆，2010，第41~42页。
③ Joseph S. Davis, "Charters for American Business Corporations in the Eighteenth Century", *Publications of the American Statistical Association*, Dec., 1916, Vol. 15, No. 116, pp. 426–435.
④ Joseph S. Davis, "Essays in the Earlier History of American Corporations", *The American Political Science Review*, Vol. 11, No. 3, Aug., 1917, pp. 589–590.
⑤ 董瑜：《美国史学界关于美国建国初期商业组织的研究》，《史学月刊》2010年第8期，第5~14页。

二　20世纪20~50年代以管理学范式为主的美国企业史研究

与上述关于美国商业组织和企业史研究不同的是，在19世纪晚期美国政府的反垄断政策和美国社会揭露社会黑幕的思潮下，20世纪初期，美国出版了不少揭露大企业早期发展过程中诸多"丛林法则"故事的论著，政治色彩较浓，更多关注企业发展中的消极影响，没有考虑技术创新对美国企业发展演变的影响，真正有组织地进行学术探讨始于20世纪20年代哈佛大学商学院企业史研究所对开创性学术研究的积极推动。

在哈佛大学商学院院长华莱士·多纳姆等人的推动下，N.B.S.格拉斯与H.拉森等于1925年9月26日决定成立企业史学会，1926年6月创办《企业史协会通报》，同时组建企业史研究机构，正式启动有组织的管理学范式的企业史研究工作，重点是收集美国企业的原始档案资料，积极推动企业史研究，改变之前企业史研究的无组织状态，力图从专业视角客观评价美国企业和企业家的贡献。1928年格拉斯创办《经济史与企业史》杂志，开创不同于历史学范式的全新企业史研究。企业史学会出版的第一本著作是由亚瑟·H.科尔编撰的《亚历山大·汉密尔顿的工商业书信集》，提供了美国联邦政府建立初期与工商业政策和活动有关的信息。1939年，随着企业史学会最终被美国经济学会承认，之后企业史学会又被美国历史学会接纳为分会，企业史研究终于成为经济史学领域中相对独立的新学科，不同领域学者对美国企业史展开多维度研究，成绩斐然。

20世纪20年代至50年代，哈佛大学商学院几乎引领了美国企业史，乃至全球范围企业史研究的前沿，形成以哈佛商学院为中心的企业史研究，但因为研究方法和着重点不同出现不同研究派别，如以格拉斯和 H. 拉森为代表倾向于管理学的研究范式；以科尔为代表主张在经济史范围内采用跨学科方法开展企业史研究[①]；以熊彼特创新理论为基础，如弗利泽·雷德利希等人聚焦于企业家和企业家精神方面研究。但无论是哪个研究派别，都在试图深入研究美国企业发展史上的重要问题，涌现出不少有代表性的研究成果。

如加德纳·C. 米恩斯研究美国大企业问题，认为总资产超过 8000 万美元的超大公司占据着美国经济的主导地位，其所能控制的组织已远远超出其私营企业的范畴，几乎成了社会机构，那么，人们应该把控制这些企业的少数人视为谋求私利的人，还是为公共利益服务的政治经济家？[②] 肖·利弗莫尔研究美国早期公司的无限责任问题，特别关注政府发放特许经营执照行业的企业情况，如银行、收费公路公司、运河公司和保险公司等，在一些州政府并没有对制造业企业发放营业执照，但可以用无限责任形式组建企业[③]。

罗伯特·A. 伊斯特搜集和运用大量未发表的资料研究 1774 年至 1792 年美国企业发展情况，对公司和其他大企业的起源及其在美国经济中的突出地位进行了解释。他认为捍卫美国宪法的运动不仅是保护财产而采取的防御性行为，也是为了确保一个更适合促进各种商业活动的政府存在而采取的积极举措，一个强大的中央政府是必不可少的，它既是企业的后援，也是企业的监管者[④]。

格拉斯于 1939 年编写的《企业与资本主义：企业史入门》成为

[①] Arthur H. Cole, "Aggregative Business History", *The Business History Review*, Autumn, 1965, Vol. 39, No. 3, pp. 287-300.

[②] Gardiner C. Means, "The Growth in the Relative Importance of the Large Corporation in American Economic Life", *The American Economic Review*, Mar., 1931, Vol. 21, No. 1, pp. 10-42; 该作者还与阿道夫·A. 伯利合著《现代公司于私有产权》一书，中译本由商务印书馆 2005 年翻译出版。

[③] Shaw Livermore, "Unlimited Liability in Early American Corporations", *Journal of Political Economy*, Oct., 1935, Vol. 43, No. 5, pp. 674-687.

[④] Robert A. East, "Business Enterprise in the American Revolutionary Era", Review by: Chester W. Wright, *Journal of Political Economy*, Vol. 47, No. 2. Apr., 1939, pp. 285-287.

企业史和经济史研究文献的重要里程碑,它填补了长期以来美国学者对研究现代企业参考框架的需求,概念和框架是原创的,旨在展示企业史总体发展情况,解释企业在各个阶段的基本结构、政策和服务,但该书否定马克思关于资本主义分析的理论,研究方法也没有太多创新[1];同年格拉斯又与 H. 拉森合编《美国企业史案例集》,这是为企业史研究新领域提供案例材料的第一本著作,这本书更关注美国企业发展经验,致力于研究单个企业和商人,涉及不少著名企业和企业家,如第一个来到北美殖民地的伦敦商人托马斯·斯迈思爵士,还有约翰·汉考克、约翰·雅各布·阿斯特、杰伊·库克、J.P.摩根、马萨诸塞州波士顿第一国家银行、丹尼森制造公司、芝加哥-密尔沃基-圣保罗-太平洋铁路公司、美国钢铁公司等[2]。长期以来这两部著作都是美国大学有关企业史课程的主要教材和必读书目。

威廉·米勒基于宾夕法尼亚州议会的法律文献,对 1800 年至 1860 年宾夕法尼亚商业公司的普遍性特点进行研究,认为该州立法机构通过特别法案总共特许了 23209 家公司,这些所谓的商业公司被国家法案伪装成"公司",其实是寻求金钱利益的私营企业[3];H. 拉森于 1948 年出版的《企业史指南》引介 5000 多部有关美国经济和企业史论著,涉及美国企业发展的历史背景、个体企业和特定行业发展史,特别强调传记材料的价值,揭示个体商人和企业管理人员在漫长历史发展过程中扮演的重要角色,为该领域研究者构建基本思路框架[4]。

---

[1] Gras, "Business and Capitalism", *Bulletin of the Business Historical Society*, Vol. 13, Issue 3, June 1939, p. 43.

[2] "The Society Presents a Casebook in Business History", *Bulletin of the Business Historical Society*, Vol. 13, Issue 6, June 1939, pp. 93-94.

[3] William Miller, "A Note on the History of Business Corporations in Pennsylvania, 1800-1860", *The Quarterly Journal of Economics*, Nov., 1940, Vol. 55, No. 1, pp. 150-160.

[4] "Members of the Society Will Receive a Critical Guide to Business History", *Bulletin of the Business Historical Society*, Vol. 22, Issue 3, June 1948, pp. 68-69(该著作全名为:*Guide to Business History: Materials for the Study of American Business History and Suggestions for Their Use*).

在格拉斯和拉森影响下,从 20 世纪 30 年代开始美国各大学增设企业史课程,相继出版一批有关美国企业史和企业家传记专著,如约翰·T. 弗莱恩的《上帝的黄金:洛克菲勒生平及其时代》(1932)、伯顿·T. 亨德里克的《安德鲁·卡内基的一生》(1932),以及 A. 内文斯的《纽约银行和信托公司史:1884-1934 年》(1934)和《约翰·洛克菲勒:美国企业的英雄时代》(1940)等。1931 年哈佛大学商学院筹集专项资金,组织人力编辑多卷本《哈佛企业史研究丛书》,到 60 年代,共出版近 20 卷企业史著作,内容涉及美国早期的商人、企业家,以及金融和制造业领域典型企业的发展史。

第二次世界大战结束后,随着美国经济的繁荣,保守主义思潮的抬头,企业史研究发生了重大转向,绝大多数著述都在颂扬美国企业和大资本家,进入企业史研究的所谓"黄金时代"。有人认为一部美国企业史基本上就是一部美国史,企业制度对美国社会的进步至关重要,是美国历史上最光辉的一页,美国文明是企业家的天才和智慧创造出来的;也有人认为不应该把大企业家称为"强盗大王",而应称其为"工业政治家"、"物质财富的创造者"和"识时务的英雄"等。一系列关于洛克菲勒、福特汽车公司等方面著述不断翻新出版,这一现象过于彰显了学术研究为政治服务的目的。

三 20 世纪 60 年代以来新企业史学范式的美国企业史研究

从 60 年代至 70 年代,在新经济史学思潮的推动下,美国企业史研究进入新企业史学发展时期,其特点是从研究少数企业发展史和为少数大企业家立传,转向考察企业内部组织结构和管理方式演变过程,特别是注重研究科技进步与美国现代企业制度的建立和发展,以及大型垄断企业职业经理人阶层的出现及其在组织、协调公司内部生产经营和财富分配中的作用,重要代表人物是哈佛大学商学院的小艾尔弗雷德·D.钱德勒,正是他把该领域的研究推进到无人可及的境界,他先后出版《战略与结构:美国工商企业成长的若干篇章》(1962)、《看得见的手:美国企业的管理革命》(1977)和《规模与范围:工业资本主义的原动力》(1990)等系列成果,奠定企业史研究的"钱德勒范式",即从企业经营管理视角研究大企业的特点、作用和管理变革[1]。

钱德勒以历史学家特有的眼光,对美国历史上的铁路、食品、烟草、钢铁、橡胶、化学、石油、机器制造、肉类加工、信息和电子等工业部门的兴起的历程,以及这些行业中企业的发展史进行系统性研究,重点研究和剖析杜邦、通用汽车、新泽西美孚石油公司和西尔斯-罗巴克公司等垄断企业的组织管理结构,认为现代大型工商联合企业的出现是市场和科技发展的必然结果,其中科技是大型企业发展的原动力,当技术进步和不断增长的国内市场使大规模生产成为可能时,传统企业被取代,由职业经理人管理的多部门大企业推动了美国的管理革命[2]。

钱德勒的大企业研究范式也称为新企业史学派,在西方学界产生广泛影响,同时也受到业界的广泛赞誉,认为技术变革及其相关人力资本创新是美国现代企业发展的主要特征,不少学者强调技术在美国现代企业经济中的特殊作用,而技术本身也会被政治、文化和经济环

---

[1] 美国学者小艾尔弗雷德·D.钱德勒所著的关于企业史研究系列著作国内都出版有中文译本,如《战略与结构:美国工商企业成长的若干篇章》(2002)、《大企业和国民财富》(2004)、《透视动态企业:技术、战略、组织和区域的作用》(2005)、《规模与范围:工业资本主义的原动力》(2006)、《塑造工业时代:现代化学工业和制药工业的非凡历程》(2006)、《信息改变了美国:驱动国家转型的力量》(2008)等。

[2] Alfred D. Chandler, Jr., "The Beginnings of 'Big Business' in American Industry", *The Business History Review*, Spring, 1959, Vol. 33, No. 1, pp. 1–31.

境所改变①。但该研究范式把职业经理人作用抬得很高,忽视广大工人在发展生产和推动美国企业进步的作用,回避资本主义国家所发生的经济衰退和危机源于资本主义制度的基本矛盾等要害问题所在。

20世纪80年代后,由于日本企业崛起及其对美国企业的挑战,美国企业史开始关于文化价值观、美日企业比较分析、企业并购和企业制度变革等方面的研究。如托马斯·迪巴科所著《美国造:美国企业的进取和创新精神》(1989),对美国企业350年来的发展史进行了全面介绍,缕述美国经济领域中的著名人物、事件和技术发明,说明锐意创新的美国精神是企业成功的重要原因。

与钱德勒大企业研究范式不同的是,本·巴鲁克·塞利格曼在1971年出版的《当权者:美国历史上的企业和商人》一书,试图融合J.T.亚当斯、T.C.科克伦、H.拉森等人的相关成果,同时也受到钱德勒等学者的影响,其目标是用所研究的特定时期的习俗和惯例来评价企业家的商业活动和影响,既不模仿揭发丑闻的写法,但也不想过分颂扬过去,把美国商业活动和企业发展史分为个人主义者、企业主、制造商和代理人四个阶段,力求达到用一种平衡的评价历史的观点来分析企业发展的前因后果②。

美国学者曼塞尔·G.布莱克福德关注和研究美国小企业群体,认为根据1953年美国政府设立小企业管理局的法律规定,小企业是独立拥有和经营的公司③,是指雇员少于250人的所有工业企业、年

---

① Louis Galambos, "Technology, Political Economy, and Professionalization: Central Themes of the Organizational Synthesis", *The Business History Review*, Winter, 1983, Vol. 57, No. 4(Winter, 1983), pp. 471-493.

② Ben B. Seligman, "The Potentates: Business and Businessmen in American History", Review by: William T. Doherty, *The Journal of Southern History*, Vol. 37, No. 4, Nov., 1971, pp. 676-677;该书中文译本名为《美国企业史》,复旦大学资本主义国家经济研究所译,上海人民出版社,1975。

③ 由于美国企业规模的不断扩大,20世纪80年代,美国小企业管理局(SBA)把雇员人数不超过500人的公司定义为小公司,可接受的最大数量是500人。

销售额不超过 500 万美元的批发商,以及年销售额不超过 100 万美元的零售和服务企业,且在其业务领域中并不占优势地位。大约在 1850 年以前,小型企业是美国的常态,在美国经济发展中一直扮演重要角色[1];2003 年布莱克福德出版的《美国小企业史》追溯小企业在美国的发展历程及其对美国经济的重要意义,认为小企业是美国经济、政治和文化发展的整体代表。

美国管理学家彼得·德鲁克则从管理学、社会学和政治学相结合视角,研究美国企业发展特点,其《公司的概念》(1946)、《管理的实践》(1954)、《创新与企业家精神》(1985) 和《21 世纪管理的挑战》(1999) 涉及美国企业发展史、理论和典型企业案例(如通用汽车公司和其他美国企业),强调企业的创新。

日裔美国学者威廉·大内所著《Z 理论——美国企业界怎样迎接日本的挑战》一书,研究日美企业各自优缺点和取长补短之后形成的 Z 型企业模式;美国学者拉里·施韦卡特和莱恩·皮尔森·多蒂所著《美国企业家:跨越三百年的商业传奇故事》把美国经济发展史与企业史相结合,通过讲述美国历史上商业奇才的传奇故事,如殖民地时期商人代表托马斯·汉考克,工业革命时期轧棉机发明者伊利·惠特尼,钢铁巨头安德鲁·卡内基,石油大亨约翰·D. 洛克菲勒,计算机和互联网发展时代的史蒂夫·乔布斯、比尔·盖茨和杰夫·贝佐斯等明星企业家,来揭示创业和企业家精神在美国近 300 年经济增长奇迹中的关键性作用[2]。

20 世纪 90 年代以来美国学者从各个角度和层面研究和总结企业

---

[1] Mansel G. Blackford, "Small Business in America: A Historiographic Survey", *The Business History Review*, Spring, 1991, Vol. 65, No. 1, pp. 1-26.
[2] 〔美〕拉里·施韦卡特、〔美〕莱恩·皮尔森·多蒂:《美国企业家:跨越三百年的商业传奇故事》,王吉美译,译林出版社,2013,第 20~70 页。

史,出版较多研究成果。① 目前,企业史研究发生较大变化,研究边界不断拓展、研究主题趋于多样化,全球企业史研究和比较日趋成为当今企业史研究的重点和发展趋势。②

特别是 21 世纪以来,美国企业史研究主要围绕资本主义、民主、创新与发展三个主题进行,美国学界对长期以来主导和影响美国企业史研究的钱德勒新企业史学范式进行反思和总结,开始了后钱德勒时代美国企业史研究更具包容性和全球化视野的发展进程。③ 如美国学者本杰明·沃特豪斯所著《美国企业简史》(2017)研究了从殖民时期到 21 世纪美国企业、商业活动的发展历程,深入探讨了美国不同类型企业的兴衰,劳动力和生产技术是以怎样的方式和代价迭代更替,以及各行业美国人如何应对混乱的商业环境,进而审视美国经济、社会和政治等方面的发展成就,认为一部美国历史就是一部美国企业发展史。④ 该著作研究方法和目的与本选题有相似之处,作者所提到的企业家和典型企业相关资料为美国企业史研究提供了较好的研究基础。

四 国内学界美国企业史研究的特点

国内关于美国企业史的研究起步较晚,全面深入的研究成果屈指可数,研究特点主要有三个方面。

---

① Daniel Nelson, "The History of Business in America", *OAH Magazine of History*, Fall, 1996, Vol. 11, No. 1, pp. 5–10; Brad Lookingbill, "Making Business History: An Annotated Bibliography", *American Studies International*, October 1997, Vol. 35, No. 3, pp. 4–22.
② 〔美〕杰弗里·琼斯、黄蕾、徐淑云:《全球企业史研究综论》,《东南学术》2017 年第 3 期,第 2~13、246、249 页。
③ 〔美〕沃尔特·弗里德曼:《当代美国企业史研究的三大主题》,郑舒翔译,《东南学术》2017 年第 3 期,第 14~24 页。
④ Benjamin Waterhouse, *The Land of Enterprises, A Business History of the United States*, Simon & Schuster, 2017, 该书中译本名为《美国商业简史》,由中信出版社于 2018 年出版。

一是译介国外学者的著述成果较为突出。如复旦大学资本主义国家经济研究所译的由美国学者本·巴鲁克·塞利格曼撰写的《美国企业史》（1975）；黄奋翻译美国企业史学家海迪的《企业史》（1983），认为企业史是研究个人通过商品生产和劳务以便盈利所做出决定的文字记载；戴彬所译的美国学者托马斯·迪巴科所著的《美国造：美国企业的进取和创新精神》（1989）、刘鹰等人所译由布莱克福德出版的《美国小企业史》（2003）、王吉美所译《美国企业家：跨越三百年的商业传奇故事》（2013），以及张亚光和吕昊天所译《美国商业简史》（2018）等。

二是清晰梳理美国企业史的学术研究状况。如陈振汉是我国最早介绍美国企业史学的经济史学家，在《经济史学概论讲义初稿》（1982）（详见陈振汉：《步履集：陈振汉文集》）中，他对美国企业史研究的主要代表人物进行初步介绍；王锦瑭的《钱德勒与美国企业史研究》一文把美国企业史学的发展分为早期企业史研究、企业史学派的产生、新企业史学派的崛起和企业文化形成四个阶段，并对美国企业史研究演进及意义进行初步归纳和评述；[1] 林立强等人的相关研究综述，对美国企业史研究方法论进行系统梳理，重点分析钱德勒范式以外的其他企业史方法论，并结合历史学与管理学方法，将美国企业史研究中的管理学范式进行详细比较等。[2]

三是初步开展聚集于美国企业史相关问题的研究。20世纪90年代前国内关于美国企业史的研究介绍性的著作居多，如李宗楼主编的《当代社会科学新学科览要》（1996）对作为独立研究领域的美国企业史相关理论进行介绍；有的著述多少会带有一些政治色彩和时代痕

---

[1] 王锦瑭：《钱德勒与美国企业史研究》，《世界历史》1996年第5期，第96~101、113页。
[2] 林立强：《美国企业史方法论研究：缘起、现状与趋势》，《福州大学学报》（哲学社会科学版）2019年第5期，第46~54页；林立强、陈守明：《中西比较视域下的中国企业史管理学范式研究》，《东南学术》2020年第1期，第184~200、248页。

迹。90年代后开始逐步客观介绍美国企业发展的历史经验和企业管理理论，所涉及的话题与美国学界的研究关注点有相似性，如关注企业文化、中美企业比较和美国中小企业等。

近20年来，关于美国企业史研究成果逐渐增多，2005年出版以《美国企业史》为名的教材，类似畅销书的《一本书读懂美国商业史》[1]，以及若干美国著名企业传记类著述，如《辉瑞：为世界健康护航》《艾默生：技术与收购的"双冕"王》《IBM：变革之舞》等[2]；福建师范大学4篇硕士学位毕业论文重点梳理美国企业史研究的学术史和相关问题，是聚焦性较强的研究成果[3]。

五 国内外美国企业史研究的不足与新研究路径

上述国内外学界在不同历史时期关于美国企业史的研究成果，从不同角度对美国企业发展演变的重点问题进行研究，相关的研究切入点的选择具有重要的借鉴意义，如钱德勒关于美国大企业以及典型企业案例的研究等，一些学者关于美国企业史的长时段研究成果为研究者深入研究提供了丰富文献资料和研究基础。

总的来说，国内关于美国企业史研究出现热点话题"冷"现象，这就是常识中碰到的越是熟悉的事物，往往出现认识中的"灯下

---

[1] 张隆高、张晖、张农编著《美国企业史》，东北财经大学出版社，2005；邓鹏：《一本书读懂美国商业史》，浙江大学出版社，2013，等等。

[2] 彭剑锋等主编系列著作2013年由机械工业出版社出版，如《辉瑞：为世界健康护航》《艾默生：技术与收购的"双冕"王》《波音：全球整合，集成飞翔》《IBM：变革之舞》和《苹果：贩卖高科技的美学体验》等。

[3] 郭艺娟：《"钱德勒后"美国企业史研究的发展——以哈佛商学院企业史研究中心为个案》，福建师范大学硕士学位毕业论文，2017年；董开星：《美国企业史学家与企业档案相互关系研究（1927—1962）》，福建师范大学硕士学位毕业论文，2020年；吴凤妹：《格拉斯与美国早期企业史研究（1927—1956）》，福建师范大学硕士学位毕业论文，2020年；江雨洋：《美国哈佛企业史学会研究（1925—1953）》，福建师范大学硕士学位毕业论文，2021年。

黑"，人们似乎对美国经济、美国企业发展情况关注较多，长期以来不少人觉得美国对我们来说并不陌生，无论如何我们多多少少都是了解美国的，而社会各界和理论界对美国的关注度也相当高，对其研究也深入到军事、政治、经济、文化和教育等各方面，研究成果看起来相当丰富。仅就美国企业史研究来看，国内外学者从不同视角的研究成果也不在少数，但实际上我们对美国企业发展历史演进的了解还是不够的，尤其是国内鲜有针对性的深度研究成果，在学术研究方面仍存在一定局限性，如研究的不平衡性、研究中重现实而轻历史、综合性和原创性成果不多、没有解决课题研究的方法论问题等。

有鉴于此，本文认为，我们以马克思主义的立场观点和方法，运用历史学、经济学和管理学等相关理论，通过技术创新和产业迭代的视角，沿着技术创新、企业、产业、经济增长和国家强盛的内在逻辑，即技术创新—企业—产业—经济增长的范式，从历史、制度和实践三个维度对美国企业史进行全方位的研究，既可以汲取前人研究精华，同时又具有原创性，研究成果要全面反映美国企业发展历史和现状、发展特点和经验借鉴，力图在研究思路、前沿研究资料、研究视角的独特性三个方面有所创新。

把宏观经济增长和微观企业史与中观产业发展研究结合起来，在美国经济和社会发展大背景下，通过技术和产业变迁过程，阐述企业的兴起和发展演变，既有对整体美国企业发展史的阶段性和脉络性把握，也有对企业经营管理过程中的制度变迁、组织变革、经营管理模式创新，以及精心挑选的典型企业案例进行深入研究，使论述环节更加系统，观点表达更为充分，以期更好体现美国企业发展全貌、个性特点和历史连续性。

通过技术创新和产业迭代的研究视角，厘清美国企业从技术引进和模仿创新，到自主创新、突破性创新、颠覆性创新和引领式创新的技术创新，技术创新从个人发明，到企业内部技术研究实验室，再到国家创新体系的技术研发驱动等演进路径，美国产业从农业、商业，向机械化、电气化、信息化和电子化、人工智能和数字化制造业的演变过程，以及从制造业向服务业和高端制造业演进的方向，阐述技术创新与企业发展、产业迭代之间的交互关系。

构建关于美国企业发展演进的解释框架，要以美国经济发展史为背景，以企业为支点，以技术创新和产业迭代为路径，重点研究不同历史时期的技术创新、产业更替与各行业企业演进发展的交互性，及其对经济增长和社会进步影响的正反馈机制；通过历史实践阐述企业是经济增长和国强民富背后的重要基础性力量，大国经济的兴衰与制造企业的兴替密切相关，制造企业是国之重器，是强国之基；在理论上阐述创新是企业基业长青的秘诀，是国家长盛不衰的不二法宝；以创新为特征的企业家精神从文化价值观层面诠释企业基业长青的力量；美国企业发展是系统化因素演进的结果，既包括技术创新和产业迭代因素，同时也包括非技术性的金融、消费、政府、战争，以及宏观经济环境和技术人才等多种因素。

美国企业发展的历史演进既具有美国特色的规律和经验，同时也反映了企业兴衰和产业更替发展的一般性特征，值得我们全面深入的总结和借鉴。

结　语

美国企业史百年研究表明，企业史是研究美国经济发展的重要内容，国内外学者关于美国企业、企业家和企业家精神相关问题的研究和探讨，可谓仁者见仁，智者见智。本文认为可以通过企业这一市场主体的研究，探讨技术创新、产业迭代更替、经济增长，以及国家现代化、经济和社会发展的内在逻辑，研究美国企业演进发展的成败得失具有重要的理论价值和实践意义。

一是有助于丰富学界有关企业起源和成长，以及企业史相关研究。现有经济学理论主要从内生性视角研究企业兴起的原因，但美国企业的缘起却是外生性因素（欧洲殖民公司）的产物，其成长和发展又是外生性与内生性因素相互作用的结果。自从殖民者通过特许经营公司与北美产生联系后，不仅带来了人员和资本，而且也带来欧洲各种各样的技术。殖民地商人和后来的美国人，不仅创造了一个新国家，而且还建立起与欧洲不一样的美国制造体系。美国企业消化吸收当时的技术成果，并对其进行模仿创新，最后成为技术创新的引领国家。在创新基础上，企业和企业家不断推动不同时代主导产业和新质生产力的发展，各行各业一茬又一茬的企业先后成长起来，基本遵循内外多种因素相结合的发展规律。关于企业发展史的研究发现，可以进一步拓宽经济史的研究范围和内涵，推动企业史研究向特定国别和纵深发展，同时也为开展中国企业史，特别是改革开放以来的企业史研究提供研究框架。

二是提供以史为鉴的解读和思考。以史为鉴可以知兴替，美国文明的兴起得益于技术和创新的力量，得益于商人和企业的开拓进取，得益于制度变革和管理革命所释放的能量，特别是企业组织创造的财富效应。美国企业在美国政治、经济和社会生活中居于主体地位，尤其是高科技企业，它们不仅是科技成果的重要发源地和物质产品的生产者，而且也是实现科学技术由潜在生产力向现实生产力转化的主要力量，是美国实现现代化和工业文明的主要创造者，是创新强国的建设者。

美国历史的发展特点表明，正是早期欧洲和英国企业的殖民开拓，奠定了北美殖民地的地理和人文版图。通过若干代殖民者、商人和企业家筚路蓝缕的拓荒和垦殖，北美大陆才逐步建成一个欧洲人似曾相识，却又超越欧洲旧世界的新社会。其中正是企业和企业家塑造了一个不同于欧洲的现代美国工业文明。

除却对殖民地的征服和掠夺的消极影响，美国企业和企业家提供一个如何实现个人和国家梦想的历史经验，以及边干边学的经验和智慧。在北美大陆上，美国人因地制宜，把他们从欧洲和其他地方带来的技术、制度和文化价值观与当地资源禀赋相结合，通过创新和开拓，创建各类企业组织，成功复制一个尽量规避不利影响的欧洲社会，并在模仿英国工业化中逐步脱颖而出，成为经济强国。那么从方法论角度，我们需要深入探讨一些重要问题的答案，如美国企业何以引领了技术创新潮流，助推美国成为创新型国家？美国企业发展的动力机制是什么？在第四次工业革命中，美国企业又是如何开拓新技术领域的？

三是总结"洋为中用"的经验和启示。对美国企业史的相关研究成果可以让正在追梦的中国企业和企业家们在美国企业发展演进中获取灵感和智慧。在全面建设中国式现代化、科技强国和创新型国家的伟大征程中，各类企业要成为创新的主力军，成为新质生产力的推动者，既要保持中国特色，也要借鉴别国企业的成功发展经验，以期少走弯路。

美国企业发展演变的历史是美国历史发展的缩影。美国企业发展壮大的历史经验和规律对他者来说就是一面最好的历史之镜，是经济发展史最好的社会实验室，对后来者具有重要的镜鉴意义，因此，在研究过程中要确定研究的主体性，以历史唯物主义和辩证法的思维解决"洋为中用"问题。美国企业发展背后的技术发明、创新和企业家精神等核心要素对我国企业和制造业发展，以及创新型国家建设具有重要的参考价值和借鉴意义。

◎企业发展·制度变革◎

加拿大政府与企业关系的新解读

〔美〕休·艾特肯　仇江宁 译*

【摘　要】 防御性的国家经济发展战略与政府积极维护经济统一的双重因素塑造了加拿大政府与企业间的独特互动模式。与美国相比，加拿大政府在经济发展中扮演了更为积极的角色，通过政府的政策和财政支持促进了私营企业的成长，同时企业也在推动国家经济政策的实施方面发挥关键性作用。从历史来看，面对美国的经济和政治压力，加拿大采取包括宪法改革以及对交通基础设施的大规模公共投资等一系列措施，以确保国家经济的独立和统一。但加拿大政府采取的各项政策能否成功，不仅取决于其能否吸引私营企业的广泛支持，还取决于这些企业是否认同并愿意支持国家统一的经济目标。

【关 键 词】 加拿大政府　私营企业　经济政策　国家统一

引　言

任何试图向以美国人为主的受众解读加拿大历史的人都会遇到一

---

* 本文原文系美国学者休·艾特肯所著，原文及出处：Hugh G. J. Aitke, "Government and Business in Canada: An Interpretation", *Business History Review*, Spring, 1964, Vol. 38, No. 1, pp. 4-21, https://www.jstor.org/stable/3112485；中国政法大学商学院硕士研究生仇江宁对原文进行翻译，并提炼摘要和关键词；巫云仙教授对全文进行译校。

些问题，这些问题部分源于美国人普遍对加拿大历史的显著特点知之甚少。这种无知已经成为一种传统，并且随着时间推移，其程度似乎还在加深，而且还因为任何从小学习美国历史长大的人，在看待加拿大的文献资料时都有可能带有先入为主的思维方式。这些人都或明或暗地将美国作为判断标准。

上述观点本身就足以造成认知限制。使情况更加糟糕的是，从美国历史中传承的分类通常非常传统，往往与最新的研究成果不一致。当然，这里指的是美国历史的传统观点，它将美国历史描绘成一部自由放任与自由企业经济主导的历史。在这一历史中，政府的作用——至少在罗斯福"新政"之前——基本上是被动的，政府作为经济发展过程中的一个因素，充其量只是中立的。抛开那些为《经济学原理》课程编写教材的专家学者们的观点，需要承认的一点是，如今很少有美国经济史学家采纳上述的观点。至少在写自己的国家历史时，学者们会更加谨慎。但是当将本国的历史与其他国家的历史，或者与当今落后国家的困境进行比较时，这种谨慎就不复存在了。本文的直接比较标准是自由企业模式，假定它代表了这里发生的情况，不会有太大的误差。当然，这里的情况并非如此。路易斯·哈茨（Louis Hartz）、汉德林（Handlins）和其他许多人的工作已经清楚地表明这一点。但基于这种隐含的刻板印象，发现其他国家的经验有些特殊，这还有什么可奇怪的吗？

强调以上显而易见的事实，是为了避免使加拿大在政府与企业关系方面的经验看起来与美国有更大的不同。本文旨在说明，加拿大政府一直在持续不断地行使政治权力，以刺激和引导加拿大的经济发展进程。加拿大政府这样做的主要方式不是直接干预，而是将国家的权力和财政资源借给某些私营企业，使这些企业成为推进国家经济政策的"选择工具"。人们可能会轻易地将这一主题与美国的经验相提并论，但我认为这种做法是不准确的。

总体而言，如果将美国的联邦政府和州政府都纳入分析范围（毫无疑问本应这样做），那么整个19世纪加拿大政府与企业之间的关系与美国同期的情况非常相似。在每一种情况下，政治当局都扮演着积极的发展角色，不仅承担着绝对的责任，而且更为重要的是，在竞争领域政府也承担着保持进步速度的责任。加拿大与美国的目标、策略和意识形态都非常相似，尽管由于某些原因，美国商业意识形态的侵略扩张主义在加拿大只是以低调的形式出现。在每种情况下，都能发现政治和经济精英之间存在密切的联系，以至于有时将他们分开来谈，都会造成误解。领导集团为了提高自身和所在地区的地位，既通过国家也通过企业采取行动，将两者视为实现目标的互补工具。国家是非市场力量的源泉，也是公共收入的分配者，在争取经济进步的斗争中，国家是一个不容忽视的强大工具。在所有这些方面，美国和加拿大的历史经验并无本质区别。

一

这种情况的出现并不令人意外。事实上，两国政府形式的不同是显而易见的。19世纪上半叶，在责任制政府确立之前，加拿大殖民地议会的民主倾向一直受到殖民宗主国任命的理事会和总督的限制，这种情形与独立革命前的美国殖民地颇为相似。在某些关键领域，比如银行的政策制定方面，伦敦殖民地办公室的权威几乎是决定性的。杰克逊式的平民主义只在加拿大英语区得到了微弱的反响，而在魁北克则几乎毫无体现。

简而言之，相较于美国，加拿大殖民地政治权力的正式结构更抗拒民意。这在一定程度上限制了商业精英为追求个人利益发挥调动政治权力的能力，这是一个值得思考的问题。一方面，这可能确实限制了能获取政治权力的商人的数量和类型，但这样的理解并不全面。总体而言，尽管两国政府形式各异，但为商业目的调动政治权力的技巧并没有区别，且使用这种权力的目的也没有太多不同。毕竟，这两个经济体都面临着相同的问题，以资本稀缺尤为突出，而两国都借助政府的力量来解决这些问题。

　　加拿大政府的作用在某些关键方面与美国政府形成了鲜明对比。这源于这样一个历史事实，即自19世纪初以来，加拿大的经济发展一直落后于其南方的邻国和竞争对手约二三十年。造成这种落后的原因是复杂的，其中一个直接的原因是，加拿大直到20世纪中叶才建成其关键的东西向的交通干道——圣劳伦斯—五大湖运河系统，这导致铁路建设的起步滞后，不过这只是表面上的原因。更深入分析来看，有一个非常基本的因素是直到最近加拿大都保持着单一经济体系。在这种经济体系下，加拿大主要依赖一系列大宗产品，如毛皮、鱼、木材、小麦、新闻纸，以及近年来逐渐崭露头角的石油、天然气和金属矿产来支撑出口市场。这种单一经济结构及其大宗产品出口的经济特性，阻碍了资本的有效积累，使经济持续增长难以实现。这与美国的情况是截然不同的，美国的棉花出口收入在其早期工业化过程中起到了决定性的融资作用，而加拿大的大宗产品出口在20世纪初其西部地区小麦经济崛起之前，对本国经济多样化的贡献微乎其微。

　　这种模式的长期延续导致加拿大在面对美国经济的扩张时始终采取守势。加拿大经济的西进扩张，即从圣劳伦斯的低地向西横跨北美大陆，并非其主动的选择而是通过一系列的被迫行动来完成的，每次行动的出发点均源于美国对内陆地区的潜在威胁或被其实际行为所迫。这些被迫采取的行动通常伴随着宪法改革，以便为引入外国资本提供一个更可接受的有利条件，以及在运输系统建设方面投入大规模的公共资金。因此，1840年上加拿大与下加拿大的合并，促进了圣劳伦斯运河的建设；而1867年联邦制政府的建立使太平洋铁路的建设成为可能。

这种防御性的扩张主义与美国的大陆帝国主义形成鲜明对比,在加拿大的政商关系模式上留下了深刻的印记。政府被迫承担起创造和保护国民经济的责任,这就对其政治领导人提出了一项艰巨任务,即要制定并不断更新一项既可行又具有吸引力的国家经济生存战略,以抵消一直存在的被更大、更强的南方经济体所吞噬的风险。这些战略的实施导致出现大规模的公共投资,并使加拿大政治领导层与具有影响力的商业集团建立了紧密的联盟。改善交通项目的政府补贴成为这种联盟最为明显的体现,而作为这一生存战略的重要组成部分,政府对关税和运费的操控,几乎涉及国家经济的每个部门。

任何熟悉20世纪60年代加拿大政治的人都不会质疑,无论两大政党中的哪一个政党执政,抵御美国在加拿大的经济和政治上的主导地位都是当今联邦政府最关心的问题之一。重要的是要理解这种关切在整个加拿大历史发展中的连续性,否则将难以理解加拿大政府持续介入私营经济部门的做法。在加拿大,无论是横跨北美大陆的扩张运动,还是国家统一的一些固有难题,都需要政府提供大规模援助。而抵御被美国吞并的潜在威胁更让这种援助显得至关重要,这也使得政府在某种程度上扮演了战略经济规划者的角色。尽管加拿大经济发展的策略历来由私营企业主导,但寻找并保障这些战略得以实施的责任,却始终落在政府的肩上。

加拿大发展的防御性特征,即其扩张更多地受限于外部环境而非内部压力,导致经济发展在"准备就绪"之前,便不得不做出具有标志性的决策,并启动投资项目。这种情况反过来又加深经济投资这一方面对政府的依赖,因为政府是外国资本流入的关键渠道。这也使得加拿大经济的权力结构变得尤为独特。正如在其他历史情景中所见,加拿大相对落后的状况促进了权力的集中,并在政治与经济领导层之间形成紧密的联盟。这是对加拿大和美国在边疆扩张特征上经常被注意到的所具有的差异性的一种解释。加拿大的边疆扩张一直受到大型商业组织的控制，因为它是由这些商业组织在政府支持下创建的。如果要动员必要的资源并保持必要的开发速度，就必须在整个北美大陆上进行强制扩张，这就需要政治与经济力量的紧密结合。

把加拿大描绘成一个处于守势的经济体，由于自我保护而被迫过早进行边疆扩张，这种解释是否令人信服，取决于它是否有助于其他人理解这一事实，没有办法在绝对意义上证明它是对还是错。然而，一些历史例证或许会增强这种说法的合理性。本文提出了四个主要观点：一是加拿大政府在引导国家经济发展方面始终扮演着积极的战略角色；二是美国更为迅速的扩张步伐对加拿大跨洲一体化经济的建设构成了持续威胁，这是促使加拿大政府发挥这一功能性、根本性作用的关键因素；三是在扮演干预角色的过程中，加拿大政府有时需要大力扶持企业使其成为国家建设的代理人；四是当市场和利润因素所驱动的增长方向与加拿大国家利益相悖时，政府亦需对企业施加必要的限制。这些主张的例证并不难找到，交通运输政策便是其中最具说服力的例证之一。

二

在加拿大经济发展史上，海狸毛皮堪称第一大宗出口商品，正是这一贸易催生了该国的首个横跨大陆的经济体系。著名加拿大经济史学家哈罗德·因尼斯（Harold Innis）曾指出，现代加拿大的疆域在某种程度上可视为以蒙特利尔和哈德逊湾为基地的毛皮贸易塑造的疆域。然而，这一观点仅在一定范围内成立。实际上，加拿大的疆界并非单纯由毛皮贸易所能赢取的领土所决定，而是基于加拿大抵御其南方邻国美国的扩张能力而划定。如果不是这样的话，当今加拿大的疆土或将囊括密西西比河流域的广大区域，甚至触及太平洋沿岸，其南部边界或许将延伸至加利福尼亚州北部。

在英国征服加拿大之前，新法兰西地区的毛皮贸易多由特许公司经营，这些公司有时由殖民者组成，有时则是由各国商人所创建。从1760年至1821年，蒙特利尔的西北公司与哈德逊湾公司展开激烈的霸主地位的争夺。自1821年起，哈德逊湾公司逐渐拥有这一带的领地，至少在英属殖民地领土上如此。这些公司与殖民地及帝国政府之间的关系始终遵循着一种固定的模式：毛皮贸易不仅是向西扩张的先锋，更是维持对大陆腹地政治控制的关键手段。

这种经济模式在法国殖民统治时期表现得尤为明显。当时以蒙特利尔为基地的毛皮贸易业务面临着来自北部哈德逊湾公司和南部奥尔巴尼商人的双重威胁。这些竞争集团之间的较量，早已超越单纯的商业竞争范畴，实际上已成为世界范围内各大帝国之间斗争的一个缩影，大英帝国与殖民地政府对此亦是从战略高度进行审视。在加拿大内陆地区，法国政府对法国贸易商的军事支持，英国在毛皮贸易路线的关键节点上构筑坚固的贸易堡垒，以及对圣劳伦斯殖民地持续的（尽管是有限的）财政补贴，均体现了商业利益与殖民帝国命运之间的紧密融合。殖民帝国在北美地区的扩张以及有效抵御敌对帝国侵扰的能力，都需要商业与政治资源的有机整合以及战略的协同配合和联盟。

在征服加拿大之后，英国政府颁布1763年至1768年的《印第安人边境条例》以及1774年的《魁北克法案》都显示出类似的情况，即对加拿大内陆地区的控制权在很大程度上取决于毛皮贸易。这些措施所蕴含的政策意图是，就相当于英国试图将对阿巴拉契亚山脉以外内陆地区的政治控制权留给了圣罗伦斯殖民地，这种控制就像法国统治时期一样，通过毛皮贸易来行使和实现。在促成美国独立革命的诸多因素中，这种限制大西洋殖民地向西扩张的企图显然赋予了魁北克省的防御角色，代表着使用政治力量来支持圣劳伦斯河地区的主要贸易，并保护其腹地免受从大西洋沿岸向西蔓延的商业和移民浪潮的影响,这一政策预示着19世纪加拿大的典型经济战略的形成,为国家经济安全与发展奠定了基础。

1821年后,哈德逊湾公司在加拿大的毛皮贸易中占据主导地位,这意味着蒙特利尔和圣劳伦斯低地失去其作为大宗出口产品首要产地的地位,但并不影响哈德逊湾公司作为帝国统治代理人角色发生变化。加尔布雷思在其所著的《作为帝国因素的哈德逊湾公司》中,可能没有充分揭示该公司在加拿大西部及太平洋沿岸广大地区所扮演的政府角色的重要程度。例如,俄勒冈边界争端的最终解决,正是哈德逊湾公司精心策划的战略撤退的巅峰之作。公司从曾经富饶的斯内克河和哥伦比亚河的毛皮产区有序撤离,至1846年,这一地区的毛皮贸易已完全被清除,同时巩固一道防线,以抵御通过俄勒冈小道不断涌入的美国移民者。然而,弗拉泽河金矿的发现打破了这一局面,在经过短暂的公司统治后,殖民办公室直接介入,设立名义上独立于公司的文官政府。显然,哈德逊湾公司在保卫帝国边疆、抵御农业定居者和美国矿工涌入的能力终究有限。在不同背景下,红河殖民定居点的历史亦讲述了相似的故事。至19世纪60年代末,随着公司的控制权转移至与加拿大大干线铁路公司紧密结盟的金融利益集团手中,显然集团需要寻找新的防御战略,这次则是围绕一条横贯北美大陆的铁路和邦联政府组织共同来构建。

毛皮贸易的发展得益于独木舟与约克船,这就几乎无需对加拿大广袤的内陆水系进行大规模改造。然而早期定居点(在现今加拿大的安大略省南部)的小麦和钾肥的运输以及这些产品所需制成品的进口就不是这样的情况,特别是对于那些位于上游的定居点及海港蒙特利尔来说,改善圣劳伦斯河至五大湖区的运输路线显得尤为重要。这一举措不仅关乎当地经济的繁荣,更承载着蒙特利尔海港占据美国中西部贸易主导地位的宏大愿景。然而,运河的修建并非一朝一夕之功,它需要长期而稳定的资金支持。因此,无论是殖民地政府还是英帝国政府，都必须在其中发挥关键作用，以确保这一宏伟工程能够顺利推进。

交通运输的改善修建既有商业意义，也有战略意义。如果说蒙特利尔和上加拿大的商人主要考虑的是前者，那么大英帝国政府更关心的是其防御价值。一方面，圣劳伦斯河和尼亚加拉的运河建设可能使蒙特利尔能够重新夺回美国伊利运河与纽约相连的美加边界以南商业腹地的一部分；但另一方面，这样一个沿着美加边境横向运行的运河交通系统，将无法抵御美国人的潜在军事威胁。

1812年战争的惨痛教训仍然历历在目。因此，首先是出于防御的原因，英国政府拒绝协助圣劳伦斯运河的开凿，直到1840年后，加拿大殖民地出现政治危机时，英国政府才意识到援助的必要性，于是采取行动修建里多运河（Rideau Canal），提供一条从蒙特利尔到安大略湖（Lake Ontario）的隐秘路线，且不情愿地向韦兰运河（Welland Canal）项目提供有限援助，这显然是远远不够的。要想有效应对伊利运河带来的商业入侵，就要提供大规模的财政支持，甚至动用到大英帝国政府和加拿大两个省级政府的资源。直到1840年各省联盟之后，政府才得以实现全面支持。

对于圣劳伦斯低地的经济发展而言，19世纪20年代和30年代至关重要，堪称黄金时期。这两个关键的10年把握好，有可能实现把圣劳伦斯河打造成连接大西洋与密西西比河流域的重要商业动脉的夙愿。然而遗憾的是，这个黄金机会最终未能被牢牢把握。其背后的主要原因在于，大英帝国政府对加拿大国防安全的考量与加拿大商人对商业扩张的渴望之间产生严重分歧与冲突。英国政府本有能力可以提供大规模的资金支持，但其出于对加拿大殖民地可能会因内部改进而增加被美国吞并风险的担忧，并未给予圣劳伦斯低地经济发展提供足够的支持。因此，尼亚加拉-圣劳伦斯运河系统的建设直至1848年才宣告建设完成，而那时，美国的纽约州已经率先迈入铁路建设的时代。

加拿大的铁路建设几乎从一开始就体现出发展与防御之间的微妙平衡与潜在冲突。在铁路建设规划过程中，路线的选择和轨距的确定成为双方利益考量的交会点，也是寻求平衡的解决点。加拿大政府和英国政府通过提供补贴和债券担保等手段，严格控制资本供应，从而确保对可能危及经济自主权和军事防御能力的商业决策拥有有效的否决权，这一否决权在关键时刻被多次果断行使。

旨在连接加拿大中部和沿海省份的殖民地间铁路的复杂历史就是一个很好的例子。该项目最初于1844年提出，旨在构建哈利法克斯至魁北克之间的铁路连接。然而在规划初期，路线选择便遭遇重重困难。新不伦瑞克省坚持铁路必须经过其重要海港圣约翰，作为其参与该项目的条件。这样的路线可能在商业上具有显著优势，但显然无法抵御美国的潜在军事威胁。英国政府出于战略考量，渴望寻找一条从哈利法克斯至魁北克的安全的冬季补给线，因此对这一路线持保留态度。英国政府更倾向于选择一条绕过圣劳伦斯河口南岸的迂回路线，以确保其军事上的安全。由此，商业利益与战略需求之间的冲突显得尤为突出。军方所期望的线路布局，对于私营企业而言，无疑是难以接受的。

加拿大各省的商人们深知，英国政府的财政援助并非轻易可得，它往往取决于是否愿意接受一条穿越贫瘠区域的高成本路线。因此，商人们开始另辟蹊径，寻求一个无需英国政府援助也能实现的项目。这一项目便是建设连接欧洲殖民地与北美独立区域的铁路，这得到了新斯科舍省、新不伦瑞克省以及缅因州政府的鼎力支持。这条铁路将从哈利法克斯延伸至圣约翰，进而连接至波特兰。在波特兰，铁路不仅与美国的公路网络紧密相连，还将与规划中的波特兰至蒙特利尔的线路相接，预示着加拿大与美国新英格兰地区铁路系统之间将形成紧密的合作关系。这种合作被视为不可避免且极具价值的，预示着波特兰将成为加拿大东部的交通枢纽。然而，遗憾的是，这个项目最终未能实现预期目标。新不伦瑞克省和新斯科舍省在缺乏外部援助的情况下显得力不从心，英国政府对两省发行债券的担保被证明是必不可少的，但英国政府却拒绝考虑为通往波特兰的铁路线建设提供补贴。

1867年，加拿大联邦政府因未能妥善平衡国防需求与商业可行性，而未成功建设一条连接其中部地区与大西洋沿海省份的铁路。直至1876年，加拿大政府才最终完成这样一条线路的建设，但它遵循了英国战略家从一开始就坚持的迂回北向路线。这一决策导致了铁路高昂的建设成本，而高昂的运营成本、微薄的收入以及持续的赤字也进一步凸显了这一路线选择的困境。尽管如此，如今这条铁路线已然成为加拿大国家铁路系统中重要组成部分。不过关于这条铁路线是否能有效提升加拿大抵御美国进攻的能力，至今仍存争议。事实上，当从加拿大中部通往大西洋沿岸的更直接的铁路线建成后，这条铁路原本可能具备的商业效用也很快便被削弱。这些新建的铁路线多由私营公司投资修建，并未过多考虑军事因素。其中穿越缅因州的C.P.R."短线"铁路因其重要的战略地位脱颖而出，成为最具影响力的铁路线路之一。

英国政府坚持铁路建设走全加拿大北部路线的做法是否"正确"，在此并不是主要问题。从分析角度来看，需要强调一点的是，如果是纯粹出于商业考虑，连接加拿大中部和沿海地区的铁路很可能会提前20年建成，而且从商业角度来看，这条铁路线路会更好。在这种情况下，国防与经济发展之间的冲突意味着铁路建设的严重延误和铁路设施建设的重复，这是加拿大负担不起的"奢侈设施"。

类似的冲突不仅延误了加拿大第一条横贯大陆铁路的建设进度，更在加拿大铁路公司的章程及其所遵循的路线上留下印记。大干线铁路公司作为加拿大中部的"交通动脉"，早在联邦政府成立之前便通过收购哈德逊湾公司及其西部领地，为日后的横贯大陆扩张奠定坚实基础。鉴于从魁北克至温莎的现有铁路线，大干线铁路建设似乎天然具备成为国家一体化重要工具的潜质,有望修建一条跨越广袤大草原和雄伟的科迪勒拉山脉,直抵太平洋沿岸的西部延伸区。然而大干线铁路的管理层在规划过程中却展现出坚定的立场:他们坚持认为,连接安大略省南部与西部大草原之间的"桥梁"路段必须建在五大湖以南,穿过美国领土,最终在芝加哥接入美国铁路网,而对于穿越前寒武纪地盾的贫瘠花岗岩地带的五大湖以北的线路,则并未列入他们的考虑范围。

加拿大政府最终仅选择北线作为铁路建设的方案。在政府的眼中,这条拟议中的铁路绝非仅仅是用作运输货物以谋取经济利益的工具。相反,它被视为新自治领地结构中不可或缺的一环,更是政府所强调的"国家政策"的核心组成部分。从根本上说,其目的是在商业和军事意义上保持加拿大在西部的地位,而一条让芝加哥直接通往温尼伯和大草原腹地的铁路很难实现这一目标。过去困扰殖民地间铁路建设的种种困境,如今也为太平洋铁路的建设蒙上一层阴影。尽管存在一条被一批具备实力并愿意承担铁路建设任务的私人企业家所认可的线路,但这一建设方案未能得到政府的认可。

尽管补贴的吸引力与日俱增,大干线铁路公司却以罕见的坚韧与毅力,坚守自己的立场,毅然决然地拒绝妥协,从而主动将自己排除在参与铁路建设之外。面对这种局面,政府不得不亲自介入,启动部分线路的建设工作。政府仍抱有希望,试图说服一些比大干线公司更容易动摇的私人团体来承担主要的建设任务。但在这方面,政府也对自己的行动自由设定了严格的限制,被选中的辛迪加必须确保不受美国势力的控制。1873年,当保守党政府与美国杰伊-库克(Jay Cooke)和北太平洋铁路公司(Northern Pacific)所支持的辛迪加进行谈判时,保守党政府却陷入困境,政府领导人最终不得不选择辞职。因为上届选举中的某些开支似乎是由北太平洋公司提供的资金,这场丑闻的根源不在于选票被收买,而在于选票竟是用美元买来的。

1880年，经过不懈的努力，终于组建起一个由志同道合的企业家组成的辛迪加财团。不过他们所获得的特许状中，关于铁路的具体路线却并未明确提及。事实上，关于路线的持续争议，最终导致主要成员之一美国企业家詹姆斯·J. 希尔（James J. Hill）于1883年选择退出，他后来凭借建设大北方铁路系统的辉煌成就而声名远扬。不过，对于美国商业入侵的潜在风险，始终在辛迪加成员心中萦绕不去。这一点在公司章程中的一项条款中得到体现，该条款明文规定，在20年内，禁止在 C. P. R. 干线与美国边界之间修建任何竞争性铁路。尽管较为湿润的土地位于更北的区域，但辛迪加最终还是选择穿越大草原的南部路线，这表明他们对美国商业入侵危险的持续关注。

在连接安大略省南部与大草原的铁路建设中，C. P. R. 毫无悬念地采用北部或全加拿大的路线。其后的竞争对手，如加拿大北方铁路公司（Canadian Northern）和国家横贯大陆铁路公司（National Transcontinental），也都沿用这一路线。这段铁路的建设成本高昂，净收益却相对较低，虽然后来重要矿区的开发在一定程度上弥补了这一经济上的不足，但人们仍然不禁思考：倘若当初没有过早地排除在湖区以南修建东西向铁路桥的可能性，草原省份乃至整个加拿大的发展是否会呈现更为迅猛的态势？与殖民地时期的铁路建设情况相似，民族主义的思想也使这一铁路建设付出了沉重的代价。这种代价既体现在短期成本上，如 C. P. R. 的资本结构和加拿大政府的债务负担，也体现在长期经济发展的滞后上。

三

为了避免有人将这些案例仅仅视为19世纪未开化时代的奇闻逸事，不妨简单了解一下加拿大近期有关石油和天然气政策的某些方面，以发掘其与早期的运河和铁路政策之间存在的显而易见的相似之处和类比关系。

从任何意义上讲，加拿大的石油和天然气政策都可以追溯到 1947 年在阿尔伯塔省发现的勒杜克（Leduc）油田。尽管加拿大的油气资源蕴藏在与美国得克萨斯州西部和新墨西哥州相似的地质结构中，但其地理位置远离水运，这成为一大限制因素。因此，与探明储量的增长率相比，生产率更多依赖输油管道的建设。对于美国市场而言，生产情况则进一步受到美国进口政策的制约。在这一背景下，国家政策的核心议题在于决定应修建哪些管道以及这些管道应遵循的路线。在这方面可以讨论的许多问题中，本文将集中讨论那些商业利益与国家经济统一之间经常发生冲突的问题。

大多数情况下，石油和天然气是相伴而生的，因此对其中一种资源的生产限制，往往不可避免地会对另一种资源的供应造成影响。然而，在处理这两种资源时，加拿大政府的政策导向显示了差异性。以阿尔伯塔省油田为例，其首条长距离原油管道的建设是正值世界油价飙升之际，当时人们对于中东和东南亚油田的战略安全性持有严重疑虑。在这样的背景下，1949 年至 1950 年该管道得以规划、筹资并顺利建成。这条管道从埃德蒙顿延伸至威斯康星州的苏必利尔，再通过五大湖航运将原油运往安大略省南部的炼油厂，并进一步延伸至萨尔尼亚和多伦多。尽管这条管道穿越了美国领土，但其建设过程并未遭遇巨大的财政困难。当然，其可行性的评估在一开始就是基于安大略省南部市场的销售前景。相比之下，从埃德蒙顿至温哥华的跨山区输油管道的建设则发生在 1952 年至 1953 年。当时人们对于石油在华盛顿州、俄勒冈州，甚至是加利福尼亚州北部，以及不列颠哥伦比亚省都有着巨大的销售预期。

加拿大联邦政府没有对这两个管道项目设置任何障碍。鉴于大草原油田的停产量正快速增加，进入外部市场对于缓解这一状况而言至关重要，同时，政治层面上对于支持大草原石油繁荣的压力也非常巨大。这两个输油管道系统一个向东穿越草原，另一个向西延伸，一旦完工，将拥有两个市场区域。在这两个市场区域内，加拿大原油的销售价格将足以与进口原油竞争，而进口价格的调整幅度也将保持在较低水平。东部市场区域主要集中于安大略省南部，最东端延伸至金斯顿。此外，蒙特利尔的炼油厂也在此区域内发挥着关键作用，这些炼油厂以委内瑞拉原油为基础运营，满足了此区域的部分市场需求。而西部市场地区则涵盖了不列颠哥伦比亚省，以及美国华盛顿州和俄勒冈州。在这一区域，加拿大原油面临来自东南亚的进口供应和美国国内供应的激烈竞争。因此，加拿大市场地区的"边界"一部分取决于世界原油价格的波动，一部分取决于油轮运费的变动，同时还会受到美国进口政策的影响。

1958年，美国政府以维护国家安全为由，对外国进口原油实施了严格的配额限制，这一举措彻底颠覆了当初建设这些输油管道时所依据的基本假设。美国实施的石油配额限制措施旨在保护美国的本土"独立"石油生产商，使其免受价格更为低廉的外国石油供应的强烈冲击——由于油轮运费的降低和世界石油市场的过剩现象，这种竞争正日益加剧。这对加拿大的影响是，其在美国市场的销售前景急剧下降。面对这一不利局面，加拿大政府表达了强烈的抗议，随后，美国采取一系列纠正措施。这些措施包括放开从陆路（即从加拿大）进口到美国的石油配额限制。不过这些豁免并非无条件的，一旦从加拿大进口的石油对美国的原油价格水平构成威胁，重新实施配额的可能性仍然存在。事实上，有充分的理由相信，加拿大能够获得豁免的唯一前提条件是，其对美国的出口增长必须保持在"合理"的范围内。

在这一背景下，大草原地区的原油成为加拿大的最新主打产品，其生产商开始向联邦政府施加巨大的压力，强烈要求在加拿大国内为本土原油开辟新的市场。他们的目标自然集中在蒙特利尔市场地区，那里的炼油厂至今仍依赖进口原油。有人认为，既然美国可以为其国内生产商保留国内市场，为什么加拿大不能这样做呢？然而问题的复杂性在于，掌控蒙特利尔大部分炼油厂的大型综合石油公司，同时在加拿大境外拥有大量低成本原油储备。它们更愿意利用这些廉价的国外储备，而不是在加拿大的储备，尤其是在美国的石油配额限制向美国市场运输的背景下。因此，尽管这些大型石油公司持有加拿大石油业的大部分股份，但它们却极力反对政府采取任何可能迫使它们向蒙特利尔炼油厂供应加拿大原油的措施。实际上，正是加拿大的独立石油公司，尤其是那些以不与美国利益集团有任何公司关系为傲的小型企业，站在了争取进入蒙特利尔市场斗争的前沿。

他们想要的是一条由政府补贴的从草原省份通往蒙特利尔的原油管道。所有合理的成本和收入计算都表明，政府需要提供某种形式的补贴。补贴的形式可以是对私营输油管道公司的补贴，也可以是政府对管道的建设和运营，还可以是加拿大对石油进口配额的制度，从而提高蒙特利尔市场的原油价格，使私营输油管道在商业上可行。美国资本在大草原油田的开发中发挥主导作用，以及美国的石油进口配额政策，导致加拿大的强烈民族主义情感与对美国的不满情绪交织在一起，使这一问题在政治层面变得尤为复杂和棘手。

尽管皇家能源委员会对草原石油生产商的困境表示同情，但还是建议当时不要修建输油管道。相反，该委员会为加拿大向美国出口石油设定了增长目标。实际上是在警告该行业，如果达不到这些出口目标，就会采取措施扩大加拿大原油在国内的市场。这一警告显然是针对大型综合石油公司的。它们可以向蒙特利尔炼油厂继续供应海外原油的条件是，必须保持对美国出口的增长速度足以使西部石油工业保持健康发展。

就目前基本情况来看，不稳定因素显而易见。加拿大向美国出口原油的增长并非单凭一体化公司的营销努力便能实现，这还需要看这些公司是否愿意在美国市场上为加拿大原油"腾出空间"。更为关键的是，美国政府的进口政策亦起到举足轻重的作用，因为美国政府过去曾对美国独立石油生产商的诉求表现出极高的敏感性。一旦加拿大原油进口配额被重新实施，或加拿大石油出口增长速度未能达到预期，这都可能导致加拿大政府再次面临外界要求其进行干预的巨大压力。

天然气政策展现出一系列有趣的反差。在美国，通过联邦电力委员会所实施的进口政策始终占据举足轻重的地位。但在原油领域，加拿大政府却发现自己陷入被迫出口的境地，以至于一度搁置横贯北美大陆的输油管道建设计划。而在天然气方面，加拿大政府则更加强调保护本国消费者的利益，进而对出口实施限制。这一关键性的决策发生在 1953 年，当时加拿大政府郑重宣布，今后将不再允许从本国出口天然气，这一举措的初衷是确保加拿大现在或将来在经济上能够充分利用这些天然气资源。从字面意义上理解，这一政策似乎扼杀了所有天然气出口的可能性。但在实际操作中，它更多地被解读为：在满足加拿大中东部地区（特别是安大略省和魁北克省）消费者需求之前，不得从加拿大西部进一步出口天然气。

尽管当时人们可能没有充分认识到这一政策的全部含义，但它使联邦政府承诺建造一条横贯大陆的天然气管道。因为根据联邦政府自己的决定，这条管道是向美国出口天然气的必要条件，如果没有这条管道，加拿大西部的石油和天然气产业肯定会受到损害，联邦政府在大草原省份的政治力量也会随之受损。联邦政府还表示，只有在管道完全通过加拿大领土且在任何情况下都不会受到美国的干扰时，它才会批准修建这样一条管道，这使得事情变得更加复杂。

加拿大政治家们于 19 世纪 50 年代在太平洋铁路建设时所遇到的困境，在 20 世纪 50 年代以惊人的精确相似度再次重现。由于政府坚定地选择了全加拿大路线，这一决策几乎完全消除了该项目原本可能吸引美国投资者的任何吸引力。因此，在计划修建输油管道时，政府的巨额援助变得不可或缺。然而更为棘手的是，政府在与私营管道公司的谈判中已失去往日的讨价还价的能力。大草原省份天然气的出口渠道对于国家经济至关重要，任何管道建设的严重延误都将使自由党在大草原省份的政治支持上面临灭顶之灾。

在这里只需指出，政府最终承诺通过一家皇家公司建造五大湖以北的一段管道，即所谓的安大略大桥，并向建造西段管道的私营公司提供高达总成本90%的财政援助。该工程于1959年竣工。当然，向美国出口天然气的谈判在这些建设活动中一度陷入僵局。直到1959年，美国联邦电力委员会才开始认真考虑向美国中西部消费者供应加拿大天然气的建议。尽管这些谈判过程本身错综复杂，但在此无需深入探讨这些细节问题。

当然，加拿大太平洋铁路建设的政治战略与跨加拿大天然气管道建设之前的政治战略之间有密切相似度并非偶然。它反映了加拿大历史上一种观念的连续性，即对国民经济一体化至关重要的交通要道绝不能受到外国势力的干扰。因此，政府坚持在五大湖以北地区进行铁路建设，也因此深度参与提供资金。在原油领域，情况则截然不同。这种情况主要源于加拿大中部和东部地区至今仍未展现出对建设一条对其地区乃至国家利益至关重要的横贯北美大陆石油管道的积极态度。正如前文所述，加拿大的原油政策仍处于不稳定状态，出口市场若再次遭遇严重困境，联邦政府可能不得不采取行动来应对这一局面。

结　语

最后，要对全文的研究做一个简要概括。显然，无论是早先的海狸产业还是后来的石油和天然气产业，加拿大的每种主要资源产业都不可避免地造成政府与商业利益之间的紧密联系，尽管具体情况各有差异。

为了建设和维护这些以主要大宗出口产品为基础的国民经济，政府不得不采取行动，确保充分的市场准入，并保护产区免受外部军事或商业势力的侵入。而政府所采取的典型方法并非直接介入传统意义上的私营企业领域，而是向特定的私营公司提供广泛的政治和财政支持，而这些公司的目标已经或正在成为国家经济发展战略的重要组成部分。这种策略带来的一个结果是政治与经济的领导层形成紧密的联盟；另一个结果则是政府对大型运输项目提供广泛补贴，通过这些措施，加拿大经济中的许多间接成本从私营企业转移到了联邦政府。

尽管制造业和服务业有显著增长，但至今加拿大经济结构的显著特点还是相对单一性，且有进一步加剧的发展迹象。加拿大经济的出口收入主要依赖数量有限的大宗商品销售，这些主要出口商品的重要性不言而喻，这使政府无法置身事外。在大多数情况下，这些大宗商品的市场需求方并不受加拿大控制。因此，加拿大政府的支持往往聚焦于供应端，尤其是运输系统的建设方面。

近期加拿大政府支持主要大宗出口产品生产的实例清楚揭示了会有不可避免的冲突这样一个事实。但这种冲突并非源自政府与企业之间的对立，这种两极分化在过去和现在都不具有代表性，相反，它反映了不同国家利益观念间的冲突。联邦政府将其角色定位在建设和维护一体化的国民经济，在此过程中，联邦政府发现有必要支持某些商业目标并反对其他目标，即反对那些可能破坏国家经济统一的企业战略，而支持那些有助于增强国家经济统一的战略。当然，并非所有公司行为都会像大型运输项目的路线选择那样受到政治层面的严格审查。特别是美国企业在加拿大的直接投资，至今在很大程度上仍不受到联邦政府的控制。这种投资在很大程度上促使加拿大经济从历史上的东西轴线而进行重新调整。但横贯北美大陆的天然气管道项目清楚地表明，加拿大联邦政府在时机成熟时仍准备进行果断干预，以抵消美国市场的吸引力。

与联邦政府相比，加拿大各省政府对国家一体化的关注程度通常要低得多，这使维护国家经济统一的工作并不容易做。因为，他们往往对联邦政策中有时对省级资源开发施加的限制感到不满。石油和天然气行业近期的发展轨迹充分表明，渥太华的执政党如今要在不严重影响其在受影响省份政治地位的前提下实施此类限制，已经变得异常棘手。维护国家经济统一势必会付出一定代价，这些代价包括延误和错失的机遇，以及运费结构和关税中隐含的显著的成本，而这些成本最初主要是由各省来承担。鉴于加拿大的主要政党都是按省份组织起来的，联邦政府政策的可行性很大程度取决于这些政策能够在多大程度上获得私营企业的支持。而这种支持又取决于国内经济中的公司部门能在多大程度上将其命运与联邦政府对加拿大未来的构想联系在一起。

官僚、商人与对外贸易：美国商会的起源

〔美〕理查德·休姆·沃金 沙 娅 译*

【摘 要】 20世纪初，美国政府官员，尤其是来自商务部和劳工部的官员，为了促进与商界的交流和思想互动，于1912年推动了美国商会（U. S. Chamber of Commerce）的成立。并在后来继续支持商务部与国务院在商业专员服务方面的争夺。在商会成立的曲折过程中，早期倡导者和推动者的功绩不可忽视，他们所探索的宝贵经验为后继者奠定了基础，实现了政府与商界之间思想和信息的顺畅交流，最终对美国政府和商界间的关系产生了深刻影响。美国商会的成立是政府官员为回应国家、机构乃至政治需求而采取的行动的结果。

【关 键 词】 美国商会 政府与商界关系 商业协会 对外贸易

引 言

1890年开始，美国商界与政府之间的关系发生迅速变化，人们

---

* 本文原文系美国学者理查德·休姆·沃金所著，原文及出处：Richard Hume Werking, "Bureaucrats, Businessmen, and Foreign Trade: The Origins of the United States Chamber of Commerce", *The Business History Review*, Autumn, 1978, Vol. 52, No. 3, pp. 321 – 341, https://www.jstor.org/stable/3113734；伊犁师范大学讲师、新疆口岸经济发展与管理研究中心研究员、中国政法大学商学院博士研究生沙娅对原文进行翻译，并提炼摘要和关键词；巫云仙教授对全文进行译校。

越来越希望能更好的进行思想和信息交流,特别是希望有一个国家组织来促进这种交流。美国商会虽然几乎普遍被视为商界人士努力的结果,但沃金(Werking)教授表示,一些政府官僚,特别是相对较新和雄心勃勃的商务和劳工部的官员,他们在美国国务卿和白宫的支持下,是1912年美国商会建立的决定性因素。

历史学家长期以来一直把20世纪20年代美国联邦政府大力鼓励贸易协会和对外贸易活动联系起来,并将商务部部长赫伯特·胡佛(Herbert Hoover)描绘成在政府与商界之间架设桥梁的先驱者。最近他们非常关注威尔逊(Wilson)总统执政期间政府和许多商人在组织海外经济扩张时采取的措施。然而,行政部门的某些中高层政府官员在少数商人的协助下,已经努力与商界建立了制度联系。他们的努力奠定了好的基础,其他人将在此基础上再接再厉,但其中有许多事情迄今为止都被学者们忽视。

经过数年努力,美国商会终于在1912年成立。美国商会是最著名的商业协会,也是"让政府退出商业"的倡导者,但它的成立主要归功于政府官员在20世纪初的倡议。这些官员非常关注美国出口贸易的发展情况,同时也受到官僚企业家精神的激励,他们试图创建一个商会机构,使政府部门与制造商和企业建立更加系统化和更加密切的工作关系,由此动员选民帮助他们的机构从国会获得用于机构扩张的资金和立法。早在第一次世界大战"大撤退"之前美国商会就建立了,战争期间企业与政府关系的"合理化"发展,以及20世纪20年代胡佛作为商务部长做了很多广为人知的活动。

他们的成就并非是孤立事件,而是19世纪80年代的一个更大进程中的一部分,即政府官员积极策划在行政部门内部建立一个新的官僚机构,以促进制造业的出口贸易,将国内生产商与国外客户联系起来。在19世纪90年代末期至1913年,美国政府进行了彻底改革并扩大联邦贸易促进机构,包括领事服务、外交服务和国务院内部机构的许多改革，以及 1903 年建立商务和劳工部。这个新部门，特别是其下属的制造业局，旨在"促进、推动和发展国内外贸易"，从一开始它就专注于对外贸易，并通过公布一些外国市场的信息来增加产品出口，不久就成为促进贸易的政府部门。

上述官商关系中，政府官员的首要地位以及他们对国家和相关机构需求的意见的重要性，与这一时期对官商关系的主要解释背道而驰，即将商人描述为占主导地位的，且往往是唯一重要的合作伙伴。正如一位历史学家最近所写的那样，现在是时候认识到，政府官僚既是创造者，也是管理者，而企业家精神既存在于公共机构中，也存在于私营企业中。

一　早期努力

20 世纪初，一些美国商界人士开始摸索建立商界与国家政府之间的新型关系，寻求建立双向沟通渠道。与欧洲主要国家相比，美国没有与政府关系密切的有效的全国性商业协会组织。政府中的某些官员也越来越倾向于建立一个全国性的商业组织，以统一的声音向政府通报商界的需求，同时也作为向商人传递政府信息的一个桥梁。人们认为，那些已经与州和地方商会或贸易委员会有联系的中小型公司需要一种制度化的关系；而大型企业，如美国钢铁公司和国际收割机公司等已经与政府高层建立了个人联系。

1894 年至 1905 年，担任国务院商务办公室主任的弗雷德里克·埃默里（Frederic Emory）在 1897 年就暗示有必要成立这样一个机构。埃默里渴望增加制成品出口以促进美国经济的繁荣，也希望让商务办公室与商界人士有更紧密的联系，更好满足国内的商业需求，并为其争取财政支持。

另一位看到成立商业组织优势的国务院官员是约翰·A. 卡森

(John A. Kasson），他是 19 世纪 70 年代和 80 年代美国驻奥地利和德国的公使，是麦金利政府互惠条约的主要设计者，也是扩大制成品出口的强烈倡导者。1901 年在纽约州商会的演讲中，卡松呼吁成立一个由主要商会和贸易委员会组成的"工商业中央委员会"。各商会将由一名秘书代表在华盛顿开展工作，该秘书将充当商业团体与政府之间的沟通渠道，处理可能提交给国会的商业事务。纽约商会的著名成员古斯塔夫·施瓦布（Gustav Schwab）出席会议，认为这个商会组织要向国会和拟议中的商务部提供影响国家工商业所有发展措施的相关专业知识和信息。与此同时，施瓦布积极参与日益壮大的美国领事服务改革运动。当年这场运动由国务院护照事务员凯拉德·亨特（Caillard Hunt）和克利夫兰商会领导人哈里·加菲尔德（Harry Garfield）领导。当改革者在 1900 年试图组织起来并向国会施加压力时，亨特向加菲尔德建议希望相关商人们在华盛顿设立一个办事处，以协调他们的工作。他还希望将这一计划与"华盛顿的商业机构联盟局"结合起来，协助中小型公司与联邦政府打交道。在施瓦布的协助下，亨特和加菲尔德于 1901 年组织全国领事重组委员会，但更大的计划还需要几年才能实现。

1903 年后，官员们相信新成立的商务和劳工部将帮助商人与联邦政府建立更紧密的联系。弗雷德里克·埃默里期望该部门与各制造商和商业集团通力合作，使其成为商业进步和扩张的引擎。1903 年 5 月，美国联邦人口普查局的诺斯（S. N. D. North）向商务部部长乔治·科特利尤（George Cortelyou）建议，由他派一名代理人去研究英国贸易委员会和其他欧洲商业部门的运作情况。他赞同埃默里的观点，建议制造业局与商业协会保持密切联系，以便了解他们的特殊需求和条件，并在所有适当的地方为他们提供帮助和合作。尽管科特利尤于 1904 年辞去了该部门的职务，并参与指导罗斯福总统的竞选活动，但他的继任者还是派遣该部门统计局局长奥斯卡·P. 奥斯汀

(Oscar P. Austin)去研究欧洲国家在本国首都及亚洲地区的贸易促进设施。1906年初,奥斯汀在回国3个月后出席国家贸易委员会的会议,他对欧洲集中的、由政府资助的商业组织大加赞赏。同年底,第三任商务与劳工部部长上任时,他所在部门和国务院的官员们已经开始迫切要求在政府与相关企业之间建立起一种制度化的关系。

1906年12月,奥斯卡·P.施特劳斯(Oscar P. Straus)宣誓就任商务与劳工部部长,这是该部门成立三年半以来的第三任部长。施特劳斯是保守派或"黄金派"的民主党人,曾反对白银自由兑换,是纽约商界的知名人士,曾在美国克利夫兰和麦金利总统执政期间担任美国驻君士坦丁堡的公使。作为纽约州商会成员和纽约贸易与运输委员会主席,他从19世纪90年代起就参与领事服务改革运动,商务与劳工部的官员们很快就产生了影响,因为在1907年春天,施特劳斯收到制造局两位官员的长篇备忘录。应施特劳斯的要求,关税专家纳哈姆·I.斯通(Nahum I. Stone)于当年4月19日提交一份备忘录,讨论商务与劳工部的贸易推广工作。斯通以令人印象深刻的方式将商务与劳工部不够得力的贸易促进设施与外国政府,尤其是德国和英国政府的设施进行对比,他补充说,面对国会的吝啬,该部门已经尽其所能。

斯通的建议之一是在商务部与全国商业组织之间建立更密切的关系。斯通指出,在德国,商会是政府与商人之间的沟通渠道,商会收到的信息中包括国外市场的机密贸易数据。他认为在美国开展类似的政商合作既可以为相关部门提供有用的信息和建议,也可以向商界传播它所能提供的信息。施特劳斯感谢斯通非常清晰、富有启发性和有价值的建议。1907年5月初,制造局新任领事报告处处长查尔斯·S.唐纳森(Charles S. Donaldson)向美国国务卿汇报情况。唐纳森向施特劳斯递交一份长篇报告,详细阐述他对制造局的需求和未来工作范围的看法。他敦促商务部通过频繁的通信和会议,与广泛的商业和制造商协会保持更密切的联系，以便在他们感兴趣的领域促进对外贸易。与斯通和其他贸易促进机构的支持者一样，唐纳森认为德国的相关制度安排中，商会与政府之间密切和谐关系是典范。

收到第二份备忘录后仅两周，施特劳斯对斯通和唐纳森的建议还记忆犹新，他又收到朋友库古斯塔夫·施瓦布的一封重要来信。施瓦布受到国务卿伊莱休·鲁特（Elihu Root）最近在众议院委员会作证的启发，敦促政府建立一个对外贸易和关税信息的服务机构，因为它们与美国的贸易扩展有关。施特劳斯告诉施瓦布，他的部门已经在这些方面取得一些进展。但在仔细阅读并标注其下属的备忘录后，他接着建议施瓦布将注意力转向制造局与全国商业团体代表之间的对外贸易建立更密切关系的可取性。

施特劳斯的建议引起了人们的共鸣。施瓦布可能还记得6年前卡森在他所在的纽约商会上发表的讲话，以及他本人对讲话的热情回应。施瓦布立即放弃自己的建议，转而采纳施特劳斯所在的制造局下属提出的建议，并进一步充实国务卿的提议，他建议成立一个能够代表主要城市的商业组织利益，并由商人组成的咨询式机构。施特劳斯欣然接受并承诺立即委托制造局局长约翰·卡森（John Carson）起草一份计划，随后他便去西部休假以躲避华盛顿的酷暑。但卡森并没有提出一项计划，施特劳斯也没有表现出什么独创性，只是欣然接受施瓦布关于建立商业咨询机构的建议。

与此同时，国务卿指示纳哈姆·I. 斯通准备一份关于欧洲主要国家政府与其商业机构关系的报告。施特劳斯在1907年9月与各局负责人会面时解释说，他希望让商业利益集团与政府部门，特别是与制造局和统计局，甚至与人口普查局建立更密切的联系。他坦言，他希望上述这些部门在美国的民意、商人和制造商等的引导下开展工作。遗憾的是，施特劳斯指出，不可能通过信件建立适当的关系，因为任何人都可以写信。写信给政府的人"挣的钱连穿一双体面的鞋都不够，却想管理整个政府"。如果政府要对支持的选民有所帮助，就必须了解这些选民是由谁组成的，他们的需求是什么。因此，商务与劳工部必须通过一个为此目的而设立的机构，系统地与全国商界保持联系。

与商业协会的亲密关系对政府部门可能还有另一个好处，那就是可提高其自身福利。施特劳斯、施瓦布和斯通都认为在这样的制度安排下，国会的拨款将更加容易通过。斯通敦促扩大商务部门的职能，包括发展与商业团体合作的机构设施，并主张采取明确的政策，确定商务与劳工部的工作和特点，并使其成为促进美国商业发展的机构以及独特的实体机构。在促使国会为这一机构扩张拨出必要资金的过程中，商业和贸易机构的合作将被证明对外贸部门具有特别有价值。

施特劳斯和施瓦布拟定一份主要城市重要商会和贸易委员会的简短名单，并于10月发出会议邀请。但许多未被邀请的商业组织向商务与劳工部提出大量问题。全国贸易委员会、全国制造商协会、波士顿商人协会、费城贸易联盟、美国互惠关税同盟、美国肉类包装商协会和美国亚洲商会等组织要求成为获得邀请参加的商会团体。施特劳斯在信中告诉他们，这次会议只是初步的，并告诉他们，如果他们愿意可以来参加，他们很快就接受了邀请。

毫无疑问，施特劳斯在首次会议之前就制造了不愉快的气氛，损害了他的咨询机构取得成功的机会。1907年12月5日，代表们在华盛顿召开会议。大部分会议在施特劳斯的部门办公室举行，该办公室可容纳100人，没有多余的地方了。会议日程包括罗斯福总统在白宫的讲话，以及施特劳斯和国务卿伊莱休·鲁特的简短致辞。在讲话中，鲁特提出大家耳熟能详的抱怨，即在世界上的一些地方，"巨大市场"正在等着美国人，但美国人"在与其他国家训练有素的外国商人的竞争中还像是个孩子一样"幼稚，他称赞这次会议预示着"联合起来一些努力的力量"。

二　全国商业委员会

在这次大会上全国商业委员会诞生，并成立一个由施瓦布担任主席的小型咨询委员会。组织者决定新组织的秘书将是一名常驻官员，总部设在华盛顿，以便与国会和行政部门联系。担任这一职务的威廉·柯文（William Corwine）是施瓦布在美国互惠关税同盟和纽约商人协会的朋友，也是领事改革运动的资深人士。

咨询委员会推迟了具体方案的制定，直到它能够确定全国理事会在招募成员方面能取得成功再启动相关工作。但负责人很快就发现，全国的商人对他们的项目并不感兴趣。在1907年12月华盛顿大会结束一个月后，施瓦布只收到5份明确的接受函。1908年3月，施特劳斯对这一计划缺乏成果感到遗憾，但他告诉伊莱休·鲁特即使这个经过深思熟虑和精心策划的计划失败了，至少政府还是会继续支持这个计划。政府已经尽其所能促成本部与国内商业机构之间的有效合作。施特劳斯抱怨美国商人似乎认为只要他们每月召开会议并通过了决议，政府就应该做其他事情。尽管柯文进行大量实地工作，施特劳斯和其他部门雇员也向商业团体发出了呼吁，但商人们的反应仍然滞后。

出现这一问题的部分原因可能是许多商业团体对对外贸易漠不关心，由于计划不周和运气不佳，也有其他因素。施特劳斯将组织工作描述为"深思熟虑"和"精心指导"，其实是自欺欺人。他曾试图限制首次出席会议的人数，这还不是唯一的错误，在部门内部办公室举行大会是另一个错误。许多商人对与国家政府过于密切的关系仍然持谨慎态度，当他们看到全国商业委员会的推动力主要来自政府部门时，他们感到不安。施特劳斯在与众议院拨款委员会的一次交流中指出他的部门与全国委员会中的商业团体之间的关系。

陶尼（Tawney）先生："全国商业委员会是否完全独立于政府部门？"

施特劳斯部长："完全独立，但这增加该局的工作量，因为当商业机构熟悉政府能做什么时，相关性就会大大增加，该局的工作也会增加。这完全是非官方的。"

宾汉姆（Bingham）先生："这是他们的自愿行为吗？"

施特劳斯部长："是的，先生，我们正在努力。"

全国商业委员会成立的其他障碍包括协会会员每年要缴纳100美元的会费，这让一些团体产生对立情绪；有传言称全国商业委员会是"富人俱乐部"，每个会员每年要缴纳1000美元的会费。此外，由于施瓦布和柯文担任重要职位，咨询委员会也有着明确的关税修订方向，这也是让许多商人感到愤怒与疑虑的另一个原因。

另有一个问题同样是与施瓦布相关。一位有影响力的纺织品制造商丹尼尔·A. 汤普金斯（Daniel A. Tompkins）后来争辩说，就连全国商业委员会的许多成员也认为，施瓦布先生既代表北德航运利益集团，同时又是美国全国商业委员会的代表，这是完全不能相容的。在某些方面，施瓦布的外国出生身份加剧了这一问题。

此外，就是企业对此缺乏兴趣也助长了这种现象；随着时间推移，全国商业委员会不具代表性的特点变得显而易见。一位波士顿商人将该组织称为"一个人的孩子"，指的就是施特劳斯。

还有一个障碍是全国贸易委员会的反对。全国贸易委员会自1868年起就作为一个商业团体协会而存在，它喜欢将自己的职责范围和重要性与美国国会相提并论。但许多商人认为全国贸易委员会笨拙而普遍缺乏效率。多年来，颇具影响力的克利夫兰商会对这种情况公开表示绝望，并多次试图重组委员会，但都没有成功。普遍的抱怨是，小企业具有与大企业一样的对政策问题的发言权，因此，全国贸易委员会很少有大企业的成员。委员会每年还出现财政赤字，而这些财政赤字由长期担任主席的一位富有的退休商人承担。

19世纪90年代初,全国贸易委员会董事会的执行委员会曾讨论过在华盛顿设立办事处的可能性,以作为商业团体与联邦政府之间的联系纽带。但这项提议从未在会议上讨论过。虽然在全国商业委员会成立时,大约只有50个成员组织,而且状况也不佳,但全国贸易委员会仍可能阻碍这一新机构的发展,并继续这样做。从一开始,它就嫉妒新成立的全国商业委员会,据其一名官员说,施特劳斯没有求助于现有机构,而是要求建立一个新机构,这让他感到惊讶和有点懊恼。任命全国贸易委员会官员担任全国商业委员会重要的委员会职位也未能安抚高级成员,柯文在现场报告称,全国贸易委员会官员成功地让他们的成员反对全国商业委员会。在1909年3月施特劳斯离任时,全国商业委员会仍然存在于纸面上,从未真正开始运作。

三 秘书查尔斯·纳格尔

施特劳斯离任后在商务与劳工部的继任者是查尔斯·纳格尔(Charles Nagel),他是圣路易斯(St. Louis)地区的律师和商人,对政府在经济中的积极作用持有强烈的看法。他是一家报纸所称的"伟大的相互关联的、统一的国家政策"的发言人,他经常指出,联邦政府权力的进一步集中是不可避免的。他提出的具有凝聚力的国家政策是一项广泛的商业计划,强调制成品的出口,包括补贴商船、反托拉斯政策(用以保护联邦政府敦促向海外扩张的企业),以及建立国家商会组织等内容。纳格尔于1909年在纽约州商会的发言称,仅从华盛顿各部门的故事中就可以看出这一点,每个省份都正从被动状态进入主动状态。我们过去只是守望者,而现在已成为真正的建设者。

纳格尔上任后不久,对建立全国性商业机构感兴趣的不同派别人士都想争取他的支持。他在办公室接待了全国商业委员会的咨询委员会成员，并同意他们的观点，即我们的工业发展中缺少一个环节。政府与商业之间没有令人满意的关系。但他并不准备支持全国商业委员会，他慎重措辞，只向他们保证，他同意总体的自主政策主张，并将在他指挥下以一切合理的方式推动这一主张。但规模太小的全国商业委员会令他尤为不安，他认为这样一个机构要想取得更大成功，就必须在更多成员基础上组织起来。纳格尔拒绝支持理事会是最后一击。尽管全国商业委员会领导人坚持不懈地通过书信往来和个人拜访来招募更多的团体，但该组织仍然只有大约 50 个商会成员。柯文深感气馁并于 1909 年 7 月辞职，施瓦布也很快辞职。

  与此同时，其他商业组织也开始蠢蠢欲动。1909 年夏天，波士顿商会向纳格尔提出加强其部门与全国商业团体之间合作的建议。尽管波士顿商会是全国商业委员会的早期成员，但它已经对该机构的低效感到失望。当时该商会刚刚完成与波士顿商人协会的合并，自信满满，并渴望将其活动范围扩大到当地以外地区。正如爱德华·A. 菲林（Edward A. Filene）在写给伯纳德·罗斯维尔（Bernard Rothwell）会长的信中所说，他们希望在本地所做的一切或多或少地都与州际和国家事务有关，为了对这些事务产生影响，商会应该作为一个整体采取行动。

  与此同时，波士顿商会精明地向纳格尔指出，与他的部门进行密切的商业合作将使后者受益。商务与劳工部部长纳格尔已注意到这样的可能性。他在回应商会的提议时说，"到目前为止，我们的主要困难之一"是在制造局和商业组织之间建立有效关系。1909 年 9 月 20 日纳格尔在波士顿与该集团的董事会会面并交换意见。因此，董事们任命一个委员会来负责研究和报告商务和劳工部与全国商会之间的关系。

  在接下来的几个月时间里，该倡议暂时转交给芝加哥商业协会，该协会一直独立于波士顿或华盛顿之外来讨论类似的问题。该协会确信时机"极为有利",于是呼吁在1909年11月召开一次预备会议。尽管波士顿商会比其他受邀组织离芝加哥更远,但它同意参加会议。不过这次预备会议的响应者的数量令人大失所望,因此会议被取消,项目也被放弃。芝加哥协会的失败表明,在激发和集中企业兴趣方面还有很多工作要做,同时也表明联邦政府可能需要做出一些努力。如果说全国商业委员会的失败是政府参与过多的一个例子,那么芝加哥商会的失败,则是政府完全缺席造成的结果。

1910年,全国性商业组织成立的准备工作取得一点进展,因为纳格尔重组制造局,并在当年春季确实抽出时间与波士顿商会会长会面,讨论拟议中的全国性商业组织。10月,有影响力的全国制造商协会(也是旧全国商业委员会的成员)效仿波士顿商会成立一个特别委员会。约翰·科比(John Kirby)主席解释说该委员会的目的是与其他团体和纳格尔合作,建立一个全国性的组织,商务与劳工部将是其中的一个组成部分,以促进我们的出口贸易。

为了削弱全国商业委员会正在缓慢积聚的势头,全国贸易委员会做出回应。1910年3月,它终于开设了华盛顿办事处,这是它的一些领导者在19世纪90年代初就想迈出的一步。然而此举为时已晚,因为更重要的商业机构已放弃全国贸易委员会。1911年初,在全国贸易委员会的年会上,波士顿商会代表们提出在更广泛的基础上重组委员会。会议任命必要的委员会,并命令其60天内提交报告。尽管一些顽固派可能仍希望保留该组织的完整性,但波士顿人希望一个全新的实体会及时出现。

随着全国贸易委员会的中立化,纳格尔和制造局局长鲍德温(A. H. Baldwin)努力调动大范围的商业利益集团参加。纳格尔向全国干货批发协会和美国商业经理人协会介绍了全国性商业组织的好处,而鲍德温则向更著名的全国制造商协会和美国制造商出口协会传达了同样的信息。在拨款时,鲍德温除像往常一样恳求支持外,还对出口协会说:"我的官方职责中一个非常重要的部分就是抓住一切机会,与像你们这样有代表性的出口协会建立密切的关系。"

鲍德温自然是主要关心自己局里的工作,而纳格尔的视野则必然包括塔夫脱政府的政治命运。随着时间的推移,塔夫脱政府的政治运势显得不那么景气了。民主党在 1910 年的国会选举中夺取了众议院,并对 1912 年的总统竞选翘首以盼。混乱的共和党人在塔夫脱总统的领导下焦头烂额,他们希望提名威斯康星州的罗伯特·拉福莱特(Robert LaFollette)或西奥多·罗斯福作为他们的旗手。国会众议院议长约瑟夫·G. 坎农(Joseph G. Cannon)在 1910 年民主党大获全胜之前一直担任众议院议长,他对"飘忽不定的"政府政策发出警告,内阁成员也纷纷响应。纳格尔频繁提出的国家商业政策建议至少能提供一个政治纲领的轮廓,政府可以借此展开攻势。1911 年 8 月,纳格尔明确提出他的商业计划(包括全国商会)与 1912 年大选之间的联系。他写信给国务卿菲兰德·诺克斯(Philander Knox),表明他对新辉格主义的信心。

两个月后,纳格尔向总统提出一项一般性的商业政策主张。他警告塔夫脱(Taft)总统,尽管美国的出口在不断增长,但这些出口严重集中在极少数行业手中,而这些行业正是政府现在所反对的。因此,政府必须确保国外市场信息在国内的普遍传播,以鼓励商人更广泛的参与,与经济因素交织在一起的是政治方面的考量。纳格尔向他的主管保证,他的计划肯定会引起人们的重视。在谈到国务院关于为阿根廷建造战列舰和美国公司在海外获得的其他重大合同的宣传时,纳格尔认为,就目前而言,这些宣传还不错。如果单一的胜利是在没有得到商业主体更普遍的参与和鼓励下取得的,就有可能被认为是在促进了那些曾被反对的那些利益集团的利益。

纳格尔深信,适当公布商业信息的意义远远超过简单地发表领事报告或派遣代理人与商业团体协商。1911年10月,纳格尔在向总统提交的报告大纲中提出一项建议,即让美国的商业组织与联邦政府建立更密切的联系。他建议塔夫脱总统,对城市、各州以及最终全国的商业力量,要他们必须自己组织起来,以便全美国的商业活动和政府代理人可以以某种方式进行接触,这一建议得到总统的迅速回应。他还要求塔夫脱总统在即将发表的年度致辞中加入鼓励这种发展的声明。塔夫脱答应了,他在12月的讲话中对外交事务部分概述里,提到一些与全国各地的协会和商会保持联系的政府机构的价值,能够使美国的国家利益与商业事务密切联系起来。

1911年冬,全国商业大会的筹备工作正在进行。自1911年11月以来,制造局一直在发通知函,收集有关商业和制造商协会的详细情况,所收到的信息对拟定会议的嘉宾名单非常有用。1912年1月,纳格尔和助理国务卿亨廷顿·威尔逊(Huntington Wilson)出席全国贸易委员会会议,推动成立新的全国商会组织。纳格尔还发表了关于商业政策的基本演讲,并可能还在代表中做了一些游说工作。2月,在鲍德温的办公室召开一次战略会议。出席会议的有鲍德温和两名助手,以及波士顿商会、全国制造商协会和其他三个组织的代表。经过深思熟虑,纳格尔于3月2日向大约1000个商业协会发出信件,邀请他们参加4月份的会议,以成立一个全国性的商业机构。随后不久,鲍德温、波士顿商会的约翰·费伊(John Fahey)和芝加哥商业协会的哈里·惠勒(Harry Wheeler)起草了该组织的章程。

与几年前的奥斯卡·施特劳斯不同,纳格尔在最初的大会上对国务院的合作不感兴趣。这两个部门之间日益紧张的关系只会助长商务和劳工部建立一个与制造局关系密切的全国性商业组织的愿望。如果允许国务院与美国的商业利益集团建立直接关系,那么就要推动建立起一个商业事务服务机构。因此,纳格尔无视亨廷顿·威尔逊在1912年3月提出的要求,即既然国务院长期以来一直认为需要这样一个组织，那么就邀请其派代表来参加会议。

尽管纳格尔和鲍德温决心在1912年4月的会议上使他们部门保持低调，但这并不妨碍他们在幕后努力工作，以确保会议的成功。国务卿拒绝了许多关于邀请个人向代表们致辞的建议；只有纳格尔和塔夫脱总统的致辞被列入会议日程。与4年多以前挤在施特劳斯办公室的人数相对较少的会议相比，策划者希望组织一次规模更大的会议，但他们又不希望会议人员过于庞杂。因此，邀请函没有发给个人，也没有发给代表单一行业的组织。白宫收到了大量要求邀请个人参会的信件，但都被婉言谢绝了。纳格尔成功抵制来自塔夫脱总统本人的一些温和的压力，为一位在政治上很有权势的得克萨斯州的一个伐木商人而破例。

1912年4月22日，来自几乎每个州的700名代表，代表着大约392个商业协会，在华盛顿的新威拉德酒店召开美国商会的成立大会。他们听到塔夫脱总统呼吁联邦政府与工业力量进行持续而明智的合作。纳格尔再次重申他关于企业与政府合作和国家团结的主题，认为如果国家政府要对企业进行明智的管理，就需要企业家们提供良好的建议，以正确的方式来指导，并展示商会自身权威的可能性。他坚持认为，促进农业利益集团与促进国内外商业的总体发展是不冲突的。"我们都是同一块布上的补丁"。对外贸易"也许是最重要的领域"，必须通过商人与政府，特别是政府部门之间更紧密的合作来促进。发言结束后，纳格尔让代表们自行决定各自商会各组织部门的具体工作计划。

四　新成立的美国商业委员会

代表们着手建立的美国商业委员会，是一个全国性的商业组织。他们推选芝加哥商业协会的哈里·惠勒（Harry Wheeler）担任首届商会主席，惠勒早先曾与鲍德温合作起草新组织的章程。纳格尔没有支持任何人担任该机构的负责人，而是明智地选择让其他组织者在代表中推动惠勒当选。由于惠勒来自芝加哥，因此选出的3名副主席，分别代表东部、南部和西部地区的商业组织。由波士顿商会的约翰·费伊（John Fahey）担任主席的大型组织委员会进一步体现地区平衡。该委员会包括每个有代表出席会议的州的1名代表，以及10名临时成员。不过真正的权力掌握在选举产生的25人董事会和由董事选举产生的执行委员会手中。

美国商会与政府最紧密的联系自然是通过制造局。大会结束后不到一周，鲍德温就写信通知代表们，商会的原则条例得到政府部门的批准，制造局就将"以一切合法的方式"协助发展该组织。鉴于该局与商会的密切关系，这几乎算不上什么启示。不久之后，制造局将会议记录和会议通过的组织计划邮寄给全国各地的1250个个人和协会。

纳格尔和他的同事们计划周密，结果是令人满意的。由于参加1912年4月会议的人数众多，这一次美国商会的规模显然要比之前提到的全国商业委员会或全国贸易委员会广泛得多。由于投票权是根据会员规模分级的，商会吸引了一些拒绝加入贸易委员会的有影响力的组织。大会结束仅1个月，就有44个商业团体加入商会。5月初，商会执行委员会慷慨地为商会制定10万美元的初步预算。在纳格尔看来，通过将制造局与美国商业大众联系起来，他的国家商业政策的关键部分就已经得到落实。7月他满怀信心地向塔夫脱总统预言，商会将取得成果，实现初衷。

但美国商会的成立和纳格尔拟定的商业计划并没能让塔夫脱总统继续执政，尽管纳格尔坚信在此基础上开展的竞选活动会取得成功。他在7月写给塔夫脱总统的信中说，据他所知，公众对没有金融恐慌和商业稳定的兴趣要远超过对其他任何问题的兴趣。也许他的解读出错了，现实是一个分裂的共和党和一个团结的民主党让塔夫脱总统卸任了,因为新成立的商会仍然是严格的无党派人士。纳格尔的几项商业提案不得不等待伍德罗·威尔逊总统上任时才能实施。

随着时间的推移,新成立的美国商会实现了纳格尔的一些期望。如 1914 年和 1919 年,商会成功支持商务部与国务院之间的斗争,当时这两个部门正在争夺新的商务专员服务的所有权。美国商会确实在短时间内成为美国商界公认的"喉舌",罗伯特·韦博(Robert Wiebe)称其为进步主义中最成功的全国性协会。

但在 1913 年,纳格尔一定会对商会的未来心存疑虑。他曾设想为商会组织颁发一个全国性章程,以巩固商会与联邦政府的关系。这样政府就可以宣布商会是美国工商业的公认代表。1913 年 3 月初,众议院通过了一项支持成立全国性公司的法案。具有讽刺意味的是,虽然该法案在民主党众议院获得通过,但在共和党的参议院却夭折了,这显然是由于会期较晚,且参议院司法委员会历来反感颁发全国性公司章程。美国商会组织最终于 1915 年 12 月根据哥伦比亚特区的法律正式成立。

结 语

尽管如此,到塔夫脱政府任期结束时,美国商会已经取得很大成就。纳格尔、鲍德温和其他人,以及作为宝贵先例的施特劳斯的全国商业委员会,为创建一个持久的全国性商业机构做出了贡献。长期以来,一些世界主义者和商人认为国家政府和商界在对外贸易和其他经济问题上都是在黑暗中摸索的,而美国商会则提供了一些理想的联系机制。通过商会的全民投票制度,政府可以了解全国中小型企业的态度和愿望。另外,政府官员希望通过商会传递信息,动员人们支持他们认为至关重要的问题和机构。一个全国性的商会组织现在已成为事实,这主要是因为少数政府官员认为它能满足国家、政府机构和政治的最终需要。

行业协会与经济力量：德国钢铁和机械制造利益集团的发展（1900-1933）

〔美〕杰拉尔德·D. 费尔德曼〔美〕乌尔里希·诺肯 周斯雅 译[*]

【摘 要】本文研究了1900~1933年德国钢铁及机械制造行业中影响力较大的行业协会的发展，并探讨它们对20世纪初德国经济和政治格局的影响。通过与法国、英国和美国的类似协会进行比较分析，本研究突出德国行业协会在国家商业政策的形成中所扮演的独特角色和发挥的效能，这些政策覆盖制造、贸易、交通等多个领域。研究发现，这些组织不仅在协调和代表特定行业利益方面起到核心作用，还在政策制定中影响政府决策。本文详细阐述了这些协会的内部运作机制和战略定位，揭示了其双重功能：对内是调解行业内部矛盾的平台，对外则是推动政府政策惠及特定行业的驱动力。研究显示，尽管内部冲突频发，德国的行业协会在政策的制定和执行方面表现出较他国同类组织更为出色的组织凝聚力和政治影响力。本文为理解经济利益团体在代表性工业和政治转型期间如何影响经济政策的制定方面提供了更广阔的视角。

---

[*] 本文原文系美国学者杰拉尔德·D. 费尔德曼和乌尔里希·诺肯所著，原文及出处：Gerald D. Feldman and Ulrich Nocken, "Trade Associations and Economic Power: Interest Group Development in the German Iron and Steel and Machine Building Industries, 1900-1933", *Business History Review*, Vol. 49, No. 4（1975）, pp. 413~445, https://www.jstor.org/stable/3113169；中国政法大学商学院博士研究生周斯雅对原文进行翻译，并提炼摘要和关键词；巫云仙教授对全文进行译校。

【关键词】行业协会　经济力量　德国钢铁和机械制造业利益集团

引　言

除了第二次世界大战前完成的几项关于利益集团及其政治的广为人知的研究外，对利益集团尤其是商业利益集团研究的主要发展发生在过去20年中。首先是政治学家，其次是社会学家和历史学家，他们证明了这些机构在欧美社会经济和政治发展中的核心重要性，并使游说商业团体、利益集团和压力集团等术语被普遍接受。鉴于文献的不断扩展，与研究工会组织的有关文献相比，必须指出的是，有关商业利益集团的现代历史研究少得令人吃惊。相对较少的现有的研究通常涉及所谓的"顶级协会"，即行业协会、商会和其他团体的中央联合会，其组织的具体目的是协调制造业、贸易、金融、运输和其他领域的国家商业政策。

除了对所考察的组织进行描述性说明外，这些研究通常集中在它们对政治的影响这一基本问题上，有时被简化为如何向各政党和候选人分配资金的问题，更复杂的研究则会考虑到商业利益集团为影响政治进程而开发的各种技术和渠道。然而，在普遍关注"顶级协会"和个体商人在政治中的作用时，人们往往忽略这样一个事实：虽然这些协会可能会制定自己的政策，但它们经常会采取行动，沟通或汇总下属行业协会或个体公司和企业家往往相互冲突且各不相同的需求。这表明，有必要研究利益集团内部各企业需求之间的沟通以及这些需求转化为政策的方式。只有在充分了解产生这些政策的基本社会经济背景之后，这些政策和它们所反映的要求的重要性才能变得清晰和有意义。

从这种意图的角度来看，加强对特定行业代表性利益集团的研究可能会有很多收获。而在现代西方社会，有关行业代表性利益集团的研究通常是由行业协会来进行的。经济学家尤其是美国经济学家，通常从反垄断角度来研究行业协会，并将注意力集中在贸易限制上。除路易斯·加兰博斯（Louis Galambos）对美国纺织品行业协会的出色研究之外，历史研究并不多见。德国学者编写了几部关于该国行业协会的正式组织史，但这些史料往往不如一些普遍性的通史著作更能说明问题，后者对某些行业协会在德国历史关键问题上所扮演的角色进行了有趣且必要的简短分析。因此，要加深我们对行业协会发展的认识，可以通过比较这类组织的发展，这样将得出不同的结论，本文就是这种比较的一个尝试。

现代社会看似不可避免且不可逆转的趋势之一就是组织化程度的提高。肯尼斯·博尔丁（Kenneth Boulding）称之为"组织革命"，包括各种组织尤其是经济组织的数量、规模和权力的大幅扩张。但正如经济增长不可能是匀质一样，经济组织的发展并不可能是匀质的。一个行业的经济特征对行业协会的发展、组织，并最终对行业协会的政治、经济影响力和权力都产生重大的影响。与此同时，行业协会的组织、发展和影响力也会影响行业的决定性经济因素，进而影响整个经济。

通过将德国钢铁和机械制造业的行业协会的历史置于经济、社会和政治发展的背景下进行研究，我们或许能够找到社会科学家广泛关注的一系列问题的答案，如不同的市场结构对工业组织的影响、行业协会可以采取何种组织补偿策略来对抗某些消极的市场结构、经济力量转化为政治力量的手段和方法，以及处理行业间冲突的方法。我们希望下面的讨论将至少能表明这类研究的可能性。

一 1914年之前的发展情况

德国行业协会的发展和相对实力与德国经济结构的变化密切相

关。具体而言，这意味着煤、铁和钢生产即重工业展现出最先进的行业协会发展状况，并至少到20世纪20年代中期通货膨胀时期结束时为止，都一直主导着德国的工业政治。但在第一次世界大战期间，德国煤炭、钢铁行业协会在组织和政治影响方面的主导地位已经受到"新兴"工业即机械制造、电子技术和化学工业的挑战，这些行业雇佣更多工人，在德国出口额中所占比例的增长相对更快。然而，将经济发展与行业协会发展之间的因果关系简单化、忽视德国特有的民族和历史因素的作用是错误的。尽管比较工作仍有待完成，但即使是肤浅的考查也表明，在第一次世界大战前，没有一个主要钢铁生产国的行业协会在组织和影响力方面可以与德国钢铁工业协会（VdESI）相提并论。美国钢铁协会是各国钢铁行业协会组织中运作水平最低的，除了收集统计数据和信息外，其活动主要是由一小群非正式的领导成员开展的，其经常与加里法官（E. H. Gary）一起举行的晚餐会议被称为"加里晚宴"。到1914年，英国钢铁协会已经"名存实亡"，并且从未能自豪地拥有一段高效运作的历史。法国锻造业商会无法像其同类组织那样代表庞大的钢铁工业，也缺乏德国钢铁工业协会所具有的内部凝聚力以及在行业和政治中的影响力。

我们必须从钢铁工业的特点及其在德国的特殊地位来理解德国钢铁工业协会的实力及其在重要的国家和行业雇主组织中的主导地位。与法国（煤炭和钢铁没有结合在一起）、英国（集中程度相对较低）和美国（高度集中的钢铁工业必须与强大的消费者和拥有有效政治表达渠道的小企业意识形态抗衡）相比，德国钢铁工业的特点是拥有大型的综合企业，包括煤炭和钢铁精加工，甚至还有一些制造业。这些企业地理分布集中，在一战前10年就高度卡特尔化，该行业拥有"得天独厚"的政治环境，非常有利于组织的效率和成功。主导该行业的大企业的董事们很容易聚集在一起，因为他们属于一个相对较小的、同质化的男性群体，地理上集中在莱茵兰-威斯特伐利亚、上西里西亚和德国西南部（萨尔和洛林），彼此之间保持职业和社会联系。因此，重工业的代表与选民之间的差距相对较小，不仅容易组织起来，而且控制组织的政策也相对简单。有威望的工业领袖人数不多，处于有利地位，既可以对其下属发号施令，也可以对辛迪加、行业协会和其他组织中必要但不可信的业务经理发布命令。

  最后，德国政治环境是薄弱的议会机构与专制的行政机构的结合，并向有权势的集团提供企业自治和社会经济上的让步，以换取政治上的缄默，这非常有利于利益集团和行业协会的发展。1873年经济大萧条后，德国钢铁工业协会在大力推行钢铁关税保护政策的背景下成立，并成为黑麦与钢铁联盟的坚定支持者之一。这绝非偶然，因为黑麦与钢铁联盟在第二帝国的政治史上扮演着邪恶的角色，是反对民主和社会主义的堡垒，是保护国家劳动力和捍卫"生产者"、反对"消费者"的堡垒。

  德国钢铁工业协会成立于1874年，总部设在柏林，有8个分会，其中有6个地区分会，包括西北分会（杜塞尔多夫）、东部分会（卡托维茨）、中部分会（开姆尼茨）、北部分会（汉诺威）、南部分会（美因茨）、西南分会（萨尔布吕肯），以及2个代表工业分支机构的专业分会（北德铁路车辆制造商协会和德国造船商协会），总部均设在柏林。该组织成立的目的是在所有经济事务中代表钢铁行业，其组成情况表明，行业不仅仅指钢铁行业本身。从其分支机构构成可以看出，德国钢铁工业协会覆盖整个精加工和制造行业。事实上，真正的钢铁生产商只在西北、东部和西南分会中占主导地位，而北部分会的权力则由钢铁生产商和西门子-舒克特电气技术公司分享，南部和中部分会几乎完全由机械制造企业组成。

  因此，德国钢铁工业协会的特点和职能具有一定的矛盾性。一方面，它是一个协调地区间和行业间差异的组织，旨在防止行业内出现公开冲突并制定共同政策。另一方面，它又是一个由钢铁生产商尤其是西北分会的钢铁生产商主导的组织。西北分会的钢铁生产商在1910年缴纳近14000马克的会费，其次是西南分会的钢铁生产商，缴纳6500马克的会费。这并不是一个非常精确的权力衡量标准，但德国钢铁工业协会在一战前后对钢铁生产商的一贯支持政策使这一发现变得非常有意义。西北分会在一战前占据主导地位，其人员构成与莱茵兰-威斯特伐利亚共同经济利益保护协会和据称代表全德工业的"顶级协会"即德国工业家中央协会（CdI）基本相同。

威廉·贝默（Wilhelm Beumer）和亨利·阿克塞尔·贝克（Henry Axel Bueck）阐述了这些组织在1914年前的相互关系及其政治参与情况。前者是兰南协会（Langamverein）[①]和德国钢铁工业协会西北分会的业务经理，也是德国工业家中央协会执行委员会的成员以及普鲁士下议院和德国国会的议员；后者是德国钢铁工业协会和德国工业家中央协会的业务经理，也是普鲁士下议院的议员。重工业利益集团在一战前没有完全掌控德国工业界，在德国工业家中央协会内部以及由其竞争者德国工业家联合会组织的中小型轻工业（该联合会的组织非常区域化）和化学工业（该行业已建立自己的组织）协会中，重工业的支配地位遇到越来越多的反对。然而即使受到严峻的挑战，重工业仍在德国工业中居支配地位。

如前所述，德国钢铁工业协会内部钢铁生产商的实力及其在整个工业中的实力，以及它们的组织能力和控制组织的容易程度，反映了该行业的团体规模有限、企业规模庞大和地理位置集中等特点。除这些因素之外，它们还具有某种方法和思想上的同质性，因为它们都是用固定成本相当高、劳动力大多不熟练的工厂生产相当同质化的初级

[①] 这是德国首相奥托·冯·俾斯麦（Otto von Bismarck）为保护莱茵兰和威斯特法伦的经济利益集团而设立的协会。该协会于1871年3月30日在爱尔兰裔矿业企业家威廉·托马斯·穆尔瓦尼（William Thomas Mulvany）的倡议下成立，由莱茵兰和威斯特法伦的钢铁业、纺织业和矿业企业家组成，是一个工业利益集团。——译者注

产品。因此，它们可以结合地区分会和专业分会的所有优势。

　　钢铁制造业的主要消费者所处的环境截然不同。钢铁生产商与精加工和制造业之间无法明确区分开来，例如，轧钢厂和铸造厂有时可能被归为一类，有时则不是，这要看生产的是什么产品、是为谁生产的。此外，某些大型钢铁生产企业也从事机械生产，如克虏伯公司和古特霍芬公司。尽管如此，我们还是可以进行一些区分。

　　在制造业尤其是机械制造领域，普遍存在的是异质性而非同质性。企业分布在全国各地，规模相差很大，但最佳工厂规模一般比重工业小得多。通常情况下，在这些高度差异化行业的生产中，决定价格的最重要因素是劳动力成本，而不是固定成本，这些行业中的生产严重依赖熟练劳动力。成本计算非常困难，因为这些行业生产的产品非常复杂，可能需要数月甚至数年才能完成。因此，制定统一的标准、可行的成本计算方法、合理的合同条款和规定以及全行业的一般政策都是非常困难的。当然，也有例外情况，如一些真正大型的机械制造公司，如奥格斯堡-纽伦堡机械制造公司（MAN）、博尔西格工程（Borsig-Werke）和德马格公司（DEMAG）等。当时的电气技术行业是由西门子公司（Siemens）和通用电气公司（AEG）这两家巨型企业主导的。卡特尔化在机车制造行业取得相当大的成功，因而具有相当同质性的区域性集团，使得贝吉舍斯兰地区（Bergisches Land）的铁器加工业也能相当有效地组织起来。不过总的来看，异质性和非统一性是制造业和机械工业的特点。

　　以钢铁为原料的产品制造商们经常对重工业的权力感到担忧和恼怒，害怕重工业通过纵向扩张侵入他们的领域，对卡特尔的高价和钢铁关税感到不满，对延迟交货和剥削性的合同条款感到恼火（这是他们依赖初级生产商获取原材料的后果），由于必须支持并非总是符合他们利益的、负担沉重的劳工和社会政策，他们发现很难做出有组织的回应。虽然初级生产商和制造商相互依赖、共同繁荣是一种惯例，但在第一次世界大战前，越来越多的人意识到，就两类行业雇用的工人相对数量而言，制造业的从属地位是没有根据的，而且与钢铁工业相比，制成品出口的重要性日益增加。

在上述条件下，尽管有利益冲突，一战前重工业产品主要消费者的主要行业协会德国机械设备制造业联合会（VDMA），在与钢铁业的密切合作下于1892年成立，且总部设在杜塞尔多夫。可以肯定的是，该组织的27家创始公司都来自鲁尔区，其目标是向给它们提供机械设备的矿山和钢铁厂争取更好的付款和交货条件。德国机械设备制造业联合会的第一任业务经理是埃米尔·施罗特（Emil Schroter），他在致力于钢铁工业科学技术发展的德国铸造工程师协会中也担任同样的职务。德国机械设备制造业联合会最初的吸引力并不大，因为它被视为钢铁行业的附属机构。然而，随着时间的推移，它变得更加卓有成效和独立。尤其是1910年弗里德里希·弗罗里希（Friedrich Frölich）接管业务后，情况更是如此。弗罗里希为增加会员数量做出巨大努力。在他上任之初，德国机械设备制造业联合会的会员企业只雇用该行业40万工人中的14.2万人。到1914年1月1日，该联合会已拥有246家会员企业，雇用18.9万名工人。更重要的是，德国机械设备制造业联合会鼓励该行业的各个分支领域组建行业协会，尽管事实证明，要让这些分支领域机构向德国机械设备制造业联合会提供有关其各种活动的统计数据和信息往往很困难。

总的来说，机械制造业企业对德国机械设备制造业联合会的感激之情与日俱增，因为它出版了内容丰富的刊物，努力代表行业利益与政府和重工业集团打交道，而且越来越有战斗力。然而，我们不应认为德国机械设备制造业联合会在一战前的发展是在与重工业的冲突中实现的。与重工业关系密切的工业家，如克虏伯-格鲁森公司（Krupp-Gruson Werke）的库尔特·索格（Kurt Sorge）和古特霍芬公司的总经理保罗·罗伊施（Paul Reusch）都是该联合会的重要成员。

罗伊施鼓励德国机械设备制造业联合会的发展，并热情支持在机械制造领域建立分支机构。此外，钢铁卡特尔在购买用于制造出口机器的原材料时给予制造商的出口退税仅限于行业协会的成员企业，这些协会可以为退税申请的合法性提供担保。因此，重工业在其主要消费者组织中发挥了重要作用。

然而也有许多冲突证明了德国机械设备制造业联合会作为反击重工业利益集团力量的价值。该联合会为增加出口退税金额而斗争，并坚决反对定期出现的取消退税的威胁。它反对钢铁卡特尔只对向卡特尔成员采购的制造商提供退税。回过头来看，德国机械设备制造业联合会日益独立的最重要标志也许就是决定将总部从杜塞尔多夫迁往柏林，尽管当时大部分会员仍来自莱茵兰-威斯特伐利亚，也有人担心如果该组织受到"柏林的影响"，它在与政府打交道时就不会采取那么强硬的立场。不过最终，迁往柏林的决定在1913年被确定，并于1914年10月实施。与对外贸易和其他重要的经济问题有关的基本政治问题都在柏林得到了解决，而柏林本身也是欧洲的制造业中心，因此德国机械设备制造业联合会得出结论：它应该在柏林，而不是在杜塞尔多夫雄伟的重工业总部斯塔霍夫[①]的阴影下。

二 战争与通货膨胀

第一次世界大战和战争期间开始并持续到1923年底的通货膨胀对以钢铁为原料的行业协会发展具有决定性的意义。德国机械设备制造业联合会的发展体现在其会员数量的显著增加上，如表1所示。

[①] 原德国钢铁厂协会（Stahlwerksuerband AG）的行政大楼，现为杜塞尔多夫行政法院的所在地。——译者注

表1 德国机械设备制造业联合会的会员数量（1914—1918）

时间	企业会员的数量（家）	会员雇用员工人数（人）
1914年1月1日	246	189086
1918年1月1日	650	408551
1918年12月31日	814	522790

更能说明问题的是，德国机械设备制造业联合会中的贸易协会会员数量有所增加，如表2所示。

表2 德国机械设备制造业联合会中的贸易协会会员数量（1919-1923）

年份	贸易协会会员的数量（家）
1919	40
1920	124
1921	139
1922	143
1923	137

到1923年，90%的机械制造业企业都加入了德国机械设备制造业联合会，其工作人员数的增加同样显著，如表3所示。

表3 德国机械设备制造业联合会工作人员数（1914-1918）

年份	工作人员数（人）
1914	30
1915	56
1916	115
1917	277
1918	388

电气技术行业的类似发展更为缓慢。由于该行业被各种小协会和未加入任何协会的小公司严重分裂，直到1916年，在政府和行业联

合赞助下成立的德国电气技术行业战争委员会才首次将行业内的大小协会和公司汇集在一起。1918年，德国电气技术行业中央协会（Zendei）成立，并在通货膨胀期间稳步发展，尽管其发展速度没有德国机械设备制造业联合会那样快（见表4）。

表4 德国电气技术行业中央协会的会员数量（1918-1923）

年份	企业会员的数量（家）	会员雇用员工人数（人）
1918	286	145300
1919	304	193400
1920	400	240000
1921	392	235000
1922	415	238000
1923	420	258000

尽管这些迹象表明，在以钢铁为原料的行业中，行业协会的发展成绩是令人瞩目的，但对于了解经济增长和发展的原因以及相关组织的问题来说，这只是一个微不足道的开端。当然，战争本身显然是推动组织发展的最初动力。德国与其他交战国一样，也有必要组织原材料分配、战争承包和发挥其他战时经济职能。在资本主义社会中，最有效的方法是利用私营部门的人才和现有组织，并在必要时迫使私营部门自行组织起来。这种将公共职能分包给私人组织的做法并没有什么不寻常之处，甚至可以说，与那些工业组织不那么普遍、工业自治理念不那么发达的国家相比，组织发展在德国产生的影响要小一些。

然而在德国，强制性的辛迪加化和行业协会的发展更为彻底和持久，原因是多方面的：一是外国封锁和原材料的严重短缺增加了对组织和控制的需要，这些问题在战后并没有消失；二是通货膨胀要求采取复杂而严格的政策来控制出口数量和价格，这也许比任何其他因素都更能促进整个这一时期的工业组织的发展；三是各种政治因素促进组织化。因此，在新的背景下，钢铁生产商和消费者在合作与冲突之间摇摆不定的旧模式得以延续。

煤、铁和钢等原材料的短缺（这是由战时的需求和生产力的下降以及战后德国一些最重要的钢铁产区的损失所造成的）直接加剧生产者与初级消费者之间的矛盾冲突。原材料短缺促使消费者组织起来反对生产者，但同时也（自相矛盾地）极大地加强了生产者的地位。由于初级生产者控制着紧缺的重要资源，它们往往能够决定价格并采取歧视性做法。

此外，它们的资本实力加上国内通货膨胀，使其能够清偿债务，并继续纵向整合精加工环节和制造业。原材料短缺也促使钢铁消费企业结成利益共同体或与原材料生产企业实际合并，以确保原材料和资本供给。因此，德国机械设备制造业联合会和德国电气技术行业中央协会对抗重工业的供应和定价政策的能力，取决于它们能在多大程度上克服其中一些最重要的成员与重工业的实际联盟关系。换句话说，重工业主导各行业间关系的能力取决于它能够在多大程度上利用其在主要消费者行业协会中的优势。

通过行业协会控制出口是一个更为复杂的问题。战争期间，德国政府急于通过让工业界以尽可能高的价格出售出口商品来改善国际收支和马克汇率。因此，往往是在工业界的倡议下，政府成立强制性的辛迪加，以防止出口市场的竞争，并利用中立国的巨大需求。行业协会的任务是按照政府规定的数量发放出口许可证，并确保出口货物以辛迪加的价格出售。战后，类似的努力仍在继续，最初得到了主要工业家和行业协会领导人的大力支持。尽管存在通货膨胀，许多小商人仍然相信"一马克就是一马克"，因此他们以极低的价格将产品销往国外。

在这个问题上，德国机械设备制造业联合会和德国电气技术行业中央协会发挥了特别的教育作用。虽然重工业的大型企业不需要这样的教育，它们在战争初期就已经学会了如何利用出口市场，但努力协调出口却成了行业协会业务经理们的乐趣所在。雅各布·赖克特（Jacob Reichert，德国钢铁工业协会业务经理）、弗里德里希·弗罗里希以及他们在德国电气技术行业中央协会的同行汉斯·冯·劳默（Hans von Raumer）不仅乐于领导各自的出口许可证中央局的庞大员工队伍，而且还陶醉于将出口管制作为组织工业生产的一种机制。

因此，在某种程度上，在国家主持下实施的往往是笨拙而复杂的管制制度中，行业协会的领导层是既得利益者，因为这种制度允许行业的彻底卡特尔化和组织化。这种情况在钢铁的消费者中比在钢铁的生产者中更为普遍，在制造业中的中小型企业协会也比大型企业协会更为明显。1921年后，随着德国国内价格水平接近世界市场价格水平，初级生产商和大型制造商对这一制度的笨拙感到苦恼，越来越反对出口管制。他们认为自己有足够的实力在没有管制的情况下独立经营。在这一时期，行业协会的发展也存在固有的弱点，反映出生产商和制造商对战时和战后直接的制度环境的特殊依赖。

德国钢铁工业协会在这方面最不容易受到影响，因为赖克特的出口许可证中央局并不是该组织的组成部分，而且协会的工作人员也增加很少（从1914年的2名秘书增加到1921年的6名下属官员和14名办公室工作人员）。大型企业的主导地位保证了德国钢铁工业协会与其支持者之间的紧密联系。与此相反，德国机械设备制造业联合会和德国电气技术行业中央协会则对众多中小型企业和代表它们的行业协会负责，尤其是前者建立了一个庞大的机构，以应对通货膨胀时期的特殊情况。

在施加政治影响力方面，就像在原材料管制和出口问题上一样，上述因素既促进了组织化的发展，又限制钢铁消费者的行业协会与重工业打交道的效率。在战争期间和战后，工业界经常发现自己在政府的要求下组织起来，但产生了反对政府意图的想法。工业家们对政府计划在和平时期继续实施战时管制并利用工业组织达到这一目的感到震惊。然而他们得出的结论是，反对政府的最佳方式是组建一个由行业协会和一个能够进行真正抵抗的最高组织组成的统一战线。由于战时政府失去权威，1918年革命后的继任者也未真正恢复权威，因此这一问题显得更加迫切。

这种组织的另一个动机是战争改变了生产商与有组织的劳工之间的关系。工业界试图通过与有组织的劳工建立工作伙伴关系和联盟，来保护自己免受官僚干预和革命政权社会化的影响。其目的是建立一个新的"生产者"联盟，使政府在经济问题上屈从于自己的意志，并在社会问题上达成和谐。因此，承认工会就意味着要在各个层面上进行集体谈判，而这需要彻底的组织化。因此，1919年，一个新的最高组织——德国工业联盟成立，它是以分支协会或分支组织原则为基础的。该组织致力于为每个行业建立分支机构（前面提到的出口管制问题为这一努力提供了帮助），并由行业协会牵头组建分支机构。

然而，1918~1919年工业界的统一战线，就像工业界与劳工之间的联盟一样，只是暂时掩盖了工业界内部以及工业界与劳工之间的深刻矛盾。如果工业家们继续依靠他们的传统组织，德国工业联盟和劳动工会都不会成立。旧的德国工业中央协会和工业家联合会行动迟缓，办事拖沓，在危机期间采取主动行动的是来自重工业、机械制造和电气技术行业的一些大企业家。正是他们在决定性的时刻为工业界采取行动，并推行了一些由于社会和经济原因而令大量中小型企业感到恼火的解决方案，且这些企业在接触工业联盟和劳动工会时，明显正确地认识到了这些组织是大企业的工具。然而，它们当时的成功符合整个工业界的普遍愿望，即尽可能地摆脱战时经济的控制，恢复工业自治。

尽管许多机械制造行业的领导者持保留意见，但商人们实施的最致命的管制措施之一就是取消价格上限和钢铁出口数量限制。到

1919年秋，德国机械设备制造业联合会、德国电气技术行业中央协会以及其他行业协会都公开反对钢铁业的过度出口导致国内市场饥渴，也反对钢铁业者离谱的定价政策。在制造业的行业协会内部，有两个团体对如何处理与重工业的关系存在分歧。

一方面，汉斯·冯·劳默等一些行业协会的管理者，以及西门子、博尔西格工程和奥格斯堡-纽伦堡机械制造公司等大型企业的领导者，接受了赖克特以德国钢铁工业协会和重工业的名义提出的观点，即工业界必须团结一致，冲突应在内部解决，这将确保"生产政策"战胜"消费政策"，而政府也不会有任何借口进行干预。

另一方面，德国机械设备制造业联合会内部的许多工业家及其业务经理如弗罗里希等人坚信，向政府发出呼吁才是必要的，他们必须找到在重工业政策中获得有效发言权的途径。1920年初，后一种倾向占了上风，于是成立了钢铁贸易联合会，要求生产商、商人和消费者在政府的支持下共同努力，调节钢铁的供应和价格。在这个"自治"机构内，钢铁消费行业的行业协会代表组成钢铁消费者联合会，以协调它们的政策并建立统一战线。因此，在1920年初，钢铁消费行业的行业协会的发展似乎最终达到这样一个阶段：重工业的主导地位正在让位于新的组合力量。

事实证明，这种期望为时过早。政府在钢铁贸易联合会中对经济问题的处理不当，以及该机构中某些工会代表采取的极端立场，促使生产商和钢铁消费者结成联盟，共同反对政府和劳工。然而同样重要的是，重工业的纵向一体化政策和重要的钢铁消费企业向重工业投降的意愿削弱了钢铁消费行业保持统一战线的能力。如雨果·斯廷内斯（Hugo Stinnes）组建的著名的西门子-莱茵贝尔-舒克特企业联盟就是西门子公司在以合理价格获得原材料时，为摆脱对行业协会或政府资助组织的依赖而建立的。

奥格斯堡-纽伦堡机械制造公司决定与古特霍芬公司结成利益共

同体也是出于类似的考虑。1920年后，西门子在德国电气技术行业中央协会的代表和古特霍芬公司在德国机械设备制造业联合会的代表比以往任何时候都更有影响力。古特霍芬公司总裁罗伊施和他的奥格斯堡-纽伦堡机械制造公司的同事们对德国机械设备制造业联合会施加极大的压力。他们指责德国机械设备制造业联合会自1914年迁往柏林后就成为一个"脑积水"组织，并公开对该协会的领导层说："今天（1922年）的德国机械设备制造业联合会即使不是对我们有害，充其量也是毫无意义的，因为它在反对大工厂的经济利益和努力争取小型和最小的机械生产商（它已吸收了数百家这些生产商为会员）的立场上，已不再履行其宗旨。"罗伊施和他的同事们不时以辞职相威胁，并迫使该联合会在1924年解雇弗罗里希和接替他的冯·布特拉男爵（Baron von Buttlar）。

在通货膨胀的最后几年，尽管重工业和精加工行业协会之间的合作有所增加，因为它们都希望摆脱政府的控制，并夺回工人在革命中取得的社会成果，但基本的紧张关系仍在继续。除了通常对原材料价格的异议之外，在整个1923年，大型制造企业还齐心协力，动员反对在1925年延续钢铁关税，并倾向于支持基础钢铁工业。1923年底，由于政治局势紧张，双方同意暂时休战，但也仅仅是休战而已。因此，如果说机械制造领域的行业协会发展没有达到人们1914年以来所预期的全部效果，那么在通货膨胀时期结束时对钢铁关税的强烈反对表明，新一轮冲突正在开始。在这场冲突中，钢铁消费行业的地位更加有利，尽管这种地位并非完全稳固。

三 从稳定到萧条

通货膨胀的结束为德国的政治、社会和经济生活带来一系列相互关联的变化和调整。鲁尔区冲突的结束、货币的稳定以及法定8小时工作制的废除，标志着魏玛共和国历史上的一个转折点。这是战后政治和经济动荡时期的结束，也是所谓的政治和经济稳定时期的开始。这两个时期之间的过渡充满创伤。10年的通货膨胀、战争和史无前例的政府干预对德国社会和经济的方方面面都产生了深远的影响，而突如其来的稳定以及为稳定而采取的货币和财政政策引发长达两年的经济危机。高利率、高税收、高失业率和高企业倒闭率是这一时期的特点，在此期间，德国试图在没有通货膨胀时期的人为障碍和刺激的情况下重新进入世界经济。在经济环境发生重大变化的同时，德国企业和企业组织也发生了极其重大的变化。货币稳定使得国家对出口的管制解除，行业协会为管理这些管制而建立的庞大官僚组织的合理性也随之消失。

德国钢铁工业协会也未能摆脱取消出口管制和货币稳定化的影响，组织机构规模大幅缩减，这不可避免地影响了它在战争和通货膨胀时期摆脱鲁尔区主要工业家直接统治后所获得的独立性。鲁尔区工业家在古特霍芬公司总裁罗伊施的领导下，试图利用这个大变动时期对重工业利益集团的代表结构进行全面重组和合理化。各种地区性和功能性利益集团将被合并，以消除历史上形成的机构重复。

该计划的一个方面是将德国钢铁工业协会西北分会并入柏林的德国钢铁工业协会，从而宣示前者的主导地位和其他团体的相对弱势地位。由于与被取消的组织有关的各种企业经理和地方利益集团的抵制，改革失败了。作为一项不需要进行重大体制改革的替代性改革，地区性的兰南协会得到了加强，而其他组织（包括德国钢铁工业协会）则受到了损害。20世纪20年代末，在联合钢铁公司总经理弗格勒（Vögler）和波恩根（Poensgen）的推动下，其他几项消除利益集团重叠的计划也得到了考虑，但事实证明，即使是他们的权威也不足以克服既得组织利益的惯性。

尽管存在重复，但这种情况对重工业来说还是有一些明显的优势。制造业企业继续加入兰南协会和德国钢铁工业协会，防止重工业的孤立，并增加了其主导地位的合法性。此外，一定程度上的官僚权力制衡也可能使工业家们确信，任何一个协会都不可能发展出太强的独立性。

重工业的领导者对决策层的官僚主义深恶痛绝，也非常清楚官僚主义无节制的发展可能带来的危险。因此，他们抵制协会将其职能扩大到一定范围之外的努力，并对赋予企业管理者过多的权力保持警惕。1928年，当赖克特提议对德国钢铁工业协会的章程进行某些修改而使他能够在所有事务中代表协会时，罗伊施对这些修改表示了强烈的反对，他酸溜溜地评论说，这将使德国钢铁工业协会主席变得没有必要存在。

除了对利益集团官僚机构的扩张倾向进行强有力的制约外，钢铁行业的领导者还非常谨慎，不会将任何重要问题的谈判权力下放给业务经理。因此，尽管需要频繁往返于柏林和鲁尔区之间，但与政府领导人的重要会议总是由一位或几位行业领导者出席，并由相应的协会业务经理和工作人员陪同。从这些会议的许多记录中可以清楚地看出，主动权和决定权都掌握在行业领袖手中。当谈判由企业经理或总经理的个人代表进行时，议程通常会非常谨慎地规定他们的决策自由度。当然，行业领导者在各种政治和经济谈判中发挥的强有力的个人作用与其企业规模相关。

尽管这些企业领导者，如古特霍芬公司的罗伊施将所有重要的企业决策权都集中在自己手中，但他们仍然可以借助企业内部非常能干的中层官僚机构来减轻他们在决策和工作方面的压力。有些企业如古特霍芬公司和联合钢铁公司拥有自己的经济和政治专家，从而减少了对行业协会工作人员建议的依赖。

相比之下，机械设备制造行业的特点是企业规模相对较小（1930年，德国机械设备制造业联合会会员企业的平均雇员人数为

250人），企业家们不具备重工业领导者所拥有的财务或组织资源。大型机械制造企业的领导者至少拥有重工业领导者的某些优势，因此他们往往主导协会的执行机构。这种趋势贯穿了德国机械设备制造业联合会的整个历史，直到纳粹统治时期的早期阶段，当中型企业被培育出来时。

然而，资源上的差异并不能完全解释机械制造业企业家相对缺乏强有力领导的原因。除了在极端的经济压力下，比如在经济大萧条时期或通货膨胀肆虐期，机械制造业的所有者、管理者更关心的是其公司或行业分支的眼前问题，而不是更大的经济和社会政策问题。即使机械制造业的企业家有强烈的兴趣，他们也面临着一些重要的选择和障碍，他们个人几乎没有机会在柏林或杜塞尔多夫表达自己的意见。因此，行业协会对机械制造业企业家的重要性最终要大于对钢铁生产商的重要性，后者作为大企业的代表，说话具有一定分量。

这在一定程度上解释了为什么通货膨胀时期结束后，德国机械设备制造业联合会的官僚主义陈规陋习会对其效率造成如此沉重的打击。1918年，德国机械设备制造业联合会工作人员最多时有388人，到1923年，由于取消了各种管制，工作人员数已降至142人。但之后下降的速度更快，到1928年，当人数从稳定后的最低点再次上升时，全职工作人员只有78人。这一下降不仅打击了德国机械设备制造业联合会业务经理们的形象和声望，也大大削弱了其影响会员企业的能力。

取消出口管制意味着出口企业不再需要与德国机械设备制造业联合会建立联系。这对试图通过卡特尔式的附属行业协会来规范国内外机械市场的努力造成严重的打击，而且往往是致命的打击。由于没有了处理出口申请所收取费用带来的可观收入，附属行业协会的官僚机构不得不依赖于会员企业的自愿支持，而这种支持往往是可望而不可即的。事实证明，如果没有这些附属行业协会中活跃的企业经理的持续压力，众多独立企业之间就不可能继续在价格和产量方面开展合作。因此，附属行业协会的数量从1924年的108个减少到1925年的91个，其余协会的市场控制效力也在稳步下降。1924年后，机械制造行业内的竞争可能是加剧了。

因此，到1924年初，机械制造业因最有活力的企业管理者弗罗里希和冯·布特拉被解雇而遭受了短期的失败，而且随着通货膨胀对企业组织的人为刺激消失，该行业面临始终潜伏的离心力被激活的威胁。在这种情况下，1924年协会会员数量出现大幅下降也就不足为奇了，因为经济危机无疑为制造商削减所有非必要成本提供了足够的理由。值得称赞的是，德国机械设备制造业联合会前几年在教育方面所做的努力，以及新任业务经理开发有用的新功能的能力，使得预期中的会员数量下降不仅没有发生，而且在接下来的两年中，德国机械设备制造业联合会转变为最强大、组织最完善、在许多方面最现代化的行业协会之一。

事实证明，从某些方面来说，淘汰旧的经理人对重工业来说得不偿失。这是因为接替者卡尔·兰格（Karl Lange）虽然更具和解精神，但也是一个更危险、更强硬的谈判者。协会地位和权力的提升在很大程度上归功于他。兰格并不具备高超的智慧，也缺乏领导魅力，他依靠的是变色龙般的适应能力（不客气地说，就是缺乏坚定的原则）与对在任何情况下能实现的目标的超强敏锐度的结合。此外，他还善于组建一支非常能干的员工队伍，并对其进行最有效的利用。

在协会不断萎缩的情况下，建立一支有效率的员工队伍几乎是不可能的，1924年的大部分时间都是如此。这一趋势的扭转部分归功于德国机械设备制造业联合会新领导层的能力，但更多的是由于经济形势与各机构在经济稳定后试图建立新平衡努力的相互作用。虽然工业家们普遍对稳定货币和取消经济管制表示欢迎，但在1924年4月信贷限制导致经济急剧下滑后，他们的热情逐渐消退。钢铁生产商沮丧地发现，他们的成本已经超过欧洲的竞争对手，这是他们第一次面对欧洲竞争对手的有效竞争。他们解决这一问题的传统办法是提高关税,但这不可避免地导致他们与国内主要的钢铁制品消费者发生利益冲突,其中最大的消费者是机械制造、电气技术和小型铁制品行业。

作为1923~1924年总体组织变革的一部分,同时也是为即将到来的关税斗争做准备,这些钢铁消费者成立了一个新的共同组织来代表它们的利益——钢铁精加工工业联合会(AVI)。这个组织取代了早期较弱的钢铁消费者联合会,钢铁消费者们认为钢铁生产商在德国工业联盟中代表人数过多,有必要建立一个新的组织来改变这一情况。

德国机械设备制造业联合会是钢铁精加工工业联合会中组织最严密的,被选中来履行新组织的行政管理职能。这一组织联盟极大地增强了德国机械设备制造业联合会的实力,因为它有能力充当钢铁精加工工业的代言人。另外,德国机械设备制造业联合会的组织力量也为钢铁精加工工业联合会提供了强有力的支持,使其成为重工业组织的平等谈判对手。

1924~1926年,钢铁精加工工业联合会与重工业组织签订了一系列复杂的协议,规定重工业组织有义务向其关联企业支付退税,以补偿它们以制成品形式出口的任何钢铁产品时产生的世界钢材价格与国内价格之间的差价。实际上,该协议规定钢铁生产商有义务按世界市场价格提供用于生产出口制成品的钢铁,以帮助确保德国钢铁制成品在世界市场上的竞争力。作为回报,精加工行业同意不反对继续一战前的关税政策以及组建国内和国际钢铁卡特尔。这一复杂的联盟是重工业经济地位和政治权力的再保险,因此对魏玛共和国的政治产生重要间接影响。

这个联盟对德国机械设备制造业联合会以及其他精加工行业协会的重要性在于,它为企业加入协会提供了强大的动力,同时也为协会提供一个会费之外的重要收入来源。之所以如此,是因为钢铁精加工工业联合会成为退税申请的清算中心,并从退税中扣除一定比例(8%~12%)作为服务的手续费。为了鼓励非会员加入协会,向非会员收取的费用要高出几个百分点。

在通货膨胀时期,钢铁精加工工业联合会对精加工行业组织的积极作用在于,该组织体系是外贸管制的及时替代品,但有一个显著的差异,那就是整个对外贸易和价格控制体系至少是半公开的,包括工会的代表,而新的体系几乎完全是私下秘密安排的。在后一种制度安排中,政府的基本角色是裁判,并确保制度安排的条款由双方执行,并建立上层建筑,使安排得以运行,即通过关税法与法国达成有利的贸易协定。钢铁精加工工业联合会的协议是政府容忍行业间紧张关系私密化的一个典型范例,成为解决这两个大型工业集团之间后续冲突的组织和法律框架。因此,重要的经济决策是经两个利益集团协商做出的,几乎不受公众控制。在1924~1929年德国经济稳定时期,国家对经济的干预明显减少。

德国机械设备制造业联合会和钢铁工业家获得了相当大的经济和政治决策权。德国钢铁工业协会并没有因为结盟而得到加强,因为谈判是由钢铁精加工工业联合会和钢铁业在卡特尔的组织结构内进行的。赖克特在谈判初期发挥了积极作用,但在1924年11月钢铁卡特尔改革后,这些卡特尔成为主要的谈判机制。这种卡特尔结构导致了一个庞大的官僚机构的诞生,同时也代表了在通货膨胀时期卡特尔暂时消亡时,德国钢铁工业协会入侵领域的新竞争对手。

相反,正如我们已经看到的那样,在钢铁精加工工业联合会与重工业结成联盟后,德国机械设备制造业联合会的实力大增。在谈判中,卡尔·兰格起到非常重要的作用,体现出更强的独立性和主动性。德国机械设备制造业联合会的工作人员已经对兰格加以重视,并用他来提高行业协会的独立性。兰格最重要的行动之一就是聘请亚历山大·吕斯托(Alexander Rüstow)担任"参谋长"。这位才华横溢、年轻、正统的自由主义经济学家在二战后德国经济学的新自由主义复兴中发挥了关键作用，他召集了一个由年轻知识分子组成的高技能团体，其中几位在德意志第三帝国、德意志联邦共和国、民主德国等发挥了重要作用，如威廉·乌特曼（Wilhelm Utermann）、西奥多·埃申博格（Theodor Eschenburg）等。他制定了一项旨在增强德国机械设备制造业联合会的经济和政治影响力的战略，最重要的创新是成立了经济和统计部门，该部门承担着多项重要职能。

1914年之前，德国机械设备制造业联合会一直苦恼于缺乏该行业的总体性的生产统计数据，而政府统计人员只能收集到粗略的外贸数据。德国机械设备制造业联合会的统计部门收集并公布有关订单、装运、销售、就业和其他行业商业活动指标的数据。在缺乏普遍有效的卡特尔情况下，这些统计数据旨在帮助机械制造企业根据产品需求的不稳定波动来调整产量，从而避免生产过剩和随之而来的低价问题。很难说这一目标实现得有多有效，但该行业的公司都认为这项服务很有价值，尤其是因为这些统计数据还得到了深入的分析，目的是预测商业周期。

这些统计数据的第二个外部用途是在公共场合强化德国机械设备制造业联合会的经济诉求。有理有据的经济论点，辅以适当的统计分析，并以通俗易懂的图表形式呈现出来，成为德国机械设备制造业联合会的一个主要策略工具，很好地平衡了钢铁行业的政商关系及声望。因此，卡尔·兰格在与重工业或政府代表进行谈判时，总是以事实和统计数据为武器，这常常使他的对手不知所措，并使他们自己的论点显得毫无根据。

生产、外贸和就业统计数据也被用来支持德国机械设备制造业联合会领导层一贯的基本论点，即与钢铁工业相比，机械制造工业尤其是精加工工业雇用了更多的人，创造更多的出口盈余，对德国国民生产总值的贡献也更大。当然，这一主张的必然结论是，德国机械设备制造业联合会和钢铁精加工工业联合会应该拥有与其经济重要性相称的政治话语权。在政府官员面前，总经理的个人威望和政治权力通常更有分量，因此这一主张和支撑这一主张的相关统计数据往往被忽视。

为了向政府各部门和国会间接施加压力，德国机械设备制造业联合会制定了一项活跃的出版计划，以传播其论点和思想，从1922年开始，就在与德国工程师协会联合出版的技术期刊《机械制造》中增加经济学专栏，除了在行业内进行宣传外，还在各种出版物上发表文章。这些刊物包括学术刊物、综合刊物、知识刊物和商业刊物，但最有效的平台是日报。

通过吕斯托的关系，德国机械设备制造业联合会与魏玛共和国最重要的三家资产阶级自由派报纸《柏林日报》《法兰克福汇报》《福斯日报》建立良好合作关系。我们很难衡量这些宣传活动对公众舆论和政府行为的影响，但这却让钢铁工业家们非常担忧，他们模仿德国机械设备制造业联合会的某些方法来宣传其成功经验。他们扩大统计数据和经济论据的使用范围，并协调他们拥有或控制的报纸，共同攻击支持德国机械设备制造业联合会观点的文章。

在日益现代化的公共关系斗争中，钢铁工业于1928年成立一个中央新闻局，以更好地协调其攻势。另外，德国机械设备制造业联合会采用重工业联盟影响新闻界的两种传统方法，即补贴和通过协调一致的广告行动来施加压力。

德国机械设备制造业联合会不断努力抵御钢铁生产商在社会、政治和商业组织中的影响力。如前所述，钢铁精加工工业联合会的成立在很大程度上是对重工业集团统治德国工业联盟的回应。德国机械设备制造业联合会的官员们并不满足于只在钢铁精加工行业之间实现合作，他们还与德国工业联盟中的其他行业协会（如纺织和化工行业协会）建立联系，以建立临时联盟，反对重工业集团在德意志帝国中的具体行动。后来在西德，该联合会还与一些官员建立了联系，作为针对重工业活动的"早期预警系统",并在最高级别的协会官僚机构中为精加工行业的利益进行游说。

类似的尝试还包括与政府官僚机构特别是经济部建立密切联系。这些极其重要的个人联系因以下事实而得到加强:像许多第一次世界大战后利益集团的代表一样,吕斯托在政府官僚机构(这次是在经济部)工作6年之后加入德国机械设备制造业联合会,从而加强了这些极其重要的个人联系。这种在政府与企业之间的人员流动是国家对经济干预日益加强的结果。20世纪20年代后期,吕斯托的兄弟也受雇于经济部,从而在德国机械设备制造业联合会与经济部之间建立了甚至是家族式的联系。

钢铁工业家很容易接触到最高级别的部级官僚机构,而德国钢铁工业协会的主要职能之一,就是充当官僚机构与鲁尔工业区之间的持续信息渠道。钢铁工业并不满足于这些良好的影响渠道,他们甚至通过兰南协会秘密聘用了一名国务秘书。

在政治方面,重工业的资金来源及其参与各种政治活动的传统使其比机械工业更具优势。例如,德国钢铁工业协会的业务经理赖克特在1920~1930年曾是德国国家人民党①的国会议员。因此,他可以在党内和议会上直接代表钢铁工业的利益。但这只是重工业集团享有的横跨所有资产阶级政党的众多政治影响渠道之一。

相比之下,机械工业的地位则比较薄弱。它在国会中没有直接的利益代表。与赖克特相比,卡尔·兰格甚至没有加入任何党派(直到德意志第三帝国时加入纳粹组织),这无疑是为了不疏远任何重要部门。兰格确实允许他的一名高级下属在柏林的中心党组织中担任要职,但这与重工业集团的众多政治权力基础相比,根本不值一提。

虽然有些人与某些国会议员建立了联系,但由于德国机械设备制

---

① 德国国家人民党是魏玛共和国的一个民族保守党,其纲领包括民族主义、民族自由主义、反犹主义、帝国君主主义、保守主义和种族因素。——译者注

造业联合会的独特会员结构，该联合会很难在金钱或其他方面支持任何特定的候选人。由于重工业和精加工工业在许多经济和政治问题上（如工资政策和政府开支）的立场往往非常相似，因此德国机械设备制造业联合会可以依靠重工业集团在这些问题上的政治影响力。赖克特在一次对德国机械设备制造业联合会的演讲中曾暗示，在政治领域应该实现专业化，在那些没有钢铁工业的地区，机械行业组织应该参与地方政治，而将国家政治留给重工业集团。他没有提到如果两个行业的利益出现分歧会怎样。

在这些冲突领域，例如关税政策，德国机械设备制造业联合会总是能得到许多温和右派和中间派代表的善意支持，甚至还能得到社会党人不请自来但非常令人感激的帮助，他们一般都愿意与任何人站在同一立场反对重工业集团。事实上，社会党人的刊物经常批评德国机械设备制造业联合会没有更有力地反对重工业，在钢铁精加工工业联合会协议下出卖了自己。

20世纪30年代初，德国机械设备制造业联合会试图通过资助和组织一个基础广泛的组织来扩大其政治影响力，并希望这个组织能够游说自由主义的经济和政治政策，尤其是抨击各种主张自给自足的运动。尽管它吸引了一大批重要的自由主义社会科学家，但在纳粹夺取政权之前，它并没有机会发展出任何重要的影响力。该协会的成立仿效了重工业集团的策略，重工业集团有时会成立特殊利益集团，为其赞成的某些改革（如宪法修改）争取广泛的支持。

该组织的成立以及德国机械设备制造业联合会的许多其他活动越来越多地由协会的专业人员发起，然后由董事会批准，从未征求过会员的意见。协会工作人员的内部独立性日益增强，不仅独立于会员，也独立于董事会，这与协会不受重工业集团影响的外部独立性以及协会的重要性日益增加直接相关。德国机械设备制造业联合会在外部取得的成功，如与钢铁精加工工业联合会达成协议，提高了协会的声望，吸引了会员，而协会为其会员公司提供的各种服务也产生了同样的效果。这些服务包括促进行业内的标准化、开发和采用共同的成本会计技术、在国外市场和国内贸易展览会上开展合作。

鉴于大多数行业的原子化结构，德国机械设备制造业联合会在内外两条战线上的成功，以及它无法调动企业中非常活跃的企业家的积极性，使其官僚机构能够比德国钢铁工业协会的官僚机构更具独立性。德国机械设备制造业联合会的成功官僚化确实为钢铁行业带来一些非常有利的结果。由于该协会的工作人员的成功很大程度上是基于钢铁精加工工业联合会的退税和收费制度，他们在这一制度中成为既得利益者，这为两个行业提供了相对稳定的关系，直到钢铁行业在大萧条期间试图改变这一制度，结果不出所料，遇到极其强大的阻力。

实际上，德国机械设备制造业联合会已经发展成为加兰博斯所说的政策制定协会，他将其特征总结为：杰出的领导者、明确清晰的意识形态和强大的合作计划。它是一个半自治的经济机构，其身份与其成员截然不同。在寻求实现联合价值的过程中，它对个体制造商、成员和非成员都造成强有力的影响。这些特征并不适用于德国钢铁工业协会，因为它受到主要钢铁工业巨头的严密控制，协会无法对其施加影响。加兰博斯的这一定义适用于美国的纺织业，因为其产业结构的特点是有大量规模相对较小的企业，这与德国的机械制造业相似。

这就证明托马斯·C.科克伦和威廉·米勒关于美国行业协会运作的论述是普遍正确的，即行业协会试图规范小企业林立的行业竞争；而在由少数几家公司主导的行业，监管则不需要如此复杂的机制。正如我们所看到的那样，除了对企业竞争进行监管外，德国的行业协会还履行许多其他职能，科克伦和米勒的论断在这些领域也同样有效。然而德国机械设备制造业联合会需要一个庞大的组织来开展补偿性活动，以制衡重工业集团的力量，因此，科克伦和米勒的理论并不适用于德国。

德国钢铁工业协会始终是一个小型组织的一个基本原因是,它只是作为一个政治和经济利益集团行事,并没有对竞争进行监管,而独立的卡特尔结构则实现了这一点,显示出高度的组织性。第一次世界大战期间,当德国钢铁工业协会确实承担监管职能时,其组织就得到极大发展。在美国,在寡头垄断或价格主导的体制下,没有必要设立大型的监管机构。

这个例子还说明,除了行业协会之外,还有几种可供选择的结构,或者换句话说,大公司可以利用各种手段来实现行业协会为小公司实现的目标。因此,卡特尔或寡头垄断价格决定可以实现市场调节功能,大公司领导人的个人联系可以实现政治目标,纵向一体化可以替代行业间的协调问题。

在企业众多的竞争性行业中,行业协会是唯一能够完成这些任务的组织。但这些行业的特点本身就不利于有效的组织。通常情况下,只有政府行动才能最终迫使这些行业进入更高的组织阶段。第一次世界大战期间,德国行业协会的组织发展经验提醒我们可以做些什么,20 世纪 20 年代的经济停滞问题使人们的注意力集中到行业协会的运动上,将其作为应对不断出现的产能过剩问题的一种手段。在美国,政府和企业对行业协会和尝试限制竞争的态度都发生过重大变化。但背靠政府的全国复兴管理局(National Recovery Administration)下的行业协会往往才真正导致竞争性行业中强有力的行业协会的形成。因此,直到 1933 年,美国的机械制造行业才能够形成一个由众多分支机构组成的统一协会,从而可以与德国机械设备制造业联合会相提并论。值得注意的是,所有这些协会都非常重视统计数据的收集、产品的标准化、成本核算的统一方法以及统一的销售合同。人们普遍认为,这些商业工具将有助于减少激烈竞争。

结　语

　　各国在行业协会运动的组织化程度和发展进度上存在很大差异。一个有趣的问题是，作为工业化较晚的国家，德国为何先于其他国家开展全面的行业协会运动（包括顶级的工业协会）。造成这种差异的因素有很多，其中比较重要的有：德国社团主义思想的力量、源自社团主义传统的大量半官方的利益集团、浓厚的官僚主义传统、缺乏强烈的竞争理想、德国因其后发工业化地位而建立的工业企业规模庞大，以及容克地主阶级主导的威廉主义给德国工业带来的问题等。虽然这些因素在其他欧洲国家和美国也存在，但没有任何其他国家拥有这种奇特的组合。

　　行业协会的重要性和行为在很大程度上取决于德国的政治条件以及国家在动荡时期的相对权威性。德意志第二帝国时期威廉政府的官僚机构鼓励行业协会和利益集团的发展，将其作为反对议会制斗争的一部分，并坚信工业自治仍将受到国家的监管。在战争的最后阶段，传统政治权威瓦解的一个重要因素是行业协会的出现，战时的组织工作极大地加强了行业协会的力量。这些协会已做好准备并愿意维护其独立性及其优于官僚机构和政党的地位，他们声称其在指导国家的社会经济甚至政治发展方面具有特殊的地位。魏玛共和国政治上的软弱和分裂只会加剧工业组织的自我主张倾向，使它们在私下协议的基础上承担公共职能，并扩大和复杂化其组织结构。

　　组织运动一旦开始，就会自我强化。这一点可以从德国钢铁工业协会对其他协会成立的推动作用中看出，而这些协会又反过来促进其他商业组织的发展。重工业集团创建的德国机械设备制造业联合会可以视为这一过程的一个例子。德国重工业的卡特尔化有力地促进了精加工行业协会的成立，这既是重工业的直接压力，也是一种防御性反应。在美国，全国制造商协会的成立为行业协会的建立创造了组织焦点。此外，大托拉斯运动也激发小公司的愿望，它们希望通过与行业内其他公司合作，获得这些大公司的一些优势。

还有一个普遍的问题，即如何评估这一庞大的组织体系在德国的影响。有明显的迹象表明，到1930年，这种组织结构已经过度发展，无法应对经济萧条时期的各种情况。这种过度组织化给经济系统带来一定程度的僵化，由于强大的体制力量而在现有体制中拥有既得利益者，随时准备不惜一切代价捍卫其既得利益，任何变革的尝试都会受挫。具有讽刺意味的是，钢铁工业巨头是最早担心过度组织化的群体之一。1927年，他们成立了一个由12位主要工业家组成的非正式组织——鲁尔拉德（Ruhrlade），每月举行非正式会议，以解决重大的政治和经济问题。这种试图绕过已建立的无数组织的做法具有讽刺意味，同时也是对一种早期工业组织形式，如晚宴俱乐部协会（美国钢铁业也有这种做法，如加里晚宴）的回归。20世纪30年代初，德国钢铁工业家甚至萌生了摧毁整个卡特尔和其他限制性组织系统的想法，以便放手一搏，重新自由开始。纳粹保留了基本结构的完整性，但无情地将制造业内部的重复和竞争组织合理化。这种改变后的结构后来就构成联邦德国企业组织的基础，从而进一步证实了纳粹在许多方面客观上使德国"现代化"的假设论点。

把这些一般性问题作为所谓的组织发展史的一部分加以研究是有益的。在美国，这类历史分析取得了较大进展，已经产生如加兰博斯所说的"美国现代史中新兴的组织综合"。在这一综合范式的研究中，行业协会作为现代的、官僚化的商业组织发挥了重要作用。这类官僚结构在德国历史中的影响尤为重要。因为德国是行业自治或自律的先驱，而自治或自律这一概念总是意味着或多或少的公共责任，并默认如果自治不能奏效，就会出现外部监管。同样，德国工业界在调节行业间关系和冲突方面的努力也是最成熟和复杂的，并在为此目的采用的各种替代结构方面表现出极强的灵活性，这对研究当代多元化社会中的联盟和结盟来说意义非凡。

最后，行业协会和其他形式的工业组织的存在对政府决策和规划具有重要影响，因为它们既可以是实现某些目标的工具，也可以是具有特殊生命力和自身利益的障碍。它们在德国的历史证明威廉·帕克（William N. Parker）的论点是正确的，即经济增长研究不仅仅涉及"价格关系和工业巨头们的传记"，对经济权力行使的研究也是应该重视的。

改革开放前国营企业内部管理体制的沿革及利弊分析[*]

岳清唐[**]

【摘　要】十一届三中全会后，国有企业走上建立和完善现代企业制度的改革之路，其改革的起点是基于新中国成立以来国营企业的建设和发展。明晰国营企业管理体制发展的历史和特点，有助于促进国有企业现代企业制度的建设。国营企业的管理体制包括外部管理体制和内部管理体制。外部管理体制主要涉及中央和地方对国营企业的管理权限关系，以及国家、企业和职工三者之间的利益关系。内部管理体制主要涉及企业治理问题，包括党的领导、行政领导、技术领导和普通职工之间的关系。改革开放前我国国营企业主要实行三种内部管理体制，建国初期实行"工厂管理委员会"制度，"一五"期间推行"一长制"，"一五"末到改革开放前期实行"党委领导下的厂长负责制"。为了克服国营企业中领导干部的主观主义和官僚主义作风，充分发挥职工群众的主人翁作用，在党的领导下，我国国营企业创造性地

---

[*] 本文为岳清唐主持以下基金项目的阶段性成果：伊犁师范大学"一带一路"发展研究院开放课题重点项目"'一带一路'背景下新疆国有企业加快混合所有制改革的路径研究"（YDYL2021ZD001）；伊犁师范大学2021年度人文社科重点项目"'十四五'时期国有企业混合所有制改革路径研究"（2021YSZD005）；新疆社科基金项目"中国式现代化及其在新疆的实践研究"（2022VZJ023）。

[**] 岳清唐，中国政法大学商学院教授，伊犁师范大学特聘教授，新疆社会治理与发展研究中心研究员。主要研究领域为中外企业史、经济史，经济思想史。

发展出"两参一改三结合"这种企业民主管理模式。

【关 键 词】 国营企业　内部管理体制　工厂管理委员会　一长制　党委领导下的厂长负责制　两参一改三结合

引　言

制度变迁有一定的路径依赖性质，中国国有企业制度变迁也有其路径依赖性。要理解改革开放后国有企业的制度变迁特点，就需要对改革开放前国营企业的制度变迁历史有清晰的认知。这也是深化国有企业改革的需要，是做到"学史明理、学史增信、学史崇德、学史力行"的要求。中华人民共和国成立后，在国营企业发展的内外部环境方面，除了管理权限在中央和地方、国家和企业之间不断进行调整之外，在国营企业内部的管理组织方面也进行了不少探索。先后试验和应用过"工厂管理委员会"、"一长制"、"党委领导下的厂长负责制"和"两参一改三结合"等机制。其中代表性企业管理制度经验有"国营庆华工具厂经验"、"鞍山钢铁厂经验"和"大庆式企业"等。已有一些文献从企业史的角度对改革开放以来国营企业和国有企业的发展和制度变迁进行了研究[1][2]，也有文献对改革开放前国营企业外部管理体制的变迁进行了探讨[3]，但学术界还缺乏关于改革开放前国营企业内部管理体制变迁的研究，本文根据党的历史文献和部分亲历者回忆录，从历史发展逻辑对国营企业内部管理体制变迁

---

[1] 李荣融：《宏大的工程宝贵的经验——记国有企业改革发展30年》，《求是》2008年第16期，第27~30页。

[2] 岳清唐：《中国国有企业改革发展史：1978-2018》，社会科学文献出版社，2018，第2~10页。

[3] 岳清唐：《1949~1978年我国国营企业外部管理体制的变迁》，《企业史评论》2023年第1期，第294~306页。

的时代背景、推动力量和制度绩效等方面，剖析新中国成立后至改革开放前国营企业内部管理体制的沿革及其利弊分析，以期深化对当前国有企业和国有资本进一步改革的认识。

一 新中国成立初期试行工厂管理委员会制度

1949年9月通过的《中国人民政治协商会议共同纲领》中规定，"在国家经营的企业中，目前时期应实行工人参加生产管理的制度，即建立在厂长领导之下的工厂管理委员会制度"①。1950年2月6日，《人民日报》在"二七"纪念日前发表《学会管理企业》社论，同年2月12日，中共中央向各地党委、各企业管理部门及全国性工会组织发出指示，号召各地各公营企业把社论作为目前管理企业、提高生产的指导方针②。社论指出，在一切国营公营的工厂企业中，必须坚决地改变过去旧的官僚主义的管理制度，实行管理民主化，建立工厂管理委员会，吸收工人参加生产管理。一切国营公营工厂企业的行政管理者、党的工作者和工会工作者必须明白：工厂管理委员会是工厂企业中以厂长为首的统一领导机关。厂内的一切重大问题，都要提到工厂管理委员会上讨论，真正吸收工人参加生产管理，才能使工人亲身感到自己是企业的主人，从而激发出对生产的积极性和创造性。那时国营公营工厂企业中还有职工代表会议，社论强调它应该是与工厂管理委员会相辅而行的，是传达领导者意图和吸收群众意见的组织。

在《中国人民政治协商会议共同纲领》颁布之前，1948年8月

---

① 中共中央文献研究室编《建国以来重要文献选编》（第1册），中央文献出版社，1993，第8页。
② 中共中央文献研究室编《建国以来重要文献选编》（第1册），中央文献出版社，1993，第107页。

中国共产党在哈尔滨召开的第六次全国劳动大会上通过的《关于中国职工运动当前任务的决议》中要求，在国营企业中"为了实行管理民主化，需要建立统一领导的管理委员会，管理委员会在上级国家企业机关领导之下为单位中的统一领导机关，由经理或厂长任主席，讨论并决定有关单位管理中的各种问题"[①]。

华北局为落实上述决议，于1949年8月10日制定了《关于在国营、公营工厂企业中建立工厂管理委员会与工厂职工代表会议的实施条例草案》这一较为详细的文件。工厂管理委员会机制的最终决定权在管委会，虽然厂长为管委会主席，管委会的决定以厂长命令形式颁布实施，但执行的是集体领导制度，厂长如果认为管委会决议与上级决定不符，可以拒绝执行并报告上级。工厂管理委员会虽然在制度形式上实现了民主管理，但由于职权划分比较模糊，主导权实际上一般是在厂长手里，这和名义上最高行政权在管委会的安排产生冲突。另外，这个体制中没有强调党组织的作用，这和新中国成立前后几年企业中党组织要么还没有公开化、要么还没有成熟有关。

随着全国解放形势的发展，国营公营企业中的党组织很快健全起来，党组织在企业中的功能定位也逐渐成为一个亟待解决的问题。东北局和华北局对这个问题做了不同处理和试验，分别将"工厂管理委员会制度"发展为"一长制"和"党委领导下的厂长负责制"。

二 "一五"期间推行"一长制"

"一长制"即行政领导负责制，厂长经理对企业事务有最终决定权。"一长制"来源于苏联，中共在中央苏区和陕北曾结合苏联"一长制"在根据地公营企业中试行过"三人团"制度和"一元化"制

---

① 全国总工会政策研究室：《中国企业领导制度的历史文献》，经济管理出版社，1986，第120~121页。

度。"三人团"管理制度是刘少奇等人在中央苏区提出的公营企业管理办法：厂长对全厂的行政和生产负有绝对责任和拥有绝对权力，同时，为了加强民主管理，企业生产中的各项重大问题必须经过"三人团"（厂长、党支部书记、工会主席）会议讨论，意见不一致时，厂长有最后决定权[①]。在延安时期，为了克服管理上的多头分散，强调公营工厂的管理要贯彻一元化的方针：在工厂内部，厂长代表政府，集中管理工厂内部的一切，党的支部和工会工作要围绕完成工厂的生产任务，配合厂长的工作[②]。

东北地区解放后，苏联的影响力增加，特别是在经济管理方面，新生的政权借鉴了苏联以厂长为中心管理企业的经验以便尽快使新接收的国营企业恢复生产。新中国成立后，《共同纲领》规定在国营企业里实行厂长领导下的工厂管理委员会制度。这个时期，由于各地解放的时间有早有晚，各地民主化改革进程不同，各地党组织在企业里的健全程度不同，各地公营企业的历史渊源不同。因此，中共中央允许各地探索公营企业管理经验，由此在各地形成了侧重点不同的国营企业管理模式，主要是以东北地区为代表的强调行政为主、厂长有最后决定权的厂长负责制即"一长制"和以华北地区为代表的强调以党委为主、党委有最后决定权、厂长执行党委决定的"党委领导下的厂长负责制"。

1949 年至 1952 年的国民经济恢复时期，这两种主要国营企业管理模式同时试行。"一五"期间，由于有计划地重点发展苏联援建的154 个重工业大项目，而计划经济和现代工业要求统一领导和指挥，要求专人负责而不是集体负责。当时的国际环境和意识形态也驱动中共领导层一切向苏联学习。加之，"党委领导下的厂长负责制"在试

---

① 刘少奇：《论国家工厂的管理》，参见全国总工会政策研究室《中国企业领导制度的历史文献》，经济管理出版社，1986，第 33 页。
② 《张闻天文集》第三卷，中共党史出版社，1994，第 215 页。

行中出现了多头领导、无人负责、工作秩序混乱、推诿、扯皮现象。因此,苏联的以厂长为核心的"一长制"国营企业管理制度得到了更多方面的支持。1954年5月28日,中共中央批转了华北局《关于在国营厂矿企业中实行厂长负责制的决定》,标志着厂长负责制在全国的推行[①],"党委领导下的厂长负责制"不被提倡。但到"一五"后期,随着"一长制"的全面铺开,其自身的缺陷也显露出来,容易产生官僚主义、忽视民主管理、弱化党对国营企业的控制。加之1955年对"高饶事件"的定性和1956年苏共二十大"秘密报告"对斯大林个人崇拜的批判,"一长制"在1956年被终结[②]。

三 1956年开始实行党委领导下的厂长负责制

在中央苏区的公营企业管理中曾经实行"三人团"制度,发挥过党支部和工会的作用,新中国成立后的三年国民经济恢复时期的工厂管理委员会制度虽然强调了民主管理,但对党组织在国营企业中的作用没有明确规定,中共中央允许国营企业领导体制在全国呈现多样化[③]。在华北地区,中共华北局认为当时从旧政权手中所接收的公营企业的厂长大都是旧人员,在政治上不能保证贯彻党的方针路线和解决党政工团统一问题,而负责接收的军代表大多不具备技术和企业管理能力,因此实行"实行党委领导下的厂长负责制"是比较符合实际的选择,既能发挥党委集体智慧、贯彻党的方针、领导企业民主管理,又能发挥所接收企业原来主要行政人员厂长和技术人员工程师的作用。

[①] 中共中央文献研究室编《建国以来重要文献选编》(第5册),中央文献出版社,1993,第254页。
[②] 中共中央办公厅编《中国共产党第八次全国代表大会文献》,人民出版社,1957,第36页。
[③] 武力:《五十年代国营企业党政关系的演变》,《改革》1996年第5期,第111页。

"党委领导下的厂长负责制"以党委为核心实行统一领导。党政工团各上级所指示的方针任务,及其在工矿企业中的具体实施方案和计划,一律经过工矿企业中的党委讨论通过,做出决定,分工进行。属于生产管理和行政业务方面的,可由厂长在执行中负完全责任,紧急事件发生时,厂长可先处理,然后报告党委会。一切重要事项最后决定于党委。厂长对同级党委负责。[1]

1956年,毛泽东在听取众多部门汇报之后,发表了《论十大关系》,对新中国成立以来中国社会主义建设各个方面经验进行了总结,提出了处理十个方面重大关系的原则方针。对"一五"期间一切学习苏联经验的弊端进行了反思,结论是苏联的"一长制"不适合中国国情,不如"党委领导下的厂长负责制"好。在1956年9月的中共八大会议上,刘少奇和邓小平代表中央对国营企业的管理制度做了发言。刘少奇在《在中国共产党第八次全国代表大会上的政治报告》中说,"在企业中,应当建立以党为核心的集体领导和个人负责相结合的领导制度。凡是重大的问题都应当经过集体讨论和共同决定,凡是日常的工作都应当有专人分工负责"[2]。

邓小平在《关于修改党的章程的报告》中说,"根据最近几年的经验,中央已经决定在一切企业中同样实行党委集体领导的制度,也就是党委领导下的厂长负责制或经理负责制"[3]。自此,"党委领导下的厂长负责制"成为中国国营企业之后20多年的基本领导体制。直到1984年10月,党的十二届三中全会通过的《中共中央关于经济体制改革的决定》提出实行厂长(经理)负责制,国营企业的内部管理体制再次发生变迁。

---

[1] 全国总工会政策研究室编《中国企业领导制度的历史文献》,经济管理出版社,1986,第194~195页。
[2] 《刘少奇选集》(下),人民出版社,1985,第233页。
[3] 《邓小平文选》(第一卷),人民出版社,1994,第230~231页。

在实行"党委领导下的厂长负责制"的国营企业内部管理体制期间，在各方面的合力下，我国企业创造性地发展出了"两参一改三结合"的管理经验。"两参"是指干部参加劳动，职工参加管理；"一改"是指改革不合理的规章制度；"三结合"是指在工作中领导干部、技术员和工人要相互配合共同完成技术改造等任务。其中"两参一改"是由黑龙江省国营庆华工具厂、国营建华机械厂和国营华安机械厂在贯彻执行1957年5月《中共中央关于各级领导人员参加体力劳动的指示》的文件中创造出来的管理改革经验。"三结合"是国营长春第一汽车制造厂在学习"两参一改"经验过程中，在研制自主品牌红旗牌高级轿车的攻关中探索出来的。"两参一改三结合"充分体现了企业民主管理和激发职工积极性的群众路线特点。

四　改革开放初期国营企业的基本状况

经过30年的发展，虽然中间受到"大跃进"和"文化大革命"的严重干扰，我国到改革开放初期，已经基本建立起了独立完整的工业生产体系和国民经济体系，工业企业数已达近35万家，国营工业企业已达8万多家，培养了大批熟练的产业工人和科技人才，为改革开放后的大发展奠定了物质技术基础。

1978年，全国从业人员40152万人，其中城镇从业人员9514万人，农村从业人员30638万人，76.3%的劳动力在农村。国营经济单位从业人员7451万人，占全国从业人员比重18.6%。工业企业单位34.84万家，其中国营工业企业8.37万家，占比24%，集体工业企业26.47万家，占比76%。工业总产值4237.0亿元，其中国营工业企业总产值3289.2亿元，占比77.6%，集体工业企业总产值947.8亿元，占比22.4%。

改革开放初期，国家对国营企业的管理实行"国家统一所有和领导、地方分级管理"的计划经济原则。根据中央和地方对企业管理程度的不同分为四种类型国营企业：第一类是中央直接管理的企业；第二类是中央和地方共管、以中央管理为主的企业；第三类是中央和地方共管、以地方管理为主的企业；第四类是地方管理企业。

第一类由中央直接管理的企业都是关乎国民经济全局的重要工矿大企业，数量很少。企业的人财物产供销都由中央有关部委直接控制，企业的生产建设计划、原材料和设备都由中央有关部门综合平衡制定供应计划。用工指标（当时被俗称为"吃国库粮的人"）由中央有关部门下达和分配，资金由中央有关部门拨款或由银行贷款，利润除按规定留下发展基金外，全部上缴中央财政，产品由中央有关部门调拨，企业领导干部由中央有关部门任免。

第二类中央和地方共管、以中央管理为主的企业也是一些关系到国民经济全局的大型重点企业，这类企业的生产建设计划和财务计划、主要原材料设备、用工指标、产品分配和调拨计划由中央有关部门负责，企业的思想政治工作、相关方面的协作和支援、企业执行国家方针政策和计划的情况等由地方负责。企业主要领导干部的任免调动由中央和地方共同商定。企业在完成国家计划任务后，有富余的生产能力可以承担地方的一些加工任务的，地方可以按一定比例参与分配企业生产的燃料和原材料。

第三类由中央和地方共管、以地方管理为主的企业，由地方负责生产建设计划、产供销平衡、劳动力安排，中央有关部门给予指导和支持。地方制定的计划要服从国家统一计划，要优先保证国家计划产品配套和产品调出任务的完成，这类属于全国平衡和全国调拨的生产，所需的主要原材料由中央部门负责计划供应。

第四类地方管理企业，人财物产供销的计划和资金安排全部由地方负责，干部的任免调动也由地方负责，中央主管部门对地方企业生产的同类产品，从国家方针政策、发展规划、规章制度、技术标准等方面进行归口指导协调。

五 改革开放初期国营企业面临的挑战和困境

从整体来看，1978年前后国民经济中存在一些重大比例失调，生产、建设、流通、分配中存在混乱现象。轻重工业比例失调，重工业过重，轻工业过轻。消费和积累比例失调，重积累轻消费。基本建设规模过大，经济管理体制存在权力过于集中、国家对企业统得过多过死的严重缺点，地方和企业缺乏经营管理自主权。忽视价值规律的作用，不按经济规律办事。普遍存在党政企不分、以党代政、以政代企现象。在分配中平均主义严重，企业吃国家"大锅饭"，职工吃企业"大锅饭"，企业和职工的积极性和创造性得不到充分发挥。

过去长期受"左"倾错误影响，企业盲目发展，经济结构不合理，经济管理体制、分配制度、企业管理制度和市场技术落后，使我国国营企业的经济效益很差。单位社会产品所消耗的物资、国营工业企业的资金利润率、大中型项目的建设周期、工商企业的资金周转速度都没有达到历史最好水平。1980年，国家预算内国营工业企业每百元产值实现利润16.7元，比1955年下降11.4元；每百元销售收入实现利润17.2元，比1960年下降8.2元；每百元产值占用流动资金31.2元，比1958年多占用9.9元。产品技术性能落后，更新换代缓慢。当时两万多种机电产品中，相当于70年代水平的不到2%，60年代水平的占30%，40年代和50年代水平的占60%以上。1980年全国重点工业企业中，还有56%的企业的单位产品消耗指标没有达到历史最好水平。同世界工业国家先进水平比，在生产、管理和技术水平上差距很大。1978年美国机械工业的劳动生产率为6.5万美元/人，而我国只有9000元/人。日本1977年每个职工生产自行车600辆，而我国1979年的这一指标只有73辆。

我国国民经济和国营企业所面临的上述困境来自经济权力过于集中的计划经济体制，而经济体制又是我国优先发展重工业的战略所内生的。自第一个五年计划开始，中国采取的是重工业优先发展战略，之后虽有所调整，但国家主要力量和主要工业企业一直是侧重重工业。由于不是按照资源禀赋的比较优势发展经济，为了克服国家和企业之间的信息不对称以及保障资源在重工业方面的优先使用，中国实行计划经济体制，国营企业的各项活动被纳入国家整体计划之中，企业的自主权非常有限。中央和地方对国营企业的管理主要是运用战争动员式的方式和行政管理的方式，而不是经济管理的方式。

结　语

从整体来看，改革开放前夕，受过去长期"左"倾错误影响，企业盲目发展，经济结构不合理，经济管理体制、分配制度、企业管理制度和市场技术落后，导致我国国营企业的经济效益很差。普遍存在党政企不分、以政代企现象。在分配中平均主义严重，企业吃国家"大锅饭"，职工吃企业"大锅饭"，企业和职工的积极性和创造性得不到充分发挥。

但我们也要看到，从1950年到1978年，经过近30年的发展，虽然中间受到"大跃进"和"文化大革命"的严重干扰，我国到改革开放初期，已经基本建立起了独立完整的工业生产体系和国民经济体系，工业企业数已达近35万家，国营工业企业已达8万多家，培养了一大批熟练的产业工人和科技人才，为改革开放后的大发展奠定了物质技术基础。同时在国营企业内部管理方面，也探索了不同类型的企业管理制度，有教训也有经验。

"两参一改三结合"的企业管理模式是企业职工参与民主管理的实践探索，在新时代仍有很强的参考价值。在世界范围内，各国都在不同程度上实行了企业民主制度。比如德国的"劳资共决制",企业雇员可以依法参加公司的权力机构,对公司的大政方针有一定决策权。

"一长制"和"党委领导下的厂长负责制"各有利弊,在深化国有企业改革的今日,对于如何在现代企业治理中加强党对经济工作的集中统一领导,可以从历史经验中得到一些启发。

◎经营方略·管理理念◎

全球史视野下的荷兰东印度公司

〔美〕欧阳泰 周王心安 译*

【摘 要】 本文梳理了对荷兰东印度公司的学术研究,重点介绍 J.C. 范·勒尔、M.A.P. 梅林克-罗洛夫兹、尼尔斯·斯廷斯加德和包乐史等几位主要学者的研究成果及主要观点。从这些学术研究中可以发现,人们对亚洲贸易网络的力量有了越来越多的认识,同时也可以看出当前和未来学术的发展趋势。研究表明,当前时代思潮中流行的网络模型正在为人们理解历史问题带来便利,特别是当人们了解了亚洲贸易网络的重要性时,就容易认识到亚洲贸易网络是欧洲贸易网络的基础和竞争者。最近的学术研究似乎支持一种"全球早期现代性"的存在,其显著特征是跨文化交流的戏剧性增长,且在很大程度上是相互影响的。

【关键词】 全球史视野 荷兰东印度公司 资本主义 全球早期现代性 贸易网络

---

* 本文原文系美国学者欧阳泰所著,原文及出处:Tonio Andrade, "The Dutch East India Company in global history A historiographical reconnaissance", in Clulow, Adam and Tristan Mostert (eds.), *The Dutch and English East India Companies: Diplomacy, Trade and Violence in Early Modern Asia*, Amsterdam: Amsterdam University Press, 2018, pp. 239~256, http://www.jstor.org/stable/j.ctv9hvqf2.14;中国政法大学硕士研究生周王心安对全文进行翻译,并提炼摘要与关键词;巫云仙教授对全文进行译校。

引　言

荷兰东印度公司（VOC）在亚洲的影响力有多大？它在多大程度上改变或彻底变革了亚洲的贸易模式？与荷兰东印度公司竞争的亚洲贸易网络的影响力和弹性如何？很长一段时间以来，历史学家认为他们已经找到这些问题的答案。在过去，该公司被认为是资本主义的催化剂和将现代理性经济实践注入世界贸易的驱动力，从而改变了整个海洋世界既有的贸易结构。然而，如今的历史学家要谨慎得多，新的研究顺应了这样一种趋势，即更加重视亚洲贸易网络的力量。随着时间的推移，历史学家似乎发现，荷兰东印度公司和其他现代早期的欧洲殖民势力的影响力，比之前认为的要小。

但这并不是说荷兰东印度公司不重要。学者们在成功破除了关于该公司影响力的旧观点的同时，也对该公司的航运网络有了更深入的了解，现在的历史学家就格外关注荷兰东印度公司的亚洲内部（而非亚欧之间）贸易网络。荷兰东印度公司确实创造了一个前所未有的航线网络和贸易结构，这表明之前关于荷兰东印度公司在亚洲产生变革性影响的某些观点很有可能是事实。

我们还须谨记，荷兰东印度公司的历史资料中最显而易见的官方网络（即"可见的网络"）仅仅是冰山一角。随着历史学家对非欧洲史料的运用，我们不仅对荷兰东印度公司的贸易网络有了更精确的了解，而且更重要的是，认识到它的路线与早期现代世界纵横交错的无数其他贸易路线和网络是联系在一起的。我们必须始终努力保持对复杂的亚洲贸易网络的清晰认识，这些贸易网络在荷兰东印度公司的官方网络内部和外部是同时运行的。

一 "亚洲专制主义"的起源

要理解荷兰东印度公司的漫长历史发展脉络，没有比卡尔·马克思的研究更好的起点了。这倒不是因为他是研究荷兰东印度公司的学者，事实上，他发表的文章几乎从未涉及这一主题，而是因为他的著作一直颇具影响力。他对亚洲和欧洲资本主义崛起的看法仍然影响着当今关于全球历史的一般性研究和荷兰东印度公司的专门研究，尤其是关于欧洲对亚洲贸易结构的影响方面的研究。

相比于荷兰东印度公司，马克思对英国东印度公司更感兴趣，就像他对19世纪比对17、18世纪更感兴趣一样，他认为荷兰东印度公司在17、18世纪对亚洲的统治，是19世纪英国统治亚洲更原始的先驱。在马克思看来，英国人肢解了印度社会，代之以理性资本主义的掠夺。相比之下，荷兰人被称为"寄生虫"，他们只是在亚洲的专制主义结构之上施加了欧洲控制，而没有实现底层社会的重组。这一论点反映了马克思著名的"亚洲专制主义"概念，这一概念受到包括孟德斯鸠在内的早期思想家的启发，对后来的思想产生巨大影响，并继续影响着我们今天对世界历史的理解。

那么马克思所说的"亚洲专制主义"，以及与之相关的"亚细亚生产方式"是什么意思呢？他认为，在早期社会中人们共同拥有财产。这种原始的社群主义与资本主义是对立的，因为资本主义要求所有的商品和服务都用货币交换。共有财产阻碍了各地资本主义的发展，但在欧洲，随着以英国人为首的欧洲人走向商品经济，这种社群主义传统最终被推翻了。马克思认为，这种早期社群主义在亚洲得以延续则是由于专制帝制的存在。亚洲专制主义兴起的原因有很多，包括公共灌溉工程的需要等，但马克思所强调的一个因素是亚洲专制主义不承认财产权。马克思认为，产权的缺乏阻碍了资本主义的发展，因此亚洲的经济活动相对落后,而欧洲人则蜂拥进入了现金和信贷世界。

马克思认为,尽管荷兰东印度公司出现在向资本主义过渡时期的欧洲,但它获取利润的方式并不是给亚洲带来资本主义,而只是将欧洲专制主义强加于已有的亚洲专制体系上。他认为,这种野蛮的专制是一种"怪物式的可怕结合",因为荷兰东印度公司的利润本质上是建立在"掠夺制度"之上的。亚洲经济的基本面没有改变,胡椒、丁香、肉豆蔻仍以传统方式生产,但荷兰人垄断这些商品的运输。这种模式为荷兰和整个欧洲带来利润,但它是一种原始的殖民主义,只适合早期资本主义的发展。到19世纪,荷兰东印度公司模式已经过时,并最终被英国的资本帝国资本主义所取代。从马克思对荷兰东印度公司的理解可知,他的亚细亚生产方式模型过于简单化,但其观点仍持续指导该领域的研究,后世学者在此基础上发展或提出质疑。这些学者中最重要的是伟大的马克斯·韦伯。

二　从马克斯·韦伯到范·勒尔

与马克思一样,韦伯也试图解释资本主义的兴起,但马克思关注的是阶级斗争和生产方式,而韦伯的核心概念是"可计算性"或可预测性。这一概念贯穿于韦伯的著作之中,这在他去世后出版的《经济通史》中最为明显。韦伯认为,在前现代时期,经济活动,即通常所说的生活,是不容易被度量的。由于道路不畅、危险重重,加上海上的海盗猖獗,货物运输十分困难,很难保证契约、构建可靠的信用网络、建立起对陌生人的信任以及对政府机构的信心。然而,资本主义需要可计算性。韦伯认为,资本主义是以企业的方式,即由追求利润的私营企业来满足人类需求。它是为了正向收益而进行的交换,而并非被迫的捐助或习惯上固定的馈赠或交易。只要经济活动受到不可预测性的阻碍，企业就无法扩展和完善，也就无法成为满足人类需求和愿望的主要手段。

韦伯认为，阻碍可预测性的最重要因素是传统的社会和文化结构，也许最重要的是传统的政府制度。他认为，亚洲社会往往以"世袭"政府制度为特征，这种制度将权力赋予君主，而不是理性和可预测的法律结构。这里明显呼应了马克思关于亚洲专制主义的观点。根据韦伯的观点，西方抛弃了世袭制度（或者仍在这样做的过程中），建立现代的法律和政治结构，并以新的信仰体系为支撑，帮助陌生人彼此开展交易活动。

那么荷兰东印度公司在韦伯的研究范式中扮演了怎样的角色呢？韦伯将荷兰东印度公司及其英国竞争对手（英国东印度公司）视为"现代股份公司发展的初级阶段"，认为它为现代化提供一些条件，如可转让股份和会计簿记的创新，这有助于现代资本主义会计技术的产生。但与马克思一样，韦伯也认为荷兰东印度公司是一个寄生的寻租者，它只是对被统治的民众实行税收垄断，而民众的经济生活与以前相比几乎没有变化。他把这种制度称为"殖民资本主义"，非但没有促进资本主义的全面发展，反而强化了封建制度，使"土著酋长"变成封建领主，自由农民则变得更像农奴。

不过与马克思不同的是，韦伯确实对亚洲社会进行大量研究。他明白亚洲的经济结构可能相当复杂。但他认为，亚洲社会最终落后于西方社会的原因，一是宗法权威占主导地位，二是信仰结构持续存在，导致对陌生人的不信任和其他反理性的心态。他花了很长时间试图寻找缺失的"资本主义精神"，这种精神本可以使亚洲大部分地区复杂的经济结构焕发活力。

韦伯对亚洲的研究对许多著作的撰写都有启发性的影响，其中包括研究荷兰东印度公司最重要的早期历史学家 J.C. 范·勒尔的研究。范·勒尔出生于1908年，在莱顿大学学习印度学这一新兴学科。这并非完全出于自愿的选择，其实他更喜欢历史，但范·勒尔的家庭并不富裕，印度学专业保证了他在荷兰能拥有一份工作。毕业后，在等待第一个海外职位时，范·勒尔有机会继续追求他所热爱的历史专业。他采用韦伯的研究方法阐释印度尼西亚的历史，撰写了一篇标题并不起眼的博士学位论文《对亚洲贸易发展史的一些看法》，但最终产生了极大的影响。他的见解远远超出了荷兰东印度公司本身。实际上，范·勒尔提出了一个至今仍是世界史研究中许多讨论基础的问题，即亚洲的贸易网络远比之前认为的更有弹性，因此，荷兰东印度公司对亚洲的影响比人们认为的要小。

范·勒尔批评那些被他称作"殖民史学家"的人，他们往往高估欧洲的优势，主张"从船只的甲板、要塞的壁垒、商行的高廊"来看待历史。针对那些认为荷兰的影响深远而持久的观点，他认为至少在1650年之前，依靠欧洲人的贸易只占亚洲贸易总额的一小部分。他同样认为西方的贸易结构并不一定优于亚洲的贸易结构。他进一步指出，即使到18世纪，西方在亚洲的影响仍然局限于一些难以防御的军事前哨。

在范·勒尔看来，19世纪才出现大分流，直到那时西方才真正向前迈进。在此之前，亚洲的贸易和文明一直与欧洲处于同一水平线上。这一观点与肯尼斯·彭慕兰及其他所谓的"修正主义"历史学家的论点惊人地相近，后者认为，直到1800年前后，欧洲发达地区与亚洲某些发达地区都遵循着相似的发展路径。诚然，我们应认识到范·勒尔的结论并非基于大量原始资料的研究，且正如我们将看到的那样，他对亚洲贸易的一些重要方面存在误解。但其研究成果的重要性是毋庸置疑的，引发或至少预示了全球史研究中最重要的争论之一，且这场争论一直持续至今。

然而，后来研究荷兰东印度公司学者认为，范·勒尔在比较亚洲贸易相对于欧洲贸易的复杂性和影响力时还是过于保守，这在历史学家玛丽·安托瓦内特·佩特罗内拉·梅林克-罗洛夫兹的著作中得到清晰的体现。

三 "小贩贸易"

与范·勒尔一样,梅林克-罗洛夫兹也没有接受过专业的历史学训练。尽管她在莱顿大学旁听 J. 赫伊津哈(J. Huizinga)和 J. H. 泰伊(J. H. Thiel)等名人的课程,但她获得的学位却是教育学(中学)的学位,且不幸的是,她毕业时正值经济大萧条。由于找不到工作,她开始在荷兰帝国档案馆即现在的国家档案馆做志愿者。最终她凭借无薪实习找到一份正式工作,并逐渐成为世界上首屈一指的研究荷兰东印度公司档案的专家,这些档案正是世界上最丰富的 17、18 世纪全球史史料来源之一。

1962 年,她出版了具有里程碑意义的著作《亚洲贸易和欧洲对印度尼西亚群岛的影响》(*Asian Trade and European Influence in the Indonesian Archipelago*),该书对有关荷兰东印度公司的历史学研究产生深远影响,这在很大程度上是对范·勒尔研究的回应。梅林克-罗洛夫兹非常重视范·勒尔的研究贡献,并继承其以亚洲为中心的研究视角。但她认为范·勒尔的研究在很多方面存在错误。一是她论证了范·勒尔关于亚洲贸易通常仅限于奢侈品的说法是错误的,她指出大宗商品的贸易量也很大;二是她认为范·勒尔低估了葡萄牙人的影响,尽管她基本认同葡萄牙人在亚洲贸易网络中的地位主要得益于土著国家之间的竞争的观点,但她同时还说明了葡萄牙人在贸易中的地位是如何建立在与亚洲人互动的基础上的;三是她认为荷兰的影响力远比范·勒尔所认为的要大,因为在经济上荷兰东印度公司代表了印度尼西亚群岛的一个权力因素,必须对其进行适当的清算,它严重扰乱甚至彻底摧毁了当地经济的各个方面。

最重要的是,她反对范·勒尔对亚洲贸易的描述。范·勒尔认为,亚洲贸易港口本身就很发达,但它们在很大程度上是孤立的,相互之间缺乏密切联系。他将这种连接组织薄弱的原因解释为它们是由个体商人组成的,其路线和组织都没有系统化。

范·勒尔将这些商人称为"小贩"(kramers),并将他们的贸易称为"小贩贸易"(kramershandel)。当然,英语中的"小贩"(peddler)一词会让人联想到埃德蒙·斯宾塞笔下可怜的小贩形象,"他的背包里装着一堆铃铛、婴儿用品和眼镜之类的小物件"。荷兰语中的"小贩"则指的是在市场或集市上的帐篷中或摊位上出售物品的人。但范·勒尔不是说亚洲商人只在摊位上卖东西。相反,他口中的"小贩"可能拥有或租用大船以运载昂贵的货物,这类"小贩贸易"是个人行为,因为市场不是由大型或超国家机构联系起来的,而是由做出临时经济决策的个体联系起来的。他还认为,这些"小贩"主要经营奢侈品,很少或根本不涉及大宗商品交易。三个主要因素,即缺乏跨国信贷系统、贸易的个人性质以及商人集中于奢侈商品造成了价格和供应的波动,降低了可计算性,而如韦伯所说,这些波动不利于资本主义经济结构的兴起。此外,他认为这种亚洲贸易体系年代久远,并以不变的基本形式存在数千年。

梅林克-罗洛夫兹对范·勒尔描述的亚洲贸易状况持强烈的反对观点。她认为,亚洲贸易并不是一个临时的私人业务,也不是个体小商贩四处游走的事情。相反,它可能非常复杂,具有从阿拉伯海一直延伸到中国的海域的正式结构。她重点研究马来亚—印度尼西亚的土著贸易结构,详细介绍了斯里维加亚(Srivijaya)和马六甲等贸易政体的发展,以及阿拉伯人、古吉拉特人和中国人等亚洲群体在不同地区之间定期航行的长途贸易。

在《亚洲贸易和欧洲对印度尼西亚群岛的影响》一书出版10年后,另一位学者又重新提出"小贩"的概念。丹麦经济史学家尼尔斯·斯廷斯加德在 1973 年出版的著作《商船、商队和公司》（*Carracks, Caravans, and Companies*）中明确反对梅林克-罗洛夫兹关于亚洲贸易的观点，认为范·勒尔的观点是正确的，即荷兰人出现之前的亚洲贸易确实是一种"小贩贸易"，因此具有不透明的市场和不稳定的价格。与范·勒尔一样，斯廷斯加德将葡萄牙人置于资本主义出现之前的"小贩贸易"中来观察，认为他们只是专注于"再分配性企业"的收税者，他们可能会以"小贩"的身份大举进入市场，很可能起到主导性和持续性的作用，但其行为并没有改变其所处市场的格局。

这一观点与马克思特别是与韦伯的思想观点极为相似。他们都认为，直到 18 世纪末，欧洲人只是将欧洲的政治控制置于亚洲传统的社会结构上。按这样的观点来看，欧洲人并没有重组亚洲的贸易网络，更准确地说，他们只是对此加以控制并从中获利。当然，马克思和韦伯都认为，荷兰东印度公司也并没有什么独特的贡献，它也不过是根植于亚洲专制主义基础上的欧洲专制制度的体现，或用韦伯的话说，仅仅是"殖民资本主义"的代理人。斯廷斯加德则认为这种判断是错误的。他认为荷兰东印度公司实际上彻底改变了亚洲贸易格局，但他没有将研究重点放在印度尼西亚，而是聚焦于经由印度洋水域到欧洲的贸易网络。在他看来，虽然葡萄牙人开辟了通往亚洲的海上航线，但他们的贸易网络并不健全，更像是中世纪的而非现代的，是临时点对点的而非系统性的。因此，存在几个世纪的传统的陆路商队贸易仍在继续。与范·勒尔和韦伯一样，斯廷斯加德的研究重点是可计算性，他认为商队贸易和其他亚洲贸易结构的不可预测性造成了相当大的价格波动，这实际上对亚洲地区的市场力量起到抑制作用。

荷兰东印度公司对这一局面的改变起到决定性作用，为了解释这一机制，斯廷斯加德又重点关注暴力问题。荷兰东印度公司的贸易是建立在荷兰枪支力量的基础上的，范·勒尔和梅林克-罗洛夫兹当然并未忽视这一点,但斯廷斯加德更进一步地把暴力放在荷兰东印度公司贸易革命的核心地位,并通过比较研究荷兰东印度公司和葡萄牙人的暴力使用情况来加以说明。他认为,葡萄牙人使用暴力是"半理性"的,因为他们在注重利润的同时,也同样注重宗教传播和荣誉;而荷兰人使用暴力是"理性的",他们始终保持对利润的追求,并由此实现垄断,为亚洲市场带来更强的可预测性,提供了透明度和稳定性。

梅林克-罗洛夫兹在一篇长文中回应斯廷斯加德的观点,并为亚洲贸易网络结构的复杂性进行了辩解。她在这一问题上的看法已逐渐占据上风,这部分归功于她本人的有力论证,不过也得益于后来学者的研究工作。其中最著名的学者是桑贾伊·苏拉马尼亚姆[①],他最终对这场辩论产生深远的影响,不仅得益于他杰出的基于历史资料的学术研究成果,还在于他从不同角度对该问题进行了全面探讨。

四 全球史上的企业:亚洲视角的观点

桑贾伊·苏拉马尼亚姆认为,斯廷斯加德察觉到17世纪亚洲贸易的重大转变是正确的,但他将其主要原因归结为荷兰东印度公司的影响是错误的。亚洲发生了许多变化,比荷兰人的到来更重要的是亚洲主要国家的扩张,比如奥斯曼帝国、萨法维王朝,最重要的是莫卧儿王朝。这种政治控制的巩固推动了亚洲本土贸易的快速发展。事实上,根据苏拉马尼亚姆的说法,荷兰贸易的扩张很可能是亚洲海上贸易总体扩张的一部分。

这种观点已被普遍接受,不仅成为荷兰东印度公司研究的基础,而且还是更一般性的全球史研究的基础,如维克多·利伯曼权威性的

---

① 桑贾伊·苏拉马尼亚姆(Sanjay Subrahmanyam)是美国加州大学洛杉矶分校历史系的杰出教授,是研究东南亚殖民历史的专家。——译者注

两卷本著作《奇怪的平行》(Strange Parallels),就认为亚洲贸易并非一成不变,它是动态变化的,既有繁荣之时,也经历萧条时期。学者们普遍发现了在近代早期的一种扩张的趋势,实际上,欧洲在亚洲的贸易扩张,甚至可能是建立在亚洲本土贸易扩张的基础上的。此外,用小约翰·E.威尔斯的话来说,欧洲的主导地位是一种"互动性主导",是在亚洲官员、商人和经纪人的积极参与下逐渐出现的。

如今研究荷兰东印度公司历史的重要学者是掌握多种语言的荷兰学者包乐史[1]。他的工作不仅限于研究和写作,还包括他与世界各地学者的广泛联系,使得这种"互动性主导"的观点成为焦点。总的来说,其学术研究支持梅林克-罗洛夫兹和苏拉马尼亚姆的观点,但他认为没有必要为支持他们的观点而激烈争论,更重要的是提炼出他们观点的内涵。他比任何人都更明确当前有关荷兰东印度公司的研究重点,即要了解在荷兰东印度公司统治时期亚洲贸易的陆上(或海上)的"互动性主导"。

与马克思、韦伯、范·勒尔、梅林克-罗洛夫兹和斯廷斯加德不同的是,包乐史精通亚洲语言。他曾以学生身份在中国台湾和日本生活多年,熟悉中国与日本的古今典籍。这使他能够从各个角度看待荷兰东印度公司的历史,并利用亚洲的史料资源来对其做出阐释。在这一点上,他很像他的先驱小约翰·E.威尔斯,后者为研究欧洲人与东亚人之间的互动提供资料,做出无与伦比的贡献。包乐史还鼓励他的许多学生和包括大多数荷兰东印度公司的研究专家在内的合作者也都这样做。如今,研究荷兰东印度公司历史意味着要学习非西方语言。这并不是说人们不能主要利用欧洲的资料来源做出研究贡献,因为仍有许多优秀的研究成果主要或完全基于荷兰东印度公司的丰富资料。但最重要的学术研究往往从包乐史和威尔斯的研究中获得启发,

---

[1] 包乐史(Leonard Blussé)是荷兰莱顿大学人文学院历史系教授。——译者注

使用非西方的资料来对西方资料进行补充，甚至提出批判。

这样做的结果是我们对荷兰东印度公司的历史有了新的认识。例如，包乐史使用中国、日本和欧洲的资料说明，尽管荷兰拥有强大的军事和经济实力，但在漫长的17世纪，真正主导东亚和东南亚贸易的是中国人。他们通过与日本人、欧洲人、爪哇人、菲律宾人等建立密切联系来实现这一目标。他的研究直接启发了其他许多对跨文化历史感兴趣的学者，如亚当·克卢洛、杭行（Xing Hang）、郑维中、本文作者和其他人等。

更重要的是，他曾在中国台湾、中国大陆和日本工作多年，其间他与亚洲学者建立的交流桥梁尤为宝贵。他的联合出版倡议，如《公馆档案》《邂逅台湾》系列等，将荷兰文献资料带到亚洲读者面前，同时他也是将荷兰资料用荷兰语出版的主要推动者。作为亚洲和西方之间交流的中介，他最深远的影响是推出TANAP研究计划。

TANAP研究计划是"迈向伙伴关系新时代"（Toward a New Age of Partnership）的英文缩写，是一个雄心勃勃的跨国研究项目，旨在为全球史研究奠定制度基础。其关注的核心问题有两个：地球上的民族、文化、经济和政体是何时，以及如何变得如此紧密相连的？亚洲和非洲在这一过程中扮演了什么角色？通过关注荷兰东印度公司历史的研究，TANAP以建立国际学术联系这一大胆的新方式来解答这些问题。

TANAP计划的核心是交换学生。2000~2007年，数十名来自非洲和亚洲国家的学生来到荷兰莱顿大学攻读硕士课程。许多学生后来撰写了博士论文，并由博睿出版社（Brill）出版。这些专著设法以前所未有的方式将欧洲和亚洲的历史研究联系起来，因为作者们都接受过17世纪荷兰语、早期现代古文字学和荷兰东印度公司档案使用方法的训练，他们提出了新的问题，更重要的是将荷兰文献与本国的资料来源建立了联系。因此，TANAP计划不仅丰富了我们对荷兰东印度公司的了解,也丰富了许多与荷兰东印度公司有关国家的历史,如中国、日本、越南、泰国和印度尼西亚等。在所有这些地方,学者们都转而利用荷兰东印度公司的资料来了解他们自己的历史,因为这些资料涵盖了本土资料中缺少的细节,提供了新的研究视角。

结　语

参加 TANAP 计划的毕业生正在对当前的史学产生重大影响,这就引发了一个问题,即关于荷兰东印度公司对亚洲贸易的影响的这个大问题,我们如今持何种立场?现在的历史学家普遍同意范·勒尔理论的基本主旨。他们的工作继续印证了亚洲的贸易结构大体上没有被荷兰东印度公司推翻或破坏,本土的贸易网络始终与之一起运作。事实上,在许多地区,荷兰东印度公司的贸易量和贸易额都比其他团体少得多。总的来说,我们了解得越多,就越能认识到亚洲贸易结构、制度和网络的复杂性。

更加有趣的是,历史学家越来越意识到,荷兰东印度公司的贸易网络受到亚洲贸易网络的影响,并在亚洲贸易网络的基础上建立起来。当然不仅是荷兰东印度公司如此,有关英国东印度公司历史的研究揭示了它也密切依赖于亚洲贸易结构,因为它展现出强大力量和弹性。如古拉姆·纳德里(Ghulam A. Nadri)在书中所写的与英国人互动的富有的印度古吉拉特商人,商人维吉·沃赫拉借给英国东印度公司巨额资金,他的影响力如此之大,以至于英国东印度公司的官员知道他们必须小心行事。正如英国东印度公司官员爱德华·尼佩在1643年写给伦敦的信中所说的:"我们之间签订了强有力的长期契约,因此无论如何都不能对维吉·沃赫拉表示不满。只要维吉·沃赫拉还是我们的债主,我们运到苏拉特的货物就利润微薄甚至根本没有利润。"越来越明显的是,欧洲公司依赖于亚洲和非洲的机构,而这些机构可能非常富有,如自17世纪40年代末起,中国福建省南部的郑氏家族每年从海外贸易中获得的收入比荷兰东印度公司从其所有资产中获得的收入都要多。

这些亚洲组织不仅富有,而且还拥有很大的权力,即使是在欧洲长期以来被认为拥有优势的军事领域。事实上,许多学者仍然认为欧洲人在军事力量上明显占优,他们用军事力量将其意志强加给当地国家和政府。但最近对荷兰东印度公司的研究表明,至少在18世纪中期,亚洲政权表现出相当强的军事活力,能够阻止甚至击败荷兰东印度公司。毋庸置疑,荷兰东印度公司确实拥有一支强大的军队,但即便如此,它也无法将自己的意志强加于一系列地方政治结构或其他类型的强大组织。包括本文作者在内的许多学者,如包乐史、亚当·克卢洛、特里斯坦·莫斯特、梅尔·里克莱夫斯等,都揭示了许多亚洲组织所具备的军事实力。

更有趣的是,历史学家们越来越多地描绘出一幅适用于全球视野的图景,可称之为"全球早期现代性"。如亚当·克卢洛提到日本士兵是如何有效地使用火枪的,说明他们在欧洲人之前很久就使用步枪的反行军技术,这一点也支持了前人的研究观点。日本人并不是唯一很早就掌握火枪技术创新的亚洲人。早在日本人将反行军技术应用于步枪之前,中国人就在早期的火器上使用了反行军技术。此外,最近的研究表明,中国和日本在步枪技术的使用和引进上的变革是同时发生的,且同样彻底。

这种军事上的"早期现代性"只是采用和引进新思想、新技术和新工艺的一个方面。值得注意的是,这种吸收先进技术的习惯并不只是从欧洲到亚洲的单向流动,而是每个人都在模仿和借鉴他人的经验。正如特里斯坦·莫斯特所指出的,望加锡人不仅从欧洲人那里,也从伊斯兰国家获得军事手册。彼得·沙平斯基呼吁人们关注17世纪东亚"混合航海文化"的发展,比如他展示了日本商人如何用欧洲索具驾驶中国帆船、中国和葡萄牙航海家如何使用双语的波多兰航海图。

把所有这些工作汇总起来后，一个早期的现代亚洲开始浮现在我们眼前，它的反应能力和适应能力远比我们长期认为的要强。但如何建立这种"早期现代性"的理论呢？我们可以使用哪些大模型？在这方面，维克多·利伯曼做出了建设性的工作，在他的《奇怪的平行》一书提供的模型中，欧洲国家被置于更深层次的欧亚背景中：经济和人口的快速增长、政治集权、本土文化，以及"原始民族主义"（利伯曼更倾向于使用"政治化民族"这一更加中性的术语）等现象并不是欧洲所特有的。相反，欧亚大陆的大部分地区都在经历着极为相似的发展趋势，欧亚大陆两边出现繁荣和危机的时间也出奇一致。我们必须在此背景下看待荷兰东印度公司、英国东印度公司和其他欧洲海外组织。它们是横跨欧亚大陆以及非洲北部和东部沿海地区总体扩张的重要组成部分。

自范·勒尔以来，我们被灌输的观点是荷兰东印度公司的影响力远不如我们的元叙事曾经暗示的那么大，至少在亚洲是如此。但我们不能走得太远。亚洲的结构无疑比人们曾经认为的更强大、持久和复杂，但荷兰东印度公司也有独特的力量和持久的影响，它建立了一种前所未有的国际交流结构。如今，研究荷兰东印度公司的历史学家越来越关注该组织令人震惊的复杂网络。"网络"的概念当然是非常符合时代精神的，我们生活在网络时代，比如冰箱可以和手机交换信息。像所有世代一样，我们当前的关注点影响着我们的学术研究，如今的历史学家将荷兰东印度公司贸易港口视为节点和枢纽，将船只视为来回流动的数据包。这种观点是有益的，网络模型产生重要的见解。当然，我们还不能忘记荷兰东印度公司历史上的其他现象，如战争、气候、个人的性格和生活轨迹等，它们既增加了历史的丰富性和趣味性，也深刻影响着历史的发展趋势和时代变迁。

同样重要的是，当我们在绘制荷兰东印度公司的正式网络，也就是那些在荷兰史料中最显而易见的路线和联系时，我们只看到了更深层网络中可见的那部分。如今的互联网技术专家区分了表层网络和深层网络，表层网络指互联网可以被搜索引擎索引并可供互联网用户查看的那部分；深层网络由数据库、专有信息和隐藏在付费墙后面的内容等组成，这些内容没有被搜索引擎编入索引，对大多数用户来说仍然是隐藏的。深层网络与暗网不同，暗网是非法事件的发生地。不过令人惊讶的是，深层网络至少比表层网络大 500 倍，而且增长得更快。

因此必须记住，通过荷兰东印度公司的历史资料看到的网络只是更深层结构的冰山一角，不为人所知的贸易和流通要多得多。其中一些交易涉及荷兰东印度公司的员工，他们经常私下交易，且交易往往涉及亚洲人。但这些看不见的贸易大多是由亚洲组织进行的，这些组织与荷兰东印度公司的贸易网络结构并行或在其背后运作，且往往故意隐藏在官方视线之外。有时这些亚洲组织的某些部分也在荷兰东印度公司的贸易网络内部起到破坏或同化作用，且通常是在公司员工的积极默许下发生的。

荷兰东印度公司可能并不像人们曾经认为的那样是资本主义的催化剂，但它有助于将人类社会通过前所未有的密集和强大的贸易网络联系起来。这些全球性的联系给各个方面都带来了巨大变化，因为人类发现自己不再那么狭隘、孤立，并对自己居住的这个越来越"小"的星球有了更好的了解。

"和平开拓世界市场":美国胜家公司在国际市场的扩张与发展(1854-1889)

〔美〕罗伯特·戴维斯 王鸿隽 译*

【摘　要】 本文详细分析了 1854~1889 年美国胜家公司从小规模起步发展成为公认的行业主导者的历程。19 世纪 60 年代中期,胜家公司成为美国第一家在欧洲进行广泛生产和销售的企业。在没有政府援助情况下,该企业通过自身努力,在欧美和世界各地建立了有效的生产和销售的代理组织体系,同时为顾客提供分期付款的选择,建立缝纫机生产基地,成为其他企业拓展海外市场的典范。胜家公司所建立的卓有成效的企业组织体系,为其实现"和平开拓世界市场"的目标打下坚实基础。

【关 键 词】 胜家公司　国际市场　扩张与发展　代理组织体系

---

* 本文原文系美国学者罗伯特·戴维斯所著,原文及出处:Davies, Robert B., "'Peacefully Working to Conquer the World': The Singer Manufacturing Company in Foreign Markets, 1854 - 1889", *Business History Review* 43 (3), 1969, pp. 299 ~ 325, https://www.jstor.org/stable/3112385;中国政法大学博士研究生王鸿隽对全文进行翻译,并提炼摘要与关键词;巫云仙教授对全文进行译校。

— 180 —

引 言

19世纪50年代，在典型的"美国佬"（Yankees）推动下，美国制造的缝纫机得到广泛宣传，并很快被认为是最伟大的节省劳动力的机器，全世界的人们都可以用它来娱乐或盈利。缝纫机行业是美国企业和技术进军世界市场的先锋，经历了为美国本土的天才产品打开和开发海外新市场的种种困难。然而，这却直接受益于当时重视任何节省劳动力机器的风尚。到1900年，美国缝纫机在商业上的成功与其他美国制造的产品一起被欧洲人称道，但同时欧洲人也对美国企业在英国和欧洲大陆市场的持续性商业入侵感到震惊。

本文将简要介绍美国缝纫机行业的起源和发展，并讨论美国专利制度与美国早期寻求国外市场之间的可能关系。文章将重点介绍历史最悠久的美国缝纫机公司胜家制造公司（Singer Manufacturing Company，本文中称胜家公司），并主要聚焦于截至1889年时该公司较为成功的国际市场运营情况，它建立了销售和营销组织，并决定在英国的苏格兰和奥地利建厂。文章还将介绍胜家公司如何成功挑战19世纪80年代德国的商业和保护主义威胁，以及该公司在1889年前试图开发中国市场但无果而终的情况。

胜家公司的新兴国际主义是在没有美国政府帮助的情况下实现的，当时很少有美国商人认识到坚持不懈地寻求国外市场的必要性或可取性。胜家公司有意持续为国外市场生产产品，寻求的不是一个处理国内市场偶尔出现的过剩问题的缓冲区，而是希望成为已经饱和的世界市场中长久存在的一部分。该公司的管理层一直在进行商业扩张，在各公司普遍做法的基础上做出改善，并从中获利。虽然很难证明胜家公司对其他公司产生了直接影响，但不难看出，在19世纪90年代，当开发国外市场的必要性和可取性得到普遍认识时，人们一致认为，开发这些市场的最佳技术都是胜家公司多年前就已经试验过并证明有利可图的技术。

公众对胜家缝纫机的持续认可，使管理层对其产品产生了信心，并认为其产品具有社会效用。缓解社会贫困、企业销售额的增长都与技术推广息息相关。胜家公司的管理层认为，通过自力更生的方式可以消除社会贫困。公司将一种机器设备交到成千上万人的手中，通过这种机器设备，大众可以自行改善其生活状况，提高物质回报。在19世纪，胜家公司的管理者们为他们所从事工作的世界性意义感到自豪。

一　专利制度与海外市场开拓

19世纪50年代初，缝纫机行业的诞生要归功于发明家和资本家之间的一系列合作。艾萨克·梅里特·辛格（Isaac Merrit Singer）和爱德华·克拉克（Edward Clark）成为商业伙伴，前者是一个具有机械天赋的暴发户，他能发现现有机器的缺陷并做出改进；后者是一个具有组织意识的纽约州北部的律师，他了解缝纫机的商业潜力。

他们第一次见面的确切日期虽然无从得知，但二人在1850年10月15日达成协议是确定的，辛格以1美元和一些其他有价值的东西将其1849年获得的木雕装置专利的3/8转让给克拉克。1850年，辛格在观看埃利亚斯·豪（Elias Howe）仿制机器的机械动作时，迅速掌握了这一概念，并在很短的时间内开发出性能更好的机器。辛格的专利于1851年获得批准。辛格和克拉克希望为他们的新创企业提供坚实的法律基础，因此于1852年1月1日成立合伙公司。克拉克立即鼓励辛格开发新的可申请专利的缝纫机设备，并于1852年11月正式同意双方还可以获得其他专利。克拉克对专利与市场的关系有着清晰的认识，他在1855年写道："拥有专利就能拥有对市场的控制权。"

由于没有明确的发明商业上可用机器的责任人,因此该行业很快就出现了法律问题。这就意味着,如果公司不能领先于或至少跟上快速的技术变革,就没有很好的生存机会,因为能够通过购买或申请获得新的专利,就意味着公司可以在1853年变得越来越拥挤的市场中占有一席之地。但一旦获得专利,公司就必须不断地在法庭上与侵权行为做斗争。

埃利亚斯·豪在1854年获得马萨诸塞州法院的支持,法院判决对其有利,因此所有其他缝纫机公司都必须向他支付专利许可费。不久之后,这些公司之间就实际或涉嫌侵犯专利权的问题在法庭上争吵不休,并开始向自己的被许可人索取费用。在缝纫机公司间错综复杂的诉讼中,1856年10月24日,《奥尔巴尼协议》应运而生,这是美国第一个专利池。这是制造业寡头为实现工业和平所做的一次尝试。豪氏公司以对所有未来的产品征收5美元许可费的方式使专利纠纷得到平息;包括胜家公司在内的3家公司选择了8项专利作为共同财产,并允许所有成员制造和销售用这些专利技术改进的机器。最后,这些公司将其未来的生产划分为不同类型的缝纫机。所有其他公司都必须为每台缝纫机支付15美元的许可费,才能使用上述专利技术。臭名昭著的豪氏公司的这一举动清楚地表明,专利控制可以与市场控制同时进行。

即使在为组织、生产和法律问题苦苦挣扎的时候,新生的缝纫机行业也已经开始涉足国外市场。在寻求海外销售的过程中,没有一家公司是领头羊。这些公司都出于不同的动机对海外市场产生了兴趣,如希望在技术不发达的欧洲获得更广阔的市场、寻求欧洲资本来建立工厂、希望利用欧洲公众对新奇事物的反应等。最后,缝纫机行业对美国快速的技术发展充满民族自豪感,并希望向欧洲展示年轻的美国所取得的成就。

海外活动很可能是在专利制度框架内发展起来的。《科学美国人》（Scientific American）的出版商蒙恩公司（Munn & Company）是该行业自封的咨询和宣传机构，它敦促发明家委托蒙恩公司作为代理人，以获得欧洲专利保护。辛格和其他人被建议不要在欧洲出售专利，除非其价值通过运作得到明确证明。该杂志指出，美国发明家倾向于通过在国外申请专利来保护他们的发明，因为人们普遍认为，国外市场比国内市场有更广阔的空间来引进更好的改进成果。这种对欧洲市场的开发是基于这样一种假设，即国外的制造业利益更加稳固，会有剩余资本投资于"开发和引进发明"。《科学美国人》认为，这种情况将使欧洲制造商能够相互竞争，为新生的美国缝纫机产品提供市场。

这种对向国外出售专利权的担忧，部分原因可能是美国公司缺乏足够的资金来扩大其国内业务。这些公司希望从每次销售中获得高额回报，以弥补相对较小的销售量。作为豪氏公司的许可证获得者，胜家公司的总产量为331台缝纫机（1854年最后两个季度），其中只有7台缝纫机用于出口。

国外市场来之不易。早期的技术展示并不能令人满意。1853年，在伦敦水晶宫，4台美国机器被展出并公开演示。其中2台是胜家牌缝纫机，运行时噪声很大，另外2台是惠勒-威尔逊公司制造的缝纫机，吸引了最多的崇拜者。胜家公司并没有因此气馁，而是着手在法国和英国为最近的技术改进申请专利。住在巴黎的专利代理人查尔斯·路易斯·弗莱施曼（Charles Louis Fleischmann）受聘负责在法国的谈判。1854年2月，胜家公司在这两个国家的专利申请都取得成功。

扩大国外销售的最直接方法就是在欧洲直接生产，这是克拉克于1854年晚些时候做出的决定。胜家公司在纽约莫特街工厂的机械师威廉·法什·普罗克特（William Fash Proctor）——后来成为辛格的女婿——被派往巴黎，帮助弗莱施曼寻找法国买家，然后帮助他在巴黎建立工厂。至少在辛格和克拉克的计算中，在巴黎的织针行业中找到一个市场似乎是很有可能的。买主找到了，胜家公司在法国的专利以 3 万法郎的价格售出。按合同条款，辛格和克拉克在法国及其殖民地的所有权益被赋予了查尔斯·卡莱布特（Charles Callebout），后者将立即开始组织生产，并向纽约的胜家公司总部支付不超过 4700 台缝纫机销售额的 15%。

虽然纽约的公司总部认为销售价格不合适，但还是准备提供工具，并为普罗克特提供支持，由他来管理制造部门的一切事务，以便生产出完美的机器。克拉克预计法国市场将取得巨大成功，并认为胜家缝纫机将成为 1855 年巴黎国际博览会上最令人钦佩的、具有独创性的标志性美国产品。只要满足两个条件，前景就会一片光明：首先要有最好的机器；其次要让公众知道它。

不幸的是，对与卡莱布特交易的乐观被证明是没有根据的。他用本应去纽约偿还胜家公司的 2 万法郎偿还了其他债主，还由于其他困难和复杂情况又拖了 5 年时间，最后共销售了 426 台机器，实现利润约 4.9 万法郎。克拉克得出结论：唯一的选择是在巴黎尽可能显眼的地方设立办事处，销售自己的缝纫机。19 世纪 50 年代，胜家公司无法利用美国技术开拓法国市场，其他美国缝纫机公司也是如此，它们在美国内战前几年的出口量也不大。多年后，胜家公司在伦敦的总代理在回忆往事时说，直到 1865 年前后，几乎没有一个具有公认的良好商业判断力的人相信缝纫机会在海外市场取得商业上的成功。

美国内战使缝纫机行业对国外市场更加关注。为了弥补在向南方发货和托运过程中遭受的巨额资金损失，北方的缝纫机制造商重新对海外市场产生了兴趣。外国黄金溢价也鼓励了这类销售。这两方面的发展共同促使制造商向外国出口。为了更好地满足海外市场的需求，美国人在欧洲建立了仓库、销售办公室和代理机构。尽管美国提高了对生铁（机器制造中使用的主要材料）的关税，豪氏公司对所有出口机器征收私人关税（1美元），以及存在不正常的汇兑状况，但美国人还是进行了海外市场投资。

国外市场的机遇让一些制造商兴奋不已，但也有一些员工认为，这种发展会使他们的工作处于危险之中。他们向国会请愿，提出一旦货币恢复正常，制造业务将从本国市场转移到国外市场，所有机器都将在国外市场销售和使用。甚至一些制造商也对稳定货币对其供应欧洲市场的能力所产生的影响表示忧虑。可以说明该行业态度的是，所有机器出口都要向豪氏公司支付1美元，这才是该行业面临的主要危险，而不是林肯绿币或1862年的莫里尔关税。在随后的几十年时间里，由于国会未能对基本专利进行续展，专利制度提供的垄断性保护被有计划地取消，专利池于1877年终止。

无论《奥尔巴尼协议》的终止和专利池公司在美国内战时期的出口热潮中发挥了何种作用，该行业已经做出了寻求和开发国外市场的不可逆转的承诺。一些公司摇摇欲坠，失去了对国外市场的兴趣，而另一些公司，如胜家、惠勒-威尔逊公司以及豪氏公司，则一度投资于国外工厂、房地产和专利，以应对美国和欧洲竞争对手在国外市场的挑战。

二 依靠自身努力开拓欧洲大陆市场

在1863年6月6日的一次非正式会议上，辛格和克拉克解除合伙关系，创建股份制公司。随后，克拉克启动了公司注册的程序。来自工厂和办公室的4名员工获得了重组后的公司股份，并与克拉克和辛格一起成为新的董事会成员。这些人以产品和工艺为导向，关注组织生存的基本功能参数。他们重视生产的数量和质量、以生产和营销成本衡量的效率，以及对社会和经济变化的适应性。在新的公司董事中，当时43岁的乔治·罗斯·麦肯齐（George Ross McKenzie）以其独特的个性和思想给同事们留下最深刻的印象。他有始终保持警惕的个性，非常注重工作，喜欢组织。克拉克于1882年去世后，麦肯齐接替克拉克成为总裁。正是在麦肯齐担任总裁的7年时间里，胜家公司努力完善国外销售和营销组织，并建立了在英国苏格兰和奥地利的工厂。

新的管理者具有内在导向性，自成体系，行事隐秘，通常不涉及政治，他们在很大程度上依靠自身力量来应对社会和经济环境中看似无法控制和非理性的方面。他们通过在以生产和营销为基础的思想体系中来寻求解决方案。为了建立风险防范体系，他们利用巨额储备资金来缓冲动荡和不确定性带来的冲击。胜家公司的管理层为企业的营销和生产扩张提供资金，而不是依靠银行家。

1864~1867年，胜家公司在其海外业务中做出两项重大决定，即任命了英国和欧洲的2名总代理，并在苏格兰的格拉斯哥建立一家装配厂。这些决定进一步巩固了公司的基础。1864年，胜家公司的出口量超过总产量的40%，克拉克在当年秋天提出，在这个时期，对外贸易的扩展极为重要。如果不能满足海外市场的需求，将不可避免地失去总业务中的一个重要部分。

许多美国公司倾向于使用出口代理公司。这种做法是有效的，但它不是建立强大和独立的市场能力的方式。1884年，一位贸易编辑警告说，样品机放在遥远的委托公司，优雅的办公信函由打字员工工整整地完成，这样出口贸易是永远发展不起来的。胜家公司发现，虽然它可以通过高额佣金吸引优秀的代理公司，但无法对其进行理想的控制。克拉克和麦肯齐占领世界市场的设想因这些代理协议而受挫。

胜家公司最初在19世纪50年代和60年代使用过代理公司，但后来开始有计划地逐步淘汰它们。首先在伦敦和汉堡任命了2名总代理，他们是乔治·鲍德温·伍德拉夫（George Baldwin Woodruff）和乔治·内德林格（George Neidlinger）。他们是在对胜家公司代理机构的管理中升迁的,具有丰富的经验,了解缝纫机的机械操作和营销技术。两人都对纽约的公司总部负责,而他们的办事处则代表母公司在除北美以外的世界各国直接行事,他们的办事处开始关注其辖区内的工厂生产情况,代理商则试图协调生产与市场需求。胜家公司的纽约总部给了伍德拉夫和内德林格一定的经营自由权,可以根据所负责国家的实际情况调整公司的销售技巧。他们都通过集中精力建立一个永久性的销售和营销组织,来解决为胜家缝纫机创造和维持市场的问题。伦敦和汉堡办事处成为胜家公司在欧洲、非洲、亚洲开展业务的总部,并将这一地位保持到19世纪90年代,当时纽约的公司总部开始对国外业务施加更强的控制。

董事会会议记录很少详细说明组织结构,但伍德拉夫和内德林格写给纽约公司总部的信件确实揭示了19世纪70年代和80年代的试错方法,这种方法在20世纪最后10年产生了一个由相当统一的规则和条例来界定的组织,这些规则和条例试图为当地代理商可能遇到的所有意外情况提供保障。伍德拉夫和内德林格,以及克拉克和麦肯齐都没有遵循理想的组织模式。他们以问题为导向,愿意承担风险,设计出了更好的方法。麦肯齐在1882年的一封信函中告诉所有代理商,他们所期望的是一个值得尊敬、可靠、持久和稳步改善的组织,它一定会给大家带来更好的销售业绩,最终使公司掌握所有值得拥有的业务。

两个总代理负责任命国家级别的代理,国家级别的代理再任命地区和地方代理。最基层的业务部门是地方办事处,由1名经理、1名簿记员、1名销售员以及几名搬运工组成。在地方办事处长期工作的是销售员和簿记员,前者负责在分期付款购买机器的情况下收取定金,后者负责亲自走访辖区内的每个客户并收取每周的剩余款项。这样分工的部分原因是为了保持严格的业务控制,同时也是为了防止贪污。每个地方办事处都要承担所有运营费用,包括工资、佣金、运费、办公室租金以及马匹和马车的维护费用。

在伦敦的一次代理商会议后，麦肯齐于1881年写信给克拉克说："我非常明确地告诉他们，如果他们不能支付办事处的费用，我希望他们能勇敢地辞职，即使我们没有尽到赶走他们的职责。"在纽约的公司总部希望实行控制和规范化，以解决在雇用所在国居民时遇到的问题，这些人要么以前没有商业经验，要么其商业经验与胜家的规定做法背道而驰。

1864年抵达伦敦后不久，伍德拉夫写道："我认为美国的技术发明在欧洲大陆的成功取决于纯粹的战略和策略，将正确的影响结合在缝纫机上，以技能的程度去确保完美的工作。"他所想到的正确做法是采纳纽约公司总部的总体指示，即执行任何有望增加业务回报的计划，并将其转化为有利可图的操作策略。伍德拉夫的战略部分是基于建立一个销售组织，诱导当地代理商为个人利益而销售，并向他们展示这一行业是赚钱的，从而提高当地代理商的效率。

有鉴于此，伍德拉夫开始建立一个由正规授权代理商组成的组织，这些代理商可以享受所有缝纫机款式25%的统一折扣，并可在特定时间享受更高的批量销售折扣。他想淘汰那些懒惰的代理商，只留下那些热衷于销售胜家公司缝纫机的人。对于这些人，他将提供高额折扣，以奖励他们的努力。

伍德拉夫在回顾第一年的工作时说，他任命了175名代理商。他认为公司已经在海外市场站稳了脚跟，并为业务开拓打下基础，他不会轻易放弃。惠勒-威尔逊公司抱怨说他们的一些代理商和最好的客户被胜家公司抢走了，这也证实了胜家公司的努力所取得的成果。

英国市场上的价格竞争是一个恶性循环，伍德拉夫为了避免这种情况，印制了胜家公司工业和家用机器的图文并茂的目录，并为代理商编制和印刷了一份价格表。从更广泛的意义上讲，他认为合理的贸易应基于薄利多销，而不是试图在少量销售中赚取巨额利润。纽约的公司总部也支持这一战略。价格竞争很容易导致代理商的流失和销售组织的整体削弱，因此伍德拉夫还希望启动一项计划，教公众使用胜家公司生产的缝纫机，以便让每个拥有胜家公司缝纫机的人都对机器有一个清晰透彻的了解，从而获得一个良好的基础来进行推广。

1880年，一份美国贸易杂志报道说，在活跃于英国的5家美国缝纫机公司中，胜家公司在完善组织方面做出了最大的努力。这是事实，但它忽略了管理层所面临的真正而持久的困难。伍德拉夫经常提到一个问题，即如何促进销售、维持庞大的销售队伍并降低销售成本。他自己的答案是对公司组织进行经济整合，但要做到这一点并不容易。

销售组织中最薄弱的部分是销售员和收款员。要找到诚实的人从事这类工作并不容易。最大的问题是如何找到更好的人，以更低的成本卖出更多的缝纫机。当时的做法是按机器的价值向销售员支付佣金，但事实证明这一政策过于昂贵。1880年和1881年，伦敦办事处开始根据1879年销售员销售机器的实际成本制定工资和佣金标准。这些费用在当地分公司收到现金后支付。

伍德拉夫解决问题的方法产生了一套在整个英国的代理组织中通行的规则和条例。销售员最初必须对每台按分期付款计划售出的机器收取至少5先令的费用。他们还必须提供买主的偿付能力和品行方面的信息资料，买主应按周付款。销售员会得到少量工资，外加15%的佣金。除了这些费用外，公司还必须负担机器的交付费用、客户使用机器的指导费用和推销员的佣金。

伦敦办事处认为，这种制度可以监督销售员，确保他们履行自己的职责。预计增加的第一笔预付款，加上工资和佣金，将吸引更优秀的人加入销售员队伍，并清退大量在其他行业中垮掉的、不具备必要工作能力的中年男子，以及那些迄今为止没有表现出任何特殊工作能力的人。伍德拉夫希望建立一支由精力充沛、积极进取、勤奋好学、急于了解业务的技术细节的年轻人组成的销售队伍，并愿意为其提供一切机会，使他们能够掌握机器的实用知识，使其成为有效率的销售员。

进一步的变革包括为所有办公室经理和销售人员设立忠实和担保基金。英国的忠实基金于1879年通过，每年支付1英镑，作为防止员工不诚实和贪污的特别保证，1880年从1077名雇员那里收取的资金超过800英镑。次年，有70名雇员被拖欠工资（金额为997.3英镑），这要归咎于办公室经理的松懈，他们没有检查每日报表。为了鼓励诚实守信，伍德拉夫从1882年初开始把押金的1/3发放给雇员。

公司希望这一变化能将忠实和担保基金的负面心理影响降到最低，并加强所有员工的忠诚和自利精神。这一修改，再加上对员工的商业账户进行严格审查的政策，到1883年初，员工违约情况有所减少，这使公司能够退还50%的押金。伦敦办事处建议，如果这些员工变得像侦探一样有效率并且不再违约，那么该基金很可能会被取消。作为受雇条件，忠实和担保基金规定，每位销售员必须提供50英镑的个人诚信基金。这笔钱是每周从销售员赚取的佣金中扣留的小额款项，当全额收取后，将其用于投资，销售员可获得利息。伍德拉夫认为，通过收取这笔利息，可以鼓励收款人成为他人"走错路"的主要信息来源。

伦敦办事处认为，为了组织的生存，必须找到一种方法来发现错误和士气低落的苗头，这样才能保持组织的高效率。由于精明的竞争对手几乎以自己的出厂价出售机器，并试图挖走员工，胜家公司不能坐等证明不健全商业行为。胜家公司的管理者们以自己的方式认识到了目前组织社会学研究者所说的"功能失调"，并妥善处理了这些情况。伍德拉夫认为，应该制定可接受的标准，以确保员工的工资水平，然后让代理人负责寻找这些人。他希望要么继续巩固带薪的销售员制度，要么采用巡回的销售员制度，两者不可兼得。统一的工资和佣金提成将鼓励工作进展缓慢地区的工作人员更加努力工作，并赢得到更好地区工作的机会。提高工作质量的动力在于统一的报酬，而不是现行的浮动工资和佣金制度。

胜家公司在给所有代理商的信中详细阐述了这些变化。信中明确指出，公司的目标是激励代理商更好地工作，并使上级能够定期进行检查。用1885年的一份通告的话说，收款员和销售员制度设计的目的是让公司能完全控制员工，完全了解员工的工作，并有能力指导他们，使每个人都了解自己的工作，并在不耽误时间或不受干扰的情况下完成工作。这种制度使优秀员工与销售服务捆绑在一起，并抵消竞争者不断挖走员工的影响。

伦敦办事处认为，将一个地区划分为若干推销区是胜家公司分支机构系统的支柱和生命。伍德拉夫说："通过推广这一政策，欧洲大陆的旧世界被我们征服了，美国的工业产品走向海外市场也达到成功的顶峰。胜家公司的英国组织结构为伦敦办事处控制下的欧洲大陆、拉丁美洲和西方殖民地的办事处树立了榜样。"

当代理商试图偏离这些方法时，伦敦办事处会设法向代理商指出其错误做法。1886年，面对德国发起价格战，巴西帕拉的代理商开始使用中间商。伦敦方面指出，认为中间商拥有比公司更强的财务能力和贸易技术可能是一个神话。胜家公司早已放弃使用采购代理商，并敦促代理商在巴西的帕拉、里约热内卢和阿根廷的布宜诺斯艾利斯设立分支机构，公司可以以最便宜、最有效的方式支配和控制南美地区的所有贸易活动。

几年后，在墨西哥，胜家公司的一家特许委托公司因机器销量下降而受到麦肯齐的批评。在回顾一则陈年旧事时，这位苏格兰人提醒他的拉丁美洲通讯员注意这个行业的一些永恒真理：小分支机构的制度是最好的，因为如果胜家公司的机器只是经销商库存商品的一部分，销售量就会很低，如果经销商库存了其他更便宜的机器，胜家公司的机器就卖不出去。解决的办法就是聘用带薪代理商。麦肯齐告诫说，任何地区，如果没有被适当占领和实际经营，都不能被视为是受控的地区。因为如果一个经销点一直无人占领，竞争者肯定会在此获得立足点，这对公司和任何控制毗邻地区的代理商来说都具有极大的破坏性。

胜家公司最初在德国开展业务时就遇到许多问题，如来自美国和德国制造商的竞争、对流行的家庭式机器征收8美元关税，以及直接开展业务的公民身份要求等。尽管存在这些困难，纽约的公司总部在1863年就确信缝纫机在德国的销售和使用还只是处于起步阶段，这里的消费者有足够的钱来购买机器。1865年，乔治·内德林格被任命为整个德国和北欧地区的总代理。他当时只有22岁，但事实证明他是一个非常能干和高效的代理商，因此，在19世纪80年代，纽约公司总部扩大了他负责业务的地域范围，包括德国、奥地利、俄罗斯、斯堪的纳维亚半岛、荷兰、整个中南欧和土耳其。他成为胜家公司在这些地区拓展业务的关键人物，一直活跃到37年后的1902年才退休。与在英国的伍德拉夫一样，内德林格试图教育代理商进行现金交易，这是19世纪60年代美国缝纫机公司在欧洲市场的非典型策略。一位代理商曾说，对于美国的竞争者（波士顿的格罗弗-贝克公司），只要一个人认为他能在6个月内卖出一台机器，就可以得到委托销售的货物。

内德林格在经营中追求两个目标。他希望向代理商灌输某些行为模式，同时训练顾客及时支付货款。他发现第一项任务更为困难，因为当人们自己独立行事时，很容易偏离他们所接受的培训，他们常常在黑暗中工作，完全忘记企业生意的稳固和安全是要在监控之下进行的，令人费解的是他们似乎希望由内德林格来做他们应该做的事情。

第二个目标比较容易实现，因为销售员可以坚持要求定期付款。这种以收回机器为威胁的例行做法会让买方习惯于定期和及时付款。

这反过来又可以为制造另一台机器提供资金。这样做的目的是约束顾客，使他们觉得及时付款是一种道德义务。然而，即便如此，还是出现了麻烦。通常情况是，迫于更大的销售压力，代理商养成了一种坏习惯，认为最重要的是尽可能多地销售机器，而不考虑销售收益。其结果是，存在风险的贫困客户拖欠了货款，并拒绝按要求继续付款。

汉堡办事处效仿了伦敦和纽约的做法，制定了自己的销售员管理条例。其中强调了销售员、货款催收者和顾客的个人素质。内德林格不想雇用或把机器销售给有商业风险的人。具体的规定非常严格，担保基金以现金形式存入。工资定为每周12马克（合2.88美元），外加从客户处实际收取的货款的15%作为佣金。如果不支付工资，则允许从市内销售额中收取20%的佣金，从市外销售额中收取25%的佣金。市内的销售人员必须在每天上午9点前打电话，接受当地经理的指示，并在傍晚回来交付白天收取的钱款。家庭式机器的最低分期付款额从5马克（合1.20美元）到10马克（合2.40美元）不等。

1876~1883年，内德林格主管的办事处的销售额增长200%以上，由此可以判断其组织的有效性。据他估计，他在1884年销售了18.2万台机器，为他带来约30万英镑的收入。这种商业上的成功引起竞争对手的抱怨，1887年，一家欧洲贸易杂志评论说："内德林格先生一出手，就立即在竞争对手中引起恐慌。"1885年，德国缝纫机制造商向政府递交请愿书，抱怨他们的贸易几乎完全被美国竞争者尤其是胜家公司所影响，因为胜家公司的缝纫机在德国市场的销路非常好。对此做出贡献的是胜家公司拥有的众多分支机构和办事处，主要采用由大量资本有效支持的分期付款和推销制度。

胜家公司越来越多地使用自己的销售人员，并逐步淘汰委托代理或采购代理，这也是公司努力使缝纫机行业的营销技术合理化措施的一部分。办公室和销售现场职能的专业化，以及对销售人员的管制规定，反映了企业日常管理工作的集中化与专业领域决策权下放的关系。最理想的目标是在保持中央办公室控制不变的情况下，提供足够大的基层业务决策空间，以发挥个人的主观能动性，为公司谋取利益。鼓励人才在组织内部晋升是一项传统政策。这一制度曾被英国一家贸易期刊称为真正的"常春藤计划"，鼓励每个人攀爬和依附。这一政策的潜在危险在于，它组织了源自组织外部的新想法，从而降低了公司适应商业世界变化的能力。幸运的是，胜家公司的高层管理者认识到了这一风险，并试图跟上时代的变化。

1867年，胜家公司在欧洲建立第一家工厂。此举是美国企业海外商业扩张的一个里程碑。该公司并不是第一家在欧洲建厂的企业，但是最早的也许是最著名的在国外开展业务的美国企业之一。到美国内战结束时，胜家公司的国际业务已经达到相当高的水平。如果不能更贴近市场，胜家公司就会在竞争中慢慢衰落。这一决定必须被视为是为了满足日益增长的欧洲市场、保持公司完全的行动自由，并使其能够以尽可能低的成本向所有代理商提供产品的结果。

在19世纪80年代，公司必须面对各国的关税和竞争，但当时它们只被视为需要克服或回避的障碍。随着欧洲贸易壁垒的变化，公司的应对措施也发生变化。没有证据表明纽约总部的管理层受到希望加强美国在欧洲的作用和影响力的民族主义的影响。这种情绪在20年后才被人们表达出来，但那是在美国对外国市场提供的经济机会的观念被媒体普遍推广和合理化的时候。

对于胜家公司来说，在欧洲建立装配厂的决定并不新奇。1855年，克拉克就试图在法国开始生产，这是公司希望更接近欧洲市场的最早尝试。在此之后，胜家公司的欧洲代理商在19世纪60年代也提出过类似的建议，通过与铸造厂签订合同来铸造铁制缝纫机机架，以减少运费和规避关税。一个重要的因素是公众对缝纫机的巨大反响，1866年后，缝纫机的生产使纽约工厂不堪重负，已经超出其生产能力。在1867年5月8日的董事会上，克拉克提议由一个委员会调查在欧洲开设工厂的问题。麦肯齐作为公司的总经理，被同事们推选为在英国建立分厂的人选。对他的任命清楚地表明，纽约的公司总部认为这一决定非常重要，需要最佳人选在场。

麦肯齐之所以选择苏格兰的格拉斯哥并非出于情绪化考虑，而是因为该城市拥有冶铁业、棉线公司、活跃的造船和蒸汽轮船业务，并与世界各地的贸易和航运业有密切联系。选择格拉斯哥作为胜家公司在欧洲开设的第一家工厂的所在地是非常明智的。麦肯齐没有留下任何记录以说明他是如何确定选址标准的，但他在当时的一封信件中提到，低廉的劳动力成本和完善的运输设施是他考虑的重要先决条件。17年后，他对一位访客说，廉价和顺从的劳动力可能是他最重要的考虑因素。

他的主要任务是组装从美国运来的机器，并尽快投放市场，以便得到建厂经费。1867年10月中旬，当他离开苏格兰时，两台缝纫机完成组装。两个月后，位于高约翰街的 Love Loan 1 号工厂在当地购买软钢作为机器的轴心，并购买胡桃木作为工作台，以减少从美国运来的运费。到当年底时，该工厂的每周产量已达到 30 台机器。4 年后，由于国内和国外对胜家公司缝纫机的巨大需求，公司不得不放弃位于高约翰街的工厂，转而在英国的布里奇顿建厂。1876 年扩建后，新工厂每周可生产 3000 台缝纫机。英国贸易杂志《工程学》(Engineering) 报道称，位于布里奇顿的胜家公司工厂是英国最大的工厂，可与大西洋彼岸一些巨型工厂相媲美。几乎与此同时，纽约的公司总部决定增加美国的生产设施，并开始在新泽西州的伊丽莎白港建造大型工厂。

19 世纪 80 年代初，当胜家公司试图完善其销售和营销组织时，公司决定在苏格兰再建一座全新的工厂，以进一步降低生产成本。胜家公司深信，新建工厂可以大大节省运费、生产成本和劳动力成本等开支。1882 年 5 月，在格拉斯哥以西 9 英里的克莱德河畔的基尔博维（Kilbowie），世界上最大的缝纫机工厂开工建设，并于1885年竣工。该厂每周可生产10000台机器，员工超过5000人。厂房占地21英亩，轨道长达2.5英里，厂房内有运输设施。工厂的主要目的是降低生产成本。麦肯齐对股东们说，唯一能给公司带来充分优势和利润的就是廉价生产，因此必须把目光投向新的基尔博维工厂。由于基尔博维工厂制造机器的成本比伊丽莎白港工厂便宜30%，这位苏格兰人认为，毫不夸张地说，在缝纫机制造方面，胜家公司拥有超越所有竞争对手的设备。

1883年，胜家公司在奥地利建设了一家铸造厂，这表明该公司规避关税壁垒的愿望。因为奥地利在1882年2月出台的一项新关税措施将缝纫机的关税提高10%。内德林格认为，新关税使外国人几乎不可能与当地的制造商竞争。税率以重量而非价值为基础，内德林格提出的解决方案是，在奥地利制造铸铁件，然后从美国的新泽西和英国的苏格兰进口轻质成品部件。此举的主要好处是增加了胜家公司被视为本国制造商的机会。加上关税本身，此举还可能打击德国缝纫机的销量，因为其中有许多是仿冒胜家公司的缝纫机。该公司希望德国仿造者无法忍受在这一关税条件下继续进口零部件。

1883年春，内德林格在奥地利的弗洛里斯多夫（Floridsdorf）购买了一块地皮，从维也纳乘火车只需15分钟。铸造厂是按照格拉斯哥公司人员确定的规格建造的，每周可生产1200个支架。通过试验，用较软的奥地利铁和少量较硬的英国铁混合就可制成令人满意的铸件。弗洛里斯多夫铸造厂位于欧洲的中心位置，可以降低从格拉斯哥出发的运费，并打开奥地利、匈牙利、波希米亚、巴伐利亚和普鲁士等中欧市场。

随着最后一笔巨额投资的完成，麦肯齐于1885年告诉股东，工厂、分支机构管理流程的改进，以及推销组织的持续发展将使胜家公司在世界缝纫机行业处于无可争议的领导和控制地位。基尔博维工厂和弗洛里斯多夫工厂的运营为公司提供了跨国生产设施,由于前者靠近格拉斯哥辐射全球的蒸汽轮船公司,胜家公司能够在拉丁美洲、非洲和亚洲市场获得竞争优势。

在美国内战后寻求国外市场的这几十年时间里,胜家公司和其他公司可能都没有寻求美国政府或其外交人员的援助。一旦通过自身努力在欧洲建立了商业立足点,代理商和纽约公司总部就会避免与官方有正式接触,除非是涉及公司的法律地位或商品名称,这一点并不难解释。19世纪60年代和70年代,在胜家公司开始大举进军国外市场时,美国政府的精力都集中在国内,因此拓展国际市场的重担直接落在各个企业身上。这种发展过程就催生了一种新的企业行为模式,即既不需要美国领事官员的服务,也不需要纽约和波士顿的商业团体的帮助。19世纪80年代,这种独特的模式得到保持和加强。因为来自国外市场不断增加的利润足以证明胜家公司自身的营销和销售组织的健全性。

这种组织的一个好处是,成千上万代理商的报告为公司提供了缝纫机在实际和潜在市场上几乎是垄断性的信息。胜家公司的组织运作实际上是一种私人领事服务,比政府提供的任何服务都要好。许多领事报告清楚地表明,领事们对缝纫机行业独特的市场营销问题缺乏足够的了解,缝纫机对他们来说似乎并不那么重要。胜家公司需要获得大量数据,包括贸易许可证,外国公司的法律地位,政府对公司章程注册、资本和利润申报的要求,以及对商标和商号保护等的要求。胜家公司确切地感觉到,这些技术信息最好是由自己的组织机构来获取。

除收集信息外,胜家公司的组织还通过其员工坚持不懈的个人接触,做了大量宣传工作。由奥地利或苏格兰的工厂提供的当地仓库可以迅速完成订单,如果要在关税中有利可图,也可以从美国新泽西州发货。这种多国生产,再加上数以千计的在现场的代理商,使胜家公司得以实现并保持其所期望的完全行动自由。或者,正如伍德拉夫曾经说过的那样,这一体系是一支充满生命力的移动军队,具有不可抗拒的力量,靠自身努力"和平开拓世界市场"。

三 应对挑战,努力开拓远东市场

19世纪70年代和80年代,欧洲清楚地意识到胜家公司等早期进入公司的实力和威胁。胜家公司的扩张是美国日益进军世界市场的一部分。据1871年的一份杂志报道,包括钢琴、蒸汽机和缝纫机在内的美国机械和五金件已经建立起持久的声誉。虽然很多类似的言论和分析是夸大其词的,但确实预示着一种日益增长的美国经济民族主义和不再沦为欧洲工业殖民地的愿望,美国人被建议向欠发达地区出售产品。1872年,《纽约每日论坛报》认为远东市场的诱惑是19世纪数不清的奇迹之一。日本人正在购买美国企业的农具、缝纫机、家具、面粉和谷物,作为交换,从日本出口到美国市场的生丝和麻为成千上万工人提供了就业机会。机器和五金件对澳大利亚市场的渗透被认为是减轻1873年美国经济衰退影响的一种手段。

缝纫机是美国商业和技术向世界市场渗透的先锋。例如,在1873年维也纳的世界博览会上,缝纫机是最主要的展品之一。大约有50家欧洲制造商参展(其中29家是德国制造商),但所有制造商都模仿美国豪氏、胜家和惠勒-威尔逊公司的机器。一位美国专员或许是受到爱国主义的影响,对胜家公司生产的缝纫机赞不绝口。他在报告中说,这是市场上最早、最著名的机器之一,它举世闻名,是全世界都熟悉的机器,经得起时间的考验,非常出色。

19世纪80年代,美国缝纫机出口占钢铁制品出口总额的比例稳步上升,从1881年的12%上升到1885年的16%。这些出口明显影响了欧洲市场。英国的竞争者采用了美国的商业方法,一直或多或少具有美国特色的贸易也正在迅速地完全美国化。在欧洲大陆，一家贸易杂志的荷兰记者在1884年评论说，欧洲市场不再提供许多未开发的领域。除了土耳其的市场外，再也没有一个领域没有被胜家公司及其竞争对手完全开发过了。他认为，美国企业剩下的唯一机会就是像胜家公司那样进入欧洲市场。在1884年和1885年，贸易杂志的编辑们对国外市场的关注最为强烈，认为大多数外国人都是主动购买美国缝纫机的，根本不需要美国制造商进行任何推销。

美国缝纫机公司转向国外市场，可能既是出于主动，也有可能是出于行业杂志的劝告。两家公司在国外建厂，而该行业的其他公司则出口美国生产的产品。对国外市场的兴趣在1886年后逐渐消退，当时贸易杂志的编辑们转而关注国内贸易问题。美国缝纫机行业认为，胜家公司和德国的公司在国外市场的优势地位是如此强大，以至于没有人认为国外市场是有利可图的。

克利夫兰总统在1887年12月的低关税声明中提出低价策略，这大大增加了参与缝纫机竞争的制造商数量。这种行业观点形成的基础可能是19世纪80年代末没有任何新的缝纫机公司进入市场，这被解释为有足够的公司活跃在美国市场。这种分析直接导致没有人反对关税保护。当其他美国缝纫机公司相信美国技术优于欧洲竞争者或者认为美国公众会拒绝购买外国机器时，胜家公司却通过跨国生产设施的运营和全球销售及营销组织来保持自己的优势。

用胜家公司的长期董事威廉·普罗克特的话说，胜家公司以资本总额3000万美元获得5%的利润，加上多年来派发的3000万美元股票红利，这与任何理性人所期望的一样多。毫不奇怪，该公司在反对克利夫兰总统的关税建议时表示会对降低关税做出准备。胜家公司的记录似乎是最坚实的信心基础，也为其提供了一个站在政治漩涡之中的位置。

然而，胜家公司的组织结构并没有使其免受19世纪末商业世界严酷现实的影响。19世纪80年代后，随着欧洲保护主义的兴起，胜家公司与其他所有寻求国外市场的公司一样，不得不同时应对政治和经济方面的困难。这些困难包括专利立法、保护民族工业的法律，如英国1887年的商品商标法以及关税壁垒。在这10年中，德国企业和其他美国企业也在寻求开拓欧洲大陆和殖民地市场，从而带来强大的商业推动力。这两个国家的制造业利益集团都在寻求政府援助，以保护其国内市场并帮助他们获得国外市场。

1885年，美国缝纫机在欧洲市场的受欢迎程度逐渐下降。据《缝纫机新闻》报道，欧洲的缝纫机制造商正绝望地请求他们的政府为其提供保护，使其免受可怕的美国佬的侵害。这些美国佬正在将他们逼入破产的境地。编辑们特别提到了胜家公司的基尔博维工厂，并称赞麦肯齐预见到这些事态的发展。一位荷兰观察家评论，胜家公司是唯一懂得如何通过广告让公众相信只有自己生产的机器才能满足其需求的美国企业，且公众现在仍然相信这一点。

在德国和其他大陆国家，商业扩张对胜家公司实现自身国际主义的努力构成了直接威胁。1884年，购买德国货的呼声在汉堡办事处周围不绝于耳，内德林格的信件中也流露出焦虑的情绪。他认为，德国政府打着保护民族工业的幌子，默许着对美国胜家公司的攻击。大量攻击胜家公司的小册子、通告和报纸文章促使他提醒纽约公司要对德国商业关系的变化"保持警惕"。

这些事态发展的一个合乎逻辑的结论是，保护性关税将完全排除缝纫机的进口。在此过程中，胜家公司将无法从基尔博维和伊丽莎白港获得供应。然而，德国缝纫机制造商反对排外政策。他们敏锐地看到，胜家公司将在德国建立一家工厂，就像1883年在弗洛里斯多夫建立的工厂一样。

1887年底，所有德国缝纫机制造商和经销商组成了一个"康科迪亚"的组织，向政府施压要求提高关税。当时德国的缝纫机行业处于弱势地位。胜家公司的一些较为活跃的竞争对手都陷入了财务困境。虽然竞争者对胜家公司进行了口头指责，但他们确实认为胜家公司高超的组织能力使德国公司显得像政府的傀儡。他们承认胜家公司是其主要竞争对手，因为胜家公司的分支机构、分期付款销售和推销系统是在繁荣时期最有效获得大量资本的方式。

胜家公司成功应对德国保护主义的原因有三个：一是内德林格的有效领导维持了一个高效和积极的组织；二是工厂分支机构阻止了德国的全面报复；三是德国制造商的实力薄弱状况使得部分措施无效。胜家公司早先决定建立分厂，这使其在应对后来的德国保护主义和竞争时占据了有利的战略地位，并在这一制高点应对了这些挑战。

尽管在应对德国人的压力方面取得了总体上的成功，胜家公司的高管们仍在继续寻找市场，以保持基尔博维工厂的低生产成本和高产量的优势。公司还关注着19世纪80年代初欧洲大陆和美国的商业萧条情况。麦肯齐在1884年春向股东承认，由于公司的组织结构易受市场波动的影响，1884年的经济萧条使得维持胜家公司庞大组织结构的工作变得加倍艰难。他解释说，商业安全阀在遥远的东方。胜家公司在寻求控制欧洲贸易萧条、竞争和保护主义政策影响的方法时，将目光转向远东市场，以保持高水平的生产，维持企业的长远发展。正如麦肯齐所承认的那样，胜家公司在做出这一决定时并不是领先者，其竞争对手也在利用这一市场来对付胜家公司。美国的其他产业如石油业已经活跃在遥远的远东市场。

1883年春，麦肯齐决定开拓亚洲市场。一位苏格兰传教士向伦敦办事处介绍了中国贸易的特殊性，并保证在中国的传教士普遍支持将缝纫机作为"文明媒介"引进中国，于是伦敦办事处派遣布鲁塞尔代理商爱德华·桑（Edward Sang）前往上海。中国市场销售量很低，从1884年至1887年7月只售出2216台机器，但这一糟糕的贸易结果似乎是中国在缝纫机行业的典型特征。伦敦办事处对爱德华·

桑的不够理想的表现给予批评，是基于以欧洲为导向的市场人口论点。伍德拉夫认为，仅在中国的通商口岸，每2000人就应该有一台机器。由于这些口岸的人口约占中国总人口的2%，因此需要开发的总市场应包含600万人口。他在信中提出，与这巨大的人口数字相比，销售额的数据是不能令人满意的。他向纽约的公司总部建议，中国市场对未来的贸易和在世界市场上的地位具有最大的价值。同时他的设想是，老款式的缝纫机虽然在欧洲国家市场销声匿迹多年，但可以在正在发展中的中国市场中得到消化。

1888年，纽约的公司总部派出伦敦首席视察员约翰·米切尔（John Mitchell）对中国市场进行彻底调查。他的调查报告认为，主要的市场障碍既不是反对引进缝纫机，也不是廉价的手工劳动，而是中国流行宽松接缝的服装款式。米切尔指出："中国人坚决反对硬邦邦的死板的缝制方式，而这正是我们在中国发展缝纫机业务的主要困难所在，且在今后许多年里也将是这样。"1888年6月，胜家公司关闭了其在上海的办事处。

在中国市场成为美国帝国主义的热门话题之前10年，胜家公司就已经暂时、策略性地退出中国市场，这对胜家公司在不同民族和文化间推销其产品的信心提出了挑战。虽然胜家公司在其他东方市场取得一定的成功，但总体而言，中国市场并没有解决胜家公司的问题，即找到一个能够维持基尔博维工厂那种理想的高运营效率的市场，也没有提供一个可行的替代方案来减轻西方国家的商业萧条、企业竞争和保护主义政策对公司经营的影响。只是在19世纪和20世纪之交，俄罗斯市场才部分实现了这一目标。

结　语

与之前几十年不同的是，19世纪90年代走向海外的美国企业得益于美国政府经验丰富的领导和商业上敏锐的领事服务,他们提供信息和帮助,而像胜家公司这样的早期开拓海外市场的企业,在很大程度上只能依靠自己的资源。在建立和维持其业务的过程中,这些先驱企业成为开拓海外市场的头部企业,很少依靠意识形态来解释或指导他们的行动,而是由坚韧、务实的商人所经营,他们恪守自己的工作职责。在19世纪90年代,胜家公司的组织运作比其他大多数寻求海外市场的美国企业要复杂得多,这种差异说明了胜家公司进入海外市场的时间之早、效率之高。克拉克和麦肯齐专注于建立一个运行平稳顺畅且有利可图的销售和营销组织体系,这只是赢得战略性胜利的一种策略。

1889年初,乔治·麦肯齐积劳成疾,从胜家公司退休。他可以自豪地回顾自己的过去。他在1882年提出的建立一个受人尊敬、可靠和持久组织的愿望已经实现。胜家公司的工厂遍布欧美两大洲,总代理的领导能力很强,在世界大多数国家都有成千上万的当地销售人员,他们共同组成一个积极进取、卓有成效的组织,为"和平开拓世界市场"的目标而努力。

美国企业管理实践中的劳资关系政策(1900-1933)

〔美〕诺曼·J. 伍德 周子超 译*

【摘　要】 20世纪的前三分之一时间彻底改变了美国企业的劳资关系管理实践。在这一时期,美国劳资关系政策的演变分为1900~1916年、1917~1919年以及1920~1933年三个阶段,而每个阶段都有不同的变化表现。研究表明,影响劳资关系政策重大转变的主要因素涉及管理层对工会主义的反应、舆论和立法,以及管理层提高生产效率的动力这三个主要领域。在整个研究时期,每个因素的影响及其相对重要性是有区别的。这三个主要推动因素不仅在时间、地点和影响上各异,而且受到的关注和评价也会因人而异。

【关键词】 美国企业管理实践　劳资关系　科学管理　福利资本主义

引　言

在过去的60年时间里,劳资关系政策实践发生了惊人的变化。

---

* 本文原文系美国学者诺曼·J. 伍德所著,原文及出处:Wood N.J., "Industrial Relations Policies of American Management 1900-1933", *Business History Review*, 1960, 34(4), pp. 403~420, https://www.jstor.org/stable/3111427;中国政法大学商学院博士研究生周子超对原文进行翻译,并提炼关键词;巫云仙教授对全文进行译校。

许多因素导致企业的管理政策和对待雇员的态度发生重大变化。工会主义和立法被认为是重要的推动力。还有其他因素间接产生影响，如工人教育水平的改善以及1917年限制移民后劳动力市场的收紧。当管理层对内部产生的对提高效率的需要做出反应时，他们试图使工人成为生产过程更有效的参与者，变化就由此产生了。

自1900年以来，研究劳资关系的学者们对导致工业关系发生巨大变化的一些因素进行了广泛研究。工会和政府在美国劳资关系体系转型中的作用已经得到特别深入的研究。然而，直到最近，才有人考虑到用所有相关因素来解释劳动政策的演变。直至近年来，通过综合各种专门的研究，从历史视角来全面观察总体的变化才成为可能。

然而，这些最近的广泛研究似乎在三个方面有所欠缺。一是劳工政策本身没有得到足够详细的解释。因此，某些政策变化的重要性没有得到足够的重视。二是人们对于罗斯福新政之前发生的事件缺乏关注。1933年之后劳动关系中发生的戏剧性事件似乎掩盖了1900~1933年的重要发展。三是对涉及的因果因素的相对重要性考虑不足，如与立法和管理部门为提高效率所做的努力相比，工会主义的作用和重要性是什么？

本研究是为了填补劳资关系研究领域中的一些空白。本文把20世纪前三分之一时间细分为三个时期，即1900~1916年时期，1917~1919年时期，以及1920~1933年时期。这种按时间划分也是自然的，因为每个时期都以其自身特有的劳资关系政策变化为特征。在依次描述这些时期的变化因素之后，本文将尝试确定和评估导致政策变化的主要力量的相对重要性。

一 1900~1916年的劳资关系政策

在这一时期，劳资关系政策的主要创新包括：科学管理理论的发展、雇主福利工作的广泛开展、提供"附加"福利如养老金和利润分享，以及加强对员工工作安全的关注。在讨论这些事态发展及其发生的可能原因时，必须特别注意工会对这一时期所发生的变化负有主要责任的说法。

19世纪和20世纪之交的背景是，美国正处于前所未有的工业扩张之中，虽然生产技术迅速发展，但管理科学尚处于萌芽阶段。管理缺乏系统化，而采购和储存分散化，导致物资材料的库存经常过剩或不足。会计系统每年末只提供一份损益表，明显缺乏对管理人员和工人的书面指示。企业内部管理让人回想起早期时代的管理方式。综观1900年前后的企业管理情况，人们会发现企业管理层对市场和价格的关注远远超过对工厂布局、部门协调、材料处理、库存控制或提高员工效率的关注。

对这些情况第一个做出有效回应的是弗雷德里克·W. 泰勒（Frederick W. Taylor.）。为了满足提高效率的需求，他探索了科学管理的方法。泰勒试图将劳资关系简化为一门科学，即简化和明确定义工作，改善工作的物理条件，以这样一种方式设计操作，尽量减少时间浪费和多余的动作，并通过基于提高工人生产率的薪酬制度来激励增加生产。科学管理尤其激发了人们对职业培训、更公平的薪酬确定方法、工作条件的标准化、工作执行的便利性、工业安全以及改善卫生和照明等工作条件的兴趣。作为一个群体，雇主第一次意识到改善工作条件可以帮助工人提高工作效率。科学管理理论自20世纪初诞生以来，越来越被人们所接受，到第一次世界大战时已经得到普遍应用。

科学管理理论不仅有助于彻底改变工作条件，还改变了劳动关系的管理哲学。在它被引入的时候，流行的经济思想仍然受到19世纪个人主义哲学的影响。成功的商人通常被视为白手起家并在竞争激烈的世界中取得成功的人。当时流行的观念是，任何有能力和勤奋的个人都有可能取得类似的成功。普通工人被认为是那些没有成功的人，因此应该接受雇主至高无上的地位。在这种关系中，雇主的权威是不容置疑的，他们的决定被认为是绝对正确的。

科学管理改变了人们对竞争的普遍态度。雇主的权威不再因为他的成功和地位而被视为绝对的。现在管理层必须把合适的人安排在合适的工作岗位上，确定每个工人的天赋和所涉及的具体工作要求。所有这些都必须"科学地"进行，要按照与雇主的权威完全无关的标准来完成。一个人关于工作和劳动的决定不再仅仅因为他是雇主就正确了。雇主的新职责是达到泰勒的管理标准。

工人角色的概念也相应地改变了。除了有朝一日成为老板和经理的模糊目标之外，工人现在有了另一个选择：可以通过高效地执行日常任务，按照他"科学确定"的能力，来实现"成功"。工人可以寄希望于通过按照"科学确定"的能力高效地完成日常任务来获得"成功"。企业的成功或失败再也不能完全等同于这样一种哲学，即有能力的人会晋升到管理层，并对那些仍然是员工的人拥有无可置疑的权威。

1900 年前后开始出现的第二个重要发展是管理层给员工提供的福利，包括设立工厂食堂，提供成本价或免费的食物，改善工厂周围的环境，为员工提供工厂内的淋浴设施、员工休息室和吸烟室，为员工及其家人提供娱乐设施，以及图书馆、俱乐部和运动场等。许多"福利工厂"有团体保险计划，其中大多数都是员工和管理层共同参与的。这些计划还提供有关疾病、事故和死亡的保险。

福利管理起初较为温和和低调，但迅速传播。1904 年，纽约州的公司只有不到 0.5% 具有福利特征。到 1908 年，全美国约有 10% 的工薪阶层加入这一运动。在第一次世界大战之前的时期，福利计划继续扩展。莱斯科希尔（Lescohier）教授认为，尽管福利管理仍存在种种错误和笨拙之处，但它包含了一些自由主义劳工政策的元素，而那些符合实际需要的特征后来被转化为另一种形式的管理政策，即涵盖了整个雇主与雇员关系范围的现代功能化的劳资关系的管理政策。

管理层很快就意识到员工态度是生产过程中的一个重要因素。雇主意识到其员工的忠诚和工作兴趣是必要的；雇主也意识到，随着大规模生产的兴起以及雇主与雇员之间个人接触的减少，他们的地位感和身份认同感已经减弱。建立福利工作的主要原因是这填补了个人接触的减少而造成的空白。

在某种程度上，福利工作反映管理层想要进行人性化管理的一种简单和无私的愿望。在这个时期，雇主经常提到他们的成功得到上帝的认可。这种想法要求人们在一定程度上坚持宗教理想，对不幸的同胞要有一定程度的奉献精神，符合宗教理想中对不幸的人的义务。还有一种实用的领导者-追随者心理的暗示。雇主代表着成功的领导者，由于他们在职位竞争中战胜员工，因此对他们有一定义务。很多时候，这种态度是以父母-子女关系的方式来表达的。父母的权威是至高无上的，但他们必须照顾孩子的需求。在那个时代，许多雇主是以这种方式看待劳资关系的。

还有其他一些开展福利运动的动机，包括：一些公司试图粉饰科学管理；希望打击工会主义；这是一个很好的广告；认为这是改善由于不正当商业行为、长时间工作或低工资而造成的不良声誉的一种方式。

令人惊讶的是，工会被认为只是推行福利工作的许多次要影响因素之一。事实上，当时工会主义的影响相对有限。1904~1910年，工会总会员人数仅增长不到4%。1900~1917年，工会成员的数量从未超过符合会员资格的工人总数的10%。此外，已有的工会成员高度集中在矿业、建筑业和交通运输业，在工厂中只有少数工会成员。值得注意的是，福利工作是在工会的影响不可及或工会已经建立的公司中开展的。

早期劳资关系的第三个发展是"附加福利"的引入，这与科学管理和福利工作同步出现，由雇主赞助的养老金计划就是其中之一。在1900年之前，铁路公司、银行、保险公司和一些公用事业公司率先为其雇员建立员工的养老金计划。1901~1905年，制造业雇主开始对此计划感兴趣，到1910年已经开发出大量的各种养老金计划。当公司发现有很多员工已经在公司工作30年或40年，且他们不再能够恰当履行其职责时，养老金问题就变得尖锐起来。养老金通常是从营业收入中支付的，这种做法后来被证明有严重的缺陷。

另一种早期的附加福利是员工利润分享。一些计划始于19世纪，更多的计划是在1900~1916年开始实施。1916年的一项研究发现，当时有60个利润分享计划在运作，其中超过2/3的计划持续了不到10年时间。这些是真正的利润分享计划，利润分配给几乎所有工薪阶层。1915~1916年，至少还有15个新的利润分享计划启动。尽管到1920年还有进一步的增长，但此后利润分享计划的数量就几乎没有增加。

利润分享的部分动机是简单的道德信念，即如果一家企业特别赚钱，工人和雇主都应该受益。许多雇主也希望鼓励员工节俭。然而，利润分享背后最普遍的目的是希望增加员工的忠诚度和合作精神，减少劳动力的流失率，且能够避免劳资纠纷。

早期劳资关系的第四个主要发展是始于1907年的工业安全运动。1903~1907年，前所未有的商业活动强度和大量没有工业经验的移民劳工导致工业事故频发，促使私人和政府对工作安全进行调查。许多公司意识到事故带来的人力和财务成本，也积极开展工业安全宣传活动。然而，推动该运动的主要力量是被激发起来的公众舆论，导致旨在预防事故或为在职受伤者提供抚恤的立法，一些州通过了要求进行机械设备安全防护和工厂检查的法律。1910年后，许多州颁布工伤赔偿法，这些法律将事故成本的大部分加在雇主身上，还进一步推动工业安全运动的发展。

我们可以注意到，1900~1916年美国劳资关系政策的四个主要变化都与1880年后美国工业企业大规模生产的崛起密切相关。然而，当美国参加第一次世界大战时，经济增长以外的其他因素也已经开始对劳资关系发展的方向产生主导性影响。

二　1917~1919年的劳资关系政策

在这一时期，劳资关系政策以战争需要为主导。美国内战以来使劳动力廉价而丰富的移民潮戛然而止。随着劳动力供给的减少，军事供给和工业生产加速的压力增加了对劳动力的需求，但工作的可获得性刺激了劳动力的高流动率。

对不间断生产的需求导致美国建立国家战时劳工委员会，以促进工业纠纷的解决。由于劳动力市场紧张和政府鼓励设立工人代表机构，工会会员人数大幅增加。雇主的对策是增加福利活动，开发更好的劳动管理方法。

在此期间发生的劳资关系第一个重大变化是员工代表计划的发展。员工代表计划被描述为"一种工业组织形式"，在这种组织形式下，个别企业的员工通过"员工代表"身份共同参与该企业就业条件的调整。在员工代表计划下，员工对他们工厂的工作条件应该有一定发言权（即使只是咨询性质）。员工代表计划与独立的工会主义有所不同，因为员工不能罢工，只能就雇主愿意讨论的事项进行谈判。

实际上，几乎所有在战争期间制定的员工代表计划都是根据国家战时劳工委员会的指令建立的。作为一项一般原则，该委员会倾向于通过赋予员工有限的集体谈判权利来解决劳资纠纷，而以前是没有这些权利的。大多数雇主对员工代表计划持否定态度。许多人认为这是革命性一步，对一些人来说，它似乎只是一个开端，这将导致有组织的劳工主导其工厂的经营管理。然而,并非所有雇主都持反对态度。在战争之前,一些计划是企业自愿制定的,在战争期间也有一些员工代表计划是企业自愿制定的。

在第一次世界大战期间,劳资关系政策的第二个重要发展是福利工作的进一步扩展。企业管理层系统地扩展了战前的福利活动,并开展了许多新的福利活动,如一些公司为员工建造公司拥有的住房和宿舍,许多雇主鼓励医疗检查和预防医学的普及(受到军事实践和新的工伤赔偿法的影响),雇用工厂医生。军方开展的娱乐活动也被私营企业主效仿,成为另一种新型的福利活动。

在这个时期,劳资关系政策的第三个变化是人事管理发展成为一个独立的专业领域。人事管理的重点是加强关注发现和调解工人的不满,以及提高工人对工作的满意度。许多公司成立人事部门,负责处理员工关系。

人事部门承担新的劳动关系职能,并将已有做法系统化。专门的人事管理的重要职责,包括引入"科学"的员工选拔方法,对从农村地区进入工厂的无经验劳工进行培训,进行时间研究,开展工作标准化和事故预防工作,监督妇女和儿童的工作条件(由于立法原因需要额外关注),以及将招聘和附加福利的管理集中放在一个部门中。管理层承担了这些职责,消除了原来执行这些职能的工头的许多滥用职权现象。

整体而言,人事管理不仅是对福利工作的简单扩展,而是企业管理层明确认识到劳资关系复杂性的一个里程碑,代表一种以科学的态度对待劳工问题的新尝试,并将劳工关系视为管理的一个组成部分,由人事经理充当顾问和协调员,组织中的每个人都适当分担了处理劳工问题的责任。人们已经认识到,劳工问题不是一个单一的问题,且问题不在劳工本身,每天和每种情况都会带来新的独特挑战。

第一次世界大战期间的第四个重要发展是企业管理层越来越多地

面临与有组织劳工打交道的问题。工会会员人数从1917年的306.14万人增加到1919年的504.78万人。这是自从19世纪80年代劳工骑士团（Knights of Labor）取得成功以来，工会主义第一次被认为是对工厂管理的普遍威胁。在某些情况下，承认工会是受国家战时劳工委员会的决定所迫，许多公司在战争的特殊条件下第一次见识了工会主义，这无疑增加了企业的压力。

在对待员工的各种方式的变化背后，隐藏着战争无所不在的影响。莱斯科希尔（Lescohier）教授指出，1915~1920年，关于劳资关系的任何其他发现都没有像有关劳动力流动的事实那样深刻地影响雇主的人事政策。在就业机会充足时吸引和留住劳动力是这个时期雇主要面对的主要问题。

三 1920~1933年的劳资关系政策

人事管理在一战后的几年时间里遭受暂时的挫折。1920年，由战争引起的繁荣崩溃了，劳动力变得更加充裕，离职率下降，工会会员人数也减少了。由于1920~1921年的经济衰退迫使公司大幅削减运营成本，许多公司为了节约成本取消了人事部门。人事部门被撤销的其他原因是，新的职业岗位吸引的一些从业者无法胜任其工作。然而令人惊讶的是，有相当数量的人事部门幸存下来。

在战后的挫折之后，人事管理通常会在被取消的地方重新设立，并在许多公司首次设立。到1928年，超过1/3的拥有250名以上员工的工厂拥有这样的部门。

20世纪20年代，人事部门被赋予重要的新职责，包括：培训员工和领班、监督工伤赔偿、制定员工健康计划、筛选出不合格的工人，以及进一步把劳工政策标准化。在战争期间从工头手中夺走的解雇员工的权力重新回到工头手中，但通常情况下，人事主管保留了将员工安置在其他部门的权利。接受过工业心理学培训的顾问越来越多地充当人事管理的辅助人员。

如果说在1920~1921年的经济衰退期间企业不愿意放弃人事管理，那么在1929年开始的经济大萧条期间企业更不愿意这样做了。在大多数情况下，只有在企业经营不佳的两三年后，人事部门才会被撤销，成为不得不削减的成本支出。

1920~1921年经济衰退和20世纪30年代的经济大萧条期间的经验，让我们对这场运动背后的动机有更为深入的了解。如果人事管理制度的设计只是用来应对劳动力短缺期间的劳动力流动，或者是为了阻止工会组织，那么在劳动力充裕而工会无法组织的时期，这一做法就会被故意减少。1930~1933年，工会会员数量迅速减少。即使工会设法保持被认可，其谈判能力也大幅下降，失业率迅速上升。在这一时期，管理层竭尽全力保留人事部门的事实表明，人事管理主要不是反工会的武器。正如维特教授所暗示的那样，人事管理制度之所以得到继续发展，是因为人们开始认识到，无论工作条件有多好、工作安排和支付方法有多科学，尽可能减少生产成本的目标往往无法实现。这一运动的主要动机是在生产过程中更有效地组织劳动力。

这一时期的第二个重要发展是战时劳资关系政策如员工代表计划在20世纪20年代得到延续和扩展。尽管正如我们之前指出的，当国家战时劳工委员会建立员工代表制度时，雇主们并不愿意接受，但在20年代初企业则开始自愿制定这种计划，在接下来的时间里，直到经济大萧条开始，员工代表都享受良好待遇。1932年，拥有员工代表计划的企业数量比20年代的峰值下降27.5%，但覆盖的员工数量下降不到8%。对这种差距的解释是，在大萧条期间，许多大公司继续实施它们的员工代表计划。

1918~1921年，管理层对员工代表计划的态度发生了变化，其中一个原因是为了对抗独立的工会。此后，在20年代，员工代表权成为广泛的企业管理改进努力的一部分，包括"开放商店"运动、使用罢工破坏者和劳工间谍，以及以骚扰法庭诉讼等手段来对抗独立工会。

20世纪20年代建立员工代表制度的另一个主要动机是希望改善劳资沟通渠道，特别是从企业组织的下层到上层的沟通渠道。一位企业高管解释了其员工代表计划持续受欢迎的原因，是从以往经验中获得真正教训。随着企业变得越来越大，企业没有意识到其与工厂里的工人的个人接触有多少，对人们的感受和抱怨一无所知。工厂领班们经常很冷淡地对待工人，对他们的抱怨不予理会，因为领班们害怕被总监和高管批评。企业希望通过这种改进的沟通方式增进相互的了解，增加员工的工作兴趣，提高士气，并减少劳动力流失。

在经济大萧条后，继续推行员工代表计划的一个更重要原因是与员工建立更好、更密切关系的愿望，而不是为了阻止工会发展（工会的会员已经在迅速减少）。员工代表计划的实施不仅成本高昂，而且在1930~1933年，它还被迫处理大量员工解雇和工资频繁降低引发的各种难题。这么多的员工代表计划能够在如此严酷的考验中幸存下来的事实就已经显示了其存在的价值。

这一时期的第三个重要发展是各种各样的员工福利计划在20世纪20年代开始实施或得到进一步扩大，私人养老金计划变得更加普遍。1929年，超过350万工人享有不用个人缴费的养老金计划。从1929年中至1932年，许多新的养老金计划被采纳，特别是在受大萧条影响最小的行业。养老金计划被终止的原因，通常是公司的财务负担过重。20年代快速发展的另一项福利计划是员工股票购买计划，特别是在1921~1925年。1927年，为315家不同公司工作的80多万名员工成为各自公司的股东。在20世纪20年代，少数雇主自愿建立私人失业保险计划，这些计划的福利通常为长期服务的员工保留。1935年，由于经济大萧条和由联邦激励的州政府计划的兴起，大多数计划都被终止了。这一时期的其他福利项目包括娱乐活动、信用合作社、贷款基金、公司住房开发、公司护士、工业医疗计划，以及一些雇员的健康福利、利润分配、员工储蓄基金和年薪保证计划等。尽管其中的一些计划早已被放弃，但许多项目在集体谈判合同下作为现代的附加福利得到恢复。

20世纪20年代这些福利计划背后的动机是复杂的。当然，它们存在的一个原因无疑是为了反对工会主义，是20年代管理层向员工兜售的"福利资本主义"的重要组成部分，是独立工会主义的替代品。然而，与早期的福利工作、人事管理和员工代表计划一样，这些多样化的福利待遇也有其积极的一面，其目的是留住优秀员工，增加工作兴趣，提高员工对公司的忠诚度。毫无疑问，这些都是重要的好处，如果能实现的话，对管理层来说将是非常有价值的。

这一时期的第四个重要发展是今天通常所说的"工业人际关系"运动的开始。这场运动是由埃尔顿·梅奥（Elton Mayo）在美国西部电气公司霍桑工厂的调研引发的。20年代末和30年代初著名的霍桑实验源于管理层试图确定改变工作环境对工人生产率的影响。梅奥的同事罗斯利斯伯格（Roethlisberger）总结认为，所有实验都戏剧性地、确凿地证明了员工态度和情绪的重要性。很明显，工人对发生在他们身上的事情的反应取决于这些事件对他们的重要性，一个人是否会全心全意地为一份工作而付出，取决于他对工作、同事和上司的看法，对他来说，他周围发生的事情才有意义。

梅奥的调研工作开启了雇主与雇员关系的新时代。虽然人事管理部门和员工代表已经意识到工人需求的存在，但梅奥的人际关系学说将这些需求进行了分类，并试图用更深刻的对人性的洞察力来解释它们。如果工人表现不佳，那么主管就有责任借助新开发的知识来激励他，这就是主管的责任。将工人视为在生产过程中"合作"的个体这一概念在梅奥的工作中有了真正的开端。

这一时期劳资关系政策的第五个重要发展是对移民的进一步限制。这种变化始于战争年代，当时人们普遍对新移民可能不忠的行为感到恼怒。人们要求这些新移民"美国化"的呼吁非常强烈，深刻意识到要将1400万非英语移民纳入美国社会的必要性，而这种情绪在战争结束后并未减弱。工会发现，越来越多的公众支持它们保护自己免受充足、廉价、难以组织的移民的侵害，甚至一些雇主也不再希望有移民劳工的流入。

移民的减少有助于形成更加同质化的工业劳动力大军。1917年之前的移民的逐渐美国化，有助于实现同样的目的。到了20世纪30年代，1917年之前的移民已经融入美国社会中，以至于他们能够要求与本土劳工相同的工资和工作条件。这种熔炉效应在激励雇主在20年代为提高工人待遇所做的许多改进措施中产生了重要影响。

这一时期的第六个重要发展是1919~1933年整体的劳动力教育水平的大幅提高。战后不久，许多州政府回应了公众的意见，增加了必须接受公立学校教育的年限。20世纪20年代，职业技术教育也得到极大的发展。这对劳资关系政策的影响是显而易见的。受过高等教育的工人要求管理层给予更周到的对待。他们不会对人事政策做出反应，因为这些政策没有表现出对像他们这样受过教育和训练的个体的尊重。

这一时期的第七个重要发展是公司作为美国的一种制度正在走向成熟。美国的许多现代公司都是在内战之后成立的，其中许多公司在度过危险的初期发展阶段后，在竞争激烈的商业世界中地位相对稳固，财务上也有安全保障。这种安全保障使企业管理层能够尝试上述的那些成本高昂的新劳资关系政策。

公司成熟导致劳资关系中又出现了另一个重要的发展。在20世纪20年代，企业的管理权正大规模地从所有者手中转移到职业经理人手中，这一阶层在公司中只拥有少量股票，却掌握着企业的经营控制权。职业经理人对待劳资关系的态度很可能与他所接替的业主经理人的态度不同，尽管这一点尚未得到证实。新经理们可能对公司的盈利能力没有投入那么多感情，认为考虑雇员对高工资和满意的工作条件的需要就是他们的职责。

影响这一时期（以及之前）劳资关系政策的最后一个因素是工时生产率的提高。虽然这种增长的原因很多，但观察到这一点就足够了。如果我们的经济没有这种动态属性，劳资关系中的许多进步是不可能的。更高的工资、增加附加福利、较短的工作时间和更好的工作条件等都是人均产出显著长期增长的经济体系的产物。

四 总结和比较影响因素

在审视 20 世纪前 1/3 时期劳资关系政策变化，以及它们被采纳的可能原因之后，现在有必要评估这些推动因素的相对重要性。

1900~1933 年，对劳资关系政策重大转变的主要影响因素，可以分为三个主要领域：一是管理层对工会运动的反应；二是舆论和立法；三是管理层提高生产效率的动力。通过总结每个因素在整个时期的影响，可以很好地了解这三类因素的相对重要性。

在第一次世界大战之前，工会的影响有限，并没有对绝大多数行业构成真正威胁。但毫无疑问，正是工会的存在激发了某些非工会雇主参与福利计划。但直到第一次世界大战期间，由于工会会员的大幅增长，管理层才采取广泛的防御措施。加强的福利活动和人事部门的发展，至少在一定程度上是对工会组织压力的回应。在 20 世纪 20 年代，雇主推广员工代表计划主要是因为工会组织的威胁，雇主进一步提高福利待遇（通常称为"福利资本主义"）也是如此。然而，在 1929~1933 年，在工会会员人数从战后高峰显著下降时，人们会发现人事部门和员工代表计划已经在美国企业的管理结构中如此牢固地建立起来，毫无疑问，这两个制度不仅仅是用来对抗工会的工具。

公众舆论和由此产生的立法在很大程度上促成了1917年之前开启工业安全运动。第一次世界大战期间，限制移民的政策加剧了工业领域的劳动力短缺，导致雇主采取旨在留住员工和更有效利用劳动力的政策。在20世纪20年代，公众舆论要求继续实行限制性的移民政策，这在很大程度上有助于建设一个同质化的"美国化"劳动力队伍。如果移民数量恢复到一战前的规模，那么许多劳动条件的改善可能会被长期推迟。公众舆论促成提高劳动力教育水平的立法，促进采用甚至迫使增加更复杂的调节劳资关系的技术。然而，1900~1933年，管理层利用法院的反工会立场来骚扰工会。毫无疑问，在这段时期，商人的公众形象普遍良好，公众对工会主义是不信任的，都支持法院和其他的反工会活动，这为司法部门和其他具有破坏性而非建设性的反工会活动提供了支持。然而总的来说，这一时期的公众舆论和政治法律活动对进步的劳资关系趋势的贡献远大于对反动的劳资关系趋势的贡献。

第三类主要影响因素是必须提高生产效率来满足增长和变化需求，这对劳资关系实践做出了许多贡献。科学管理是这种内部发展的显著例子，另一个例子是早期由雇主提供的福利待遇，部分源于改善效率的需要，部分源于雇主的人道主义。正如我们所看到的，在第一次世界大战期间，虽然福利计划的扩大和人事管理部门的建立部分是对劳动力短缺、政府介入和工会组织活动的回应，但这些改进也受到管理层提升运营效率愿望的刺激。这些战时劳资关系发展是建立在早期雇主努力地有效利用劳动力的基础之上的，且是雇主们愿望的进一步延伸。

1920~1933年，人事管理和员工代表制度都反映了相同的愿望，同时，养老金计划和员工股票购买计划的广泛应用，以及工业心理学的各种应用也体现了这一愿望，这些都源于对企业人际关系的关注。

与此同时，许多大型企业的成熟和公司管理的专业化也对劳资关系政策产生了广泛的影响。公司外部力量刺激劳资关系领域的一些发展，但这并不掩盖其内部商业动机的重要性。

如今许多人似乎有这样一种印象，即管理层在劳资关系的发展中很大程度上是被动的，只有在受到外部力量的刺激时才会采取事实上有价值的改进措施。这似乎是一种错误的概括，是对内部发展和对指导管理实践变化过程和速度的复杂动机的理解不足而产生的。

考虑从19世纪和20世纪之交到经济大萧条的整个时期，人们会对这三类影响因素的重要性和相互关系留下深刻印象。不可能说某一因素的重要性比其他因素的重要性具有明确的可量化效果。然而，如果在更宽泛的层面上解释，这项研究将注意力集中在激励力量的持续起伏上，同时具体指出由于管理层内部产生的提高生产效率的动力而进行的劳资关系改善可以达到的程度，那么这一研究就是有益的。

美国铁路机车行业的企业文化与市场营销

〔美〕阿尔伯特·丘雷拉 盛家润 译*

【摘　要】 20世纪30年代,美国机车公司(ALCo)和电力机车公司(EMC)控制了柴油机车行业。虽然美国机车公司拥有良好的财务状况、数十年的蒸汽机车生产经验以及与客户的密切联系,但很快就被新成立的电力机车公司击败。电力机车公司的创始人强调市场营销(包括售后支持服务)的重要性,其经营战略帮助电力机车公司在1935年超过了美国机车公司的内燃机车产量。美国机车公司继续忽视市场营销能力,在1969年完全停产之前,业绩一直落后于电力机车公司,这在很大程度上是因为它无法改变自己的企业文化,没有认识到市场营销的重要性。要想企业转型获得成功,就必须进行彻底而全面的转型。美国机车工业发展的教训是,技术变革要想得到有效利用,就必须从根本上改变那些声称要掌控技术变革的人的思想。

【关　键　词】 美国机车公司　电力机车公司　市场营销　企业文化　内燃机车

---

* 本文原文系美国学者阿尔伯特·丘雷拉所著,原文及出处:Albert Churella, "Corporate Culture and Marketing in the American Railway Locomotive Industry: American Locomotive and Electro-Motive Despond to Dieselization", *The Business History Review*, Summer, 1995, Vol. 69, No. 2, pp. 191~229;中国政法大学商学院博士研究生盛家润对原文进行翻译并提炼了摘要、关键词和引言;中国政法大学商学院巫云仙教授对全文进行译校。

引　言

　　1945年深秋，美国机车公司（ALCo）高级副总裁约瑟夫·恩尼斯（Joseph Ennis）接受了《铁路时代》（*Railway Age*）的采访。恩尼斯的公司是美国200家最大的工业公司之一。该公司为美国政府提供打赢战争所需的军械。不仅如此，美国机车公司作为铁路行业顶级设备供应商，还享有极高的声誉。恩尼斯在被问及美国铁路未来的动力需求时断言"未来蒸汽机车的作用将不断扩大"。然而，仅在3年后的1948年，美国机车公司的蒸汽机车就停产了；1969年，该公司被赶出了内燃机车行业。

　　是什么导致了这一重大误判？当公司经理们认为他们正在有效地满足客户需求时，为什么会对机车市场做出如此严重的错误判断？既然美国机车公司的高管们在管理渐进式变革方面表现出卓越的能力，为什么这些高管们在管理革命性技术变革方面的能力却如此之差？为什么最终美国机车公司会被两家从未生产过蒸汽机车的公司（通用汽车公司和通用电气公司）排除在机车行业之外？

　　在20世纪二三十年代，当美国机车公司在蒸汽机车行业叱咤风云时，电力机车公司（EMC）也从一家不引人注意的独立式轨道车生产商发展成为内燃机车行业的主导公司，最终成为通用汽车公司的电动事业部（EMD）。是什么因素让这家在1925年只有5名员工的小公司，能够在美国机车公司规模很大、盈利能力很强的情况下击败美国机车公司？是电力机车公司成长时期的几位高管为其日后在内燃机车行业的主导地位奠定了基础，还是该公司在被纳入通用汽车公司的管理结构后才取得成功？

　　本文集中探讨美国机车公司和电力机车公司在打入内燃机车市场时的企业文化。这两家机车生产商的文化沿袭了截然不同的发展路线。虽然两者在本质上都不"优于"对方，但事实证明，电力机车公司的企业文化以其创始人在新兴汽车行业的经验为基础，更适合内燃机车行业的需求，尤其是这种文化承认市场营销作为成功要素的根本重要性。美国机车公司更早的企业文化源自蒸汽机车行业传统的小批量定制生产技术。这种文化中的组织惯例强调生产商与客户之间甚至蒸汽机车行业竞争对手之间的密切个人联系。自相矛盾的是，这种紧密的联系使得营销网络的发展变得没有必要，这也使美国机车公司无法有效应对电力机车公司采取的绕过那些坚定支持蒸汽机车的铁路官员的策略。

两家公司在企业文化上的差异尤其是在营销领域的差异，在决定机车行业竞争格局方面的影响远远超过其他因素。两家公司都能获得类似的柴油机车技术，尽管通用汽车公司在1930年收购了电力机车公司，但直到二战时期才开始投入资金，因此通用汽车公司对其财务实力影响不大，然而当时电力机车公司已经建立起强大的进入壁垒。20世纪30年代中期，当电力机车公司建立了先发优势，并在接下来的50年中占据市场主导地位时，美国机车公司拥有必要的财务资源。虽然美国机车公司的高管们迟迟不肯承认柴油机车全面优于蒸汽机车（这也是其企业文化的产物），但一些美国机车公司的高管及时意识到了柴油化迫在眉睫，从而确保了美国机车公司作为柴油机车行业的次要生产商的生存。

鲍德温机车厂（The Baldwin Locomotive Works）和利马机车厂（The Lima Locomotive Works）的命运与美国机车公司类似，但衰败来得更快。两家公司都在蒸汽机车市场上与美国机车公司展开竞争，都生产柴油机车，但都未能生存下来。两家公司的高管们建立了与美国机车公司类似的企业文化。这三家公司的高管都忽视了内燃机车的影响，更严重的是，他们忽视了建立营销组织以配合从蒸汽机车到内燃机车转变的重要性。

美国机车公司的高管们无法调整企业文化,以适应新兴的内燃机车市场,这产生了巨大的影响。1917年,美国机车公司是美国第52大工业公司。到1948年,其排名跌至第145位,并在随后的几年中持续下滑。除了大西部制糖公司(Great Western Sugar)和威利斯－奥弗兰公司(Willys Overland)这两家公司之外,美国商业史上还没有任何一家工业公司的排名下降得如此之快。

对于电力机车公司而言,情况恰恰相反。该公司在机车市场中的市场份额从1935年的17%增加到1940年的66%,随后略有下降,然后在1954年飙升至75%,并在1957年达到89%的历史最高水平。1946~1959年,通用汽车公司在其电动事业部的投资平均年回报率为55%。同一时期,通用汽车公司电动事业部的销售回报率始终至少为11%,平均为20%。与此同时,美国机车公司有4年亏损,年平均销售回报率仅为2%。20世纪50年代,通用汽车公司电动事业部有144%的投资回报率,而美国机车公司仅有9%的投资回报率。1951年是整个机车行业历史上最好的年份之一,通用汽车公司电动事业部的工厂和设备的投资回报率达到269%。同年,美国机车公司的投资回报率仅为28%,鲍德温机车厂实际上还亏了钱。

总之,对美国机车公司和电力机车公司在不断发展的内燃机车行业中竞争关系变化的研究,为学者和企业管理者提供了一个窗口。通过这个窗口,他们可以更深入地了解受社会和文化价值观制约的技术变革如何影响企业的成功和国家的经济成就。如果企业管理者不能根据技术变革改变其公司的企业文化,那么代替成功的就可能是灾难。

一 美国机车公司将内燃机车视为辅助技术

20世纪20年代,美国机车公司成为柴油机车技术的领先者。但公司未能保持早期的领先地位,因为公司管理层将柴油机车技术视为辅助技术而非替代技术，旨在确保蒸汽机车客户的忠诚度。美国机车公司严重高估了客户忠诚度的力量，到20世纪30年代末，其业绩已被电力机车公司超越。电力机车公司的公司战略甚至生存，都建立在柴油机车的替代潜力之上。

美国机车公司最初参与柴油机行业始于对纽约州1923年通过并于1924年和1926年修订的《考夫曼法案》的直接回应。该法案鼓励开发试验机车模型，因此为研究政府政策对技术发展的影响提供了一个案例。考虑到20世纪20年代铁路行业的政治和经济实力，这种程度的立法控制是不寻常的。

由于《考夫曼法案》所鼓励发展的柴油机车的初期市场规模较小，美国机车公司、通用电气公司和英格索兰公司于1924年联合开发了一种试验性柴油机车。次年，新泽西中央铁路公司接收了这台试验机车。据行业媒体报道，这是世界上第一台具有商业价值的内燃机车。美国机车公司为该机车提供了底架和车身，这些都是技术含量最低的部件。通用电气公司于1927年开始制造自己的机车车体，所以美国机车公司在生产联盟中的参与是短暂的。美国机车公司的高管决定独自进入柴油机车市场。他们希望开发内燃机车的小众市场，更重要的是，他们希望提升那些订购少量内燃机车和大量蒸汽机车的长期铁路客户的忠诚度。美国机车公司不想冒疏远传统客户的风险，因为如果他们不能用自己公司的产品来满足客户的全部动力需求，客户就可能会转向鲍德温机车厂。

与小规模的利马机车厂或规模庞大但财务困难的鲍德温机车厂不同，美国机车公司拥有充足的资金来购买和开发适当的柴油机车技术。20世纪20年代，美国机车公司的分红一直非常慷慨，公司的管理者没有理由预见到30年代的经济大危机，也没有意识到有必要花费巨资开发他们认为是辅助性的技术。美国机车公司的柴油机项目之所以受挫，并不是因为美国机车公司在20年代支付了大量红利，而是因为美国机车公司的高管们认为没有必要在柴油机车技术上投入资源。

美国机车公司没有直接投资于柴油发动机研发项目，而是在1929年收购了麦金托什-西摩公司（Mclntosh and Seymour），这是一家成熟的柴油发动机生产商。1931年，美国机车公司交付了第一台配备其自研发动机的柴油机车。1913年，麦金托什-西摩公司开始制造为船舶和固定用途设计的柴油发动机，这与铁路机车的用途大相径庭。美国机车公司继续将麦金托什-西摩公司作为一家基本独立的子公司运营，偶尔内部购买其发动机。即使在收购了麦金托什-西摩公司之后，美国机车公司也只生产柴油机车三个最重要部件中的两个，即发动机和车体，而从通用电气公司和西屋电气公司购买高价值的电气设备。

美国机车公司的内燃机车与其竞争对手的机车一样，使用柴油发动机驱动大型发电机，为机车车轮的转动提供必要的动力。事实证明，这种电力传输方式比某些早期柴油发动机使用的机械传输方式可靠得多。柴油-电力机车技术不仅需要全面的内燃机知识，还需要对电力有透彻的了解。美国机车公司决定从通用电气公司购买电气设备，从而降低公司的研发支出。但这也阻碍了美国机车公司沿着电气设备学习曲线前进，或利用电气技术知识建立进入壁垒。

尽管在电气设备方面依赖于外部供应商，但直到20世纪60年代，美国机车公司在技术上与竞争对手相比并不处于劣势。虽然其技术与电力机车公司不同，但产品质量不相上下。通用电气公司并没有限制美国机车公司获得改进的电气设备设计，且美国机车公司的技术远远超过其以前的蒸汽机车竞争对手鲍德温机车厂和利马机车厂。在任何情况下，专利、资产专有权或缺乏技术传播都不会妨碍美国机车公司与电力机车公司展开有效竞争。美国机车公司的失败并不是因为无法获得足够的技术，而是因为公司高管无法有效推广新技术。

在美国机车公司进入内燃机车市场的同时，一些铁路公司的高管，如南太平洋铁路公司的朱利叶斯·克鲁特施尼特（Julius Kruttschnitt）与芝加哥、伯灵顿和昆西铁路公司的拉尔夫·巴德（Ralph Budd），开始对内燃机车表现出越来越浓厚的兴趣，他们认为内燃机车可以替代相当一部分动力强劲但效率低下的蒸汽机车。虽然柴油机车每马力的初始成本比蒸汽机车高得多，但做同样的工作所需的燃料更少，热效率是蒸汽机车的3倍多。柴油机车也不需要大量的清洁水，这在西部干旱地区是一个特别重要的考虑因素。蒸汽机车大约有一半的时间需要进行保养或维修，而柴油机车则有90%以上的时间可以使用。因此，内燃机车更集中地利用了铁路资本，在某些条件下，内燃机车凭其更高的效率足以在短短3年内收回首期成本。由于内燃机车比蒸汽机车轻，因此不易损坏轨道和桥梁。由于各种原因，到20世纪30年代初，许多铁路公司的高管都看到了内燃机车的广泛应用潜力。事实上，他们比美国机车公司的高管更早看到了这一点。

柴油机车无法做到的一件事就是功率超过蒸汽机车，这导致美国机车公司的高管错误地判断了客户的需求。在20世纪三四十年代，柴油机车的功率通常不超过2000马力，远远低于最大、最强劲的蒸汽机车的4000多马力。美国机车公司的管理人员很快就指出，就单位马力而言，柴油机车确实不如蒸汽机车。然而他们没有意识到的是，柴油机车提供的众多性能选择，对于注重成本的铁路管理人员来说，远比单纯的更强大的马力更有价值。

在20世纪30年代早期，美国机车公司几乎没有竞争对手，因此该公司能够占据小型柴油机车市场的大部分份额。1934年，美国机车公司销售了美国生产的73%的柴油机车，一年后，这一份额上升到83%。1935年，伊利诺伊州拉格朗日综合制造厂的建成标志着电力机车公司正式进入内燃机车市场。次年，美国机车公司的市场份额下降到23%，而且该公司从未完全从这一快速下滑中恢复过来。除了一次例外（1946年），美国机车公司的市场份额再也没有超过26%。在其剩余的机车生产生涯中，美国机车公司一直是通用汽车公司电动事业部的次要竞争对手。

因此，正是在20世纪30年代，美国机车公司永远失去了与通用汽车公司电力事业部竞争的能力。成功打入内燃机车市场的机会之窗非常狭窄，也许不超过5年。在30年代中期之前，柴油机车技术过于原始，无法广泛应用于铁路机车。30年代末之后，通用汽车公司电动事业部取得不可阻挡的先发优势。在这关键的几年时间里，美国机车公司的高管们没有为公司的柴油化革命做好准备。

美国机车公司的企业文化非常适合蒸汽机车的生产，但当该公司慢慢开始利用柴油机技术时，却犯了两个致命错误。首先是拒绝承认。美国机车公司的高管们最初拒绝向客户、行业分析师、投资者或自己承认，过去所珍视的蒸汽机车将不再是未来的动力源。然而，这种管理上的近视并不是美国机车公司倒闭的主要原因。相反，即使柴油化的现实已经渗透到美国机车公司高管的心灵深处，他们仍然坚持着旧有企业文化中的运营惯例，尤其是那些涉及市场营销的部分。这些运营惯例的延续使美国机车公司的组织结构无法进行任何调整，以适应新的和不同的产品。换句话说，美国机车公司的高管们首先从根本上低估了柴油化的发展速度，更严重的是他们一直错误地认为，在蒸汽机车行业中为公司提供良好服务的组织结构，可以在基本不做修改的情况下适用于内燃机车生产。

即使到20世纪40年代初，美国机车公司的高管们仍然坚信，柴油机车在干线货运和客运任务中永远不会取代蒸汽机车，蒸汽机车构成了铁路动力的主体。1938年，美国机车公司总裁威廉·迪克曼（William C. Dickerman）认为，柴油-电力机车的技术潜力与最初的技术潜力大致相同，柴油-电力机车的可能性已经固定下来并为人所知，而蒸汽机车则不然。迪克曼将柴油机车视为技术死胡同，随后他列举了能够增加蒸汽机车"可能性"的改进措施，其中包括滚子轴承、整体钢铸件、流线形车身、过热器和螺旋弹簧等。因此，美国机车公司的高管们认为他们在致力于技术创新。但事实上，这种技术创新只是对熟悉的传统蒸汽机车技术进行微不足道的改进，并没有扩展到开发全新形式的柴油机技术。

在管理层看来，柴油机永远只能用于专门用途，如货场转运。1938年4月，迪克曼在西部铁路俱乐部发表演讲时解释说，一个世纪以来蒸汽机车一直是铁路的主要动力，在他看来它仍然是，并将继续是。在接下来的6年时间里，电力机车公司成功推出大马力货运柴油机车。战时的需求超过所有柴油机车生产商的生产能力，在这6年中，需求的快速增长使美国机车公司的高管们改变了他们的看法，但也只是稍有改变。1944年，接替迪克曼担任总裁的邓肯·弗雷泽（Duncan Fraser）预测，战后的国外需求几乎全部是蒸汽机车。在美国国内，他认为蒸汽机车的进步与柴油机车的发展齐头并进，至少在可预见的未来，不可能存在任何一种占主导地位的机车类型。蒸汽机车、柴油机车各有优势。但仅仅4年后美国机车公司的蒸汽机车就停产了。

美国机车公司的高管们始终对蒸汽机车在美国铁路上的长期生存抱有不灭的信念。20世纪30年代中期，内燃机车在技术上确实存在困难，这种信心可能是缺乏企业远见或对公司研发人员缺乏信心造成的。然而，10年后，当柴油机车被证明与蒸汽机车不相上下甚至更胜一筹时，美国机车公司的高管仍然持有类似的观点。他们之所以对蒸汽机车抱有信心，并不是因为柴油机车技术效率低下，而很可能是因为他们终生接受的是蒸汽机车设计和生产方面的教育和培训。

威廉·迪克曼曾于1929~1940年担任美国机车公司总裁，他于1896年获得机械工程学位。他的职业生涯始于米尔顿汽车厂［后来的美国汽车铸造厂（ACF）]，他的父亲是该厂的总经理。第一次世界大战期间，他负责美国汽车铸造厂的所有生产管理，并于1919年成为负责运营的副总裁。在整个职业生涯中，迪克曼始终对蒸汽机车的技术表现出浓厚的兴趣，这得益于他所受的工程师教育、他代表技术协会所做的工作，以及他作为铁路动力主题演讲人的多次亮相。

邓肯·弗雷泽于1901年加入美国机车公司，1940~1945年担任美国机车公司总裁，1950~1952年再次出任总裁。他的第一份工作是在罗德岛机车厂当学徒，3年后转到蒙特利尔机车厂（MLW）。他在蒙特利尔机车厂的职位一路攀升，最终成为工厂经理，之后又成为蒙特利尔机车厂总经理。1920年，他放弃了这一职位，成为美国机车公司负责生产的副总裁。

二战后美国机车公司高管在管理公司从蒸汽机车向内燃机车转变的过程中，几乎没有比他们的前任更好的基础。1945年12月出任总裁的罗伯特·R.麦科尔（Robert R. McColl）接受的是已过时的蒸汽机车生产技能培训。他的职业生涯始于英国著名机车制造商罗伯特·斯蒂芬森父子公司（Robert Stephenson & Sons），是一名学徒绘图员。后来他在蒙特利尔机车厂工作，随后担任美国机车公司纽约州斯克内克塔迪工厂的经理。麦科尔的继任者邓肯·弗雷泽也是他的前任，缺乏内燃机技术知识和柴油机车营销经验的高管接连继任。在柴油机车需求高峰期的1947~1954年，公司有19名高管和董事退休、辞职或去世，这使得问题更加复杂，也导致了公司管理层的混乱和缺乏连续性。

1929~1945年，美国机车公司本应为大规模投资内燃机车生产奠定基础，但其总裁却精通蒸汽机车技术，对内燃机车技术、标准化大批量生产与定制工艺生产之间的差异知之甚少。在经济大萧条的艰难岁月里，董事会主席的缺位加剧了管理人才的短缺。1933年，威廉·伍丁（William Woodin）辞去了董事长一职，成为罗斯福新政府的财政部部长。由于美国机车公司的管理风格非常不拘一格,直到1940年董事会才选出继任者,这种缺乏领导力的情况并没有提高其在新兴柴油机车市场上的竞争能力。

直到1952年,美国机车公司才有了一位在内燃机车方面拥有丰富经验的首席执行官——佩里·T. 埃格伯特(Perry T. Egbert),他于1952年12月出任公司总裁。与美国机车公司的其他高管不同,埃格伯特在内燃机技术方面拥有丰富的专业知识。他于1915年获得康奈尔大学机械工程学位,随后在美国空军服役。1919~1920年,他在康奈尔大学教授实验工程学,1921年成为美国机车公司在东亚的技术代表。1929年在收购麦金托什-西摩公司后,他接管了美国机车公司的柴油发动机开发项目,1934年成为铁路柴油机车销售经理,10年后成为负责柴油机车销售的副总裁。此外,他还指导了美国机车公司在二战后从蒸汽机车到内燃机车的生产转型。在埃格伯特职业生涯的大部分时间里,他在美国机车公司的领导层中缓慢晋升。他担任销售经理的10年时间不过是平级调动,直到二战后他才开始获得能够影响美国机车公司战略的重要权力和影响力。这几乎就像是美国机车公司的高级管理人员对埃格伯特在柴油机车方面所受的训练和对蒸汽机车缺乏信念的惩罚。

美国机车公司的高管们一贯倾向于低估柴油机车的发展速度,但这并不妨碍一家公司在柴油机车领域取得成功。事实上,即使是从柴油机车快速替代蒸汽机车中获益最多的行业领导者电力机车公司的高管也低估了这种替代的发生速度。但美国机车公司高管的企业文化使他们忽视了将革命性的技术变革与制造和营销战略的革命性转变相匹配的必要性。美国机车公司的失败并不是因为它的高管们低估了柴油化的速度,而是因为他们带着一种技术上不合格的产品进入柴油机车市场,且生产效率低下,最重要的是营销效率低下。

即使在20世纪40年代末柴油化的迅猛发展变得显而易见之后,

美国机车公司的高管们仍然坚持着他们所熟悉的、已经过时的企业文化中的传统运作模式。他们不明白,适合蒸汽机车生产的组织结构并不适合柴油机车的生产,也没有意识到柴油机车的制造和营销方法与蒸汽机车大相径庭。蒸汽机车是由熟悉铸造和机械加工等传统金属加工技术的能工巧匠定制的。铁路运营官员往往是购买蒸汽机车的关键决策人,因为蒸汽机车的设计是为了满足特定铁路路段的具体要求。机车的设计主要由各个客户负责,而且每种设计只生产少量机车,因此标准化几乎不会产生规模经济效益。由于铁路公司向机车制造商发出订单,美国机车公司的高管几乎没有动力开展营销活动或提供售后支持服务。美国机车公司无须对铁路工人进行蒸汽机车操作和维护方面的培训。特定客户通常从单一制造商处购买大部分蒸汽机车,其忠诚度进一步降低了对营销能力的需求。

由于设计和营销责任经常由客户承担,蒸汽机车行业的管理能力发展不足。美国机车公司虽然是一家大公司,但一直到二战结束后仍然采用单一的生产线员工组织结构,公司内几乎没有中层管理人员。公司高层管理人员明白,机车销售额与其他资本品行业一样起伏不定,一段繁荣期之后,订单量必然会出现下滑,而在未来某个未知的时间点,订单量又会再次上升。因此,经历过繁荣期和衰退期的管理层有一种"按部就班"的心态,对于他们一直认为会出现的暂时性业务下滑,几乎不做任何分析思考。

此外,蒸汽机车行业的竞争性不强。三家机车生产商有竞争,但也相互合作,向竞争对手提供蓝图、施工图和其他专有材料。美国机车公司和鲍德温机车厂通常各占据蒸汽机车市场40%的份额,而利马机车厂则占据剩余的20%。

内燃机车工业的组织要求则大不相同。内燃机车部件的设计和制造要求更高的精度和更小的公差。虽然内燃机车体积庞大,无法采用流水线生产,但标准化的设计使得零部件和组件之间具有很高的可互换性。

与蒸汽机车生产相比，不同铁路客户之间柴油机车设计的标准化创造了更大的规模经济效益。因此，如果能说服铁路公司接受标准设计，柴油机车的经济性就会大大提高。虽然铁路运营官员可以帮助选择最适合其要求的柴油机车型号，但他们不能参与设计过程本身。铁路公司通常不进行竞标，而是承担既定的购买价格。内燃机车制造商（通用汽车公司电动事业部是其中的佼佼者）保证其产品的性能，以弥补其技术的新颖性和客户在设计过程中作用方面的不足。此外，由于铁路车间人员不熟悉新技术，柴油机制造商提供备件库和改造设施。他们还对铁路员工进行正确操作和维护技术的培训。这些扩大的营销能力虽然在蒸汽机车行业是不必要的，但对在柴油机车市场的成功是至关重要的。

美国机车公司管理者目光短浅的最严重表现是他们无法理解市场营销的重要性。在20世纪三四十年代，通用汽车公司电动事业部制定了创新的融资和担保政策，开设了柴油机车操作和维护课程，并建立覆盖全美国的备件和机车改造设施网络。美国机车公司类似的服务姗姗来迟，这些服务从未像通用汽车公司电动事业部的服务那样全面或受欢迎。由于美国机车公司的柴油机车使用的是通用电气公司的电气设备，因此它经常依赖通用电气公司的营销和售后支持。这种情况在1940~1953年尤为明显，当时两家公司之间的联合生产协议正在生效。当通用电气公司后来利用其卓越的营销能力独自进入内燃机车行业时，美国机车公司由于未能发展出足够的营销能力而毫无招架之力。

在20世纪20年代末和30年代初，美国机车公司本来有机会利用其在柴油机车技术方面的早期领先优势，但它没有这样做。在20年代，美国机车公司的高管们明确地认为柴油机车在商业上是不可行的，除非是在专门的细分应用领域。然而，他们并没有投入所需的资金来开发特殊合金钢、追求更严格的制造公差，以及改进燃料和润滑油，从而使柴油机车获得更广泛的成功。美国机车公司的经理们选择生产和销售柴油机车，但将其作为蒸汽机车的附属品。他们的目标是通过柴油机车的销售来维持客户的忠诚度，因为如果美国机车公司不提供少数特殊应用所需的柴油机车，那么任何想要从一家供应商处购买所有机车的铁路公司都可能会放弃美国机车公司而选择鲍德温机车公司。然而，客户的忠诚度在电力机车公司的营销机器面前根本不值一提，它有效地绕过了可能会维持客户忠诚度的铁路官员，正是美国机车公司僵化的企业文化使它无法在内燃机车行业扮演领导角色。

至于其他竞争对手，利马机车厂缺乏进入柴油机车市场所需的资金，而鲍德温机车厂则模仿了美国机车公司的策略。两家公司都不能不提供柴油机车，以免疏远重要客户。但不知何故，直到1945年后，这两家公司的经理们才意识到大多数客户不再需要蒸汽机车这一事实。美国机车公司的高管和鲍德温机车厂的高管一样，都认为柴油机车是蒸汽机车的必要补充。直到第二次世界大战结束，美国机车公司的经理们都认为，在任何情况下，铁路运输都不会完全柴油化。即使美国机车公司曾试图延缓柴油机车技术的采用，但面对电力机车公司的营销活动，这可能永远不会取得成功。

二　电力机车公司的企业文化

20世纪30年代，电力机车公司利用一个狭窄的发展机遇窗口创造了先发优势，确保了其在未来半个世纪的市场主导地位。早在20年代，电力机车公司已成为美国领先的内燃机轨道车生产商。这些车辆从外观上看与传统的铁路客车相似，但每辆车上都装有一个内燃发动机，功率通常在300马力左右，可以自行行驶。轨道车与小型铁路客车（安装了铁路车轮的传统公路客车）一样，可供铁路公司在客流量较小的支线上使用。

电力机车公司的高管尤其是总裁哈罗德·汉密尔顿（Harold Hamilton）从汽车行业中发展出一种企业文化，这种文化在新兴的内燃机车市场中被证明是行之有效的。在通用汽车公司于1930年收购电力机车公司之前，在20年代，汉密尔顿就在电力机车公司推行这一企业文化。他明白，轨道车市场的成功更多地取决于市场营销，而非技术或生产设施。事实上，电力机车公司并没有生产设施，完全依赖于外部承包商。

在佛罗里达东海岸铁路公司短暂工作后，哈罗德·汉密尔顿于1914年加入怀特汽车公司，在工程和销售部门工作。他的职责包括教授车队人员如何操作和维护卡车，而不是马匹。在这一过程中，他意识到营销活动需要相互协调，包括售后指导和技术支持服务等，这有可能提高销售额。从怀特汽车公司辞职后，汉密尔顿于1922年创立了电力机车公司，并与一批高度敬业的员工一起共同致力于实验、非正式工作和客户服务。他最亲密的几位同事，如设计专家理查德·迪尔沃思（Richard Dilworth）等，都是从规模更大、官僚作风更严重的通用电气公司离职后加入的。

20世纪20年代，汉密尔顿开发出在汽车行业屡见不鲜但在铁路设备市场鲜为人知的营销技术。电力机车公司保证其轨道车的性能，公司为每辆新轨道车配备现场指导员，至少提供30天服务，指导铁路工作人员掌握新的操作和维护技术。很少有铁路公司愿意为自己的轨道车储备备件，因此电力机车公司提供了快速备件服务。只有在零件可以互换的情况下，电力机车公司才能在保证成本效益的基础上做到这一点。因此，其对轨道车的设计进行了标准化。尽管这种做法与蒸汽机车行业的做法背道而驰，但由此节省的成本还是让铁路公司心甘情愿地接受了标准化设计。

汉密尔顿在销售方面最重要的创新可能就是他的营销对象。他绕过铁路运营官员，直接找到财务部门。当电力机车公司的销售人员介绍轨道车可以降低成本时，财务官员们听得津津有味。汉密尔顿的理由是，他要把这些车卖给最高管理层，只在必要的情况下向下推销，而不是像传统做法那样通过组织向上推销。销售的产品完全以经济性和性能为基础，这样的做法同样是全新的、与众不同的。

电力机车公司的企业文化主要基于汉密尔顿在汽车行业的经验，引入全新的销售和营销技术。因此，电力机车公司在1924~1930年占领了84%的轨道车市场。然而到1930年，电力机车公司面临市场饱和以及大萧条带来的需求下降。汉密尔顿意识到，内燃机车行业为其公司的组织技能提供了一个合适的舞台，但他也知道电力机车公司缺乏必要的财务资源。美国机车公司本可以提供这些资金，但没有尝试将电力机车公司的知识库融入自己的业务中。相反，通用汽车公司于1930年收购了电力机车公司，不仅为其提供了资金，同样重要的是，通用汽车公司还提供一种互补的企业文化，使电力机车公司能够将其营销技能应用到内燃机车业务中。

通用汽车公司之所以决定收购电力机车公司，与其说是出于打入柴油机车市场的企业战略，不如说是出于偶然。20世纪20年代末，通用汽车公司开始实施一项开发车用柴油发动机的计划，该公司高层决定收购一家领先的柴油发动机制造商，并将其技术与通用汽车公司的资金和研发设施结合起来。在考虑并拒绝了两家老牌柴油发动机生产商后，通用汽车公司于1930年收购了温顿发动机公司。由于电力机车公司是温顿发动机公司最大的客户，通用汽车公司也在同年晚些时候收购了汉密尔顿的电力机车公司。通用汽车公司的汽车柴油机项目收效甚微，唯一的直接收益是为美国海军开发了一些船用的大型柴油机。1933年，通用汽车公司在芝加哥举行的"进步世纪"展览会上展出了其中两台发动机，芝加哥、伯灵顿和昆西铁路公司总裁拉尔夫·巴德在展览会上看到了这两台发动机。巴德对此印象深刻，他说服了不情愿的通用汽车公司经理，为他的轻型轨道列车提供类似的柴油发动机。1934年4月17日，轻型轨道列车首次运行就超出所有人的预期，其他几家铁路公司也订购了配备通用汽车公司的柴油发动机的轻型轨道列车。然而直到1934年底，通用汽车公司的经理才认识到铁路柴油机车的销售潜力。到1935年，他们授权开发一款专门服务于铁路公司的柴油发动机（567型），并出资在伊利诺伊州的拉格朗日建造一家专门生产柴油机车的工厂。尽管如此，通用汽车公司的投资仍然很小。直到1940年，由于军方对各类柴油发动机的需求激增，通用汽车公司才将其全资子公司——电力机车公司转变为该公司的电动事业部。

1935年，电力机车公司完成了其第一台柴油机产品——货场转换机。货场转换机很少远离其维修基地，因此熟悉特定发动机的机组人员可以很容易地对其进行维修。此外，货场转换机总是以极低的速度工作，非常适合用柴油机。一旦柴油机货场转换机取得成功，就可以证明电力机车公司已经跳出这个相对较小的利基市场，可以推出专为长途客运提供动力的机车，从此进入最大的市场，即长途货运市场。

20世纪30年代，通用汽车公司对电力机车公司的支持使该公司得以进入柴油机车行业。通用汽车公司的资金投入很少，而且是勉强提供的，并不是为了占领机车市场而制定的宏伟计划的一部分。美国机车公司的资金实力当然可以与通用汽车公司对电力机车公司的资金支持相媲美；但是美国机车公司的企业文化与新技术及其背后的营销战略根本不相容。通用汽车公司在20世纪30年代罕见的多元化和分权结构给了汉密尔顿及其主要支持者（企业高管）以很大的回旋余地。此外，通用汽车公司对汽车市场的关注与汉密尔顿在怀特汽车公司的经历如出一辙。通用汽车公司和电力机车公司的经理们都懂得市场营销的语言，并意识到精心设计的市场营销计划可以使销售额成倍增长。

20世纪30年代，电力机车公司的管理人员将他们熟悉的营销技巧应用于内燃机车。其实电力机车公司的销售人员并不多，1948年柴油化的高峰时期，销售人员总数仅为14人，但都拥有丰富的营销经验。为了向铁路公司高管展示柴油机车的优势，电力机车公司开展了"经济研究"，对柴油化可能节省的费用进行极为精确的估算。到1947年，此类研究已成为行业的标准做法。

与其他机车制造商不同，电力机车公司意识到乘客对铁路公司购买柴油机车的决定起着重要作用，轻型轨道列车让公众体验到快速、舒适、无烟旅行的乐趣。除了在铁路设备贸易展上展示柴油机车外，电力机车公司还在1939年的纽约世博会等场合展示柴油机车。公众对柴油动力客运列车的需求随之而来，这种宣传方式鼓励铁路公司购买柴油机车用于客运服务。这些最初的销售反过来又进一步增加了购买柴油机车的可能性，包括用于货运的柴油机车。

对于仍未做出订购决定的铁路公司，电力机车公司免费提供演示装置，这种做法很快成为整个行业的标准做法。当然，蒸汽机车行业不可能使用演示机。蒸汽机车的订单通常都是独一无二的，在实际交付之前，铁路公司只能从理论上了解新机车的性能。

一旦向铁路公司出售柴油机车，电力机车公司就可以通过通用汽车公司承兑汇票安排融资。这一程序使铁路公司避免了通过银行安排的设备信托融资，这种融资方式在蒸汽机车销售中占主导地位。在经济大萧条期间，许多银行不愿发行新的设备信托证书，尤其是对陷入财务困境的铁路公司。电力机车公司延续了20世纪20年代向铁路公司出租机车的做法，但规定租金支付低于新柴油机车节省的费用。1939年，一台600马力的柴油机车售价为62250美元（现金），或每月750美元，租期8年；而一台1000马力的柴油机车售价为84300美元，或每月1000美元，租期8年。由于每台柴油机车每月可为铁路公司节省约1500美元，这对铁路公司来说基本上是一个安全可靠的建议。

电力机车公司制造并交付了机车后，它不会像蒸汽机车行业的公司那样简单地收钱走人。电力机车公司延续了汉密尔顿在20世纪30年代的做法，为操作和维修人员提供培训。最初培训采取的是巡回指导的形式，指导人员驾驶运行新机车，直到正式机组人员熟悉其操作为止。

1934年，电力机车公司的服务经理H.B.埃利斯（H.B. Ellis）在密歇根州弗林特的通用汽车学院创办了机车学校，使电力机车公司的教学服务变得更加正规。由于早期的课程主要是为美国海军设计的，因此铁路公司最初的反应并不热烈。但随着拉格朗日工厂向越来越多的铁路公司交付机车，这些为期两周的课程也越来越受欢迎。1936年4月，一位铁路公司高管写信给电力机车公司，建议将机车学校搬到拉格朗日工厂。搬迁于1937年完成。到1944年，机车学校已培训3.5万多名铁路公司员工。1937年，电力机车公司还将一列客车改造为巡回教学车，使铁路公司员工不必再前往芝加哥。此后，在拉格朗日工厂开设的课程一般只针对高级运营和维护管理人员。

20世纪四五十年代，随着柴油机车需求的增加，电力机车公司不断增强其培训能力。1940年，电力机车公司成立了服务培训中心，每年招收2000多名学生。1941~1944年，机车学校关闭，教员被借调到美国海军。对战争的贡献增强了通用汽车公司电动事业部在战后的竞争地位，因为许多习惯使用电动事业部发动机的退伍士兵在战后将其在战时接受的柴油机知识用于铁路行业。1945年，电动事业部开始实施培训教师的教学计划，培训铁路员工开设自己的教学课程。到1951年，电动事业部已在拉格朗日工厂培训了1万多名铁路员工，另外还在其教学车上培训了6.5万多名铁路员工。其他机车制造商尤其是美国机车公司也提供培训计划，但电力机车公司首创的服务要优越得多。

到 1940 年，电力机车公司已经占据市场主导地位。该公司设置了进入壁垒，为其未来 50 年的领导地位奠定了基础。由于鲍德温机车厂仍未从经济大萧条中恢复，利马机车厂仍然无视柴油机车市场，1940 年后，只有美国机车公司有可能与电力机车公司展开有效竞争。

三　二战后美国机车公司进一步落后

对战略物资使用的限制减少了战时柴油机车的生产。随着货运和客运量的激增，铁路公司别无选择，只能接受技术过时的新型蒸汽机车。蒸汽机车产量的激增让美国机车公司、鲍德温机车厂和利马机车厂的许多高管相信，铁路公司确实更喜欢蒸汽机车而不是柴油机车。战后的经济发展转型表明这一观点是错误的，三家公司的蒸汽机车订单从 1945 年的 83 台降至 1946 年的 0 台。1945 年，柴油机车的行驶里程仅占客运列车总行驶里程的 8%，但到 1947 年，这一数字上升到 22%，1948 年上升到 34%。1950 年 9 月，只有 17% 的货运机车是柴油机车，但这些柴油机车承担了 44% 的货运吨里程。1953 年，美国铁路拥有 14657 台柴油机车和 15903 台蒸汽机车，但蒸汽机车完成的工作量还不到柴油机车的 1/4。到 1959 年，柴油机车的替代已基本完成，96.8% 的货运吨里程由柴油机车完成。美国铁路上使用的内燃机车数量从 1945 年底的 3882 台增加到 1952 年底的 20604 台，到 1961 年底超过 28000 台。

美国机车公司不适应环境的企业文化在二战后继续困扰着该公司。鉴于蒸汽机车的明显消亡，美国机车公司的高管们再也无法忽视柴油化的必然性。然而，该公司在战后继续受挫，最终未能保住其在内燃机车行业中第二的地位。该公司的经理们延续了之前的运营模式，继续像蒸汽机车时代那样推销柴油机车。

1945 年后，随着战时军需品生产和蒸汽机车订单的减少，美国机车公司高层采取了双重扩张战略。首先是开始多元化开发相关产品线；其次，尽管公司直到1948年才放弃蒸汽机车的生产，但公司开始将新的重点放在柴油机车的开发上。美国机车公司推出2000马力的客运机车、1500马力的货运机车、1500马力的公路转换机车、1000马力和600马力的货场转换机车，所有这些机车都在1946年底投入生产。

与早期一样，美国机车公司的机车使用通用电气公司的电气设备，因此在销售时使用"ALCo·GE"铭牌。由于通用电气公司的电气设备与电动事业部制造的电气设备相同，美国机车公司对通用电气公司的依赖在技术上没有产生什么积极影响。更严重的是，美国机车公司于1950年决定将柴油机车销售和服务环节移交给通用电气公司。这一安排为美国机车公司的七个设施增加了300多个通用电气销售点。尽管1950年的协议让美国机车公司能够借助通用电气公司卓越的营销网络，但错过了美国机车公司发展自身营销能力的机会。即使在放弃蒸汽机车市场之后，美国机车公司的高管们仍然没有认识到专门营销能力的重要性。

到20世纪50年代中期，大多数铁路公司已经更换了最后一批蒸汽机车，因此升级或更换机车的市场规模小了很多。市场的萎缩迫使鲍德温机车厂等边缘生产商完全退出机车市场。1957年后，美国机车公司成为通用汽车公司电动事业部在美国国内大型内燃机车市场上唯一的竞争对手，但美国机车公司的柴油机车生产高峰期仅从1946年持续至1952年。1953年美国机车公司的柴油机车产量从每天4台减少到3台；销售额也从1951年的1.31亿美元下降到1954年的2600万美元。

美国机车公司之所以能在内燃机车行业生存一段时间，完全是因为通用汽车公司电动事业部选择不占领整个市场。作为行业内成本最低的生产商，电动事业部当然可以确保100%的市场份额，但其管理者明智地避免获取足够的产能来满足整个铁路行业的所有机车需求。电动事业部本可以将美国机车公司以及较小的竞争对手赶出该行业，但这样做会带来两个问题。一是联邦政府可能会对任何拥有100%市场份额的公司持否定态度。事实上，在20世纪60年代，联邦政府曾起诉电动事业部涉嫌违反反垄断法。二是当柴油化热潮开始不可避免地消退时，电动事业部可以轻松地缩减开支，让规模较小、成本较高的竞争对手承受需求下降带来的冲击。电动事业部在柴油机车行业的自愿克制与通用汽车公司早先决定不垄断汽车市场的做法类似。

1956年，为了扭转不断下滑的市场份额，美国机车公司推出装有新型251型柴油发动机的机车。为了更高效地生产这种新型柴油机车，美国机车公司于1957年启动了一项重大的工厂改造计划，将斯克内克塔迪工厂的规模缩小1/3，主要是通过出售或拆除以前用于制造坦克和蒸汽机车的空置厂房。美国机车公司最新的"公司机车制造设施整合与现代化计划"是在电力机车公司开展类似的计划约22年后才颁布的。该计划创建了一条"进步站"装配线，在主装配车间两侧的生产间将部件输送到三条装配轨道中的一条上。

此外，美国机车公司终于开始改进其营销和售后支持计划，更加重视备件和机车更新服务。1952年，即佩里·埃格伯特（Perry Egbert）就任总裁的那一年，美国机车公司在斯克内克塔迪工厂设立了机车改造和维修服务部门。两年后，该公司在圣路易斯开设第一个零件仓库。美国机车公司最终拥有7个这样的仓库。但其营销计划和售后支持服务仅仅是追随通用汽车电动事业部的步伐，落后了近10年。与机车相比，备件往往是一个低利润的环节。只有最初购买美国机车公司机车的铁路公司才有可能使用零部件仓库或改造服务。因此，随着美国机车公司机车销售量的下降，这些辅助业务最终也随之减少。此外，美国机车公司的机车改造业务集中在斯克内克塔迪，这也为电动事业部位于拉格朗日中心位置的工厂提供了相对优势。由于上述原因，到 20 世纪 60 年代初，美国机车公司的市场份额远远低于管理层的预期。

美国机车公司也开始从与铁路相关的产品线向小批量定制产品的多元化发展，这些产品沿袭了已消失的蒸汽机车工业的运行规律。这一转变的标志是 1955 年美国机车公司更名为 AlCo 产品公司。到 20 世纪 50 年代末，美国机车公司为铁路、化工、核能和石油行业提供广泛的产品。这些产品包括柴油发动机、柴油动力钻机、热交换器、压力容器、热水器、钢管、水泥窑、蒸馏器、导弹部件、蒸汽发生器和其他 44 种产品。除了部分标准化的柴油发动机和机车外，美国机车公司的几乎所有产品，从纽约州驳船运河的闸门到林肯隧道的防护罩等，都是定制设计和制造的。这类产品的利润率一直很低，而且其设计所针对的市场（石油、国防、公共工程）的周期性实际上加剧了机车行业固有的"非饱和即饿"的特征。

美国机车公司不愿对其柴油机车生产设施进行合理化改造，同时继续依赖定制产品，这表明该公司在完成最后一台蒸汽机车生产后的很长时间内仍将自己视为小批量生产企业。最近的学术研究表明，小批量生产为大规模资本密集型批量生产提供了潜在的可行替代方案，尤其是在生产少量技术复杂产品的行业。虽然小批量生产的可预测性不如大规模生产，但它允许公司迅速改变其生产和营销能力，以应对不断变化的客户需求。显然，美国机车公司在 20 世纪初作为灵活的蒸汽机车小批量生产企业取得了巨大成功。然而，柴油机车的生产更接近于标准化的大规模生产，美国机车公司的高管们不愿也最终无法适应这些新的生产和营销技术。

20 世纪 60 年代初，美国机车公司陷入严重的困境，1953 年的总销售额为 4.4 亿美元，到 1961 年已降至 8900 万美元。1955~1961 年，利润下降了 92%。各种定制设计、定制制造的产品原本打算与机车销售额持平甚至超过机车，但只占总收入的 20%，利润所占比例则更小。美国机车公司的机车部门在国内受到美国通用汽车电动事业部的冲击，在国外受到通用电气公司和通用汽车公司电动事业部的打击，业绩也好不到哪里去。斯克内克塔迪工厂的员工人数从 1951 年（柴油机车生产高峰年）的 1 万人下降到 1960 年的 2000 人。尽管美国机车公司并未濒临破产，但它仍需要对公司战略进行重大调整。

对于所有铁路公司的供应商来说，1961 年是特别糟糕的一年。尽管至少有一位金融分析师认为机车行业是"资本品行业中利润最低的行业之一"，但通用汽车公司电动事业部仍在国内外不断扩张。因此，美国机车公司的高管们似乎不太可能选择进一步专注于内燃机车行业，然而这正是他们所做的。

20 世纪 60 年代初，美国机车公司高层准确预测了柴油机车需求的增长，因此在 1963 年推出世纪系列机车。他们将这些机型的开发工作交给新成立的高级机车设计小组，并将该小组与常规的生产工程部分开。该公司声称，与使用 10 年或更长时间的机车相比，这些新型机车的运营成本最多可降低 40%，维护成本最多可降低 50%。

然而，美国机车公司并不是唯一一家抓住机车需求骤增所带来的市场机遇的公司，通用电气公司将 20 世纪 60 年代变成了美国机车公司痛苦的 10 年。鉴于机车订单的激增，美国机车公司很有可能借助通用汽车公司电动事业部无法满足的机车订单占有更大市场份额。然而，通用电气公司通过精心选择进入国内大型柴油机车市场的时机，承接了通用汽车公司电动事业部无法满足的订单。当通用电气公司进入这个由两家大型生产商充分满足的市场时，就注定了美国机车公司的灭亡。到 60 年代末，通用电气公司和通用汽车电动事业部的卓越制造和营销效率迫使美国机车公司退出内燃机车领域。

20 世纪 20 年代以来，通用电气公司一直在制造小型（小于 750 马力）内燃交换机车。通用电气公司自己提供电气设备，并从英格索兰（Ingersoll Rand）、库珀、贝塞默（Cooper Bessemer）和卡特彼勒（Caterpillar）等多家制造商处购买柴油发动机。根据1940年与美国机车公司签订的联合生产协议，所有国产大马力柴油机车均以"ALCo·GE"机组的名义销售，这使通用电气公司可以自由开发国外订单和低功率机车市场。到1953年，当两家公司结束联合生产协议时，通用电气公司在这两个领域都占据了相当大的市场份额。通用电气公司对小型柴油机和出口柴油机市场的参与，也促使其建立一个复杂的机车维修和改造设施网络。

1960年，经过多年的研究和规划，通用电气公司推出其首款大马力货运机车，即2500马力的U25B型机车。与美国机车公司和通用汽车公司电动事业部的竞争对手相比，这款新型机车有多项改进（其中大部分是在电气设备方面）。U25B机车很快就在货运服务中证明了其性能，公司很快推出了其他功率更大的机型。到1963年，通用电气公司10%的市场份额与美国机车公司相当，而通用汽车公司电动事业部则占据其余80%的市场份额。此后，通用电气公司的市场份额超过了美国机车公司。

在这种情况下，美国机车公司是其唯一的电力设备供应商的直接竞争对手，这在美国商业界并不多见。从美国机车公司的角度来看，通用电气公司进入国内大型内燃机车行业的决定几乎是灾难性的。面对来自通用电气公司日益激烈的竞争，美国机车公司的市场份额开始下降：从1966年的11.5%降至1967年的6.5%，再降至1968年的2.6%，而此时通用电气公司已占据33.2%的市场份额。

1964年7月，沃辛顿公司（Worthington Corporation，在不到两年前收购美国电力机车公司的给水加热器业务）提出收购该公司的其余部分。两家公司的管理者都希望通过合并来平抑与各自产品线相关的"繁荣与萧条"的发展周期。正如《福布斯》的一位分析师所解释的那样，"两个正在康复的瘸子确实有可能互相帮助"。1964年12月31日起，美国机车公司成为沃辛顿公司的产品部。

然而，1967年11月沃辛顿公司与斯图德贝克公司的合并最终决定了美国机车公司作为机车生产商的命运。1969年1月，斯图德贝克-沃辛顿公司新当选的总裁、芝加哥律师德拉尔德·H.鲁腾伯格（Derald H. Ruttenberg）承诺要裁撤公司所有财务不健全的部门。首先被淘汰的是产品部。1969年，美国机车公司斯克内克塔迪工厂结束了持续121年的机车生产。1970年2月，斯图德贝克-沃辛顿公司将其柴油发动机业务出售给怀特汽车公司，将柴油机车本身的设计权转让给蒙特利尔机车厂，后者仍是斯图德贝克-沃辛顿公司的一个组成部分。此后，只有通用汽车公司电动事业部和通用电气公司在争夺美国柴油机车市场的控制权。

四 通用汽车公司电动事业部在战后的成功经营

随着第二次世界大战的结束，通用汽车公司电动事业部不再强调军工生产，以便有效利用机车需求的激增，因为铁路公司需要更换因战时服役和经济萧条时期延期维修而磨损的蒸汽机车。1945~1955年，电动事业部充分享受了20世纪30年代建立的先发优势，它在战后10年的成功经营，在很大程度上归功于通用汽车公司电动事业部和通用汽车公司高管为满足更大、更可预测的机车市场而对企业文化进行的适应性改造。虽然这种改造后的企业文化所包含的组织惯例强调了制造技术和设施的改进，但它更重视电动事业部已经令人印象深刻的营销结构的改进。

随着电动事业部在战后提升其营销能力，它不断认识到公众舆论在机车行业中的重要性。1946年，该部门针对铁路乘客开展了"更好的火车需要更好的机车"和"光明的新时代"广告宣传活动。1947年5月，电动事业部为通用汽车公司的"明日列车"举行为期6个月的巡展，足迹遍布美国30多个城市。这列火车由一台柴油机车和四节豪华客车组成，电动事业部从未打算将其作为常规生产项目。相反，通用汽车公司总裁查尔斯·E. 威尔逊（Charles E. Wilson）希望"提高公众对铁路运输的兴趣，并使公众更加接受我们向铁路公司提供的产品"。几年后，电动事业部发行了一本32页的小册子，面向公众强调柴油机车的优点，特别是电动事业部的优点。电动事业部从20世纪30年代起就知道，公众压力是鼓励铁路公司用现代柴油机车取代肮脏嘈杂的蒸汽机车的一个重要因素。

电动事业部的其他营销活动直接面向铁路管理人员，其广告最初强调"超级生产和超级运输"。到20世纪40年代末，广告重点已从推销柴电概念转向推销完全彻底的柴油化。50年代初，电动事业部的广告继续以消除蒸汽为重点，但增加了统计信息。《保障铁路盈利》小册子以通俗易懂的方式介绍电动事业部如何为客户节省成本，尤其是在零部件服务和机车改造方面。二战结束后不久，电动事业部编制了《运营比较报告》，数据来自30多家铁路公司的信息交流中心，介绍如何最有效地利用电动事业部的柴油机车。一些铁路公司的运营官员认为这些报告价值不大，因为不同铁路公司的运营特点大相径庭。然而，此类服务往往给铁路公司高级管理人员留下深刻印象，因为他们往往更熟悉财务而非运营，而他们是机车采购的最终决定者。

电动事业部还会利用铁路高级管理人员的虚荣心。公司为他们的办公室墙壁提供装裱精美的电动事业部柴油机照片。更重要的是，1957~1959年，电动事业部开展了名为"打造美国铁路未来的人"的广告宣传活动，将重要铁路管理人员的彩色肖像刊登在行业领先的贸易杂志《铁路时代》的封面上，取得较大成功。电动事业部机车也出现在这些封面上，虽然它们都在背景中，但比铁路管理人员的头像小。相比之下，美国机车公司在战后培养重要铁路官员好感的工作就没有那么顺利了。1946年美国机车公司新机车系列的纽约首发式上，铁路高级管理人员观看了亚利桑那州印第安部落舞蹈，并获赠一朵免费康乃馨。与竞争对手相比，电动事业部的营销工作更加专业和有效。

二战后，通用汽车公司电动事业部的服务部负责扩大培训项目，其在美国的销售人员不足20人，却雇用120名机车教员，这一事实表明这些培训课程的重要性。除了两辆教学车和在拉格朗日开设的课程外，电动事业部还派出一辆完整的内燃机车在美国铁路上进行巡回教学。1953年，电动事业部意识到国外订单的重要性，开设了为期90天的出口培训课程。随着越来越多的铁路运营和维护员工开始熟悉内燃机车，这些培训服务的重要性逐渐下降。但是多年来，电动事业部的机车学校提高了企业知名度，并使一代又一代的铁路员工熟悉电动事业部的机车。

随着美国铁路上的内燃机车数量不断增加，电动事业部扩大了其零件和服务网络。1949年2月，公司在拉格朗日开设了一个新的零部件配送中心，该中心拥有价值约300万美元的库存。电动事业部还在杰克逊维尔、哈利索普（马里兰州巴尔的摩附近）、明尼阿波利斯、洛杉矶、埃默里维尔（加利福尼亚州）和圣路易斯等其他城市设立零部件配送中心。到1949年底，电动事业部已为其零件配送网络投资3900万美元。电动事业部还对备件包装方法进行广泛研究。

电动事业部在美国各地设立了机车改造点。部门经理们相信，机车改造将提高商誉，可为电动事业部的零部件提供一个专属市场，加快研发和模具成本的摊销，还可以作为技术的试验场，如果成功，就可在拉格朗日实施。第一家改造工厂选址于加利福尼亚州奥克兰市的前狗饼干工厂所在地，于1944年成立。随后，在杰克逊维尔、巴尔的摩和埃默里维尔也相继建立了工厂。

电动事业部战后的成功在很大程度上得益于其调整企业文化以适应不断变化的经营条件的能力。20世纪二三十年代，哈罗德·汉密尔顿和他在通用汽车公司电动事业部的同事们建立了一种强调非正式、试验和创新的企业文化,这正是该公司在扩大其小型利基市场时所需要的。到1945年,通用汽车公司电动事业部已经发展成为一家大型柴油机车、大型船用和固定式柴油发动机的生产商,并且利润丰厚。通用汽车公司努力创造一种基于稳定性、可预测性和正规化操作程序的新企业文化,用通用汽车公司的终身"组织人"取代年长的技术经理。1950年初,理查德·迪尔沃斯从通用汽车电动事业部退休,但他继续担任顾问直到1952年。迪尔沃斯是电动事业部最后一批受过非正式培训的技术经理人。随着这些技术人员从电动事业部退休,该部门越来越多地由经理主导,这些经理通常由通用汽车公司指派,受过销售而非生产技术方面的培训。因此,这些经理的晋升表明,电动事业部和通用汽车公司都认识到市场营销和销售技巧的持续重要性。

直到20世纪80年代中期,通用电气公司在提高了其柴油机车的质量和燃油效率后,开始蚕食电动事业部的市场份额。通用汽车公司考虑过将电动事业部出售给阿西布朗勃法瑞(ASEA Brown Boveri)或其他合适公司,但最终被否决。20世纪90年代中期,电动事业部的销售额已经恢复,与通用电气公司在内燃机车行业中的地位似乎不相上下。电动事业部成功的企业文化相对淡化,结束了其在内燃机车行业长达半个世纪的统治地位,这超出了本文的讨论范围,有待于进一步的研究和分析。

五 适应性和非适应性企业文化的评估

美国机车公司从蒸汽机车制造商向内燃机车生产商的转型之所以失败,是因为其管理层受制于过时的企业文化,没有意识到公司要想在内燃机车行业生存下去,就必须进行彻底而全面的转型。特别是这些经理们没有认识到市场营销的重要性,这种组织能力在蒸汽机车行业中几乎没有任何意义，但在内燃机车行业中却是至关重要的。

美国机车公司是非适应性企业文化的受害者，而电力机车公司的成功则是因为其企业文化更适合内燃机车行业的组织要求。美国机车公司的企业文化是几代管理者在蒸汽机车生产的传统工艺技术中培养出来的，而电力机车公司的企业文化则主要是由企业家哈罗德·汉密尔顿（Harold Hamilton）和他的几位亲密伙伴创造出来的。这种文化源于汽车工业早期的辉煌时期，强调创新和试验。最重要的是，它承认营销与生产同等重要甚至更为重要。

电力机车公司以营销为基础的企业文化与通用汽车公司建立的文化和组织惯例非常契合，而通用汽车公司本身就是营销领域的先驱。通用汽车公司对市场营销的培养态度，被证明至少与它的财务资源一样对电动事业部有价值。与第二次世界大战相关的军事需求最终鼓励通用汽车向其电动事业部提供大量资金。随着电动事业部规模的扩大和盈利能力的增强，其企业文化也发生了变化。虽然电动事业部继续致力于市场营销，但其企业文化更加强调稳定性和组织的常规性，而这些属性在电动事业部成立之初并不合适，但非常适合战后机车市场。

如果不出意外的话，美国机车公司以及整个机车行业的历史表明，一种完善、成功、受人尊重的企业文化可以引领一家公司取得巨大的经济成就，但同样的企业文化如果不加以改造，也可能导致一家公司陷入灾难，包括通用汽车公司在内的许多原本强大的美国大公司最近遭遇的财务困境，使人们对任何关于组织的永久适应性和管理的无懈可击的观念产生了怀疑。美国机车公司的故事提供了一幅令人不安的画面：管理者在无能、自负和组织僵化的海洋中漂泊。机车工业的教训是，技术的变化往往比职业生涯依赖于特定技术的人的变化更快，而技术变革要想得到有效利用，就不能仅依靠工厂的现代化，不能仅依靠研究和开发，也不能仅依靠政府的行动，还必须从根本上改变那些声称要掌控技术变革的人的思想。

董事会中的银行：德国和美国的公司治理（1870-1914）

〔美〕杰弗里·费尔 〔法〕克里斯托弗·科布拉克

孙成己 译*

【摘 要】本文关于德国和美国公司治理基础的研究都突出以货币为中心的银行作用，它们既是大公司董事会的成员，也是证券交易所的中介机构。德国银行通过充当代理监管机构成为制度的稳定器，他们的监管机构鼓励银行参与公司董事会，以克服公司的代理问题并制约投机行为。1914年之前，美国的投资银行经常设法克服监管障碍，使其能够比德国同行对企业拥有更大的权力。当发生金融恐慌、企业破产、外国投资和企业合并时，美国银行拥有更多的机会进行干预。与德国形成鲜明对比的是，美国出台越来越多限制银行作为董事会成员发挥监督作用的法规。20世纪30年代，美国选择由公共监管机构控制的证券市场模式，以及为外部投资者和广大公众提供具有透明度的会计信息，而德国则更加依赖私人金融家，作为一项公共政策，德国选择负责任的银行家为企业提供长期的咨询。

---

* 本文原文系美国学者杰弗里·费尔和法国学者克里斯托弗·科布拉克所著，原文及出处：Jeffrey Fear, Christopher Kobrak, "Banks on Board: German and American Corporate Governance, 1870-1914", *Business History Review*, Winter, 2010, Vol. 84, pp. 703~736, https://www.jstor.org/stable/27917308；中国政法大学商学院博士研究生孙成己对原文进行翻译并提炼了摘要和关键词；巫云仙教授对全文进行译校。

【关　键　词】德国　美国　董事会　银行机构　公司治理

引　言

蓬勃发展的全球投资模式激发了大量关于公司适当控制和公司治理的比较研究。1907年的金融危机推动了20世纪银行业的许多改革，一个世纪之后的2008~2009年金融危机再次引发关于金融机构在公司治理和资本市场监管中所扮演角色的讨论。正如1914年之前美国和德国这两个最重要市场所发生的那样，新兴市场正在寻求本土与外来制度相适应的组合，这一问题变得尤为重要。

在现代的第一轮全球化中，美国人和德国人应对大规模跨境资本流动、新型金融工具出现和大企业崛起所采取的各种方式，对这两个国家资本主义的发展产生了深远影响。这两个国家的金融体系存在明显差异，美国是典型的"盎格鲁-撒克逊式的资本主义"，而德国是"莱茵模式的资本主义"。虽然社会科学家倾向于进行静态比较，将二者描述为截然不同的模式，但在20世纪德、美两国的金融体系却发生较大的变化。

尽管第一次世界大战前美国和德国在金融监管方面存在许多差异，但投资银行家仍然在大型工业（或非金融）企业中扮演着公司治理参与者的角色。本文的分析认为，由于美国有更多的干预机会，美国大型投资银行对美国企业的影响力甚至超过了德国银行对德国企业的影响力。本文主要比较分析投资银行特别是位于纽约的投资银行在美国企业治理中的作用，与总部位于柏林的"大银行"如德意志银行等银行机构在德国企业治理中的作用，这是聚焦于"银行权力"讨论的经典问题。

文本论点建立在德国企业史学家长达20年的关于这些问题的重

新评估的基础上,他们做了很多研究工作,驳斥了亚历山大·格申克龙(Alexander Gerschenkron)最初提出的银行机构主导德国快速工业化的观点,以及鲁道夫·希法亭(Rudolf Hilferding)关于德国大型全能银行主导企业决策的经典论点。希法亭经常举美国"银行权力"的例子作为"金融资本主义"的证据。最新的比较研究表明,对德、美两国金融体系的传统分类并不能完全反映这两个国家金融体系相似的程度。事实上,跨国金融精英阶层推动了国际金融业的发展,其活动以 J. P. 摩根(J. P. Morgan,曾在哥廷根学习并在伦敦接受培训)、德国移民雅各布·希夫(Jacob Schiff)和库恩·勒布公司(Kuhn, Loeb & Co)的保罗·瓦尔堡(Paul Warburg)以及德意志银行在美国的活动为代表。当前对"资本主义多样性"的描述几乎无法准确反映德、美两国在第一次世界大战前的金融市场格局。最后,一般的描述性分析也未能对1914年之前银行所能提供的广泛服务给予足够的重视,包括它们对金融服务的监管。

  本文的研究发现,德、美两国的银行在公司治理中扮演的角色存在许多相似之处,都强调银行(潜在地)建立信任和降低风险的方式,而不是像格申克龙那样强调银行作为企业家精神替代品的行为,或是像路易斯·布兰代斯(Louis Brandeis)和鲁道夫·希法亭分别贴在他们身上的"货币托拉斯"和银行"主导地位"的标签那样。遵循这一思路,本文采纳杰拉尔德·费尔德曼(Gerald Feldman)将问题转移的建议,认为与其寻求回答"金融体系如何促进增长",不如探究"金融体系能否以及如何产生更大的稳定性"问题。

  本文第一部分指出,1914年以前的金融体系并不是以我们今天习以为常的方式运作。由于银行与大型企业的密切关系及其在发行和交易公司证券的证券交易所充当"守门人"的角色,银行充当了特殊的金融中介机构,其不是取代企业家精神,而是弥补不完善的新兴资本市场缺乏制度化的信任。

本文第二部分论证顶级的纽约投资银行在公司治理中扮演了比著名的德国银行机构更强大的干预主义角色。它们的干预在美国引发对银行家更大的反对之声。美国的金融制度改革主要是为了限制内部人士尤其是强大的投资银行的权力，而这背后是出于对控制权与所有权分离的担忧。相比之下，在德国，由于担心将控制权与所有权分离，家族股东和银行家们大多都留在董事会中。

1914年以前，德、美两国的银行都为投资者提供一种保险。就像保险公司一样，当出现问题时银行会更多地介入企业。德国银行的介入是为陷入困境的企业提供经济服务，这也是J. P. 摩根所扮演的著名角色之一。随着时间推移，投资银行在德国金融体系中占据了与美国同行不同的领域，主要是扮演一种替代监管的角色，这是格申克龙或希法亭及其批评者都无法成功捕捉到的传统观点。在美国，改革不仅导致对内部人士的限制越来越多，还建立了较为透明的证券市场监管规则，从而部分替代了银行的监管。

一　1900年前后董事会中的投资银行

在第一次世界大战之前，德国和美国都有银行和资本市场相结合的混合型金融体系，银行与证券交易所相互交织，但逐渐以不同的方式发展。当股票和债券市场处于起步发展阶段时，银行作为"守门人"提供广泛服务。当时，专业活动尚未细分为管理咨询顾问、财务顾问、评级机构、会计师事务所、私募股权管理人和股票经纪公司等。即使在美国，早在《格拉斯-斯蒂格尔法案》限制银行家的活动之前，银行也独立或联合行使这些不同职能。有些服务只有在经济衰退或某个公司面临财务压力时才变得重要。德、美两国位于货币中心城市的银行都为客户提供投资信贷和国内、国际转账等基本服务，这些服务在当时不如现在这般司空见惯。大企业的崛起增加了金融的复杂性，而且投资银行成为金融咨询服务的主要提供者，很少甚至没有一家企业拥有现代意义上的首席财务官。

德、美两国的银行都扮演着至关重要的金融中介角色，银行家在公司董事会中担任正式职务或非正式地担任个人顾问，即使是在那些不太需要外部融资的少数人持股的公司也是这样。上述现象是一种常态，毕竟高效的资本市场在历史上极为罕见。直到新的会计方法、更具流动性的商业票据和证券市场、管理咨询公司以及信用评级机构得到发展，银行才逐渐被边缘化。

显然，无论是在1914年之前还是之后，德国大型全能银行都不必像美国同行那样去应对那么多不利的监管。他们在地域范围、组织机构和广泛的服务等方面所具有的优势是美国银行无法比拟的，这也加强了他们为公司提供的治理服务。作为全能银行，位于柏林的大型投资银行可以在全德国范围内吸收存款、向企业提供贷款、提供出口信贷、持有证券、担任监事会成员和提供多种咨询服务，这就加强了它们在发行国内外证券的辛迪加组织中的作用。一般而言，德国全能银行既是政治选择的结果，也具有理想的品质，正如美国银行的分散化和专业化是一种政治选择而非效率所致一样。然而，德国全能银行主要按阶级、客户、联邦和公私界限进行区分，不像美国银行那样是按照职能和专业化来区分的。

美国银行业的服务呈现分散化特征，摩根大通、库恩-洛布公司等大型投资银行是高度依赖国际金融市场的，它们在欧洲市场上为美国企业筹集资金并销售证券，由此形成错综复杂的银行关系网络。与将此类职能内部化的德国全能银行不同的是，位于纽约的投资银行必须通过一系列专业机构开展业务，如信托公司、拥有股权和投票权的证券子公司，或者由银行和私人投资者组成的辛迪加财团等。自相矛盾的是，美国银行业的分散化导致1912年和1913年国会普乔委员会（the Congressional Pujo Committee）对银行的调查，调查报告认为银行有滥用权力的行为，并抨击银行内部形成的那种隐秘的、密集的交叉持股的董事会网络和财务联系；投资银行被视为编织金融操纵之网的蜘蛛。另一种不太合理的解读是，美国投资银行只是在试图克服德国全能银行内部提供的功能分散化所造成的问题。更为重要的是，由于大量外资流入和企业合并导致金融力量高度集中，这种情况在德国几乎没有先例。如纽约第一国民银行行长乔治·F. 贝克（George F. Baker）曾表示，4 家投资银行（摩根大通、库恩-洛布公司、基德-皮博迪公司和李-希金森公司）参与所有超过 1000 万美元的证券发行，每年发行的证券总值远超 5 亿美元。

作为金融中介，美国投资银行在为基础设施、庞大的"公共服务"公司（如铁路和公用事业公司）提供私人融资方面扮演颇具争议且备受瞩目的角色，许多现代证券法规、金融创新和会计改革都发生在这些领域。这些改革引发金融脱媒过程，导致美国投资银行逐渐退出公司治理，而德国全能银行则设法保留这些角色。在德国，基础设施部门在很长一段时间中直接由国家或市政府掌控。由于这些具有政治敏感性的部门处于政府监管之下，德国全能银行在其他活动中保留它们的全能性和中介控制功能就更加容易了。

德国著名银行家和经济学家奥托·杰德尔斯（Otto Jeidels）认为，由于德国银行的全能性特点，纯粹的投资银行职能只是德国银行在全面公司治理关系中的"一条轨道"，而承销证券是投资银行业务的一个重要组成部分，但这只是它们提供服务的重要而非唯一的方面。1903 年，投资银行业务在三大德国银行总利润中占比不到 25%，如 1900 年德意志银行约 80% 的收入来自贴现和短期金融工具的利息收入。大约在 1900 年，德意志银行、德国贴现公司和德累斯顿银行大约 1/3 的收入（占比最大的一块）来源于活期账户贷款。这种短期放贷活动最有利于银行与企业建立长期关系，从而为未来的证券发行做好准备，但美国投资银行则更专注于股票和债券业务。

银行在发行证券和持有股权过程中承担着巨大的风险，而德国全能银行通过多样化经营来分散这些风险。工业企业证券的规模（尽管远小于美国的发行额）意味着即使是德国最大的银行也通常需要与其他银行合作组成辛迪加银团。辛迪加银团导致银行之间的竞争，这使大工业家得以利用银行间的竞争为自己谋利。除在极短时期外（通常是在公司财务困难时），截至1910年，德意志银行直接持有的证券在其总资产中所占比例很少超过10%，而与外汇交易相关的银行承兑汇票和汇票则约为其总资产的三至四倍。到1900年，证券交易收入占总收入的比例下降到约6%，这大致相当于银行承兑汇票收入，约占汇票交易收入的1/3。德国银行家奥托·杰德尔斯称，持有客户的证券头寸对他们来说比其他活动风险更大，因为需要更多地介入客户的事务。银行经常被迫操纵市场，以保持股价稳定并持有一段时间的证券，但持有工业股票过长时间往往是失败的标志。然而，一旦建立了这种关系，银行就可以提供低风险和高收费的服务，如任何从事国外业务的客户都需要大型银行处理贸易支付并向他人保证其信用。事实上，一位美国银行总裁哀叹，与德国和英国的同行相比，美国银行无法或干脆拒绝用长期信用为美国在拉丁美洲的出口商服务，银行承兑汇票是由非金融机构创造的、由银行担保的短期信贷，可以像商业票据一样折价交易，这是德国银行业不可或缺的一部分业务，提供了比美国更高的整体流动性，因为美国的承兑汇票不那么普遍。

尽管当时存在一些关于商业银行业务与投资银行业务分离的争论，但大多数德国人珍视全能银行所展现的稳定性，而且与美国不同，德国的银行体系从未受到质疑。基于内部交叉销售，该体系通过持续的活期账户贷款来调节银企关系，从直接的银行贷款到国际外汇交易，这正是花旗集团和美国银行如今复制的商业计划。尽管在金融资本方面存在争议，德国银行很少控制德国企业（对这一论断，将在下文进行更深入的讨论）。但银行为企业提供的广泛服务，以及银企两个部门之间存在的亲密关系被视为监管和政治的优点而非缺点，以至于德国其他类型的银行，如储蓄银行最终也采纳这些做法。

最重要的是，在客户公司的董事会中占有一席之地象征着这种银行受托人角色和制度化的关系。进入董事会让银行家获得内部信息并对企业决策施加一定影响。不足为奇的是，这样互相交叉持股的董事成为美国"货币托拉斯"或德国"金融资本"的最明显标志。正如路易斯·布兰代斯所言，"掌握钱袋的银行家通常是精神上的主宰"。1900年后，德国人和美国人都激烈地争论银行权力问题。银行发现其在为竞争激烈的公司发行证券时会陷入令人尴尬的利益冲突中。1906年，库恩-洛布公司在一次利益冲突曝光后，只好撤出其所有在铁路公司的董事席位，但并没有退出重要的融资活动。虽然银行参与可能会激发投资者的信心，但也确实招致公众的猜疑。

表1显示了德、美两国银行与企业董事会之间的相互关联程度，仅包括两国最大的上市公司，不包括所有没有正式银行代表的大型私人公司。该样本既未反映出有限责任公司在德国日益受到欢迎的状况，也未反映出银行通过贷款或个人关系施加的非正式影响。在德国，大约80%的工业股份由非股份制公司和没有正式的监事会的公司控制。然而，该样本代表行业中占据主导地位的企业，理论上银行最有可能在这一领域发挥重要作用。

表1 美国和德国大企业与银行的关系网络（1896-1938）（美国/德国）

关系维度	年份			
	1896~1900	1914	1928	1938
公司				
公司样本数（家）	249/212	242/323	369/377	409/361
独立公司（%）	9.2/26.4	20.2/9.6	10.8/2.9	8.3/4.2
董事会平均规模（人）	13.3/7.9	14.4/12.7	17.5/21.7	16.5/15.0

续表

关系维度	年份			
	1896/1900	1914	1928	1938
平均每家公司的关联交叉董事（人）	6.34/2.42	6.05/9.54	6.88/32.8	5.11/19.3
平均每家公司的直接关联董事（人）	1.88/0.64	1.63/1.36	2.2/3.76	1.75/3.2
银行				
银行样本数（家）	46/30	49/47	62/59	77/47
银行与工业企业的直接关联董事（人）	122/76	137/207	258/426	262/252
有银行家担任董事的工业企业（%）	32.5/25.3	36.2/40.9	43.0/59.4	46.1/48.4
有3名以上银行家任董事的工业企业（%）	6.9/3.8	8.3/7.2	11.4/18.9	7.5/7.6
有银行家担任监事会主席/总裁的工业企业（%）	2.5/13.7	2.1/14.5	8.5/23.0	10.2/24.8

资料来源：Paul Windolf, "Organisierte Kapitalismus: Deutschlandund USA im Vergleich, 1896-1938", Zeitschrift für Unternehmensgeschichte(ZUG), Vol, 51, no.2(2006), pp.191~222, 表1、表4。一些数据，如董事会平均规模，来自同名未发表论文表2。直接关联意味着A公司执行董事会成员在B公司监事会任职，非直接关联是指同一人在A、B公司监事会任职，这种区别衡量了对另一公司的潜在控制程度。

总体而言，1900年尤其是1914年后，德国企业的关联性比美国企业更强（如表1所示）。有人可能会争辩说大约在1900年，美国拥有更"有组织的资本主义"，因为美国有更多相互交叉持股的董事职位、更大的董事会和更多的银行家担任董事。在德国最大的企业中，约有1/4没有关联董事会，而在美国企业中这一比例仅为9%，但到1914年这一关系几乎逆转。令人惊讶的是，1900年德国企业的董事会规模较小，然而到1914年，德国和美国企业的董事会规模大致相同且银行家的比例也大致相同。到1928年，德国企业与银行的相互关联程度更高、董事会规模更大、银行家的代表性也更强，尤其是银行家越来越多地担任企业的监事会主席。1900年前后，关联董事数量较多反映了美国企业在19世纪和20世纪之交的并购浪潮，而德国企业则越来越多地形成复杂的企业网络、联盟、合资企业、卡特尔和利益共同体，而非完全整合。20世纪20年代，企业合并变得更加普遍。

至少在这些方面德国和美国这两种资本主义开始出现分歧，尽管在1914年之前差异不应被夸大。那一年，美国和德国大型工业企业中，董事会中拥有3个或以上银行家的企业比例大致相当（分别为8.3%和7.2%）。到1928年，德国银行在董事会中的代表比例更高。美国的公司中有43.0%的公司董事会中有银行家，而德国公司中这一比例为59.4%。最明显的趋势是担任德国公司监事会主席的银行家数量不断增加，到1928年，几乎1/4的大公司都是这种情况。希尔费丁强调，这一趋势尤其表明银行在多大程度上主导了工业企业。

二 银行在董事会中的席位意味着什么？

银行在董事会中的席位意味着什么？断言银行占据董事会席位反映出银行具有更大权力是有问题的。因为在20世纪20年代，德国银行在战争和恶性通货膨胀造成的破坏之后处于最弱状态，然而，其在董事会的代表却急剧增加。现代经济理论提出银行在公司董事会中占有席位的三个理由：一是增加企业的资本获取能力，并降低银行的监控成本，因为它允许银行获取内部信息；二是银行在公司董事会中的代表可能是一种认证机制，表明该公司是一项安全的投资或向其他贷款人保证了信誉，银行是其他投资者的代理监控人；三是企业家或公司高管可能希望定期获得银行家关于公司财务结构或新证券发行的建议。银行家的存在与新股发行或新企业上市的相关性最为密切，但可能还有其他原因。

社会资本或网络优势补充了这些经济计算。上市公司中关联董事会形成一个互惠的社会和个人关系网络，降低了跨企业的交易成本。在第一次世界大战前更加个性化的商业环境中，董事会中知名银行家的存在可能以超越纯财务考虑的方式增强公司的声誉（反之亦然），如德雷福斯公司（Dreyfuss & Co.）或萨尔·奥本海姆公司（Sal. Oppenheim）等私人银行的名字传达无形的声誉，同时也提供具体的商业机会或政治联系。德国企业经常利用这些规模较小但具影响力的银行作为外部仲裁者或裁判员，以平衡作为公司主要债权人或股东代表的大银行。随着银行在董事会中获得更多席位，企业可以促使银行之间展开竞争，并培养不那么排他性的关系以期降低服务成本。一位当代分析师提醒读者，尽管银行在经济的重要领域占据主导地位，但不应忘记银行依赖于工业，是银行追逐工业企业并寻求与它们建立友谊。

最后，持股或拥有董事席位更多地是银行证券承销活动和提高其发行证券回报率努力结果，而非控制权的结果。持有企业股票对银行来说有许多成本，包括声誉成本。因为这可能被解释为发行失败的迹象或银行自身投机的迹象。对德国银行来说，对生产性资产进行投机是一场公关噩梦。此外，与中小型企业不同，很少有大型公司只依赖一家银行作为家长式银行。家族控制的公司尤其注意尽量减少银行对公司董事会的具体组织、法规章程和成员的影响。

银行在董事会中的存在也反映了监管机构的偏好。实际上，1873年创始人危机之后，1884年和1896年德国对公司治理进行改革的一个动机就是让银行进入董事会，以审查和证明投资项目值得在股票市场上融资。如果银行进入董事会，它们会向外界保证公司股票不仅是一张无担保的纸片，漂浮在股票市场的投机之风中。在困难时期，银行也有动机拯救公司及其股东、贷款和员工。作为委托监督者，银行与公司的利益是息息相关的。作为监督者和债权人，银行进入董事会可以克服信息不对称，降低资本成本。

然而，拥有董事会席位并不一定意味着银行董事知情，更不用说有影响力了，这是在大西洋两岸的德国和美国都会存在的问题。正如库恩-洛布公司的雅各布·施夫所说，大多数情况下，只有当企业高管已决定这样做时才会寻求董事的建议，在正常情况下董事也很难发现企业管理上存在的不规范行为，因为这些行为很容易被实际负责公司事务的高管所隐瞒。通常情况下，董事会成员往往缺乏必要的财务或技术能力来发现企业经营的异常情况，一年只开几次会的董事只是为了赚取董事费，过度依赖企业高管提供的信息。提供批判性视角的董事会成员是"不太受欢迎的"。银行必须成为可靠的融资伙伴，而不是控制者或指导者，这正是 J. P. 摩根的巨大权力和干预引起不必要关注的原因。

美国投资银行的实际和潜在权力引发公众和监管机构的压力，他们要求减少其影响力并加强证券监管（即资本市场监管）。早在 1914 年，美国通过的《克莱顿法案》（Clayton Act）就禁止银行同时担任竞争对手公司的董事会成员以防止相互勾结，由此导致的美国监管制度变化削弱和减少了银行参加董事会会议的能力和经济利益，从而削弱其监控企业管理层的能力。到 20 世纪 30 年代初，美国颁布的《格拉斯-斯蒂格尔法案》最终将商业银行与投资银行分离，实行分业经营，并成立美国证券交易委员会（SEC），削弱银行作为中介代表股东行事的能力。与德国对新监管的反应相比，美国银行作为特殊中介的作用急剧下降。

三 银行在德国和美国企业中的地位和作用

尽管 1914 年前德国和美国银行在企业董事会的代表性统计具有相似性，但已经在本质上出现差异性，这在第一次世界大战后成为标准的制度特征。由于摩根大通等美国投资银行的权力日益增强，美国银行体系的根本缺陷导致了更大的金融波动，出现企业大合并的趋势，公众对各种权力集中的反感加剧，公众反对银行进入企业董事会的呼声比德国更高。美国银行家与许多社会和经济弊病相联系，成为备受瞩目的政治目标。

尽管德国国内的民粹主义者对银行的权力感到担忧，但德国人普遍肯定了银行的"守门人"角色，并在20世纪将这种活动慢慢扩展到其他类型的银行，如合作社和储蓄银行。德国监管机构鼓励在美国引起轩然大波的内部人企业治理模式，因为他们认为这有助于抑制资本市场的波动、保持证券的质量、确保公司的金融稳定，可以保证家族所有者的参与，并且（仅在第一次世界大战后）可以防止德国工业资本被外国通过收购占有。对无政府状态的市场进行整合或平抑的理念是德国金融监管制度的基石。无论采取何种形式，如创建卡特尔、制定允许公司建立隐藏储备的会计政策、稳定股息或股价和维持企业间的联系，都需要让银行在企业董事会中发挥一定作用。

三个主要的经济因素导致美国银行治理的更大透明度和潜在威胁。一是由于很大一部分资本来自国际投资者，他们无法直接监督公司的运营，因此银行需要充当信托中介；二是美国的银行在准公共领域很活跃，既通过管理公用事业公司或铁路公司等，也通过维持货币供应等政策方式广泛地干预宏观经济。这种对基本公共服务的私人控制加剧了本来就比较强烈的民粹主义反弹；三是美国多变的商业环境需要银行进行直接和积极的管理和干预，相比之下，德国企业通常会找到限制银行介入的方法，而银行自愿将其对经济活动的干预限制在特殊情况下。

1914年，美国吸引的外国直接投资比整个西欧还要多。来自欧洲（主要是英国）的资金数额较大，纽约强大的银行机构不得不在伦敦、柏林、巴黎和其他欧洲资本中心建立投资的立足点。到1914年，外国人在美国证券上的投资超过70亿美元，其中最大的单一投资部门是铁路，其他投资约占60%。鉴于美国会计信息和监管制度的不完善，吸引外国投资者进入美国证券市场就成为银行特殊的责任。私人银行家如摩根、斯皮尔、贝尔蒙特、库恩-洛布等，主要依靠其在欧洲的关系寻找资金。他们必须亲自保证有问题的公司会被清理出来，且承诺尽最大努力限制美国糟糕的宏观经济政策造成的损害。当时的《华尔街日报》和《纽约时报》发表的文章对德国的银行体系给予高度关注，尤其是中央银行的作用。德国银行家哀叹无序的美国银行缺乏弹性，过时的货币政策一旦受到巨大压力就会崩溃。按照国际标准来看，相对宽松的美国破产法也造成误解，这使当地金融中介在解决问题时承担更多责任。

外国资金与当地积极的银行管理之间的联系促进德国和美国新投资服务的形成。例如，1889年爱迪生设立通用电气公司时，银行家和其他赞助商（其中许多是德国人）不情愿地同意持有股份，直到股票公开出售的时机成熟为止。即便银行家们为控制该公司而实施的严格控制举措的效果不尽如人意，至少该项目的其他投资者期待银行会持续持有这些证券。

由于在美国的投资，德意志银行建立德国第一家审计公司，即德美信托公司（后来成为德国信托公司，DTG）。虽然该行最初专注于海外投资，但到1900年已涉足广泛的国内外业务。在德意志银行和其他一些投资者的所有权下，德国信托公司与德意志银行紧密合作，处理许多陷入财务困境的公司的事务，并在几十年时间内成为德国审计行业的支柱。其他德国银行也成立类似的审计公司。德国企业通过银行关联网络将审计职业内部化，这与美国或英国的独立审计（后来的咨询公司）形成鲜明对比。可以说，德意志银行在重组其在美国投资方面比德国同行更为积极。在某些情况下，德意志银行的代表成为美国公司的总裁，担任董事会主席并帮助创建新公司。当时的一位对德国大型全能银行持批评态度的评论家称，德意志银行通过德国信托公司及其海外投资子公司管理风险的能力堪称典范。虽然在美国，审计仍然独立于银行业，但为远方的股东编制和解读复杂的财务报表是投资者对美国证券服务的要求。即使来自公司治理机构更为成熟的国家（如英国）的客户也与德国和美国的投资者分享了一种跨国的理解，即在缓解美国由于分散式监管而存在的制度空白问题方面，银行家承担着特殊责任。

交通运输业最能说明美国对资本及高回报的渴求的结合，以及金融的脆弱性是如何使银行扩张的。德国和美国之间存在惊人的差异。美国的铁路公司需要银行进行最大限度的干预，但在1900年，德国几乎所有的铁路公司都处于国家控制之下，使其脱离股票市场。在19世纪70年代之前，铁路公司破产也对德国资本市场产生重大影响，这导致德国银行及其客户不得不另寻他处。因此，德国银行成为美国资本市场的领导者，并在德国市场积极代理美国铁路公司的证券。

铁路公司在美国资本市场中的重要性及其频繁出现的财务困境，为银行参与美国企业的经营管理提供了前所未有的介入机会，这在德国是不可想象的。1885年，铁路公司股票占纽约证券交易所（NYSE）总股票价值的81%，1900年的占比为54%，到1910年，这一占比仍为44%。大约在1900年，拥有18万英里铁路线路长度的铁路公司的股票资本占美国股票市场总市值的35%，这几乎是德国股票总市值的7倍。19世纪90年代初，1/3的美国铁路证券掌握在外国人手中。然而，有74家铁路公司处于破产接管状态，它们欠下18亿美元的债务，负责修建3万英里的铁路。这种程度的破产迫使纽约的投资银行像私募股权公司一样，对需要贷款延期、重组、合并和收购的公司进行微观管理，这些都是应对动荡的市场和"过度竞争"造成的极端金融困境的复杂解决方案。

与之形成鲜明对比的是，德国的公用事业公司主要由市政或州监管机构管理，而纽约证券交易所约有10%的股票属于公用事业领域。直到1915年，美国的铁路和公用事业公司的股票仍占纽约证券交易所股票交易的很大一部分，并吸引大量遥远的外国投资者。私人投资银行对"公共服务"基础设施项目的财务控制水平似乎既代表美国公众的利益冲突，也对民主制度构成威胁。1915年，著名的企业改革律师塞缪尔·昂特迈尔（Samuel Untermyer）指出，有拥有超过8万英里铁路的铁路公司卷入破产程序，其中2/3是在J.P.摩根和库恩-洛布公司的控制下进行重组。

尽管昂特迈尔等人强调这些银行创建的代理投票信托制度是对公司权力的严重滥用，但远程股东却将其作为进入的条件。在19世纪90年代中期北太平洋铁路公司重组的早期阶段，德国和其他外国投资者至少在早期阶段就从德意志银行的举措中得到安慰，并与J.P.摩根和其他美国银行家合作，创建了一个为期5年的投票信托以管理新资本化的铁路线路。经常陷入困境的铁路公司成为欧洲和美国资金流入的主要资金渠道，流入资金出现快速增长趋势，J.P.摩根及其团队为数十条铁路提供财务建议，雇用和解雇管理人员，策划或抵御收购，并监控投资以防止铁路公司之间的"毁灭性"的竞争。合作是J.P.摩根的信条，严格的受托责任是他的游戏规则，他厌烦别人干涉制定的规则。J.P.摩根对大西洋两岸商人的傲慢态度越来越让人反感，甚至一些著名的美国商人也加入公开反对华尔街罪恶的公众合唱团。一位铁路公司的发起人称投资银行家是"金融食人族"。

在美国，投资银行家们还被特别委以重任从而加强人们对美元价值和银行体系稳健性的信任。诚然，德国也经历过通货紧缩和金融危机，但金融"恐慌"的情况较少，且其严重程度并没有达到美国那样的水平，1884~1907年美国见证了5次这样的金融危机。在12年时间里，J.P.摩根承担了3次拯救美国货币和银行体系的任务，每次他都从中获得丰厚的经济回报和公众的愤怒。有报道称，1895年，J.P.摩根与格罗弗·克利夫兰总统签署了一项挽救美国黄金储备的协议，他在22分钟内就为他组织的辛迪加银团筹集了600万~700万美元的资金。令人不愉快的是，这些行动引来国会的一连串谴责。每参与一次救市，J.P.摩根得到的报酬就越来越少，公众的批评却越来越激烈。像大多数美国的私人银行家一样，J.P.摩根在这方面的成功如同在许多其他交易中一样，取决于他与欧洲银行家特别是与英国和德国银行家建立紧密关系的能力。

1873年以后，德国的任何经济衰退都不能被称为金融市场"恐慌"，这种现象会导致对银行体系基本特征的尖锐质疑，并导致大量银行破产、巨大的市场价格波动或就业波动，这种情况在美国似乎司空见惯。1907年的金融恐慌和金融业持续进一步集中的趋势，最多只是导致政府的调查。而在这些调查中，美国政府倾向于肯定德国的银行制度，甚至开始将全能银行模式扩展到其他类型的银行。许多经济史学家对德国相对温和的商业周期、稳定的工业增长以及价格波动的幅度小于美国感到震惊。经济史学家亚历山大·菲尔德（Alexander Field）将这种差异归因于美国铁路公司投资的波动性。而在德国，第二次工业革命的基石是诸如煤、生铁和钢铁等"相对稳定"的生产。1873~1914年，美国发生了6次金融恐慌，其中有3次情况特别严重，而在德国只有1次。在政治压力下，美国政府多次几乎放弃金本位制，即卸下"黄金十字架"。德国经济学家罗伯特·列夫曼（Robert Liefmann）所说的美国"将工人扔到街上"的"令人难以置信的残忍"做法令同时代的人感到震惊。在1901~1907年的金融危机中，美国钢铁等行业的企业裁员达到20%以上，而德国在全球经济衰退的情况下仍保持稳定的总就业水平。

四 激进的管理：美国与德国的资本主义

没有哪家德国银行能像J.P.摩根那样拥有重组整个行业尤其是构成新经济核心的铁路和钢铁行业的权力。J.P.摩根对发行证券的定价和巨额利润，在许多人看来是对金融权力的滥用，损害了公众的利益。甚至许多美国银行家也认识到，有必要加强对金融体系的公共控制。

像德国同行一样，作为风险资本家，J.P.摩根帮助创建新的商业企业，这增加了银行主动管理的范围，就像今天的情况一样。但美国市场为那种积极主义的银行管理提供额外的机会，这种管理在德国远不如在美国普遍，它涉及合并和收购，下面以美国钢铁公司为例对此加以说明。

19世纪末，德国和美国都出现了企业并购活动的高潮，但美国因并购而消失的公司数量比德国高出100倍。德国企业更倾向于依靠卡特尔或"利益共同体"来缓解竞争压力，卡特尔的设立是为了减缓可能导致美式托拉斯的并购活动。商业卡特尔化为许多银行服务留下空间，但在复杂的公司重组、新股发行或破产过程中，减少了对激进的银行管理的需求，而这些过程促进了美国的许多金融创新。由于更多的创始人家族仍活跃于德国企业中，因此不需要外部机构来裁决冲突或管理过渡。

以德意志银行和J.P.摩根的企业治理的比较来对此加以说明。德意志银行成立于1870年，到20世纪末按资产规模计算已成为德国最大的银行。德意志银行培养了亲密的企业客户，最初与独立银行形成利益共同体，后来则建立了自己的大型分支机构网络。尽管如此，该银行几乎没有主导其最密切企业客户的管理，更不用说像J.P.摩根那样对企业客户颐指气使。在克虏伯公司（其1879年首次公开发行的债券是由德意志银行承销的）和西门子公司（德意志银行于1896年将其推向公开市场并与该公司建立强大的家族纽带）等企业中，银行并未在管理事务上占据主导地位。

19世纪70年代，克虏伯公司陷入财务困境，企业所有者因而感到蒙羞，于是采取一项措施拒绝再让银行发挥同样的杠杆作用。作为西门子和德国通用电气（AEG）的债权人和投资者，德意志银行不得不扮演谨慎的外交官的角色。很少有戏剧性的例子说明，银行对德国企业的控制与那些陷入困境的美国公司类似。钢管制造企业曼公司和凤凰钢铁公司是其中最著名的两家，它们担心工业家奥古斯特·蒂森（August Thyssen）的威胁，说如果银行不迫使凤凰钢铁公司加入卡特尔，他就将会把银行从卡特尔业务中剔除出去，银行家们屈服于他的要求。在曼公司的例子中，由于公司缺乏盈利能力，德意志银行将创始人赶出公司。然而，根据大多数关于银行与企业关系的研究，这些案例只是例外。

总体而言，德意志银行的经理们似乎很少参与企业的日常管理。只有当老牌企业如19世纪70年代的克虏伯、西门子或赫希斯特公司，80年代的德国通用电气公司（AEG），90年代的曼公司陷入财务困境时，银行家们才会介入，而且他们通常是通过德国信托公司等附属的中介机构来介入的。

尽管德国银行家拥有许多正式和非正式的影响力，但根据1884年德国公司治理法，监事会成员被正式禁止参与激进的管理。德国双层董事会结构限制了激进的银行和股东控制权。理论上，银行既代表股东利益，又代表公众的利益。双层董事会的制度设计旨在防止股份公司管理中的"基础不牢"或滥用行为。作为受托人，银行被要求通过监控资本市场和公司的管理为投资者和债权人提供在安全性、流动性和盈利性之间可接受的权衡。他们的看门人角色在法律上被制度化。银行应该是强调咨询和监督职能的"咨询委员会"专家，而不是施加控制或管理公司。这种制度化的偏好允许银行保持在董事会中的位置，而不是像在美国那样被驱逐出董事会。

与他们的美国同行相比，德国银行家受到立法、监管和非正式规范的鼓励，对所发行和推荐的证券承担责任，并在出现问题时进行干预。他们被要求服务于生产性投资而不是投机。当时通常将"存款银行"（商业银行和零售银行）和"投机银行"（投资银行）区分开来。广大公众对投机银行持怀疑态度，这有助于遏制人们参与更无情的金融操纵活动的倾向。尽管德国政府曾几次对银行在德国社会中的作用进行调查，但选民和监管机构通常接受这些机构的社会效用，只要它们不对健康的、有生产力的公司进行"投机"。

高调的公司治理有时会带来巨大的政治成本。一方面是出于公共关系的考虑，另一方面是由于在国家、地区和市层面银行受到的限制，德国银行家比华尔街的美国投资银行家更加社会化，后者甚至以贪婪而闻名。许多德国公司治理立法都是为了抵消1873年股灾的冲击。许多新公司被发现只是由不道德的发起人设立的投机性的空壳公司，因为负责任的组织并未对他们进行审查，或立法未能提供足够的透明度。这次崩溃加强了人们对生产性投资和投机之间的区别的认识，许多有声誉的银行不愿越过这一界限。

1907年金融危机后，当时的人们总结了1908年银行业委员会得出的结论，他们直接明确地向银行的领导者表明，他们不仅对股东有责任，而且其任务远远超出了私人商业活动；同时他们还必须履行更广泛的经济职能，这导致其对整个经济和国家承担责任。作为最后的观察，犹太银行家在银行高层中占比过高。德国企业董事会成员中大约有25%是犹太人。在网络最发达、最赚钱的前十大公司中，有8个公司的董事会成员也有犹太人。然而，犹太人只占德国人口的1%。他们非常清楚银行强有力的干预可能会引发民粹主义、反犹主义。关于"银行权力"的辩论带有反犹主义色彩，而犹太银行家出于自卫，会培养高雅、受过良好教育的上层阶级形象，以抵消与低俗金钱的不神圣联系。

归根结底，当一些德国银行家被授予贵族头衔并当选为议会议员时，他们的美国同行却被带到美国国会委员会前，以回应对其参与针对公众的金融阴谋的指控。

德国银行业存在差异性，这是本文论点的悖论之处。尽管德国银行享有美国同行所不具备的制度优势，但它们很少利用自己的杠杆来管理或控制公司。虽然它们擅长投资银行业务和救助陷入困境的公司，但它们还提供一系列服务来补充这些活动，而在美国，这些服务主要由不同类型的银行提供。实际上，衡量银行权力潜在水平的一个指标是，一旦公司复苏，所有者或管理者会立即试图最小化银行对自身的影响力。

即使是最独立的德国企业家也充分利用大型全能银行，而在美国，由于法律规定或其他原因，一般来说，投资银行所提供的许多服务只对私人银行、信托公司或专业服务公司开放。与德国大型全能银行相比，美国投资银行对这些公司的资本来源控制较为有限。通过这些专业化公司之间的交叉持股或投资信托，美国投资银行给外界一种由货币中心银行操作的、不透明的"货币托拉斯"感觉。

可以肯定的是，银行的集中及其在卡特尔形成中的作用引起德国民粹主义者的担忧。然而与美国针对他们的诋毁所不同的是，尽管第一次世界大战前德国全能银行的规模巨大且市场覆盖范围广，当德国资本主义达到发展顶峰时（按资本计算，德国最大的3家企业加上前25家股份公司中的17家都是银行），银行通常被视为德国经济的积极贡献者和德国社会结构的维护者，而不是"金融食人族"。

即使像鲁道夫·希法亭这样的左翼批评家也认为大型银行是资本主义集中的必然现象，他提出这样一个观点，即少数几家大型银行比许多小型银行更容易实现社会化。另一种对大银行权力批评的观点认为，大银行权力很可能会变成像美国证券交易所那样的赌场或美国式资本主义的护身符。在20世纪，尽管大型私人商业银行进行了高强度的游说，但全能银行服务的优点变得显而易见，并慢慢扩展到储蓄银行和合作社。虽然像德意志银行这样的大型私人商业银行规模庞大，但它在1913年只控制银行业总资产的10%（2001年仅为15%），民粹主义的中小型企业的压力强化了其他类型的银行的重要性。

尽管1914年之前的改革辩论反映了人们对银行集中的担忧,但很少有人认真讨论将商业银行和投资银行分开,或让银行从企业董事会退出的问题。从美国的角度来看,令人惊讶的是,德国银行最重要的潜在控制杠杆之一——代理投票权从未成为问题。如果银行有办法让公司屈从于自己的意愿,它们可以通过在股东大会上的代理投票来实现。一种普遍的做法是在股东大会上,股东将其投票权让渡给银行,一些银行甚至要求股东这样做。作为一种最类似于美国投票信托的做法,这就赋予银行对公司的空前权力。即使一些对德国经济中银行权力持怀疑态度的学者也承认代理投票的重要性。德国银行通过自动投票而对公司具有潜在的权力,但1908年的德国银行委员会很少或根本没有提到这一强大的制度性控制杠杆,这与美国国会展开的对银行拥有工业企业控制权的高调和广泛的调查形成鲜明对比。

这种准托管做法被确立为德国银行业的首要原则之一。通过管理客户的证券存款,德国银行充当客户在公司投资的受托人。作为一种表外业务活动,代理投票既没有在年度报告中讨论,也没有受到严格监管,更没有在官方银行政策中进行概述,这种做法虽然很普遍,但也很难确定德国的代理投票实际情况。除了少数例外,大银行在年会上投下大多数票数,尽管每年的实际票数差别很大。要在股东大会上投票,股东必须由公司、指定银行或德国公证人证明其所有权利益,这一过程对那些已经将股份托管给银行的人而言很方便。虽然1900年之前的协议没有提到在年会上的投票权,但1910年德意志银行为客户设定存款条件,规定除非"在个别情况下客户打算这样做",否则银行保留为"商业朋友"的利益投票的权利。在一些会议上,大银行投下大多数票。

特别是对外国证券而言,将证券管理和代理投票权委托给银行的策略对客户来说具有安全、股息和利息可收取等明显的优势。但这种方式忽视了证券形式的法律变化，如债务转换为股权或者仅仅是节省旅行费用，很少有股东有时间审查海外的财务信息、监督经理，或参加股东大会以表达他们的意见。然而，这种做法也导致决策权的集中。

因此，银行对企业的影响并不仅仅建立在它们的贷款能力或在上市问题上的能力。尽管托管账户无疑对履行这些职责很有用，但银行的影响力主要依赖于不断扩大的分支机构网络，这使它们能够扩大其客户群体且控制这些客户的投票权。事实上，1891年后的德国的创新举措导致1896年《银行存款法》的通过，最初是由位于柏林的大型银行如德意志银行或柏林贸易公司在柏林证券交易所拥有席位。在未经个人股东同意时，为地方银行家投票和交易存托股票会导致灾难性的结果。

美国商业银行无法履行这一职能，只有信托公司或证券关联子公司才被允许持有证券账户，一些信托公司甚至成为其所监管基金的积极管理者。信托公司最初是在《国家银行法》通过后（1864年）为相对富裕的人提供服务，他们可以接受用货币存款或证券来购买企业的证券，但越来越多地进入传统的银行业务。信托公司的数量从1886年的42家增加到1914年的1564家，这反映了它们在证券利基市场中的重要地位。据估计，同一时期信托公司的资产增加了25倍，它们在美国的证券管理职能与全能银行在德国的证券管理职能相同。

由于自身没有足够的资产，同时还缺乏类似德国全能银行的可以提供投票权的信托账户，并受到其他监管障碍的限制，美国私人银行不得不发明复杂的方案来向投资者保证其有能力保持控制权。自相矛盾的是，这些旨在建立投资者信任的复杂计划反而在公众中引发极大的不信任。J. P. 摩根提出另一个与德国代理投票权类似的重大创新，即设立投票信托协议。协议规定，凡是从其设计的金融工程中受益的股东必须将其股票的投票权转让给银行家。在这一段时期内，摩根认为可以确保相关公司未来的健康发展,J. P. 摩根也曾多次使用这种方法。正如在德国代理投票中所发生的那样,这些协议不仅在需要积极投资者管理的情况下得到执行,而且在股东无法或不想参与的情况下得到执行,仅根据相互持股和兼任董事的统计数据是无法捕捉到这些制度安排的重要性的。

就像对德国同行的反应一样,人们对美国银行持有证券的做法的反应也是不一致的。1900 年,国家城市银行的大部分资产都是标准的短期或长期贷款,以及政府证券,只有略高于 10% 的资产是私人公司发行的证券,这一比例与德国银行的股权持有比例大致相当。国家城市银行从外汇交易和贴现伦敦开出的银行承兑汇票中赚取了很大一部分收入。

与欧洲大陆银行不同,国家城市银行获得美国投资银行的强大地位,主要是由于其企业存款、代理行关系,以及与自身资金较为有限的私人银行建立伙伴关系,私人银行不得不向像国家城市银行这样的银行机构借款以持有证券。

就像如今的私募股权一样,为了便于以后以更好的价格出售,私人银行要想在市场低迷时坚持下去,就必须从股份制银行获得资金支持,但这些贷款也增加了发行证券的成本和风险,而德国的全能银行是通过内部化的资金来源和发行证券来解决这一问题的。尽管德国银行也参与辛迪加联合承销债券,但像德意志银行这样的大银行在承销发行、持有期和内部加速发行等方面的能力使其比规模较小的竞争对手具有更大的优势,这是美国私人银行和公共银行都无法具备的。

此外,在德国,全能银行被期望持有足够的客户证券,以便它们能够逐步向市场发行证券并保持股价稳定。但美国银行更加专业化,试图履行同样的职能,即为保护自己和客户的投资而发挥作用。虽然监管机构试图将美国银行体系进行区分,但金融史学家马可·贝克特(Marco Becht)和 J. 布拉德福德·德隆(J. Bradford DeLong)强调,不应夸大1933年之前政府限制银行机构的影响，位于纽约的银行仍然可以成为总部位于曼哈顿的"全国性金融中介"。美国证券市场的一位备受尊敬的分析师强调了银行的受托责任，并谴责1928年之前金融机构安全标准的"灾难性放松"，这些安全标准是信誉良好的证券公司所遵循的。

尽管有一系列正式的约束客户的条款，但德国银行并未以人们可能预期的方式干预企业。工业家们预期银行家不会干涉企业的战略投资决策，但会作为金融专家支持企业家的决策，并以诱人的利率来提供信贷额度。银行煞费苦心地把自己塑造成生产性资本的可靠伙伴，这不仅是因为如果公众不这么看它们，就有可能会引起公众的反感，更重要的是它们需要实业家的注意。尽管银行家很少愿意经营企业，但德国投资者、监管机构和普通公众仍然希望德国银行在企业财务困难时进行干预，并在必要时提供专业知识。是否把银行视为金融稳定者，可能是美国和德国之间最大的不同。这与其说是它们的权力本身的问题，不如说是期望的差异带来了在德国公司治理和股票交易所中给予银行的监管空间，而这一空间在美国是日益受到限制的。

最后，在1914年之前，德国银行吹嘘的股份制公司中的公司治理关系，可能并不像它们在证券交易所中作为主导者和管理者的角色那样重要。在国家监管尚未存在的时候，一方面是通过立法，另一方面是通过不断变化的商业实践，大型银行在世界范围内作为证券交易所的监管者发挥了至关重要的作用。除了1896年《证券交易法》等一些例外，德国政府倾向于将证券交易所的监管权委托给全能银行。即使从美国的角度来看，该法律也赋予了银行更多而不是更少的危险权力。德国的许多资本市场立法给予大银行在股权交易中的特权，以增强企业的稳固性，抑制不健康的投机行为，并减少市场波动。最近的研究表明，强大的全能银行并没有"排挤"证券市场的发展。与美国银行相比，无论好坏，德国银行都被纳入市场监管框架。

1884年德国的《股份制公司法》创立了双层董事会制度，这不仅加强了独立董事的权威和增强了对股东的保护，还加强了银行在公司和市场治理中的地位。该法律要求新股票发行必须要有初始招股说明书和财务报告的强制性审计，以避免1873年危机后发现的金融市场的公然欺诈行为。招股说明书必须列出涉及的银行并报告其财务参与情况。股票发行银行负责对新公司的招股说明书和审计的准确性提供保证。证券交易所的官方代表负责决定企业的股票是否值得发行，以及是否已履行其法律义务。只有在证券交易所拥有交易所席位的银行才能参与企业证券的上市发行和交易。为确保新公司的稳健性和严谨性，必须在股票发行前支付一定数量的股票发行保证金。在最大的交易所（柏林、法兰克福、汉堡），为了尽量减少卖空的风险，要求发行的全部股票的最低票面价值为100万马克。

美国1881年通过印花税法案是为了社会和经济的稳定、遏制频繁的证券和期货交易。在接下来20年中，美国政府试图修改印发税法案。由于信息要求，这些规定鼓励规模经营，无意中推动证券交易向大型全能银行模式转变。由于缺乏国家监管机构，银行承担了大部分的监督工作。

1896年的《证券交易法》通过提供更强大的监管机构、提高交易税和禁止期货交易，进一步收紧了对企业的上市监管。在允许企业股票进入交易所进行活跃交易之前，要在公司注册和第一年财务报告之间引入一个"锁定期"。这一"锁定期"的有关规定有助于抑制早期的证券交易，并增加参与股票发行的大型银行的重要性，因为它们更容易忍受资本的暂时锁定。在"锁定期"也鼓励组建信托公司。作为交易所的经纪人，银行以存款形式持有证券，而且由于印花税仅适用于市场交易（不适用于银行的内部交易），客户可以通过银行在内部买卖股票，从而绕开市场的公开交易行为，规避了印花税。这些规定的结合无意中加强了大型全能银行相对于证券交易所的地位。

由于重要的银行客户期望成为特权信息的接收者或者至少是银行新发行证券的第一批购买者，银行本身就对新发行证券的质量给予保证。银行内部化股票交易的程度很难确定，但银行内部交易的做法并没有阻止柏林拥有世界领先的交易所之一。银行的客户，特别是公司的所有者、管理者和政府都期望银行能够利用其力量维持证券的公平买卖和稳定价格，从而避免无序的短期价格波动。随着时间的推移，它们是否能真正做到这一点尚不清楚。与美国银行不同，德国银行被期望充当稳定器，在这个过程中也引起了对金融资本或内幕交易的怀疑。诚然，在德国，银行权力是一把双刃剑，有投票权的股票增强了这一感觉，银行在仔细监督公司活动时，如果公司未能达到预期，就要承担更大的责任。具有讽刺意味的是，J.P.摩根提出了类似的但在政治上不是那么令人信服的理由来证明银行在董事会和证券交易所的代表权是合理的。对德国人来说，加强对投资者的保护，树立市场和公司的信心，减少不必要的、危险的投机，意味着让银行留在董事会和证券交易所充当看门人，而不是将它们赶走。

结　语

本文认为将以资本市场为导向的美国金融体系与1914年之前以银行为基础的德国金融体系进行比较的标准描述方式具有误导性。因为银行在两国企业和证券交易所中扮演着"特殊中介机构"的重要角色。最初，两国的金融系统具有许多共同特征，都是由位于货币中心城市的银行履行金融"守门人"的职能。在更高效、透明的股票市场出现之前，银行几乎是唯一的游戏玩家。两国大公司董事会中的银行代表占比大致相等，但德、美两国的监管制度仍然是不充分的控制机制。尽管缺乏一致、足够详细的公共财务信息，但两国都有充满活力的公共资本市场，这一成就在很大程度上归功于银行给投资者带来的信心。

尽管这两种金融体系之间存在明显的差异，但纽约的主要投资银行与柏林的全能银行并非被用来弥补资本或企业家精神的不足，而是被用来代替股票市场监管。在第一次世界大战之前，两国都有动态发展的股票市场，且对其国民经济的重要性大致相同，但在制度上存在一些关键的差异，特别是在与银行有关的方面。银行为企业提供信贷，为远方且有时分散的投资者建立信任关系，并增强其对资本市场的信心。在美国工业化的发展过程中，美国投资银行扮演着与德国全能银行同样重要的角色，直到其他资金来源和政治民粹主义将它们赶出董事会时才失去监管者的角色。格申克龙将银行视为工业发展的关键资金来源是正确的，但他的观察不仅适用于德国。如果美国的投资银行家们能够按照自己的方式行事（其中许多是德裔犹太移民），他们可能会发展出一个更接近德国式的金融制度体系，该体系以关系型银行为基础，并提供更广泛的金融服务。

关系型银行的主要优点之一是，在企业面临困境或金融过度扩张时，银行有能力拯救企业。本文认为在 1914 年之前，实际上是更不稳定的环境导致美国投资银行具有更多的发言权和使企业重组的能力。这种能力使纽约的投资银行对美国企业的控制要超过柏林的全能银行对德国企业的控制。这种权力的集中，即美国的金融资本的发展引发比德国更强烈的反对银行权力的声浪，尽管事实上德国银行拥有更多的正式权力杠杆。德国人倾向于将董事会中的银行代表视为机构稳定器，而不是企图掠夺投资者的内部人。德、美两国几乎在同一时期相继出现对"货币托拉斯"或金融资本的批评。事实上，关于期货、全能银行、银行集中、关联董事、托拉斯和卡特尔等问题的辩论在德、美两国都惊人地相似，然而金融监管的解决方案却是截然不同的。

直到第一次世界大战后，这些制度和期望差异才导致德、美两国公司治理形式的差异，而这种差异则形成德、美两国不同的资本主义特征。到 20 世纪 30 年代，美国选择了由公共监管机构控制的证券市场模式，为外部投资者和广大公众提供具有透明度的会计信息，而德国则更加依赖私人金融家，选择由负责任的银行家专门为企业提供长期的咨询。

对于如何加强对企业投资者的保护、提高市场信心等问题，选择让银行参与进来是一个可能的答案。德国在第一次世界大战中的失败和战后的恶性通货膨胀摧毁了人们对金融证券和金融机构的信心，使大型私人银行和商业银行处于不稳定的状态，它们不得不管理更大的资本需求，更加依赖外国资本，并在企业治理权力和融资能力被大幅削弱之际，承载更多的外部融资、监管和金融稳定的期待。

当所有者被迫放弃内部资源以外的途径、简单的短期融资或私募股权融资等融资形式时，就必须开发新的融资渠道，并说服远方投资者相信他们的投资有合理的回报，但新形式的信息不对称和利益冲突也随之出现，银行最初就为投资者扮演了这种中介角色。尽管养老基金和资金管理人等中介机构现在表面上在为远方的投资者扮演这种角色，但二者的形式截然不同。我们仍然没有解决中介或代理问题。我们生活在一个"代理社会"（由一系列中介机构组成）而不是一个所有权社会，因此我们更加依赖于所选择的中介机构的道德性标准。

尽管金融理论家开始理解由其狭义定义的无差异条件对现实世界中政策的影响，即依赖定价效率和自动纠正措施来纠正资产错配，但制度发展如何促进选择范围的扩大、增强投资者信心，以及普遍解决代理问题的方式却鲜为人知。投资者仍然需要"守门人"来帮助他们做好决策。为更好地理解解决代理问题的选项，可以借鉴许多历史经验。我们今天可能拥有更多的技术、金融理论和监管模式，但决策者仍然可以从更广泛的历史知识中获益。考虑到银行业危机，我们可以从一个基本上不够完善的公司治理结构理论中学习，了解信息、积极、忠诚和负责任的企业监管者通常也是现在我们所需要的。

中国历史上的品牌发展：价值、信用与企业经营

曾 江[*]

【摘　要】 中国在先秦时代已有在产品上做出标识的质量管理制度。战国到秦汉时期，地域性品牌初步建立，反映了分工和专业化加深过程中，各地区商品的竞争优势逐渐形成价值凝聚。唐代以后，随着商品销售中差异化竞争加剧，品牌日益与商号这一企业形态结合起来，各商号也开始在经营中注重提升企业信誉，维护品牌价值。宋代以后，品牌信用还成为金融领域信用制度发展的基础。宋代交子和清代钱票、庄票、汇票都是基于金融机构的企业信用所构造出的流通工具。以上历程表明，品牌的价值范畴是随着经济社会的变迁而不断发展的。

【关 键 词】 中国品牌发展　价值　信用　商号　企业经营

引　言

在商业史的发展中，品牌被用来区分不同生产者的产品由来已久。"品牌"（brand）这一词汇最早的含义是"打上烙印"，起初用

---

[*] 曾江，中国政法大学商学院讲师，经济学博士，主要研究领域为经济史、经济思想史和金融学。

于家畜、器皿等私有财产上以表明所有权，防止混淆。① 当这种方式被应用于手工业领域，就创造出一种利用附着于商品之上的标识以识别生产者，并代表生产者对产品进行信誉担保的机制。这种机制也决定了品牌的两个基本内涵：一是作为识别的标记，用于区分某产品与其竞争产品；二是具有信誉主体性。

然而，以代表生产者的特定标识对产品进行担保更多地是针对生产的一种管理制度，只有当这种信誉在营销过程中被有效传递给消费者，在消费者的认知中也建立起某种标识时，品牌才真正形成。正如美国品牌专家汤姆·邓肯所强调的："很多公司眼中看到的品牌，只是印在产品包装上的名称和商标，他们忽略了以下真相：真正的品牌其实是存在于关系利益人的内心和想法中。换言之，即使公司拥有品牌名称和商标的所有权，品牌的真正拥有者却是关系利益人。"② 舒咏平指出，"品牌是包括组织与个人在内的品牌主，以可以进行传播流通的符号能指以及符号所指的内在事物（产品、服务、行为等）通过消费扩散而在消费者或接受者那里产生的倾向性的印象，是品牌主与以消费者为核心的受众（之间的）一种聚焦性的信誉约定"，其本质在于信誉主体与信任主体的关系符号达成。③

上述说法为经济史视角的品牌考察奠定了概念基础。在经济学中，这一介于信誉主体与信任主体之间的符号正是帮助商品从使用价值走向交换价值的一种价值符号。马克思曾指出，在商品交换中，使用价值是交换价值的物质承担者，生产者需要让渡使用价值才能实现价值。私人生产者需要"把他们的私人劳动的社会有用性，反映在劳动产品必须有用，而且是对别人有用的形式中"，因为"商品价值

---

① 〔英〕保罗·斯图伯特主编《品牌的力量》，尹英、万新平、宋振译，中信出版社，2000，"序论"，第 2 页。
② 〔美〕汤姆·邓肯、桑德拉·莫里亚蒂：《品牌至尊——利用整合营销创造终极价值》，廖宜怡译，华夏出版社，2000，第 11 页。
③ 舒咏平：《品牌即信誉主体与信任主体的关系符号》，《品牌研究》2016 年第 1 期，第 22 页。

从商品体跳到金体上……是商品的惊险的跳跃。这个跳跃如果不成功，摔坏的不是商品，但一定是商品占有者"。① 结合以上对商品交换过程的描述可知，品牌是商品所有者用来向他人表明商品有用，从而顺利完成"惊险的跳跃"的重要方式。

中国古代很早就出现了商品交换，相应地，用来标示商品独特性的要素也同步产生和发展。诺思曾描述这一过程："市场决定把产品出售给消费者。在市场上，既有主观的考核要素（像产品的新鲜和桔汁的味道之类），又有成本较少但精确度较低的客观考核要素（像产品的重量、数量、颜色和级别之类——这是消费者使用的能看得见的代用标准）。当我们从桔汁转到更为复杂的产品或劳务，如电视机、汽车修理工作的质量和内科医生的服务质量时，考核费用会大大增加，这使我们倾向于依靠各种各样的代用要素，如牌号、商标、执照和信誉。但是，关键因素是约束委托人的竞争的程度。"② 随着商品经济日渐活跃和竞争愈发激烈，品牌在商业中的地位也日趋重要。古代品牌的发展过程既是商品的各方面价值逐渐凝聚并通过品牌这一信用载体被传递给消费者的信用建立过程，也是生产和经销商品的企业不断推进差异化竞争、逐步创建企业信用体系的过程。

一 早期地域性品牌中的价值凝聚

中国早在先秦时期就出现了在陶器和铜器上标注工匠名字以对产品质量进行追责管理的"物勒工名"制度。《礼记·月令》称："物勒工名，以考其诚，功有不当，必行其罪，以穷其情"。③ 春秋战国

---

① 〔德〕马克思：《资本论》第一卷，人民出版社，2004，第91、127页。
② 〔美〕道格拉斯·C.诺思：《经济史中的结构与变迁》，陈郁、罗华平等译，生活·读书·新知三联书店，1994，第42页。
③ 〔元〕陈澔注：《礼记集说》，宋元人注：《四书五经》中册，中国书店，1985，第97页。

时期，许多器物上的标记十分具体，如楚国的铜器上不仅有制作者的姓名，还含有"工""顾窖""冶师""铸客"等身份说明。随着商品交换范围日益扩大，到战国晚期，单纯标有工匠名字的标示法已不足以充分传递生产者信息，故一些器物上开始加入产地标识，刻上市名、亭名、里名等。如湖北云梦睡虎地出土的漆器中，很多都产自咸阳、许昌、新郑等地的私营手工业作坊。① 这些地区往往正是漆器生产比较发达的地区，如秦在统一六国的过程中，曾将各地的能工巧匠和豪商富族迁徙到都城咸阳一带，使得咸阳成为重要的手工业生产中心。可见，地域性品牌萌生于跨地域市场形成的过程中，最初为战国手工业管理制度的延续，强调生产者对产品的责任担保。但因为手工业生产往往以原料、交通或市场等区位优势因素为布局的重要指向，产业出现集聚现象。故这一时期，产品的地域标识开始逐渐与特定的区位优势结合起来，成为标识地方生产优势的价值符号。

最迟到战国时期，一些商品已经被冠上地名来凸显其品质特色。记述了先秦时期手工业制造工艺的典籍《考工记》曾谈到手工业生产因受到自然原料制约，产品在不同地域间存在差异的情况。"天有时，地有气，材有美，工有巧，合此四者，然后可以为良。材美工巧，然而不良，则不时，不得地气也。橘踰淮而北为枳，鸲鹆不踰济，貉踰汶则死，此地气然也。郑之刀，宋之斤，鲁之削，吴越之剑，迁乎其地而弗能为良，地气然也。燕之角，荆之干，妢胡之笴，吴粤之金锡，此材之美者也。"② 这里的"地气"包括了气候、土壤、水文、矿藏等多方面的地理环境因素。这些因素不仅使得某些动植物商品只能出产自特定地区，还令作为手工业原料的一些经济作物和金属的材质在区域间优劣有别，从而直接决定了产品质量的高下。

---

① 陈振裕：《略论睡虎地出土秦汉漆器（上篇）》，载左德承编绘《云梦睡虎地出土秦汉漆器图录》，湖北美术出版社，1986，第107页。
② （清）戴震：《考工记图》上卷，清乾隆纪氏阅微草堂刻本，第2页。

战国末期，李斯在《谏逐客书》一文中，除了提到"昆山之玉""江南金锡""西蜀丹青"这些具有较宽广的地域属性的产品外，还语及地域指向更加细分的"宛珠之簪"和"阿缟之衣"。其中"宛珠"被许多学者认为是指"宛地之珠"，即出产于汉水之南的随地一带的明珠，因《说苑》中记载了随侯救助大蛇而得到蛇显灵以宝珠回赠的故事，"昔随侯行遇大蛇中断，疑其灵，使人以药封之，蛇乃能去……岁余，蛇衔明珠，径寸，绝白而有光，因号随珠"，这一名号显然包含了与地域相连的文化价值内涵。"阿缟之衣"也多被解为"齐之东阿县，缯帛所出"，说明该县的纺织业为优势产业，为全国市场所认可。[①] 可见，战国晚期的地域性品牌已经突破了"非此地不能产此物"的自然特产属性，开始走向文化价值和手工业劳动所形成的工艺价值。这说明一方面市场消费心理愈发丰富，不仅关注物质的实用性和稀缺性，还注重文化、审美等精神意蕴。另一方面随着手工业生产发展，技艺的差异性日益凸显，特定地域范围内的生产主体通过将原料和技术经验优势转化为产品优势，已经建立起一种综合自然资源与人的劳动的工艺价值。

秦汉以后，由于大一统背景下长途交通条件改善以及市场范围日益扩展，农产品、纺织品和其他日用品在跨区域流通中，地域性品牌的影响力也有所扩大。据王子今考察，不仅"鲁缟""齐纨""蜀锦"等各地纺织品都已在汉代形成明确的品牌，成为典籍中指代某种商品特征的固定表述，如"强弩之极，矢不能穿鲁缟"突出"鲁缟"的纤薄，"新裂齐纨素，鲜洁如霜雪"强调"齐纨"的精细[②]；且随着丝绸之路的发展，出土于甘肃河西走廊地区的河西简文中也有"河内廿两帛""广汉八稷布"等记载，不仅以产地为标识，还加上

---

① （汉）司马迁：《史记》第8册，中华书局，2014，第3088~3089、3110页。

② （汉）司马迁：《史记》第9册，中华书局，2014，第3461页；乔力主编《先秦两汉诗精华》，广西师范大学出版社，1996，第885页。

了"廿两""八稷"这类规格质量方面的描述，进一步将手工业制品的地域属性与工艺等级结合起来融入品牌之中。此外，"穰橙""邓橘""越舲""蜀艇"等商品也都成为这一时期文献中用以指代高品质商品的特定名词。[①] 魏晋南北朝时期，地域性品牌的区域指向更为具体和细分，如在酒类商品中，曹植《酒赋》中有"其味有宜城醪醴，苍梧缥清"，南朝梁元帝在《金楼子》一书中提到"银瓯贮山阴甜酒，时复进之"。[②] 这些都表明，地域性品牌的发展与全国性市场的日渐形成密切相关。

战国至汉晋时期地域性品牌的出现是生产领域分工与专业化加深，促使不同地区开始形成各自的竞争优势后，相应地在市场销售与产品宣传中自发形成的价值凝聚的过程。地域性品牌聚合了资源和原材料的材质价值、手工业的工艺价值和相关的历史文化价值，与同一时期建立在个体工匠技艺基础上的品牌如"子邑纸""张芝笔""仲将墨"相比，更具产业集聚内涵，也更能突出产地在地理、人文、历史方面的差异化特征。不过早期的品牌不管是以工匠名字为标识，还是以产地为依托，都偏重于展现生产过程中自然条件、原材料、技艺等因素导致的产品质量差异，而对经营销售环节着墨不多，具有"重工不重商"的特征。

隋唐以后，地域性品牌虽仍有一定发展，如汾白酒、浙西银器等，但地位有所下降。这是因为在商品经济愈发繁荣的背景下，同类商品的竞争加剧，需要通过品牌进一步对产品进行区分。比如唐代各大城市中，销售同类货物的商行大量增加，行业高度细分。据1956年在北京房山发现的唐代石刻佛经记载，当时幽州的商行就有米行、

[①] 王子今：《宛珠·齐纨·穰橙邓橘：战国秦汉商品地方品牌的经济史考察》，《中国经济史研究》2019年第3期，第5~17页。

[②] （魏）曹植：《曹子建集》卷四，明刻本；（清）洪亮吉：《晓读书斋杂录》初录卷上，第16页，清道光二十二年刻本。

白米行、大米行、粳米行、屠行、肉行、油行、果子行、炭行、磨行、染行、布行、绢行、大绢行、小绢行、新绢行、丝绵行、生铁行、杂货行等，可见同行竞争已相当激烈。① 商品销售领域，酒肆、衣行、药店等店铺也大量出现，店铺经营同样需要进行差异化宣传。因此，品牌逐渐从强调生产主体的差异转向强调销售主体的差异，开始与商号的信誉价值结合起来。

二　品牌、商标与企业信誉价值

在企业出现以后，品牌逐渐开始与这一配置资源的组织方式结合起来。按照马克思的分析，企业不仅是社会分工与专业化生产的产物，更是生产商品并实现由使用价值到交换价值的转化的组织。② 中国在先秦时期已有从事生产的组织机构，并开始在产品上标记生产组织名称。例如，河北省兴隆县出土的战国铁镢范上有"右廪"的铭文，表明其制造单位。秦汉时期，这种与制造单位结合的标识法进一步发展，如秦始皇陵出土的筒瓦和砖瓦上大量标有"左司""右司"等陶文，指向当时主管烧造砖瓦的官府机构；汉代各地铁官管理的冶铸作场出品也带有相关字样，如"河一""河二""河三""阳一""阳二"等。贵州清镇平坝汉墓出土的漆耳杯的题字中，则有制造和监督人员的全部名单，包括"素工昌、休工立、上工阶、铜耳黄涂工常、画工方、丹工平、清工匠、造工忠造，护工卒史恽、守长音、丞冯掾林、守令史谭主"，将生产组织内部的分工具体记录下来，以明确责任。③ 但这些标识仍然属于传统"物勒工名"制度的一部分，

---

① 陈志平：《专业街经济》，中国经济出版社，2009，第71页。
② 李晓：《中国古代究竟有没有企业、企业家、企业家精神？——基于马克思主义经济学的思考》，李晓、巫云仙主编《企业史评论》第4期，社会科学文献出版社，2022，第32~38页。
③ 庄华峰：《"物勒工名"与传统工匠精神传承》，《光明日报》2023年2月27日，第14版。

偏重于对使用价值生产的管理，而对交换价值的宣传作用有所不足。

唐代以后，由于从事商品经销的商行、店铺增多，一些商号开始萌生创立商号品牌的意识，如长安有印历书的刁家、印医书的李家、张秀美食店、布政里旅店等著名店铺①，这些店铺都已经建立起标示商号本身而非标记商品来源和生产特征的名号。李匡义《资暇集》中记载，"肆有以筐以筥，或倚或垂，鳞其物以鬻者，曰星货铺，言其列货丛杂，如星之繁"②。可见当时店铺售卖的商品虽可能属于不同品类，产地来源、货物特征丰富多样，但店铺作为从事销售活动的经营主体，可以建立独立的店铺名称，以代表其在市场营销、推销、经销过程中所具有的价值。这使得品牌能够开始由偏重生产阶段走向强调交换阶段，由物品价值延展到企业价值。同时，一些店铺开始在经营中建立良好的口碑和信誉，如长安的宋清药店因能够做到"人有急难，倾财救之"，故时人称"人有义声，卖药宋清"。③ 部分商品也直接针对产品信誉、质量、功能等进行广告宣传，而不仅限于标识产地和生产者。长沙窑的瓷器题词就是一组典型例子。其中许多题诗带有促销意味，如"自入新丰市，唯闻旧酒香。抱琴酤一醉，尽日卧垂杨"，"二月春丰（澧）酒，红泥小火炉。今朝天色好，能饮一杯无"，营造了使用酒具饮酒的美好意象，有助于促进购买；"买人心惆怅，卖人心不安。题诗安瓶上，将与买人看"，通过刻画消费者的犹豫心理，鼓励其下定决心消费。还有一些铭文更是直接宣称"郑家小口天下有名""卞家小口天下第一"，说明不同生产者已开始宣传自家产品相对于竞争者的独特优势。④ 这些做法都为面向消费者的品牌创立奠定了基础。

---

① 丁剑冰：《中国品牌史·古代卷》，中国文史出版社，2020，第116~117页。
② （唐）李匡义：《资暇集》卷中，明正德嘉靖间顾氏文房小说本，第1页。
③ （清）刘于义等修，沈青崖纂：雍正《陕西通志》卷九十八，四库全书本，第100页。
④ 长沙窑课题组编《长沙窑》，紫禁城出版社，1996，第142、144、146、210~211页。

到了宋代，与商号这一中国古代企业形态联系在一起的品牌形式——商标应运而生。目前世界上已知最早的商标出现于北宋年间济南刘家功夫针铺，以白兔捣药图为标志，"认门前白兔儿为记"。该商标包含了商号名称、图像标志和广告宣传内容几方面要素，既将产品使用价值与企业信誉价值统合起来进行标识，又具备借助易于记认且蕴含文化典故的图标来扩大传播的功能。这充分体现了品牌与作为信誉主体的企业之间的结合。另外，宋代的品牌宣传一改此前"酒旗相望大堤头""水村山郭酒旗风"等对企业主体缺乏突出的悬帜、灯笼等招幌方式，都市中的店铺往往以店名悬立招牌，官府也要求企业确立字号以方便管理，如《清明上河图》中许多店铺都有独立的名号。《湘山野录》谈到宋代京师食店"卖酸馅者，皆大出牌榜于通衢"，可见当时的商家还将招牌悬挂到交通便捷的要道上，以起广告效应，招徕顾客。[①] 对字号的强调也使得宋代的消费行为深受品牌影响，如南宋临安城"都下买物，竞趋有名之家，如望仙桥糕糜、后市街卖酥贺家"[②]。又如创立于唐代的诸葛笔因"诸葛一姓，世传其业"，故直到北宋"治平、嘉祐前，得诸葛笔者，率以为珍玩"，说明经过世代积累的品牌能够在市场上受到广泛认可，并带来交换价值的提升。[③]

宋代后还出现了注重维护企业信誉和品牌价值的商业经营思想。如《袁氏世范》中谈到经商若贪求短期利益，做出"贩米而加以水，卖盐而杂以灰，卖漆而和以油，卖药而易以他物"的行为，则会"因假坏真，以亏本者多矣"，所以经营者必须坚守诚信，才能保持长远的竞争优势，如"买扑坊场之人……造酒必极醇厚精洁，则私

[①] （明）王三聘：《事物考》卷七，明嘉靖四十二年刻本，第22页。
[②] （清）沈家辙等：《南宋杂事诗》卷六，文渊阁四库全书本，第24页。
[③] （清）梁同书：《频罗庵遗集》卷十六，清嘉庆二年陆贞一刻本，第6页。

酷之家，自然难售"①。很多商号在实际经营中也非常重视以诚信的行为和良好的产品质量提升企业名誉。如北宋潘谷"制墨精妙，而价不二，士或不持钱求墨，不计多少与之"，这种价格公道、大方让利的做法使潘谷墨名扬天下，受到广泛好评，且得到苏东坡赠诗，大大提升了商品信誉和文化价值。②又如湖南沅陵双桥古墓出土的一件元代潭州颜料店的包装纸，上面印着广告文字称"危家，自烧洗无比鲜红紫艳上等银朱、水花二朱、雌黄，坚实匙筋。买者请将油漆试验，便见颜色与众不同"，告诉消费者可以通过试验将其产品与别家对比，表明质量具备独特优势。该颜料店还使用植物形象商标和不同形状的朱印，可能是最早的防伪标志与防伪技术。③另外，如果因某些原因导致品牌信用受损，店铺往往要修改名号以维护品牌价值。比如南宋临安图书业以陈氏"芸居楼"为首，当时诸家藏书都由他家刊行，印有"陈解元""陈道人""陈宅书籍铺"的字样，但经营者陈起因所写诗句被奸臣史弥远指摘有谤讪之意而下狱，导致店铺经营受到影响，故其子重立"续芸居"名号以继之。④

还有一些企业开始借助名人效应、老字号声望和权威认可来增加品牌价值。比如《清明上河图》中有一家医馆悬挂着"赵太丞家"的招牌，表明店主的身份是太医丞，且两侧的牌子上分别写着"太医出丸医肠胃药"和"治酒所伤真方集香丸"，可见该医馆有意突出太医职衔所代表的得到官方认证的医术信誉，希望以此获得更多患者的信任。又如据冯梦龙记载，南宋临安宋五嫂因一日偶然为出游的宋高宗烹煮鱼羹，得到高宗赏赐金钱一百文，故声名大噪，"王孙公子、富家巨室，人人来买宋五嫂鱼羹吃，那老妪因此遂成巨富"，当

---

① （宋）袁采：《袁氏世范》卷三，清知不足斋丛书本，第20页。
② （清）宋荦：《筠廊偶笔》卷上，清康熙刻本，第10~11页。
③ 刘志一：《中国古代商标与广告发展史初探》，《包装世界》1996年第2期，第45页。
④ 叶德辉：《书林清话》卷二，民国郋园先生全书本，第18~19页。

时有诗云:"一碗鱼羹值几钱?旧京遗制动天颜。时人倍价来争市,半买君恩半买鲜",说明皇帝的肯定能够对鱼羹的市场价值起到极大的加成作用。① 再如清代《循陔纂闻》中谈到,"今诸市肆欲夸其物美,必标曰'京式',其意以出自辇毂之下,制样当必不同耳"。② 可见古代商家已懂得借助皇室和京城消费对品质、式样的较高要求来宣传其商品的优质和时兴。

宋代的商号名称大都取自经营者的姓氏,这也体现了当时商号的家族企业性质。如《东京梦华录》里记载当时开封城大内西右掖门外街巷有"史家瓠羹""万家馒头""张戴花洗面药""国太丞、张老儿、金龟儿、丑婆婆药铺""唐家酒店"等店铺,多以姓氏命名。③而到明清时期,越来越多的店铺在取名时更加注重文化内涵和经营理念的传达。如展现明代后期南京城市风貌的《南都繁会图》中就有"涌和布庄""义兴油坊""万源号通商银铺""大生号""乐贤堂"书店等。这体现了商号开始在名称中融入信义、和合等商道以增进宣传作用。又如北京的六必居酱菜铺本是一家酒铺,故依照《礼记·月令》中针对酿酒"秫稻必齐,麹蘖必时,湛炽必洁,水泉必香,陶器必良,火齐必得。兼用六物"的要求,以"六必"命名,强调在食品制作过程中必须做到规范与卫生。④ 融入了这一理念的"六必居"字号简明而易于记认,得到了市场的广泛认可,因此后来经营重点转向酱菜后仍然沿用这一名号,成为了历经六百年而不衰的知名老字号。可见品牌与企业经营理念的深度融合能够带来良好的传播效应和市场认可度。

同时,一些品牌还借助特定的号规、堂训等以规范员工的经营行

---

① (明)冯梦龙:《古今小说》第三十九卷,"汪信之一死救全家",明天许斋刻本,第1~2页。
② (清)周广业:《循陔纂闻》卷一,清钞本。
③ (宋)孟元老撰,伊永文笺注:《东京梦华录笺注》上册,中华书局,2006,第274~275页。
④ (元)陈澔注:《礼记集说》,宋元人注:《四书五经》中册,中国书店,1985,第98页。

为，维护企业信誉。如苏州的孙春阳南货铺创建于明代，"其为铺也，如州县署，亦有六房，曰南北货房、海货房、腌腊房、酱货房、蜜饯房、蜡烛房。售者由柜上给钱取一票，自往各房发货，而管总者掌其纲。一日一小结，一年一大结……其店规之严，选制之精，合郡无有也"，说明严格的选货、发货管理是该号能够深得市场信赖、长盛不衰的法宝。① 清康熙年间创立的同仁堂药铺将搜求到的各类宫廷秘方、家传秘方、历代验方等集结成《乐氏世代祖传丸散膏丹下料配方》一书作为经营根本。该书在序言中强调"遵肘后、辨地产，炮制虽繁必不敢省人工，品味虽贵必不敢减物力"，使药品的制作能够遵循严格的流程和规范，保证了店铺迅速在客户中树立起良好口碑，驰誉海内外。②

随着企业品牌的普遍建立以及品牌知名度不断提升，明清时期出现了越来越多世代传承的老字号。很多字号不仅将产品远销到全国各地和海外市场，还开始在其他地区开设分支机构。这说明这些商号的信誉在商品流通过程中逐渐获得了更大范围市场的认可。相比单个生产者，企业可以通过对生产过程的组织管理、对产品质量的筛选把控、面向消费者的商品选择和包装、广告宣传及销售活动等方式为品牌赋予更多的价值意蕴，因此也就能更好地借助品牌的力量，促进使用价值向交换价值转化，完成"惊险的跳跃"。一些企业甚至还采用炉店同名和联号的方式，在品牌中体现其依托某种程度的纵向一体化或横向一体化所达成的规模经济优势，进一步壮大品牌声望，获取消费者信任。这些都使得古代的品牌发展具备了以偏重顾客的经营活动对品牌信息进行整合的内涵，在作为信誉主体的企业与作为信任主体的消费者之间搭建起价值传递的桥梁。

---

① （清）钱泳：《履园丛话》卷二十四，"杂记下"，清道光十八年述德堂刻本，第9页。
② 中国北京同仁堂集团公司、北京同仁堂史编委会编《北京同仁堂史》，人民日报出版社，1993，第5页。

三 品牌与信用制度发展

  品牌的信誉主体性发展到一定阶段，会走向以商业机构与金融机构信用为流通基础的信用制度。希克斯曾指出："对商人来说，任何时代金融交易都是贸易交易的自然延伸；他发现自己几乎是不知不觉地从一种交易过渡到另一种交易。"[①] 在中国古代，这一转变发生在北宋时期。据宋人李攸记载："始益州豪民十余万户连保作交子，每年与官中出夏、秋仓盘，量人夫及出修糜枣堰丁夫物料。诸豪以时聚首，同用一色纸印造。印文用屋木人物，铺户押字各自隐密题号，朱墨间错，以为私记。书填贯不限多少。收入人户见钱便给交子，无远近行用，动及万百贯。街市交易，如将交子要取见钱，每贯割落三十文为利。每岁丝蚕米麦将熟，又印交子一两番，捷如铸钱。收买蓄积，广置邸店屋宇园田宝货。亦有诈伪者，兴行词讼不少。或人户众来要钱，聚头取索印，关闭门户不出，以至聚众争闹。官为差官拦约，每一贯多只得七八百，侵欺贫民。"[②] 从这段描述中可以看到，早期交子的发行由民间富户共同担保，收入现钱即可印发，并且在市场上受到广泛认可，能够流通无碍，属于一种典型的商业信用货币。交子的印造包含特定图样，由各铺户各自设置隐秘的题号作为标记，因此也具备企业品牌及商标内涵。在这一时期的交子流通中，交子作为一种信用工具的价值取决于发行主体的信用。当时的富户和商铺每年在农业收获季节大量发行交子，而将收来的现钱用于房地产投资和商贸经营中。一旦出现经营不善或欺诈行为，则会导致流通中的交子价值下跌，发生挤兑事件。这说明企业经营状况和信誉仍然是交子这一特殊品牌形态的价值基础。

[①]〔英〕约翰·希克斯：《经济史理论》，厉以平译，商务印书馆，1999，第67页。
[②]（宋）李攸：《宋朝事实》卷十五，四库全书本，第5~6页。

依托企业信誉的信用工具流通也是后世信用货币的一个重要起源。在北宋交子之后，南宋民间发行的会子也具备类似的商业信用性质。马端临在《文献通考》中指出："自交、会既行，而始直以楮为钱矣。夫珠玉黄金，可贵之物也。铜虽无足贵，而适用之物也。以其可贵且适用者制币而通行，古人之意也。至于以楮为币，则始以无用为用矣。"① 其中，能以无用为用的关窍正是在于随着民间商业发展，某些企业因资力充实和经营效益出众，在市场上拥有良好的信用，所以人们相信带有企业品牌的票券能够兑换为实钱，愿意在交易中以之代替现钱来使用。

到清代，随着典当、钱庄、票号等金融机构发展进入繁盛期，以金融机构信用为保证、在市场上广泛流通的信用工具被大量创设出来，包括银钱票、庄票、汇票等。如道光年间，银钱票的使用范围已非常广，"查民间置买房地，粜籴米粟，贸易货物，用银之处少，用钱之处多。其价在千文者，尚系现钱交易，若至数十千数百千以上，不特转运维艰，且盘查短数，收剔小钱，尤非片时所能完竣。是以江、浙、闽、广等省行用洋钱，直隶、河南、山东、山西等省则用钱票"②。而在实际发行中，如山西省"行用钱票，有凭帖、兑帖、上帖名目。凭帖系本铺所出之票，兑帖系此铺兑与彼铺，上帖有当铺上给钱铺者，有钱铺上给钱铺者。此三项均系票到付钱，与现钱无异"，直隶省"系随支随付，有票即可取钱"，"随时取用，商民久已相安"，山东省"所出钱票，亦仍由本铺取钱，随到随支"，等等。③即大多数发行钱票的当铺、钱庄都能够履行基本兑换义务，以保障钱票价值，使其具备与现钱相同的流通性。不过从道光十八年（1838

---

① （元）马端临：《文献通考》，"自序"，四库全书本，第7~8页。
② 中国人民银行总行参事室金融史料组编《中国近代货币史资料 第一辑 清政府统治时期（1840-1911）》，中华书局，1964，第128页。
③ 中国人民银行总行参事室金融史料组编《中国近代货币史资料 第一辑 清政府统治时期（1840-1911）》，中华书局，1964，第130、132页。

年）各省督抚针对银钱票的考察中可以看到，大部分钱铺会优先保障兑付本字号的票据，而在银钱储备不足的情况下，有时对于"不用本字号票据，而以别字号之票交付者，及持票往取，仍无现钱付给"①。这表明，在商业信用工具发展早期，金融行业的整体信用体系尚未形成，银钱票的价值须以发行机构的个体经营状况为担保。这时的信用工具仍然是企业品牌的一种延伸。

庄票方面，由于这一信用形式得到洋商和外资银行的认可，成为中外贸易结算的关键工具，故钱庄对于所出庄票的信用更是尽力维护。1859年上海钱业重整业规时，就谈到"上海各业银钱出入行用庄票，百余年矣……从未有票销票匿，而借词不认之事"，可见各家钱庄长期以来都做到了对庄票保证支付。②1873年因顺发洋行申请对被盗用的庄票止付，各家钱庄恐影响市面上庄票的整体信用，特意向洋商发布公告，重申上海钱庄坚持"认票不认人"的旧例，并新立规定，要求"兑银惟票是认，此后买办逃匿，洋行不可以曾托之票捏为遗失"，强调各钱庄发行的票据作为带有金融机构品牌信用的支付凭证，应具备完整的交换价值和独立的流通性。③因此，信用良好的庄票在清末不仅被洋商普遍接受和使用，还被外资银行与票号视为优质抵押品，成为钱庄用于拆借资金的有效工具。

票号的汇票在晚清则不仅在商业领域受到普遍信赖，"两地间之款项往来，尤非依赖票号而不可"，还在太平天国运动后开始承担起汇兑官款的任务，"各省应解部库各款，多由号商以银票汇兑"④。汇票采用特制的纸和严密的暗号制度进行印写，如蔚泰厚的汇票纸

---

① 中国人民银行总行参事室金融史料组编《中国近代货币史资料 第一辑 清政府统治时期（1840-1911）》，中华书局，1964，第134页。
② 中国人民银行上海市分行编《上海钱庄史料》，上海人民出版社，1960，第20页。
③ 中国人民银行上海市分行编《上海钱庄史料》，上海人民出版社，1960，第22页。
④ 中国人民银行山西省分行、山西财经学院《山西票号史料》编写组、黄鉴晖编《山西票号史料（增订本）》，山西经济出版社，2002，第675、186页。

"以绿线红格,由平遥县一处印,各分号均用总号之纸","其汇票纸夹印'蔚泰厚'三字。各处书票只须出于一人之手,并将笔迹报告总号通知各分号,以备查考。又于汇票后面暗书　月　日及银数,此种暗号外人不知,但恐日久泄漏,故数年必改"。① 可见汇票中既有票号的字号标识,又由各号的管理制度来保障其防伪属性。因此在票号信用的保证下,汇票同样能够遵循"认票不认人"的惯例,凭票支付,并且由于"随时可以兑现,几无所往而不有购买力",成为市面通行的信用工具。② 特别是庚子事变期间,由于票号坚持"持券兑现",故"至是之后,信用益彰",汇票的市场认可度得到进一步提升,说明企业信誉价值能够直接影响信用工具的市场价值。③

结　语

从早期"物勒工名"和地域性品牌的形成,到唐代以后商号经销活动与品牌的结合,再到宋代以降信用工具的发行和流通,中国古代的品牌内涵逐渐从商品的生产阶段向交换环节延伸。品牌不仅促进了商品由使用价值向交换价值的转化,还推动了特定的信用工具形式从支付过程中产生。对这一发展历程的考察为我们理解品牌的本质以及不同时代下品牌的价值范畴提供了重要依据。当前在时空联系愈发密切、经济各环节之间沟通愈发畅达的互联网时代,品牌越来越走向众多关系组合而成的生态系统,"价值的增加是一个融合了互动、交

---

① 中国人民银行山西省分行、山西财经学院《山西票号史料》编写组、黄鉴晖编《山西票号史料(增订本)》,山西经济出版社,2002,第681页。
② 中国人民银行山西省分行、山西财经学院《山西票号史料》编写组、黄鉴晖编《山西票号史料(增订本)》,山西经济出版社,2002,第675页。
③ 中国人民银行山西省分行、山西财经学院《山西票号史料》编写组、黄鉴晖编《山西票号史料(增订本)》,山西经济出版社,2002,第289页。

易与反馈的非直线互动过程",是一个"想象结构"。[①] 许多品牌因而出现了投射情感与价值认同、注重可持续输出、跨界融合、多平台矩阵化传播等 IP 化发展趋势。这同样是在商品从使用价值走向交换价值的过程中,为了推动差异化竞争和价值实现,其背后的信誉主体持续推动的价值内涵的丰富与凝聚,也是通过各种渠道获取消费者认同的一种价值符号的表达,与历史上的品牌发展之间有着一以贯之的脉络。

---

① 〔美〕汤姆·邓肯、桑德拉·莫里亚蒂:《品牌至尊——利用整合营销创造终极价值》,廖宜怡译,华夏出版社,2000,第 14 页。

◎国有企业·国企改革◎

19世纪末至20世纪上半叶德国国有企业管理方法的演变

〔俄〕A.O. 瑙莫夫　〔俄〕M.B. 别洛乌索娃　刘颜青 译*

【摘　要】本文旨在探讨德国国有企业在1871~1945年的形成与发展过程，深入研究这一时期德国邮政、铁路、天然气和电力供应领域国有企业的经营方式，还特别关注纳粹高层在备战期间制定的国有企业政策。研究结果表明，在19世纪末至20世纪上半叶，德国关键行业的企业逐渐实现了集中化管理，其方式既包括国有化和从私人所有者手中收购资产，也包括创建新的国有企业。

【关 键 词】德国　国有企业　管理方法演变　自然垄断

引　言

2008年全球金融危机后，国有企业的活动规模有所扩大。同时，无论是在学界还是在政界，均出现了对国家在经济中角色的讨论。经

---

* 基金项目：吉林大学科研启动项目"科技冷战与苏联核问题研究"（编号：419080600315）。本文原文系俄罗斯莫斯科国立大学公共管理系教授A.O. 瑙莫夫和助教M.B. 别洛乌索娃所著，原文及出处：A.O. Наумов, М.В. Белоусова, "Эволюция германского подхода к управлению государственными предприятиями в конце XIX первой половине XX в.", Вопросы истории, №. 8(2), 2022, pp. 77~86；吉林大学东北亚学院博士研究生刘颜青对全文进行编译并提炼摘要和关键词，吉林大学东北亚研究中心讲师赵万鑫对全文进行译校。

济合作与发展组织定期发布的关于全球国有企业活动的报告指出，无论国家的地理条件和经济发展水平如何，国有企业的数量和资本化程度均呈上升趋势。在这种情况下，国有企业的所有权和管理方式成为一个政治层面的问题。自由市场经济的支持者指出，这可能导致政治和经济两方面的风险，因为这些企业受国家控制，可能会导致后者追逐利益。著名咨询机构"亚欧集团"负责人、美国政治学家伊恩·布雷默在其著作《自由市场的终结：国家和企业的战争中谁会胜出》中，以及美国政治学家、国际事务委员会专家约翰·库兰齐克在其著作《国家资本主义：其复兴如何改变世界》中，均认为俄罗斯等大国可能会将其国有企业当作与其他国家竞争的工具。遗憾的是，在国内外的学术研究中，对国家在塑造现代资本主义模式中的主导作用的研究相对较少。

本文致力于研究德国的邮政、铁路、天然气和电力供应等自然垄断领域国有企业的形成和发展，并着眼于德国国有企业管理方式的演变历程。研究时间跨度是从1871年德意志帝国成立直至1945年纳粹政权的覆灭。

该研究领域的知名学者包括B. 洛兹、M. 福格德、Л. 加尔、M. 保罗、П. 多林、X. 莫姆森等，然而，这些研究者的成果更多的是对特定历史阶段或单一行业国有企业管理实践的片段性分析。本文创新之处在于，作者研究了德国多个行业的国有企业在70多年中的发展历程，旨在揭示不同政治体制下国有企业管理方法的共同特点。

一 德意志帝国国有企业集中管理制度的形成

1871年1月18日，在凡尔赛宫的镜厅，德意志帝国宣告成立。这个所谓的"第二帝国"包括20个邦国和3个自由城市。宪法赋予曾经的邦国一些有限的自治权，但这些权力逐渐被削弱。因此，尽管德国过去长期分裂，且统一之初的工业和基础设施在管制上相对独立，但中央政府逐渐从地方政府手中收回了这些权力。

20世纪，国有资产在德意志帝国有着重要地位。在这一时期，国有企业包括军工厂、海军船坞、邮政、电报通信、供水企业和一些早在19世纪中叶便被国有化的采矿企业。

在邮政方面，图恩-伊-塔克西斯邮政局是一个值得关注的例子。该邮政公司曾在长达3个世纪的时间里活跃于德意志各邦国和一些欧洲邻国。1866~1867年，即普奥战争结束前夕，该公司被关闭，因为普鲁士军队占领了法兰克福，并迫使亲奥的图恩-伊-塔克西斯家族将所有业务移交给普鲁士及其盟友。1871年德意志帝国成立后，帝国邮政也随之组建，并继承了图恩-伊-塔克西斯邮政局在除巴伐利亚和维尔茨堡以外地区的所有业务，而上述两个地区的地方邮局则与帝国邮政保持着密切合作的关系，直到德意志帝国的崩溃。

19世纪90年代，德意志帝国的邮政业务成为一个迅速增长的领域，预算超过5亿马克。在第一次世界大战前夕，邮政成为国家垄断的行业，并引入邮政支票，成为银行的重要竞争对手。一战结束时，德国邮政的业务额高达1300多亿马克，超过100亿次交易。1850~1913年，邮政和电报业务的费用增长50倍，而德国的经济仅增长5倍。尽管预算规模庞大，但帝国邮政的利润在国家总收入中的比例并不大，1901年其贡献占国家总收入的2.1%，1913年为4.1%。实际上，1870~1897年，担任邮政局总长的冯·斯特凡在德意志帝国创造了一个极具活力的企业。同时，他的主要目标是提供廉价且广泛的服务，而不是追求利润。

在铁路方面，早在德意志帝国成立之前，各邦国便拥有各自的铁路网络系统，但这些网络通常与外部的连通性较差。19世纪60年代，德意志各邦国约一半的铁路系统由私营公司运营，而其中大多数代表机构位于普鲁士。在19世纪70年代，奥托·冯·俾斯麦试图建立全国统一的铁路系统,但这一尝试最终失败,因为南部地区反对。尽管如此,柏林当局仍在 1879~1885 年将大部分私营铁路国有化。因此,德国国有铁路的份额从 1870 年的 56% 增加到 1880 年的 82%。在 20 世纪初,得益于东普鲁士新铁路线的修建,这一份额超过 90%。

与帝国邮政不同,普鲁士铁路对国家的财政意义巨大。1913 年,前者获得的预算不到 1 亿马克,而后者则超过 8 亿马克。在普鲁士国有化改革后不久,铁路公司占国家预算的 35%,20 世纪初又增至 50%,年度毛利(不包括利息支付和储备金)约为 5 亿马克。同时,帝国邮政由中央政府管理,而铁路则由各地方政府管理。

在一战前,天然气和电力行业也是德国国有企业较为活跃的领域,且主要由地方政府进行管理。天然气和电力供应领域在发展的初期阶段,主要由私营企业主导,市政部门在确认了相关技术的有效性和该领域的利润后才开始扮演主要角色。由于天然气的开采始于 19 世纪初,其国有化的第一阶段是 1860~1874 年,第二阶段是 1885~1900 年。市政当局与电力行业之间的合同通常规定,私人建设的电力系统会在较长的一段时间后(大约 10~15 年)无偿转让给市政当局,从而减轻地方预算的负担。出现这一现象的原因在于,当时的城市扩张速度极快,基础设施投资较大,地方的财政预算常常捉襟见肘。截至第一次世界大战前夕,全德国有 37% 的发电设施属于市政当局。

地方政府的政策旨在向当地贸易和工业部门以及私人消费者提供无须补贴但有收益的服务。运营应该是适度盈利的,以免对市政预算造成负担。与普鲁士铁路不同,它们的目标不是盈利,而是提供国家服务。通常,地方政策通过降低费率的方式,使消费者享受到使用成本降低的益处。然而,地方政府对能源供应的所有权并没有终结竞争,因为对于小企业而言,天然气和电力的优惠费率促进了当地贸易的繁荣。

如上所述，德意志帝国在国有企业方面的政策旨在通过加强中央政府的管理权来削弱地区的权力。但是地方政府仍然保留对重要基础设施项目的控制，如铁路以及天然气和电力供应企业。

二　魏玛共和国时期国有企业的扩大

第一次世界大战的爆发加速德国工业的集中和整合，并显著增强国家对私人企业的影响力。在战争期间，有200多家军工企业成立，其中大部分是由国家所有的。一些新兴工业领域如铝产业，直到战争结束时已演变为国家垄断的行业。那些依靠私人投资蓬勃发展并为德国工业提供竞争优势的领域得到了国家的巨额支持。

在这一方面，民航业是一个明显的例子。20世纪20年代末，魏玛政府在该行业中处于领导地位，故航空票价十分低廉，并且客运量是美国的两倍。例如，在1928年，德国民航客运量为11.1万人次，而美国仅有5.3万人次。同时，德国的航空票价仅与火车一等席位相当，而美国航空票价比火车票价高4倍。政府的津贴资助是这一现象的根源，例如在1928年，航空公司所获得的政府津贴是其票务收入的3倍。另外，早在1925年，政府就购买容克公司超过80%的股份，而该公司在1926年成为汉莎航空公司的创始方之一。

值得注意的是，在当时，航空业是一项未来产业，且是战争的重要组成部分，因此虽然以私人公司的形式存在，但从一开始便作为国有业务运营。在邮政、铁路运输、天然气和电力供应领域，国家的地位不断巩固。截至20世纪20年代，德国国有企业网络已经建立。

同时，1919年的魏玛宪法取消南部地区在邮政和铁路领域的所有特权，并创建了统一的邮政机构"德国邮政"和统一的铁路系统"德国铁路"。然而，关于建立统一电网的计划未能实现，尽管议会在1919年投票支持国有化电力系统。

第一次世界大战结束后，德国铁路失去 5 万辆机车和 15 万辆车厢，其未来的收入被用作向协约国赔款的担保。由于魏玛政府试图展示德国无法满足协约国对赔款的要求，故将德国铁路和德国邮政重新改组为独立机构，它们的资本正式与国有财产分开。资本赤字或额外需求必须通过发行债券来满足，而不是通过国库支付。这两家企业的总营业额继续保持相当大的额度，并在 1929 年达到 76 亿马克的峰值，利润为 11 亿马克。这个数字大致等于同一年德国所有股份公司的年度股息的总额。

在魏玛共和国时期，电力行业的所有权形式呈现多样化特征，如完全由国家控制的混合制企业、完全由私人主导且存在各类管理模式和子公司的集团。仅在普鲁士地区，电力行业便存在三家不同所有权形式的企业：混合制企业莱茵-威斯特伐利亚电力厂，其产业覆盖鲁尔区、科隆西部的煤矿；威斯特伐利亚联合电力厂，这是与莱茵-威斯特伐利亚电力厂竞争的地方市政联合企业；国有企业普鲁士电力股份公司。在 1924 年莱茵-威斯特伐利亚电力厂的创始人赫尔曼·施蒂内斯去世后，普鲁士的地方政府获得了这家公司的大部分股份。然而，莱茵-威斯特伐利亚电力厂与国家行政部门之间的互动伴随着一系列的冲突，历经长时间的谈判，直到 1927 年双方代表才就业务领域问题达成协议，被时人称为"电力和平"。

1930 年，德国 84% 的天然气和 45% 的电力是由市政企业供应的，但它们对地方供应商的依赖不断增加。值得注意的是，这一趋势在 1935 年显著增强，因为当时纳粹上台后通过了一项能源法，规定所有对发电厂和电网的投资必须得到经济部的批准，以确保选择最有效的方案。

总之，在魏玛政府的政策框架下，自然垄断企业开始走向集中化发展，且这一趋势随着纳粹的上台得到显著增强，国有化的邮政和铁路网络被创建。在天然气和电力供应领域，原本在地方一级存在的企业间竞争被供应商和监管投资活动的立法间接地控制。

三 纳粹时期国有企业在军工联合体中的领头作用

纳粹政府总体上延续了前任政府对国有企业的政策。1933年纳粹上台后，试图利用私人和国有工业现有的设施来实现其目标。纳粹的主要报纸《人民观察家》在1936年妄称，纳粹主义的经济政策符合技术时代的进步。这种政策允许资本主义作为一个引擎运转，可以利用其动态能量，但机制需要切换。在这种模式下，只有当私营部门的代表因为准备战争的问题与执政党的领导层发生冲突时，才能成立为满足军事需求的国有企业。

虽然希特勒实施的经济政策得到许多大企业家的支持，但仍有一部分表示反对。如纳粹高层曾计划用从瑞典进口的高质量铁矿石来替换国内低质量的铁矿石，这一计划遭到了鲁尔区钢铁工业的企业代表的抵制。鉴于部分企业的反对，纳粹政府决定于1936年在德国中部的矿区成立国有钢铁厂。该工厂以纳粹的二号人物赫尔曼·戈林命名，旨在为即将来临的战争打下钢铁自给的基础。值得注意的是，这家工厂的设计和建设工作始于1938年，由美国工程公司"布拉塞特"（Brassert）负责。根据规划，该工厂将成为世界上最大的钢铁厂，但这一目标未能实现。

纳粹党的另一个具有代表性的工业项目是与美国企业合作的大众汽车工厂。当时，纳粹政府提出生产"人民汽车"的倡议，但未得到国内任何一家大型汽车制造商的响应，于是希特勒决定启动一个独立项目。与建设戈林钢铁厂类似，这次是由来自福特公司的美国工程师设计大众汽车工厂，该工厂位于戈林钢铁厂附近（正因如此，纳粹党授予亨利·福特外国公民可获得的最高奖项）。

大众汽车工厂的管理由德意志劳工阵线负责，该组织曾强制合并了工会，并夺取了后者的所有财产，包括银行、保险、印刷和出版业的财产，以及某些住房建设机构。大众汽车工厂也因此成为德意志劳工阵线最大的工业企业。为了资助这个项目，该组织出售了一些不动产。在第二次世界大战期间，大众汽车工厂决定基于原始汽车模型生产一款吉普车。为此大众汽车工厂对原始汽车模型进行大幅度改进，最终研发出著名的"水桶车"。总体而言，这家曾以生产民用商品为成立契机的工厂在战争期间经历重大转变，其主要产品变成航空发动机和火箭。

与大众汽车这类独立的实体企业相比，戈林的公司是纳粹德国最大的工业集团的核心。赫尔曼·戈林企业集团及其三个分支机构（赫尔曼·戈林矿业和冶金工厂股份公司、赫尔曼·戈林军火和汽车工业股份公司、赫尔曼·戈林河运股份公司）吞并纳粹占领区内的重工业企业，并扩大对武器生产的控制。1941~1942年，赫尔曼·戈林企业集团在德国拥有300多家子公司。

另一个值得关注的国有企业是矿产产品利用公司。该企业成立于1916年，最初由私营企业家创建，作为矿产和冶金企业的控股公司，也被称为"蒙当"（Монтан）。1922年蒙当由马克斯许特公司所有，后者将95%的蒙当的股本交给设备和仪器贸易公司。后来，随着纳粹的上台，设备和仪器贸易公司被负责研发和部署全国陆军装备的陆军军械局控制。因此，矿产产品利用公司实际上是陆军工业企业的"私人"管理机构，因为它的大部分股份由国有公司信托持有。从1934年起，陆军军械局将蒙当改组为负责租赁和行政控股业务的公司，用于生产军事产品。至此，蒙当成为国有武器工厂和化学爆炸物工厂的伞状组织，直到1945年德国战败。与赫尔曼·戈林企业集团一样，蒙当在战争期间迅速扩张，整合了约120家工厂和超过20万名工人。

截至第二次世界大战结束前夕，纳粹党控制了德国全部股本的

50%。1945年纳粹崩溃后，德国一些企业被改造、更名，并以公营或私营的形式继续存在。如赫尔曼·戈林企业集团转型，但维持国有工厂集合体的经营形态。1953年，该企业集团被更名为矿冶企业股份公司，之后又更名为萨尔茨吉特股份公司。德国统一后，该企业被出售给普罗伊萨格股份公司，最终实现私有化。值得注意的是，尽管名称发生变化，但带有戈林徽章的公司标志直到20世纪80年代才被更换。

由此可见，在纳粹时期，通过将个体企业国有化和建立为纳粹战争机器服务的工业设施，国家手中的工业资产数量显著增加。战后，各个独立的企业进行了重组，并以不同的名称作为德国工业集团的一部分继续开展活动。

结　语

综上所述，19世纪末至20世纪上半叶，德国政府在关键产业领域实行工业集中化政策，并最终通过从私人所有者手中收购企业以建立新企业，以及扩大政府对地方政府的权力的方式实现了工业集中化的目标。邮政方面，在1871年国有化后，除了南部地区的邮政业务外均归中央政府管理；随着1919年魏玛宪法的颁布，国有企业德国邮政成立，邮政变为一项国营业务。铁路方面，在1871年国有化后，仍有一部分铁路由地方政府所有。1919年后，国有铁路网络德国铁路成立。后来，为免付战争赔款，负责邮政和铁路业务的企业被重组为法律上独立的机构。天然气和电力供应企业在20世纪上半叶的头几十年主要是由各地方的市政当局所有，但在1930年代中期，该类企业受到混合制企业的影响。在纳粹统治时期，工业的集中化趋势更加明显，且主要体现在钢铁、汽车、采矿和冶金等领域，主要表现为建立新的国有企业和国有控股公司，而这与纳粹政府的军事需求密切相关。

西班牙国有经济的伊尼模式及转型研究

巫云仙　陈芑名*

【摘　要】 伊尼模式是20世纪40年代至90年代西班牙国有经济的主要运行和治理机制，不仅推动了西班牙国有经济的发展，充当"患病企业"的"诊所"和破产私营企业的拯救者，以及政府反经济周期的政策工具，而且还有助于国家经济的整体发展和现代化建设。通过私有化改革，伊尼模式转型为以国家工业控股公司为核心的国有工业控股体系。研究表明，国有经济伊尼模式的形成和转型都是西班牙政治和经济社会长期演变发展的产物；国有经济并不一定与国家政治制度有必然联系，关键是要优先考虑国家利益；效率和效益是衡量国有经济的重要标准，要确保国家对国有经济的控制权；国有企业要成为国家创造财富和铸造国家实力的市场主体。这些有益的经验对我国国有经济的改革发展具有重要的历史镜鉴意义。

【关　键　词】 西班牙　国有经济　伊尼模式　管理体制转型

引　言

西班牙是高度发达的西方市场经济国家，但具有悠久的国有经济

---

* 巫云仙，中国政法大学商学院教授、博士生导师，主要研究领域为经济史、企业史、金融学和中国特色社会主义理论；陈芑名，中国政法大学商学院企业史研究所副所长、讲师，英国杜伦大学经济学博士，主要研究领域为技术创新、企业史、经济史和金融学。

发展史。早在18世纪重商主义时代，国营的西班牙皇家工厂就被用于各种目的，18世纪末以来，尽管西班牙王国政府曾将其中一些皇家工厂的管理外包给私人企业家，出售由国库垄断的公共土地和森林，并变卖过一些国家工厂和公共资产，但直到19世纪30年代，西班牙王国政府仍然掌握不少公共企业，甚至还创建了一些新的公共企业[1]；1874年，西班牙成立国家资产总局（DGPE），成为该国最早的公有企业的正式管理机构。[2] 20世纪20年代，西班牙已经在能源、银行、电话、旅游和矿产等行业建立了一批国有企业。1936年西班牙内战爆发之前，作为民族主义和干涉主义经济政策的工具，公共企业在一度停滞后出现复苏迹象[3]，但一般与军事和财政活动密切相关。

为了巩固其独裁统治，1941年西班牙弗朗哥政府大力发展国有经济，建立以伊尼（INI）公司为主导的国有经济体系，并在二战结束后进一步强化国有经济和国有企业[4]，形成具有西班牙特色的国有经济运行和治理模式。1995年伊尼模式在改革中被放弃，其职能和作用被新的国家控股工业体系（SEPI）所承接，名称的变化并没有从根本上改变西班牙国有经济的传统和运行机制。

从历史来看，西班牙是较为重视国有经济的西方发达资本主义国

---

[1] 如1857年成立西班牙国家银行（Banco Santander，称为桑坦德银行）和西班牙毕尔巴鄂比斯开银行。后者与西班牙对外银行（Banco Exterior de Espana）合并重组，成为后来西班牙对外银行（Banco Bilbao Vizcaya Argentaria，即BBVA，是西班牙世界500强企业之一，排名第352）。

[2] 国家资产总局的西语名称为Director General del Patrimonio del Estado（DGPE），在经济、财政和商务部门主持下运作管理国家资产，当时主要是管理公共部门中已经存在的一些国有资产和垄断性企业。

[3] 如烟草和火柴生产和销售领域实行公私混合经营，同时出现了一些混合所有制企业，如坎普萨石油公司（Campsa）、工业信贷银行（Banco de Credito Industrial）和西班牙对外银行（Banco Exterior de Espana）等。

[4] 西班牙行政当局将公共企业定义为主要目的是为市场生产商品和提供服务（不包括卫生和教育等社会服务），且由公共行政部门拥有50%以上所有权的组织，或公共行政部门不持有多数股权但对企业的经营具有有效控制的组织，公共企业与公有企业、国有企业虽然名称不同，但都是国有经济的不同形式。

家之一，其国有经济的发展模式和经验，对于在全球视域下审视国有经济的角色、功能和社会经济效益提供了重要的研究样本。目前，在中国式现代化建设过程中，国有经济是中国特色社会主义经济的基石，如何发挥国有经济的作用、以什么方式对国有经济加以治理等相关问题，是国内学界研究和讨论的热点问题，而西班牙国有经济的样本，可以为我国进一步更好发展国有经济和改革国有企业提供"它山之石可以攻玉"的历史经验。

国外学界在研究西方国家国有企业发展兴衰及其治理机制时，西班牙通常被视为研究分析的一个国家案例[1]，但国内学界鲜有探讨西班牙国有经济发展相关问题，能够收集到的文献寥寥无几，研究极为缺乏，这在全球化环境下，不利于我们对外部世界的充分了解以及中外经济贸易和文化交流往来。本文利用所能收集到的中外相关历史资料，主要聚焦西班牙国有经济的伊尼模式，通过历史、实践和理论维度的历史唯物主义分析，探讨其发展特点、治理机制和改革转型等相关问题，以此抛砖引玉，为相关问题的进一步研究提供有价值的参考和借鉴。

一 国有经济伊尼模式的建立和发展演进

20世纪40年代至80年代是西班牙弗朗哥独裁统治时期（1939~1975年）和后弗朗哥时代向民主体制过渡时期（1975~1982年）[2]，

---

[1] 如 Pier Angelo Toninelli, Edited, *The Rise and Fall of State-Owned Enterprise in the Western World*, Cambridge University Press, 2000, pp. 208~236; Keith Salmon, "Privatisation of State-Owned Enterprises in Spain: Redefining the Political Economy", *International Journal of Iberian Studies*, 2001, 14(3), pp. 136~147。

[2] 西班牙历史发展较为复杂，在西班牙王国统治时期（1492~1978年），西班牙曾经有共和国统治的历史。1873~1874年是西班牙第一共和国时期，1931~1939年是西班牙第二共和国时期；1939~1975年是弗朗哥独裁统治时期，1975~1982年是西班牙从独裁向民主政体过渡时期。

同时也是西班牙国有经济和国有企业繁荣发展时期，以及以伊尼公司为核心的国有经济体系形成发展时期。西班牙政府通过国有化、国有控股、直接持有企业股份，以及为私人企业纾困等方式建立了较为完整的国有经济体系。

一是国有化。1939 年弗朗哥建立独裁统治后，积极推动西班牙的工业化和军事整合，为许多私人企业的国有化开辟道路。如 1941~1944 年，西班牙政府先后把铁路和电信企业国有化，同时把大多数汽车和零部件制造公司，以及造船厂要么被收归国有，要么温和地被赶出西班牙。政府还加强公共服务领域的国有化，如把一些由私人公司特许经营的企业或私人企业国有化，包括国家铁路公司（Renfe，1941 年）和西班牙电话公司（CTNE，1945 年）[①] 等，使其成为国有经济的重要组成部分。

二是建立国有控股的国有经济体系。1941 年，弗朗哥政府决定模仿意大利伊利公司的国有经济模式，创建西班牙国家工业协会（INI），这就是伊尼控股公司的由来，负责为不同行业的国有企业提供企业管理和融资服务，以及对国有企业进行指导、控股和经营管理。

第二次世界大战结束后，弗朗哥政府继续加强对重要经济活动的干预，特别是对与国家安全有关部门的控制，在基础设施、军事和公共服务的工业部门先后建立大量国有企业或公共企业。通过国有化和创建新的国有企业，西班牙政府最终建立了基于伊尼公司的国有经济体系，以及政府并不完全参与工业活动的国有经济间接控制模式。国有经济和国有企业被弗朗哥政府用作西班牙经济自给自足和干涉主义工业政策的基本工具。至 1948 年，西班牙前 200 家企业中有 18 家大型国有企业，其中 12 家是伊尼公司控股的，其中铁路和电信企业是

---

① 该企业成立于 1924 年，1945 年被国有化。

西班牙最大的国有企业。只有2家企业（石油和银行）是20世纪20年代设立，其余都是在1941~1947年设立的。[①]

与同时期大多数其他西欧国家相比，西班牙国有经济规模并不是那么庞大，且大部分都是在二战后创建的。但从上述国有企业设立情况来看，伊尼公司在西班牙国有经济和国民经济发展中却扮演重要角色，基本控制了煤炭、石油、电力、钢铁、工程、造船、电信、汽车、化工，以及交通运输业等15个主要经济部门，由此奠定西班牙战后工业化和现代化的基础。

三是直接控股模式。除基于伊尼公司的间接控制的国有经济体系外，西班牙公共部门还包括国家资产总局下属的国有企业。至20世纪80年代中期，该国有经济体系约有20多家企业，涉及通信、金融、交通、农业和纺织等领域，公司股份是由国家直接持有的。其中，西班牙国家电话公司（CTNE）、西班牙烟草专卖公司（Tabacalera）和西班牙对外银行（Banco external de Espana）是核心企业，贡献了该企业体系的大部分就业和资产。此外，西班牙政府还通过为濒临倒闭的私人企业纾困和救助来扩大国有经济的范围。

西班牙国有经济的发展，与战后欧洲各国的国有化浪潮基本上是同步的，但其发展与西班牙延迟实施的工业化计划，以及1945年后弗朗哥独裁政权日益孤立有关。国有经济成为西班牙政府坚持经济自给自足以及实行国家密切监控经济的政策工具，所有与国防相关部门都对弗朗哥政权变得极其重要，战略部门的概念被扩大到大部分能源生产和重工业部门，伊尼公司成为西班牙工业化的基石。

至20世纪50年代末，国有企业在西班牙经济中占有相当重要的位置。交通、通信和信贷基本上是由国有企业控制的；能源、水利和制造业也有不少国有企业。政府还陆续创建了不少国有企业，目的是

[①] Pier Angelo Toninelli, Edited, *The Rise and Fall of State-Owned Enterprise in the Western World*, Cambridge University Press, 2000, p. 111.

多种多样的，有的是从战略上考虑，如发展空运和铁路运输；发展通信业则是为了防止外国资本对本国经济的控制；对能源工业的干预是为了减少对外国能源的过分依赖和鼓励本国能源工业的发展，争取实现能源自给。

1951～1963 年是西班牙国有经济发展的黄金时代。1960 年，西班牙最大的 200 家企业有 31 家是国有企业，前 4 家都是国有大企业，前 10 家中有 7 家是国有企业，前 25 家中有 12 家是国有企业，前 50 家中有 15 家是国有企业[①]。与 1948 年相比，西班牙国有企业的分布增加了一些新部门，如炼油、汽车、燃气、电力、航空和食品等。重要的是国家参与程度加强了，伊尼公司控制或参股了上述行业 31 家企业中 80% 以上的企业，成为西班牙最大的国有控股企业帝国。尽管受到国内外舆论的批评，但西班牙政府还是没有放弃对经济和工业的完全控制。

在 1960～1974 年西班牙经济发展奇迹期间，伊尼公司的国有化活动开始减缓。特别是 1963 年，弗朗哥政府对国有企业的政策有所变化，主张把工业化的主导地位授予给私人企业，同时把国有企业（公共企业）置于从属地位，只能从事私人企业放弃的活动，西班牙国有企业数量略有下降。

当时世界银行也建议关闭伊尼公司，但弗朗哥政府没有接受这个建议，只是把它降级了。伊尼公司只好放弃它最初雄心勃勃的国有化计划，其主要职能转变为接管破产的私人企业，即主要作为亏损的私人企业及其资产的持有者。

20 世纪 70 年代后，西班牙政府开始把国有企业作为调整工业结构和维持就业的反周期活动的主要政策工具。特别是在 70 年代初期世界性的石油危机中，西班牙经济深受打击，国有企业和私人企业都

---

① Pier Angelo Toninelli, Edited, *The Rise and Fall of State-Owned Enterprise in the Western World*, Cambridge University Press, 2000, p. 213.

出现破产倒闭现象。当时政府对危机过后的经济发展估计过于乐观，对伊尼公司旗下的一些企业继续进行大规模投资，许多国有企业非但没有因为经济危机的影响而收缩，反而使企业规模不断扩大。

1974年，在西班牙的200家大企业中，国有企业有25家，其中，有18家是由伊尼公司控股的，占比为72%；有12家是1960年后新设立的[①]，说明伊尼公司的控制力非常强。与此同时，伊尼公司也继续救助倒闭的私人企业，并对陷入危机的产业领域进行投资，从而降低了其投资组合的资产质量，增加了其财务负杠杆，加上经营低效和发展不平衡，国有企业一度陷入经营困境。

1975~1982年是西班牙经济萧条期和从独裁专制向民主制度过渡时期。政府过多地从政治而非经济原因考虑国有经济的布局，盲目收购很多濒临破产的私人企业，国有企业因此成为亏损私人企业的"收容所"，规模继续扩大，除控制钢铁、铁路设备、造船业和资本品等领域外，涉足的行业部门和领域更为广泛，扩大到诸如陶瓷工业、食品业、制鞋业和纺织业等制造业。尤其是在1979~1983年，伊尼公司成为破产工业企业的积极拯救者，进入伊尼公司系统的企业数量迅速增长，为国家的经济和工业政策付出高昂代价。

国有企业的盲目扩张带来严重负面效果，1976年后，伊尼公司和其他国有企业开始出现严重亏损和管理问题，在钢铁、造船业和化学工业出现严重产能过剩问题，生产效率低下，到1980年，国有企业亏损额大幅增加。

1977年，西班牙开始加强对外开放、减少国家干预，实施让国有企业接触市场等一系列新的经济政策。在此新的政策环境下，伊尼公司获得的国家支持大为减少，其下属企业必须努力提高经营效率和盈利能力，调整产业结构，才能减少亏损。但仍有一些伊尼公司所属

---

① Pier Angelo Toninelli, Edited, *The Rise and Fall of State-Owned Enterprise in the Western World*, Cambridge University Press, 2000, p. 214.

企业固守原来的特权，成为国家的财政负担。面对这些情况，西班牙政府也没有把国有企业的控制权轻易交给私人公司，反而是把更多部门国有化，创建更多的国有企业，并赋予其更多的资源。因此，在20世纪七八十年代，西班牙政府还陆续新建了一些国有企业。

在伊尼模式下，西班牙国有经济主要分布在投资大、回收慢、私企难以承担的领域，如电力、钢铁和金属制造、石油和能源工业、造船、汽车制造、铁路、航空、邮电和通信、金融，以及飞机制造等，这些行业的企业分别由中央政府、自治州政府和国家相关部门掌管，同时政府还控制一些私人企业。

二 国有经济伊尼模式的调整和私有化转型

20世纪八九十年代，与其他欧美国家一样，西班牙也不得不面临国有经济和国有企业的改革转型和私有化问题。

从内部政局变动来看，1975年弗朗哥政府结束后，西班牙经历了不同政党的交替执政[1]，各个党派的执政纲领有所不同，但对国有企业的私有化改革是有共识的；从外部来看，西班牙如果要加入欧洲经济共同体（EEC），就需要满足一些基本条件，而对国有企业特别是垄断性的国有企业，必须进行私有化和自由化改革。在此背景下，西班牙国有经济的私有化改革被迫提上日程。

20世纪80年代至1996年，西班牙政府开始对以伊尼公司为代表的国有经济和国有企业进行调整和部分私有化。[2]

---

[1] 1975~1982年是西班牙从独裁统治向民主制度转型时期，1982年10月28日西班牙工人社会党（PSOE）在选举中获得胜利，标志着西班牙真正结束民主过渡期，1995年工人社会党执政结束；1996~2004年是人民党执政时期；2004~2011年是工人社会党执政时期；2011~2018年是人民党执政时期，2018年以来是工人社会党执政。

[2] 狭义的私有化是指将公共资产全部或部分转让给私人部门，不包括其他形式的私有化。广义的私有化是指重组国家、市场和社会之间关系的更广泛政策。

一是调整伊尼公司的管理体制。1981年,西班牙政府改变多年来由伊尼公司控制许多经济部门的管理模式,将开采、生产、炼化、销售石油和天然气的国有企业从伊尼公司中分离出来,由新组建的国家石油工业控股公司(INH)负责经营和管理。该企业具有公共实体的法律形式,其成员企业都是国有企业,如国有控股的雷普索尔公司(Repsol)等。

二是对伊尼公司的重组和私有化。1983~1984年,根据产业结构调整政策,西班牙政府关闭了伊尼公司中那些对集团发展没有战略意义或在未来缺乏生存能力的公司,重组后大多数盈利企业都脱离伊尼公司,只剩下一些亏损企业留下来。这些改革举措削弱了伊尼公司作为控股公司的稳定性,导致其规模缩小,失去了以往的集团优势。1986年,随着西班牙加入欧洲经济共同体,政府出售了伊尼公司中大部分能够恢复盈利的企业,之后不断精简伊尼公司,直到最后将其依法解散。

三是对部分国有企业实施私有化改革。为了设法解决财政支出过高问题,1983年,西班牙政府先是重组公共的商业部门,把国有企业保留在有价值和未来有发展前景的部门;然后在钢铁、造船、资本品和化学工业中,政府对国有企业采取恢复性生产措施,同时处理和出售其他亏损严重的企业,将国有的西亚特公司(Seat)出售给德国大众汽车公司,把一些有利可图的国有企业,如恩德萨、雷普索尔等企业进行股份制改造和上市。至20世纪80年代末,私有化改革开始触及盈利的国有企业,如西班牙电话公司、恩德萨公司(Endesa)和雷普索尔公司,这些企业陆续在1988年和1989年进行第一轮私有化。

四是调整国有经济的管理体制。20世纪90年代初期,西班牙开始了大规模的国有经济私有化改革,主要是国有企业行政管理体制的调整。随着伊尼公司的解散,1992年,伊尼公司改名为特耐尔

(Teneo)，其大部分盈利资产，如石油生产、炼化和分销，电力生产和分销，银行和电信领域等都被私有化，这是一次重大的工业国有资产重组。

1995年6月，西班牙成立国有工业控股公司（SEPI），作为伊尼公司和后续组织特耐尔的替代机构，接管雷普索尔公司等盈利的国有企业的股份，同时也接管了伊尼公司约7000亿比塞塔的债务（约为当时西班牙GDP的1%）。但SEPI只负责接管效益好的国有企业，而伊尼公司的亏损企业则被移交给隶属于工业部的国家工业局（AIE），改革调整后的西班牙国有经济框架如图1所示。

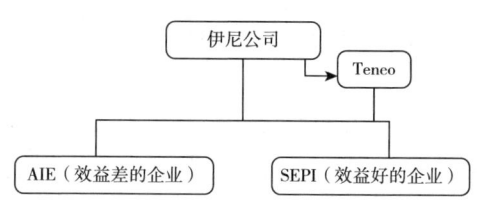

图1　西班牙伊尼公司及国有企业改革

伊尼公司解散后，西班牙国有企业的主要框架由AIE和SEPI两个部分组成，改变了之前由伊尼公司控股大部分国有企业的模式，存在近55年的伊尼公司正式消失，国家石油工业控股公司（INH）也因完成历史使命而被注销。

1996年以后，西班牙国有经济新一轮的全面私有化改革开始由人民党主导、由SEPI具体实施，并最终瓦解了国有经济的伊尼模式。这次改革减轻了政府对伊尼公司常年投资的负担，据当时估测，1996~1998年，可以节省国家财政支出1530亿比塞塔，1999~2000年可以获得税收收入380亿比塞塔，财政部不再背负伊尼公司累计7000亿比塞塔的债务。

与此同时，西班牙政府还对非伊尼公司系列的国有企业进行改革重组和私有化，如运输和通信服务领域的西班牙国家铁路公司（Renfe）、伊比利亚航空公司（Iberia）和西班牙电话公司（CTNE），以及能够生存下来的盈利实体，如恩德萨公司、雷普索尔公司等。大规模私有化改革重组后，西班牙的国有经济主要由四部分构成，如图2所示。

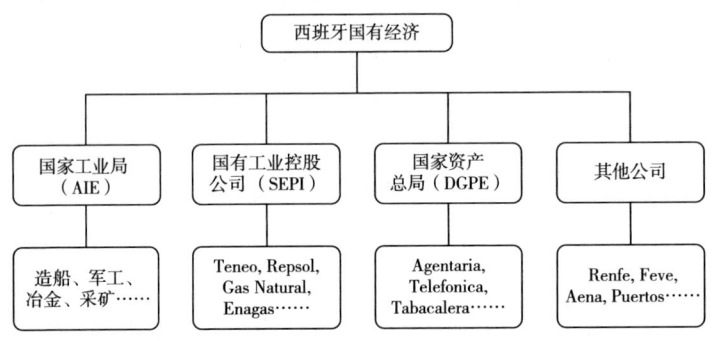

图2　20世纪90年代初改革后的西班牙国有经济体系

图2显示，经过90年代国有企业的大规模私有化改造后，伊尼公司已经不复存在，这是对西班牙国有经济发展格局的重新定位和调整。

后来国家工业局（AIE）又被国有工业控股公司（SEPI）吸收合并，这样主要国有工业企业再次隶属于一个单一机构，就像之前大多数企业被伊尼公司控股一样。

1997年，西班牙国有经济又经历了一次私有化改革，其原因包括财政预算压力、遵守欧共体竞争法和政治时尚等，并不完全以意识形态为导向。西亚特公司、西班牙卡车公司（Enasa）、西班牙旅游公司（Entursa）和阿瑞斯银行（Aresbank）等国有企业是被完全出售的；斯凯孚（SKF, 98.8%）、西班牙天然气公司（Enagas, 91%）和雷普索尔公司（89%）等企业几乎是完全被私有化的；西班牙对外银行（50%）、西班牙电话公司（31.7%）和恩德萨公司（29.2%）是被部分私有化的。

尽管一些政治家、商人和工会人士已经表达对失去国有企业控制甚至对失去国家控制的担忧，但政府完全致力于完成所有国有企业中盈利公司的私有化。1985~1997年，国有企业的私有化虽然有一定力度，但国有控股比例还是比较高的，航空、燃气等行业的几个企业甚至是100%国有控股的[1]。

1985~2001年，通过多次重大的私有化改革行动，西班牙最终完成了国有经济的改革和调整，如表1所示。

表1 西班牙主要国有企业的私有化行动（1985-2001）

年份	主要国有企业的私有化时间	私有化的总收入
1985	无	
1986	西亚特（1）	
1987	西班牙电话公司（1）部分私有化	
1988	恩德萨（1）	
1989	雷普索尔（1）	
1990	雷普索尔（2），西亚特（完成私有化）	
1991	无	
1992	雷普索尔（3）	
1993	西班牙对外银行（1&2），雷普索尔（4）	
1994	恩德萨（2）	
1995	雷普索尔（5）	
	社会主义工人党主导的私有化（1982~1996）	2200亿比塞塔
1996	西班牙对外银行（3），雷普索尔（6）	
1997	恩德萨（3），雷普索尔（完成私有化），西班牙广播电视公司（1），西班牙电话公司（完成私有化）	

---

[1] Pier Angelo Toninelli, Edited, *The Rise and Fall of State-Owned Enterprise in the Western World*, Cambridge University Press, 2000, p. 218.

续表

年份	主要国有企业的私有化时间	私有化的总收入
1998	西班牙对外银行（完成私有化），恩德萨（完成私有化）	
1999	伊比利亚（1），西班牙广播电视公司（完成私有化）	
2000	无	
2001	ENCE（完成私有化），伊比利亚（完成私有化）	
合计	人民党主导的私有化（1996~2001）	5000亿比塞塔

注：括号内数字为私有化轮次。
数据来源：作者根据相关资料统计制作。

表1显示，在工人社会党和人民党在执政期间都进行了私有化改革，有些企业是连续多次私有化，如雷普索尔公司就先后进行了7次私有化改革，直到1997年最终完成；恩德萨公司先后进行了4次私有化，最终在1998年完成改革。

21世纪以来，西班牙政府仍在积极推行国有经济改革，但2008年金融危机打断了这一进程。各国开始制定干预经济活动的各种政策，西班牙也不例外，特别是2011年遭遇欧债危机后，私有化改革就没有太大进展，国有经济反而稳定发展。

近年来，在西班牙的世界500强企业中，位居前列的仍然是国有企业，如桑坦德银行、雷普索尔公司、西班牙电话公司、伊维尔德罗拉电力公司（Iberdrola）、西班牙对外银行、西班牙ACS建筑集团、西班牙能源集团（Naturgy Energy Group）、西班牙石油公司（CEPSA）和西班牙天然气公司（Actividades de Construcción y Servicios, S.A.）等。

三 国有经济伊尼模式的私有化改革特点

西班牙政府对国有经济伊尼模式的私有化改革，主要有五个特点。

一是致力于国有企业复兴，对部分国有企业实施私有化，即国家撤资，但目的是提高国有企业活力和竞争力。1982年工人社会党上台执政后，西班牙开始实施新的国有企业政策，包括国有企业复兴、改革、改善经营管理和私有化，政府出售国有企业或部分国有资产，同时改进伊尼公司和国家资产总局系统的国有企业管理，如西班牙电话公司、西班牙国家烟草专卖公司和西班牙国家铁路公司等企业的问题。

随着加入欧洲共同体和欧盟，西班牙国有企业被迫适应欧洲共同体和欧盟关于放松管制、去垄断化和保护竞争的规则。这意味着政府必须处理国有企业的垄断经营问题，如西班牙石油公司（Campsa）、西班牙烟草专卖公司、西班牙电话公司、伊比利亚航空公司、西班牙国家铁路公司和西班牙国家邮政公司等的垄断，让企业走向自由竞争和市场经济；而一些接受大量政府运营补贴的企业和部门就不能再接受政府补贴，只有盈利的企业才能继续经营下去。

因此，私有化被认为是拯救那些陷入困境的国有企业的唯一途径。但这时政府并没有对私有化进行系统规划，而是在个案基础上进行的，对每个生产部门的具体问题做出反应。私有化也不是由政府具体指导进行的，而是由国有控股公司（如伊尼公司）指导或企业自主进行的。

由于这些国有企业大多是严重亏损的企业，因此，必须以负价格处理，即要么预先用大量政府现金投入用于整顿[①]，要么在私有化后向买方公司提供政府补贴。因此，伊尼公司主要处置和出售的是信息技术、汽车和车辆制造，以及建筑等领域的国有企业，私有化带来的收入总体上是负的。如1986年西亚特公司被卖给德国大众汽车公司、1989年西班牙卡车公司（Enasa）被卖给意大利菲亚特汽车公司等多个私有化方案，都是以象征性价格出售，买方企业还能获得大量政府补贴。

二是对国有企业私有化改革采取"多国化"战略。这类似于引

[①] 1985~1994年，内政部从出售公共企业中获得3050亿比塞塔，但它必须拿出3810亿比塞塔用于先前的整顿。

进国外战略投资者，是指西班牙政府有步骤地先后把国有企业的部分或全部股权卖给各外国公司，以解除国企困境，增强国企的国际竞争力。

这一改革战略的具体事项是由伊尼公司负责的。第一步是限制性的"多国化"战略，主要运用于国企改革刚开始的时候，对出售国有企业在部门、资金、规模、数量等方面加以一定限制，如西班牙首先把烟草、机械等工业部门的部分股权卖给多国公司，然后对多国公司投入的股本做适当限制；第二步是取消各种限制，被卖出的国企涉及各个部门，国家设立专门机构全权负责改革事宜，制定具体的计划来保证改革的推进。

在"多国化"战略下，1986年，伊尼公司与法国、德国和美国的多家跨国汽车公司签订协议，大规模引进外资，如伊比利亚航空公司30%的股票卖给了经合组织（OECD）成员国的企业，到1990年初，这种多国化的国有企业已遍布西班牙的各行各业。

三是在私有化改革中保证国家控股和保留"黄金股"。在工人社会党执政结束时，从1994年开始，工业和能源部提出的一项公共商业部门合理化和现代化计划获得批准，为国内合作伙伴获得公共企业的股份提供便利，从而防止这些企业的股份都落入跨国公司之手。同时经济和财政部在预算中提出一项国有企业的私有化计划，以减少赤字和满足与欧洲共同体趋同的企业经营条件，其中的首要目标是企业要产生收入。

在1995年新一轮私有化浪潮中，雷普索尔公司15%的股份被出售，但同时还通过一项法令，规定在处理某些企业（国家持有的股份超过25%）的国有股份时的法律情况，以便保护这些企业中的公共利益，这是首次在私有化法案中规定了为确保公共控制而保留"黄金股"，从而保留国家对企业的控制权，阻止那些不愿成为国有企业"沉睡合伙人"的潜在买家。

"黄金股"的规定使国家能够控制大股权组合的处理等战略决策，阻碍新投资者的加入，引导公司合并事宜，最重要的是减少公司管理层失去控制的威胁。事实上，西班牙政府保留了大部分国有企业的"黄金股"，如对西班牙电信公司、雷普索尔公司、西班牙对外银行、西班牙烟草专卖公司等，以确保政府在一定时期内对战略决策（尤其是并购）可继续行使否决权。

四是打破伊尼公司得以生存的历史惯性。在改革阶段，西班牙政府首次公开宣布要废除所有国有（公共）企业，不在制度上维持伊尼模式。1997年9月，合并在国家工业局（AIE）中的亏损国有企业的资产和负债都被转移到SEPI；从1998年起，除煤矿部门的国有企业外，SEPI及其下属企业将不再接受财政部的资金援助，国有企业的亏损，以及所有被动和隐性负债将由SEPI用私有化的收入、利润或信贷来提供资金解决，财政部的直接财政支持仅限于财政部下属的国有企业。

五是建立较为有效的国有经济间接控股模式。1995年后SEPI替代伊尼公司，成为更为明确的国有经济间接控股机构，因此，1996年后国有经济的各项改革就由SEPI来主导，目标就不是财政问题，而是要实现国有经济的全面效率、私有化企业的生存和就业的稳定等。从实施结果来看，1996~1999年，共有34家国有企业实现私有化，国有资产出售收入2.9万亿比塞塔，出售国有企业所得为44亿比塞塔，基本实现既定改革目标，公开发行股票成为私有化的主要方式。

西班牙国有经济的伊尼模式是特定的政治、经济和外部环境的产物，在大多数制造业部门，国有经济和国有企业经营的结果大多数也不是很理想。缺乏技术资源和专门知识已经削弱或摧毁了几乎所有的国有企业，1973年石油危机后经济环境的变化意味着所有这些国有企业黄金发展时代的结束。

但在那些垄断性部门，如石油、电信和电力等行业，一些国有企业还是设法生存了下来。在西班牙加入欧共体后，一些国有企业如雷普索尔公司和西班牙对外银行就成功地适应了自由化发展趋势。那些幸存下来并进入竞争性市场且仍然盈利的国有企业，开始在全球范围内扩大业务，如西班牙电话公司、恩德萨公司和雷普索尔公司等都不约而同地向南美地区进军。

四　西班牙政府对国有经济的三种治理模式

总的来说，在政府层面，西班牙对国有经济采取三种治理模式，组织形式上经历了从部长级行政机构到控股公司的转变，国有企业的发展周期也见证了其组织和管理模式的变革。

第一，国家资产总局管理模式。1874年成立的国家资产总局，是管理国有（公有）企业和其他公共服务企业的行政机构，但实际上它又是一个部级的大型控股公司。最初国有（公有）企业和相关组织都隶属于政府各部门，没有独立的法人资格，其经营活动受管理公共组织和会计的法律制约，而在法律和财政上则依赖于国家财政部，受公共行政部门严格的官僚和会计规则管理。

20世纪见证了国有企业自治管理机构的出现和发展。这些机构完全归国家所有，机构本身具有法人资格，但其业务活动不纳入国家预算。这些特点使其在不排除从国家处获得财政支持的情况下，在管理上具有更强独立性和灵活性，如自治委员会、港口工程委员会、国家资产管理局，以及运河和水库委员会等，这些自治机构在弗朗哥统治时期激增，其中最重要的就是1941年成立的国家工业协会，即后来的伊尼公司。

第二，伊尼公司管理模式。作为纯粹控股公司，伊尼公司的主要特点是国家拥有母公司全部股权，母公司本身不是上市公司，持有下属公司的股份，并从事资产经营，不直接从事生产经营，政府通过财政部（过去是通过工业部）对伊尼公司实施管理。

伊尼公司其实就是国有企业的管理部门，但后来变成一个类似于"托管部"的综合性控股机构，作为原业主代表来统筹管理国有企业，成为西班牙国有工业的创始者、组织者和推动者。该机构曾积极参与西班牙的工业化和现代化发展过程，以及能源、汽车、机器设备等重要行业的技术改造计划，并在为上述领域创造和应用先进技术过程中发挥主导作用。

如前文所述，伊尼公司在1941～1963年努力为国家建立自给自足的工业体系；1963～1976年，又对已有工业企业实行亏损补贴，并为它们寻找资本市场和融资来源；1976～1983年，由于国有工业的危机不断、债务攀升，该机构不得不制定对策，以化解国有企业面临的各种危机。1983～1996年，伊尼公司为扭转国有工业企业的发展颓势进行大幅度调整，重点是降低工业成本。为此在1980～1989年裁减了10万名工人。1981年，石油、天然气等能源公司从伊尼公司中独立出来，并成立新的企业集团（即INH）。

在20世纪90年代之前，西班牙国有企业基本上有两个管理体系：一是伊尼公司控制的工业企业，隶属于工业和能源部；二是国家资产总局控制的企业，这些企业主要是提供公共服务或管理国家财产的垄断性企业，隶属于财政部。1992年，政府将盈利的国有工业企业集中在伊尼公司下的特耐尔公司名下，而该公司是与国家预算脱钩的。

第三，国家工业控股公司（SEPI）管理模式。1995年，为了理顺国有企业与国家财政的关系，西班牙政府建立了由所有亏损国有工业企业参加的国家工业局（AIE）。同年，国家工业控股公司成立，并取代存在半个多世纪的伊尼公司，然后又把特耐尔公司并入国家工业控股公司。

1997年，国家工业局也被撤销，其资产和债务也全部转到国家工业控股公司账上。SEPI成为类似于之前的伊尼公司的角色，最终直属于国家工业和能源部，其主要目标是为西班牙工业制定面向21世纪的发展战略，战略由三个支柱组成，即改善现有国有企业状况（或称健康化），加强和巩固每个控股公司的竞争力，同时推动这些企业实现私有化。

西班牙国家工业控股公司是独立的法人机构，同时担负着指导西班牙国有企业改革的任务，下设能源、航运、航天及电子、电力、设备及工程、金融技术服务、造船、钢铁、军工、矿藏、核能等国家骨干工业企业部门，而每个部门都由相关行业的一些重要集团公司组成。

隶属于SEPI的西班牙国有企业，本质上是受控于政府的，它们在生产上没有太多自主决策权，在经营上也没有自主权，基本上成为执行国家政策的主要工具，经济效益的考量并不是第一位的。

五 国有经济伊尼模式的作用与改革效果

20世纪以来西班牙国有经济经历了兴衰和改革转型的历史过程，以伊尼公司为核心的国有经济成为西班牙经济中的独特和重要的部门，其作用和效果也是显而易见的。

第一，为西班牙工业化和现代化建设奠定了坚实基础。西班牙虽然是西方发达资本主义国家，但其现代化进程的完成显然落后于西方其他发达国家。在弗朗哥统治的36年间（1939~1975年），政府创建的以伊尼公司为核心的国有经济体系，以及非伊尼公司系统的国有企业，即使是在弗朗哥去世后，也还在继续发展，大量的国有企业活跃在各行各业。这为二战后西班牙完成被战争中断的工业化和现代化进程奠定了重要基础，创造了西班牙战后经济发展的奇迹。

20 世纪 80 年代初，尽管在规模上仍小于大多数其他欧共体国家，但西班牙国有经济已膨胀到历史上的最大规模，1986 年，西班牙政府直接持有多数股份的国有企业有 180 家，另外还有 300 家子公司和 500 多家少数股份公司。据估计，1980~1986 年，国有企业占西班牙商品和服务生产总值（增加值总额）的 8%~10%，占工业生产总值的 16%，占全部劳动力就业的 5%，占工业部门劳动力就业的 9%。

国有经济蓬勃发展时期，也正好是西班牙从传统社会向现代社会转型以及大规模工业化和现代化建设时期，西班牙发展成为工业强国，在机床和汽车发动机生产、机械设备制造、技术改造与整合方面获得领先地位；同时在航空航天机械制造业和包装机械制造业等领域占据重要位置，国有企业的贡献非常显著。

第二，加强了全能银行的独特作用。银行是经济和政治权力两极中非常重要的部分，在西班牙国有企业的发展改革中为政府提供了有力支持。国有企业的私有化使大型金融集团特别是西班牙对外银行、桑坦德银行（BSCH）和西班牙储蓄银行（La Caixa）等通过收购私有化企业的股份，加强了它们在西班牙经济和政治中的权力地位。

实际上，国有企业的私有化进程已将大多数上市公司置于这些类似"政府朋友"的银行机构手中。同时通过私有化和对现有私人部门企业的投资，银行得以扩大其业务范围，影响力远远超出金融市场，进入能源、电信、媒体、城市和环境服务、建筑、房地产和运输等行业。

西班牙的银行模式类似于欧洲大陆的全能银行，可以部分解决利益冲突、恶性竞争和系统性风险转移问题，因为银行直接参与工业企业管理，并为工业企业提供了一个更稳定的长期金融环境，使其免受金融市场短期需求的影响，银行对非金融部门的直接参与也促进了西班牙的对外投资。

银行通过改变企业的内部治理结构来达到直接或间接控制的效果。如西班牙的大银行和储蓄银行不仅获得了这些私有化企业的大量股份,而且将自己人永久性安置在企业的核心职位上和董事会中,从而获得对这些企业的控制权;大型银行和储蓄银行还与国际或国内企业建立交叉控股关系,实际上,每家金融集团都在石油、天然气、电力和电信行业的运营商中持有大量股份,这样使银行能够控制此前由公共部门管理的部门和企业。

因此,国有企业的私有化有助于加强银行与工业之间本已较为稳定的联系,促进中期和长期的执行决策,并增加从这些部门的规模经济中获利的可能性,同时银行能够以债权人和大股东的双重身份影响这些企业的活动。

当然,银行在私有化企业中永久持股过多容易阻碍在同一市场或有关市场中具有共同利益的企业之间的竞争;大银行和储蓄银行对工业企业的交叉持股也容易带来股票市场流动性减少等问题,可能会降低对海外投资者的吸引力。

第三,国有经济伊尼模式的私有化成效显著。20世纪八九十年代西班牙政府对伊尼模式实施私有化主要出于三个目的:一是跟随西方国家新自由主义和市场化的意识形态;二是为加入欧共体市场、获得经济与货币联盟(EMU)成员国资格,以及满足欧共体《单一市场法案》(1986年)和《马斯特里赫特条约》(1991年)有关要求的实用主义考量;三是改善财政预算状况和提高国有企业经营绩效的实用主义考虑。1993年,西班牙政府的总预算赤字已增长到国内生产总值的6.8%,而西班牙国有(公共)企业的债务可能占政府总债务的1/4。在此背景下,西班牙对国有经济实施私有化改革,在以下五个方面产生了重要影响。

一是为外国资本渗透打开方便之门。在私有化初期阶段的"多国化"战略中,有些国有资产被直接出售给外国公司(大多是欧洲公司），包括西班牙航空公司（Casa）、西班牙综合钢铁公司（CSI/Aceralia）、卡车和客车制造商国家运输公司（Enasa）、铝制造商西班牙铝业公司（Inespal）、武器制造商桑塔-巴巴勒公司（Santa Bárbara）和汽车制造商西亚特公司（Seat）等，企业的实际控制权转移到大型机构股东手中，其中许多是外国股东。因此，私有化一方面促进西班牙经济对外开放，但另一方面也有可能使政府失去对国有企业的控制，特别是对制造业国有企业的掌控。

二是无法解决垄断与竞争的矛盾。私有化的原意是要打破国有企业的垄断，但改革的结果是，公共企业的自然垄断最后被私人垄断所取代，或由在行业中占据主导地位的寡头垄断所取代，从原来的国家垄断变成改革后的私人垄断。私人企业接手了通常在新开放市场中经营的业务，但这些业务实际上仍然是垄断的。如西班牙电话公司因使用独家合同和滥用支配地位而被重罚、西班牙烟草专卖公司因使用独家合同而被重罚等。

另一种情况是国有企业进入寡头市场（如电力），少数占主导地位的企业能够通过反竞争的市场行为颠覆竞争。政府所面临的挑战恰恰是通过立法、管制和捍卫竞争的机构在这些部门中引入有效的竞争，私有化并不能解决垄断与竞争的矛盾。

三是改变了商业领域的权力结构。私有化的国有（公共）企业最初股权结构反映了政府计划鼓励小股东合并的自然利益，其目标是促进"大众资本主义"的发展。但私有化过程中外国企业和投资者的参与，极大地改变了企业的股权结构。

如上文所述，最复杂的交叉持股网络是由银行开发的，如桑坦德银行就参股了西班牙2家主要电力公用事业公司，还持有西班牙石油公司（Cepsa）的股份，在电信行业还收购了3家相互竞争的公司；西班牙对外银行是西班牙电话公司的稳定股东之一，同时还持有有线电视公司西班牙ONO Sogecable和恩德萨公司的股份；西班牙储蓄银行（La Caixa）收购了2家主要电力公司，以及西班牙电话公司、雷普索尔公司和西班牙天然气公司（Gas Natural）的股份。

商业领域权力结构的变化，并没有相应的监管制度与之匹配，有可能导致私人垄断的滥用、交叉持股和企业战略联盟的威胁，增加了监管方面的挑战。如果私有化没有伴随着对市场监管的审查和修改以适应变化的形势，那么私有化可能无法带来所追求的效率与公平。

政府发现在私有化后它不得不通过重新监管来应对不断变化的商业环境，在那些仍然存在某种形式垄断控制的部门，政府设立一个监管机构，如在电信部门成立电信委员会，在电力部门成立国家电力系统委员会，以此确保产品市场竞争的全面责任是由经济部和竞争委员会承担，但这样的制度安排有多大作用是不得而知的。

四是影响多个市场的结构。在劳动力市场上，私有化影响到五个相互关联的领域，包括劳动力成本、前国有企业裁减人员的就业、失业率、灵活性和工会力量。在20世纪90年代初期的私有化中，大量企业员工被裁减，西班牙全国失业率是24%左右，2001年下降到12%左右。

在产品市场上，私有化消除了以前国有企业采购的政治限制，导致供应链的重组。国有企业的采购决定一般与政治因素有关，要求企业管理人员考虑诸如确保战略性工业的继续发展、保障就业和保持各政治群体选民的政治支持等。在航运公司由国家控制的地方，船舶很可能是从国有造船商那里订购的。

在国有企业被出售给外国跨国公司的地方，供应链的变化最为明显，如西亚特公司出售给德国大众汽车公司后，西亚特公司就被嵌入德国的汽车公司中，供应链由此发生彻底变化。又如，随着恩德萨公司的私有化和电力工业的自由化，发电厂可以自由选择成本最低的能源，由此增加了国家煤炭行业的压力，并威胁到燃煤发电站的未来发展。

私有化促进了西班牙资本市场的发展。马德里股票市场的市值从

1995 年底的 22961 亿比塞塔（1380 亿欧元）上升到 2000 年底的 893490 亿比塞塔（5370 亿欧元）。到 2001 年 7 月，仍独立上市交易的私有化公司占市场的 40% 以上。

资本市场的增长反过来使西班牙企业在 20 世纪 90 年代末可以通过资本市场扩张，而不是发行新债券为收购融资，从而实现了更快的增长。利用活跃的股市，西班牙大部分国有企业完成了私有化改造。

总之，私有化挽救了许多境况不佳的国有企业，西班牙也因此获得加入欧洲货币联盟的资格。私有化后的企业转型为更高效的组织，以实现股东价值为目标，其中一些公司成长为能够在世界舞台上有效竞争的跨国公司。政府得以退出对许多商业企业的直接经营，从而得以集中精力管理商业环境和执行自由主义议程。

五是国有企业及其私有化改革体现了政治经济学特点。国有企业私有化既是一个政治过程，也是一个经济过程。私有化的决定、内容，以及如何进行私有化是由各种政治经济因素驱动的。因此，私有化的演变反映了西班牙不同执政党的意识形态立场。

西班牙各执政党通过任命国有企业负责人、影响其他关键商业机构负责人的任命、控制监管当局和保留主要私有化企业的"黄金股"等方式，将各种政治影响力渗透到企业中。

地方利益也在私有化过程中发挥重要作用。在人民党执政期间（1996~2000 年），它不得不考虑到其在西班牙的巴斯克地区和加泰罗尼亚地区盟友的观点，在这些地区，特定的国有企业有很强的影响力。因此，巴斯克民族主义党对选择卢森堡的阿尔贝德公司（Arbed）作为综合钢铁生产商西班牙钢铁公司的跨国合作伙伴的决定产生重要影响，而人民党主导的加利西亚地区政府的观点在造纸制造商西班牙纸业公司（Ence）的私有化过程中也发挥了重要作用[1]。

---

[1] Keith Salmon, "Privatisation of State-Owned Enterprises in Spain: Redefining the Political Economy", *International Journal of Iberian Studies*, 2001, 14(3), pp. 136-147.

在某些情况下，私有化会涉及一个部门的资产整合，如恩德萨公司是电力行业长期合并的产物。在另一些情况下，私有化又涉及上市公司之间的资产重组等较为复杂的问题。

结　语

20世纪见证了西班牙国有经济伊尼模式兴起、发展和退出的完整过程。20世纪40年代弗朗哥执政时期，政府为工业化和国防目的而设立的伊尼公司成为重要的国有控股机构，在其推动下，西班牙国有经济和国有（公共）部门不断增长和扩大。同时伊尼公司还充当"患病企业"的"诊所"和破产私人企业的拯救者，以及政府反经济周期调节的政策工具。

在20世纪最后的15年中，历届西班牙政府通过私有化改革将大部分国有企业私有化，基于伊尼公司的国有经济体系虽然被打破，但建立了较为有效的以SEPI为核心的国有工业控股体系。名称虽然有变化，但实质性内容没有太大改变。私有化过程涉及多元化股东、交叉持股，以及银行与企业的密切关系等问题。在将国有资产转移到私人部门的过程中，历届政府都小心翼翼地保护西班牙的国家利益，并创建了少数几家为国家利益保留控制权的大公司。因此，实际上，无论哪个西班牙政党实施私有化改革，都没有一家主要国有企业被完全处置，通过限制股份分配、建立稳定股东集团和使用"黄金股"等方式，确保政府对银行的持续控制，保留政府对国有企业的直接控制权，也没有一种私有化方式被证明减少了国家对工业的干预。在私有化中，历届政府试图确保西班牙政府控股的大型国有企业能保持独立，并在国际市场上具有竞争力，力图打造国家冠军企业。

目前，西班牙政府仍然在电力、石油、能源、钢铁和金属冶炼、造船、铁路、通信、航空和金融等领域具有控制权，这些行业领域的国有经济和国有企业对西班牙的经济和社会发展仍然发挥着至关重要的作用。

　　西班牙国有经济伊尼公司模式及其发展经验说明,国有经济不仅是经济发展的一种运行方式,而且也是国家实现现代化的一种资源配置方式,与国家政治制度显然没有必然联系,关键是要优先考虑国家利益。效率和效益是衡量国有经济发展和改革的重要标准,是否减少干预并不是固定的;可以与时俱进创新国有经济的控股方式,但无论采取何种改革措施,都要确保国家对国有经济的控制权;国有企业要敢于走向国际舞台,参与市场竞争,成为真正能为国家创造财富和铸造国家实力的市场主体。这些有益的发展经验对我国国有经济的改革与发展具有重要的历史镜鉴意义。

◎企业家·企业家精神◎

道德与企业：波士顿精英的价值观（1800-1860）

〔美〕保罗·古德曼　刘宇航 译*

【摘　要】19世纪初美国波士顿地区出现了一批新兴商业家族，形成波士顿精英集团。他们不仅在商业上取得了巨大成就，而且在价值观方面也对新英格兰地区产生了重大影响，这些价值观不仅引导了他们的商业行为，也影响了他们与当地社区的关系。他们重视商业上的成功，但更加注重精神文化的多样性，他们对文化的赞助、对教育的投入、慈善行为和稳定的商业关系不仅推动了当地经济的发展，也为该地区带来了繁荣和稳定。波士顿精英的成功和他们的价值观对新英格兰地区产生了深远影响，其价值观提供了一个理解1800~1860年波士顿地区企业经营和经济发展的重要视角，同时也为我们提供了一种理解企业家精神的模式。

【关 键 词】波士顿精英　商业道德　企业家精神　企业发展

---

*　本文系吉林大学科研启动项目"科技冷战与苏联核问题研究"（编号：419080600315）的阶段性成果。本文原文系美国加利福尼亚大学戴维斯分校学者保罗·古德曼所著，原文及出处：Paul Goodman, "Ethics and Enterprise: The Values of a Boston Elite, 1800-1860", *American Quarterly*, 1966, Vol. 18, No. 3, pp. 437~451, https://www.jstor.org/stable/2710847；白俄罗斯国立大学历史系硕士研究生刘宇航对原文进行翻译并提炼摘要和关键词；吉林大学东北亚研究中心讲师赵万鑫对全文进行译校。

引 言

19世纪初,波士顿有一些显赫家族通过在商业成功积累财富,随后投资于新兴的金融、交通和制造业,由此改变了19世纪新英格兰地区的面貌。与此同时,该群体在扮演企业家角色的过程中,推动了城市化、工业化以及接纳大规模移民,但他们担心社会的快速变化可能造成混乱的个人主义而威胁社会稳定,因为这种个人主义使那些不受行为标准约束的人容易得到利益。为了抵抗这种情况,波士顿精英利用复杂的亲属关系网络,使家庭成为强大的组织,赋予其凝聚力、连续性和稳定性,从而使他们的权力、地位和生活方式得以延续。除血缘关系外,波士顿精英们共享一套定义行为标准的价值观,并传递和提供给年轻人一种评判和惩罚偏离共同价值观行为的标准。这些价值标准严密而坚固,所有人虽有不同的意见,但都有统一的思想烙印。波士顿精英们制定了一套构成个人道德的信念,同时也定义其在社会中的角色,即在社会变革中保持稳定的共和贵族。

波士顿的主要家族把自己视为进步的推动者。波士顿商人自认是拥有独特权力和责任的"王子",声称他们在共和国中的优越感不是来自世袭特权,而是来自他们个人奋斗取得的成就。他们拥有财富、荣誉、美德和智慧,也是文化和无数慈善事业的赞助人,是共和主义的典范,也是国家的领导阶层。如波士顿商人约翰·A. 洛厄尔被认为是一位具有代表性的波士顿企业家,为马萨诸塞州从对外贸易和农业经济向发展大型制造业和商业共同体的巨大转变提供了"智慧和稳定的方法"。在19世纪初的波士顿,商人被视为社会进步的建筑师,因为商业让人们变得开明,打破了国与国之间的壁垒,传播了文明和艺术,增加财富,促进劳动分工和人们生活条件的平等。在一个由和平商业关系统治的世界中,战争将消失,共和政体会取代君主专制，商人将行使曾经被国王和贵族垄断的权力。西奥多·帕克宣扬了这个理念，认为19世纪的圣人就是优秀的商人，他们是愚者之智慧，弱者之力量，银行和教堂、市场和交易所都为他们建立神龛，没有哪种圣人比优秀商人更崇高了。

虽然进步使者的形象定位了他的公众角色，但这并不能完全定义洛厄尔的个人抱负。赚钱和获取财富是必要的，但这只是人生的目标之一，财富的重要性是由其与其他目标的关系所决定的。最大的危险在于，一个人可能过于专注于财富而忽视其他的正当追求，以至于玷污其品格。乔治·希拉德告诉波士顿商业图书馆协会说，如果一个人只为积累财富而劳动，没有更高的目标追求，无疑是不配拥有上面所说的那种受尊崇的地位，因为他误解了他的职业。内森·阿普尔顿坚称："事实上，我的脑子里总是想着许多其他的事情，而不仅是赚钱而已。"

人们可能会同意这样的观点，即生活不应总是局限于赚钱与商业，但在面对企业的要求与宗教信仰之间的紧张关系时，人们面临诸多挑战。威廉·阿普尔顿的日记展现了个体在面对商业诱惑与宗教信仰时的内心挣扎。他私下里多次承认，当坐在教堂里，他的思想会从一个城市飞到另一个城市，从一艘商船飞到另一艘商船，从一个商机飞到另一个商机。然而，尽管威廉·阿普尔顿向往精神生活，但他还是选择了经商，因为只有在经商中他才能实现自我。威廉·阿普尔顿那一代人不再认为加尔文主义的伦理是奉献于工作和追求利润的充分理由。企业的成功带来了回报，个人的生活与成功不再主要是上帝恩典所带来的。

一　波士顿企业家的道德观

在波士顿的成功人士中，年轻时选择退休是常见的。由于其往往很年轻就进入贸易领域，并在30岁之前发了财，因此有可能在很年轻的时候就退出商界去开拓另一个世界。据说P. C. 布鲁克斯是19世纪40年代新英格兰地区的首富，36岁时就退休了；乔治·蒂克纳的父亲以利沙在工作不到20年后就离开商界；T. H. 帕金斯的儿子托马斯继承父亲的事业，在几次非常成功的商业冒险之后，他的余生是在富裕和闲暇中度过的。就连内森·阿普尔顿，在1815年也打算拿着20万美元准备退休，并声称他走得更远纯属偶然。

虽然有些人提早退休，但其他人却不能。企业家的使命已经成为一个无法拒绝的个人挑战。到19世纪20年代，股份公司制更加普遍，投资风险降低了，企业的制度寿命也比老式的商业合伙关系更长。

大量的银行、保险公司、纺织厂和铁路公司为储蓄提供了稳定而审慎的投资渠道，而且投资这些企业还有另一个吸引力。有人认为，P. T. 杰克逊这样的企业家更喜欢投资于制造业，因为他喜欢获取原材料并通过熟练的方法对其加以处理来增加其价值，资本家和经营者都从中获利。如果他能生产出有用的物品，公众也能从中受益。根据一位合伙人的说法，约翰·默里·福布斯从来都不是一个贪婪的人，而是一个非常有建设性的人。他从贸易转向铁路投资，挽救了一家陷入困境的铁路公司，虽然他的投资经常有利可图，但他被一种"建造事物的主导激情"所支配。一个人在事业上的成功会产生一种力量感和创造性成就带来的满足感。

或许有人可以停下工作来休息，但威廉·阿普尔顿认为他必须忙起来，也不知道该如何停下来。他最喜欢做最困难的事情，尤其是别人无法胜任的事情他是最乐意去做的。当威廉·阿普尔顿变得富有、尊贵和年老时，他坚持认为要留在商界，并不是因为贪图利益，而是因为可以做别人做不到的事，并因此获得掌声的乐趣。这虽然不是一个很高尚的动机，但比一个卑鄙的动机要好。

企业的工作并没有耗尽企业家个人抱负的极限，物质成就是实现其他目标（尤其是"强大的心态"）的一种手段。人们寻求个人独立，渴望体面而有尊严地优雅生活，然而，最高的荣誉莫过于人格的完善。经商是光荣的，因为它磨炼人的才能，有助于培养人的品格。尽管威廉·阿普尔顿怀着忐忑不安的心情接受了银行行长一职，但多年后他发现，成功的企业管理提高了他的道德品质。塞缪尔·艾略特建议他的儿子去追求那些最有助于塑造绅士品格、高尚道德、基督徒品格的可以获得崇高荣誉的人生之路。

对人格的最大威胁是贪婪，因为它扭曲了价值观，使人铁石心肠，并使人陷入那些往往毁掉名誉和自身利益的陷阱中。但商业也是培养美德的最好学校之一。品格是与人的广泛且多样的交往以及对生活机遇的丰富经验的产物。人们相信，在贸易的世界里，美德是会得到回报的；一个人的信誉和他的品格一样好。爱德华·埃弗雷特观察到，从长远来看，只有那些以美德原则作为行为准则的人才受到尊重，这样的社区才会繁荣发展。

商业伦理的核心是个人责任，人需要自我成就。成功的商人最好是出身卑微，出生在与世隔绝的农村，移居到波士顿，进入一家账房担任低级的职员，或者出海从船童晋升为船长。那些出身于显赫家族的人往往处于劣势，因为他们必须抵制闲适和放纵的诱惑。商业实践有助于个人责任感的培养，许多未满20岁的年轻人便担任大副、船长和押运员等职位，承担着航行重任。在工作中表现卓越的人将获得丰厚回报，为他们提供自主创业的资金基础。J. M. 福布斯认为，明确规定个人责任是健全的商业惯例之一，他不喜欢分散责任，更倾向于一个普通人承担所有的荣誉和责任，不愿让一群天才将责任推诿给他人。

商业世界建立在错综复杂的人际关系网之上。与伦敦不同的是，在波士顿，人不会迷失在人群中，其善行和恶行都会被仔细观察到，其性格也会被他人评判。人们并不是"孤独者",而是生活在一个高度有序的社会中,这个社会不仅设立了标准,还鼓励并强制采取正确的行为。波士顿社会以其复杂的家庭关系网和强烈的个人责任感使人无法隐姓埋名生活。自殖民时代以来,亲属关系在新英格兰地区的商业发展以及个人和家庭财富的增长中起着重要的作用。由于大西洋两岸的商人们被数千英里的海洋隔开,缺乏快速的通信手段,又生活在变幻莫测的国际形势之中,因此,他们的商业活动建立在个人或血缘关系基础上,并不是单打独斗的,成功的交易者往往要感谢乐于助人的亲戚和朋友。从事海外贸易的组织也建立在信任基础之上,公司更愿意派遣他们认识的、可靠的年轻人来忠实地守护和管理货物。

肯尼思·波特对马萨诸塞州著名家族的亲属关系进行了调查,发现家族关系塑造了商业关系,影响着学徒和船长、佣金商人以及合作伙伴的选择。商人认为,只要亲属圈子中还有人想找工作,他就无须走出自己的圈子去聘人。代理商和货物押运商也认为他们对亲属的就业有道德甚至法律上的责任。然而,这种做法并非完美,某些亲属可能缺乏商业技能,或者工作态度消极和懒惰;有些人对贸易并无兴趣。亨利·李曾批评,一些纺织厂的严格家庭控制导致了裙带主义、工资过高、管理僵化和回报率低等问题。

尽管存在这些风险,商人们还是觉得把权力和业务下放给那些自己信任和非常了解的人更安全。家庭关系和高度的个人责任感有助于降低海外贸易和商业合伙的风险。即使在股份公司制和有限责任制为企业经营提供更安全的制度形式之后,某些家族(通常在企业的创立中起着重要作用)仍然与企业保持着密切联系。如 N. S. B. 格拉斯认为,在最初的 60 年时间里,马萨诸塞州银行可能被称为菲利普斯银行。因为威廉·菲利普斯(William Phillips,1722-1840)是第二任银行行长和董事,其儿子小威廉(William Jr.)是第六任行长,其妻子是第三任行长的女儿,其孙子成为第八任行长。同样的情况是,鲍迪奇家族（Bowditches）、萨金斯家族（Sargents）、和洛厄尔家族（Lowells）的几代人都管理着马萨诸塞州医院人寿保险公司。

因此，波士顿的精英企业家并非"自由"的商人，而是拥有道德责任感的人，对家庭、朋友、社区和良知负责。如果一个人偏离预期的行为规范，不仅会受到社会谴责，还可能在物质和道德上对整个家族产生损害。波士顿企业家们为自己设定了很高的行为标准，理想型的商人会为了自己的荣誉和他人的利益而拿自己的财产去冒险，即便在法律没有规定的情况下也是如此。如当 J.M. 福布斯为其母亲提供生活费用后，他还立即偿还了他父亲所欠的债务。在 1857 年的金融危机期间，当纺织行业的朋友面临破产时，威廉·阿普尔顿冒着极大的个人风险来拯救他们。

商人必须公正、真实和诚实。纳撒尼尔·阿普尔顿宣称没有任何一个群体比波士顿商人更严格地遵守基督教的原则，即按自己的期望或要求对待他人。因为商人的声誉像女性的贞洁一样敏感，任何小的污点或模糊都可能被标记为道德问题，进而就会面临失败。赞美者最为骄傲的是，尽管面临获利的诱惑，像阿普尔顿和劳伦斯这样的波士顿企业家为代表的人品从未被玷污。个人责任的伦理观将道德责任与贸易行为紧密结合。P.C. 布鲁克斯的职业生涯浓缩了一代人的经验，他从小商人发家致富成为大富豪，全靠谨慎、节制和荣誉等伦理价值观来指导。在波士顿地区，以类似的方式，一个完整的商人阶层形成，在他们身上，体现了奋斗、道德、勇敢、谨慎和慷慨等方面的惊人结合。

二 波士顿企业家对文化事业与慈善事业的付出

对社会稳定的追求与企业家的社会责任感共同塑造了波士顿精英与文化的关系。他们认为，在一个国家里，如果所有人都在忙于获取财富，没有书籍，没有学者，没有思想，这本身就包含着毁灭的因素。如果人完全被激情所支配，被自私所腐蚀，社会将会分裂。通过追求文化，商人可以扩大他的同情心，提升他的情感，并规避对利益的强烈渴望所带来的道德危险。读书和学习保护人们免受世俗追求的桎梏，使人对人性和尊严有了深入认识，并教导人们谦卑、耐心和服从。因为文化塑造性格，所以鼓励艺术和科学是一个人的责任，没有这些，无论多少财富也无法带来内心的满足。

热爱学习，尤其是嗜书成性，成为波士顿精英的标志。塞缪尔·艾略特对书籍本身有着巨大的感情（他拥有4000册图书），威廉·斯特吉斯声称自己热爱文学，塞缪尔·肖从未让商业诱惑他放弃对科学的热爱，而小约翰·洛厄尔拥有一万册图书，科学或文学中的任何科目都逃不过他的注意。彼得·C.布鲁克斯十分了解语言学和文学。J.M.福布斯和布鲁克斯一样，周围都是像爱默生这样的知识分子，爱默生也观察到，如果企业家带着他的同情心，对科学家和有学问的人非常尊重，就常与优秀的人同行。

文化抵消了物质生活的势利，同时也提供了服务社区的机会。19世纪上半叶，波士顿赢得"美国雅典"的美誉，波士顿商人是美国最重要的艺术赞助人，波士顿以培养了数量惊人的知识分子、诗人、小说家、历史学家、科学家、传教士和教育家而闻名。艺术和科学的价值观渗透到上层社会，学术和文化吸引了许多商人的有才华的儿子涉足艺术领域，对生意却半心半意。商业资助了普雷斯科特和蒂克纳的职业生涯，洛厄尔一家则培养出诗人和教育家，艾略特家族为美国贡献了一位伟大的19世纪大学校长。威廉·H.钱宁、安德鲁斯·诺顿、爱德华·埃弗雷特和无数其他人都娶了著名商人的女儿，从而个人将财富与学识结合起来。通过赞助文化，人们正在创建一座爱默生预言的"引领北美文明"的城市，就像文艺复兴时期的佛罗伦萨那样。所有的历史经验表明，文学、科学、艺术以及所有使人高尚和优雅的东西,都与商业的繁荣密切相关。

　　文化赞助有多种形式,其中的一种是小约翰·洛厄尔组织的系列文化讲座。因为洛厄尔重视道德品质和居民的智慧知识,他发起了一项成人教育领域的开创性活动,旨在推广对幸福至关重要的道德原则。波士顿雅典娜艺术博物馆成立于1807年,当时是一个私人图书馆,仅限于以每股300美元购买股票,位于波士顿市中心,社会上层可以在那里提升艺术品位,从而成为更好的艺术作品赞助人与评判者。雅典娜艺术博物馆也是培养人格的一种手段,为人们提供一个可以逃避工作、陶冶心灵的地方。经济富裕激发了人们对享乐、娱乐以及更多财富的渴望,但雅典娜艺术博物馆提出用精神上的充实来代替感官上的放纵。因此,该博物馆的创始人通过将对文学和艺术价值的公正估计与企业家精神结合起来,将财富用于高尚的用途。

　　文化赞助与慈善事业密切相关,两者都是企业家管理财富的方式。那些担心积极的生活会滋生对利益的渴望的人在管理道德中找到了安慰。商人不是为自己工作,而是为整个民族工作,商业、进步和基督教是齐头并进的。

　　19世纪上半叶,波士顿的慈善事业蓬勃发展。殖民时期建立的机构相对较少,但服务和改善的愿望,加上不断增长的物质资源,使波士顿商业精英富有公共精神。1830年成立的博爱机构、慈善和教育协会的数量为26个,到1850年增加到近160个。1828~1852年,阿莫斯·劳伦斯记录他捐赠了63.9万美元,还留出他的房子的两个房间来为穷人收集有用的物品。由于担心自己变得太富有,塞缪尔·阿普尔顿决定将一年的收入用于慈善、娱乐和公共需求。商人为各种各样的事业慷慨解囊,如教育盲人、救助穷人和救助孤儿,但他们常常都是默默地、匿名地捐赠。

　　一神论者吹嘘说,他们在波士顿创办了最好的世俗慈善机构。尽管他们有可能夸大其词,但一神论者很可能主导了波士顿的慈善事业，因为许多著名的商人加入这个新教派。一神论之所以在新英格兰地区盛行，是因为它符合那些不再接受加尔文主义的人的口味和需求。取而代之的是，一神论提供一种被理性主义之风刷新的信仰，对人类的道德行为能力充满信心。好的商人会经常去教堂做礼拜，通过行好事来表明自己的信仰，并谴责教派间的偏执竞争。因此，作为精英的信仰，一神论再次表明波士顿商人是进步的推动者，他们鼓励任何有利于提升人性的东西。真正的波士顿企业家的职责范围已经超出他们的商业及其所在的城市范围，涵盖整个国家的公共事务。在共和制的美国，商业企业是获得巨额财富的主要手段，因为美德和才华得到了回报，给了每个公民同样的繁荣机会。有人认为，那些积累财富的人之所以这样做，是因为他们拥有个人优点，而不是世袭优势。成功人士有义务为他们的社区服务，这样的案例是非常多的。

三 波士顿企业家的投资观

波士顿的企业家精英们倡导了一系列商业行为准则，旨在使日常经营活动与更广泛的生活目标相协调。尽管这些期望并不能完全反映人们的生活模式，但他们对竞争、投机、盈利及利率的看法无疑进一步凸显了这些企业家的价值观。

随着经济活动越来越复杂，具有管理和赚钱才能的人发现自己越来越多地卷入信托关系的网络中。从事海外贸易的商人允许其亲友用他们的船只进行小的商业冒险。此外，商人还经常借钱给别人，为他人投保，为票据背书，并帮助家庭中的年轻成员。即使在商业变得更加制度化时，商人们也还坚持个人责任的高标准。J. M. 福布斯认为，那些受托管理他人资金的人绝不能推荐他们自己感兴趣的投资项目。受托人和董事们应认真履行义务，如埃比尼泽·弗朗西斯坚持要掌握他所担任董事的任何企业的知识；威廉·阿普尔顿被任命为哥伦比亚银行财务委员会成员时，他承诺要花更多的时间在业务上，并在机构的所有交易中经受住最为严格的考验。

对正直的人的最大考验是在个人遇到困难之时。据说，P.T. 杰克逊更关心的是别人"托付给他的利益，而不是他自己的利益"。他宁愿牺牲自己的利益，也不愿损害别人委托给他管理的财产。出于对公司利益的考虑，他偶尔会买卖股票。马萨诸塞州银行借给波士顿制砖公司 3.1 万美元，但该公司破产无法还贷，银行行长约翰·詹姆斯·迪克斯韦尔替该公司还了 2 万美元。尽管 J.M. 福布斯是奴隶制的反对者，但他也是约翰·布朗的金融天使之一，对汉尼拔-圣约瑟夫铁路公司的股东负有义务，因此当他途经支持奴隶制的密苏里州时，他没有公开表达他对这个企业的反感，受托人深刻的个人责任感与紧密型亲缘关系和个人义务的道德观是非常吻合的。

商人精英所处的环境孕育了他们谨慎的态度，从而影响他们对各种各样事情的态度。最大的罪过就是投机，因为这违背了商业理想的所有价值观。颂扬者们夸赞说，P.C. 布鲁克斯的财富不是来自巨大的投机利润，而是来自他坚持不懈地关注其日常生意；罗伯特·G. 肖从不太敢大胆地去冒险，在其职业生涯的早期，他往往在票据到期前就付清欠款。他做事严谨正直，宁愿丢掉生意，也不愿与那些与自己标准不符的人打交道。

投机行为存在诸多弊端。它破坏了成功伦理的基本原则，即美德和努力应当带来相应的回报，而代之以靠金融魔法是发财致富的理念。投机收益被视为机会收益，而不是对个人努力的肯定和奖励。阿莫斯·劳伦斯认为，投机不仅存在经济风险，而且还会不可避免地把一个人的荣誉置于迫在眉睫的危险之中。亚历山大·杨认为好的商人不急于发财，渴望快速、轻松地致富是贪婪的表现。除了威胁到人格的纯洁性，投机还危及另一个珍贵的品质，即独立性。轻率的投资冒险没有回报，失败的人比成功的人多。

P. C. 布鲁克斯认为财富的价值在于它所带来的个人独立性,他倾向于适度的投资回报,避免危险的投资项目,包括非生产性的房地产、铁路和制造业,这些都容易受到政治变动的影响,需要将巨大的资本委托给没有受过训练的人。唯一的自然的、令人振奋的收益来自个人在他了解和感兴趣的事情上的谨慎努力。为了不拿自己的财产做冒险,商人们不得不满足于投资的适度回报。个人不应过分追求利润或利息,因为这种回报通常需要利用他人的需求。贸易新手不应该把价格设定得过低,以免显得过于急切地迎合客户;而成熟的企业应避免过高的僵化的定价策略。适度不仅能塑造人的品格,而且可以带来稳健的生意,因为"公平"的利润会增加消费者的购买力,超过6%的利息是不公平的。

结　语

19世纪上半叶,波士顿商人在改变地区经济时,他们也在阐述一种价值观体系,目的是在快速变化的时代坚持稳定和保守的行为模式。尽管美国社会变得越来越没有人情味,但波士顿企业家却寻求通过家庭的凝聚力和个人责任感来创造和维护一个人与人之间紧密结合的社会秩序。他们摒弃了纯粹追求财富的做法,转而强调追求均衡的个性,以绅士的礼仪标准和文化以及艰苦生活的净化来影响和调节对于单一财富目标的追求。E. L. 戈德金观察到,在美国,波士顿是唯一能使创造和使用财富的知识相匹配的地方。对此,波士顿企业家也许会感到自豪,但许多新英格兰人却表示怀疑。

尽管该地区经济繁荣且为野心勃勃的年轻人提供了机会,但很多人却离开了波士顿,转向了其他地区,尤其是纽约。在纽约,人们发现了一个与美国佬自我描述的有序的理想环境截然不同的地方。一位新英格兰商人警告他富有冒险精神的儿子,纽约的奢侈习惯近乎疯狂，这与一般的健康、道德和繁荣是相悖的。事实上，这几乎就是每天在纽约这个大城市里被揭露出来的欺诈、贪污、投机和伪造行为的根源，但年轻人还是选择到纽约去了。

挑战并非完全来自外部，因为新英格兰内部的可能性激发了那些有野心的阴谋家和大胆的冒险者，他们从未接受精英社会的价值观。此外，即使是上流社会的商业精英也疏远了那些认为经济变革正在破坏新英格兰道德基础的人。毫无疑问，新英格兰的资本家用他们的磨坊、电报、螺旋桨、保险公司和民主政治改变了世界，但在上流社会中，商人的儿子们正在背弃贸易生活。

他们对日益增长的商业主义感到反感，看着新来者在道德品格或道德感低下的情况下积累财富，并挑战精英们的价值标准。如乔治·W. 柯蒂斯认为，如果商业繁荣不服从于道德和智力的进步，它只是一种诅咒；如果我们不征服自己的繁荣，我们的财富就会征服我们。一种解决办法是形成一种由文化精英统治的生活方式。通过树立一种文化贵族的理想，人们可以排除那些不够优雅和有品位的暴发户，从而使生活"笼罩在一种不可动摇的永恒气氛中"。由于未能将他们的标准强加于整个社会，一些人开始寻求重建商业秩序。

波士顿精英的保守价值观受到了来自各方面的挑战，有些人认为成功人士的妥协是对物质主义的背叛，那些雄心勃勃、有进取心的新来者蔑视按照规则行事。托克维尔指出，美国的富人不断地被物质满足的欲望所驱使。波士顿精英试图用谨慎、个人责任和公共职责的标准来充实他们的生活，榜样是 P. C. 布鲁克斯，他提出要以合理的原则和道德榜样，对那些由野心家、梦想家和腐败分子所激发的不稳定因素进行适度和无意识的抵抗。他提倡的生活准则是节制，从不拿自己拥有的东西去冒险，在追求发财致富中从来不丧失独立性或玷污自己的人格。

波士顿精英的一套价值观清晰地阐明了个人的职业和生活追求，

但人们如何将理想与行为结合在一起是另一回事。未来对精英控制的企业的研究应揭示精英群体的价值观在多大程度上影响人们作为企业家的表现、塑造他们企业的目标和政策。波士顿精英经营的企业长期存续的经验应该能够揭示出，在与那些与其价值观不同并威胁到19世纪末盛行的企业伦理的人的竞争中，波士顿精英集团的成功经验究竟是什么。

企业家精神、产业组织与经济增长：以德国为例

〔美〕威廉·纳尔逊·帕克　许金秋　顾　杰译*

【摘　要】本文主要论证企业家精神、产业组织与经济增长的关系，把企业家精神与经济增长的研究连接起来。通过德国鲁尔煤矿的产业组织案例，把个人经济活动与国家产业发展联系起来，分析企业家精神与经济活动连接起来的原因。通过由独立煤矿主导和鲁尔钢铁联合主导的两种不同的垄断组织模式，重点分析1893~1929年德国煤炭行业的运作逻辑、企业家控制下的煤矿运营模式和煤炭供应的影响因素，探讨了1890~1915年、1925~1929年德国煤炭产业的发展情况，以及鲁尔地区煤矿工人所处的产业组织结构及其与经济增长的关系，作为连接企业家精神与经济增长的桥梁，不同的产业组织具有重要的作用。

【关 键 词】企业家精神　产业组织　经济增长　德国鲁尔区　煤炭产业

---

* 本文原文系美国学者威廉·纳尔逊·帕克所著，原文及出处：William N. Parker, "Entrepreneurship, Industrial Organization, and Economic Growth: A German Example", *The Journal of Economic History*, Autumn, 1954, Vol. 14, No. 4, pp. 380~400, https://www.jstor.org/stable/2114248；吉林大学东北亚学院教授许金秋、硕士研究生顾杰对全文进行编译并提炼摘要和关键词；吉林大学东北亚研究中心讲师赵万鑫对全文进行译校。

引 言

本文的研究有两个目的，一个是一般性目的，另一个是特定目的。总体目的是要表明文章标题中的三个要素是如何联系在一起的，这样做是为了将关注企业家精神的历史学家的工作与以统计总量衡量的经济增长为中心的经济学家的工作更紧密地联系起来。具体而言是要说明德国采煤工业的企业组织实际上是怎样在个人的经济活动与国家的工业发展之间建立起这样一种内在联系的。

文章第一部分阐述总体目的，指出需要在企业家精神与总体经济现象之间建立更复杂的联系。在经济发展模式中，这种联系存在于由小型竞争性决策单位组成的系统被具有半垄断性质的复杂私人或公共组织所取代的地方。

文章第二部分讨论两种不同类型的垄断组织，研究它们在一心一意、追求利润最大化的企业家的控制下发展采矿业，以及它们的运作如何影响其所在经济部门的燃料供应，重点对这个特殊行业加以分析。

文章第三部分由于篇幅所限，相当明确地对第二部分中 1890~1915 年德国的示范企业组织提出一些有价值的解释，并对 1925~1929 年的情况进行更详细的研究，这似乎需要使用更复杂的产业结构模型。

文章第四部分简要概述考察期间鲁尔煤炭工业中个人所在的工业组织，并引出本文的一般主题，即产业组织作为企业家精神与经济增长之间的纽带的意义。

一 作为纽带的产业组织

研究德国人的企业家精神，不能停留于针对少数人的心理学研究或针对少数精英的社会学研究。相反，这一概念必须被更宽泛地定义，把生产和交换领域中的任何自发的和非完全例行的活动包括进来，除行为或思维习惯以外，还涉及猜测或判断的要素，同时基于知识积累的风险也是值得重视的。这种定义比熊彼特对"创新"的理解更宽泛，包括所有新情况下对现有实践做出的调整，涵盖了远不止生产要素的指挥和组织的内容；也因为它把工人在日常工作中的许多活动包括进来，使企业家精神从精英阶层向下延伸到底层工人的劳动和劳动技能。

当下任何形式的经济变化，明显与两点因素有关：一是与生产者和销售者个体在日常活动中所面临的选择的广度和特点有关，也就是与上文所定义的企业家精神的范围有关；二是与他们或多或少地反映或履行许多企业家职能的技能和活力有关。因此，有观点认为，增长较快的经济体或者总体上拥有更多的经济机会，如更好的原料或世界市场上更有利的位置，或者拥有一群精明、理性的企业家。经济学家的兴趣在于研究如何安排技术、资源、需求、资本市场和明智的政府援助来创造市场环境，从而使有适当动机的企业家能够对其做出反应，企业家在此情况下是通过寻求利润最大化的商业公司的工具；历史学家的兴趣在于解释社会中如何产生经济学家所期待的聪明、有活力的企业家。如果结合这些因素，我们可能会把经济增长的问题简单归纳为价格关系和工业巨头传记问题。

如果只涉及竞争性的、一人公司的经济模型，这种解释框架是令人满意的。在这种模型中，只需要了解决策者的心理活动，就能理解企业对机遇的反应；而在一个大型组织中，不会出现企业结构、权力划分、企业职能分散等问题。在这种模型中，个人追逐利益和服务于社会利益的悖论也可以通过市场机制来解决。在其他有利因素存在的情况下（甚至在没有确切的理论陈述的情况下），有竞争力的企业家的聪明、有力、理性和逐利的活动在某种程度上产生快速的经济扩张，这并不奇怪。

然而，发展中经济体的创业活动模型必须更复杂，才能解释大公司、联营企业、卡特尔或政府官僚机构部分取代市场并"篡夺"企业家职能时所引起的经济变化。在理解德国经济的变化、快速增长以及灾难后的复苏能力时，尤其需要一个更复杂的模型。否则，那些寻求解释的人可能会直接跳过对垄断市场这一"黑森林"的分析。

诚然，德国的经济发展得益于自然、技术和市场提供的机遇，得益于人民学习工业和商业技艺的能力，但它的成功也有赖于德国商业制度的框架。这些机构如同一张看不见的网在德国经济中伸展开来。在组织职能结构中，企业也沿着官僚主义的路线创造了一种劳动分工。在整个产业内，这些机构有助于将需求和成本的变动所提供的市场机会分解为大量相互依赖的小的部分，使每个德国人在其工作范围内可以根据自己的动机做出连贯的反应，而每个人的反应又会影响到其他人所能获得的机遇范围。这样一种系统的运作可以在1890~1930年鲁尔地区的煤炭开采、加工、定价和分配的复杂组织中观察到。

二 两种垄断组织下的鲁尔钢铁产业结构

鲁尔煤矿的开发涉及德国经济发展的核心问题。即使在德意志帝国统治时期，当萨尔和西里西亚的矿藏也可以开采时，鲁尔煤矿也是德国的主要燃料来源。那么应以何种速度进行开采？在装运前，煤炭应该在煤矿进行何种程度的加工？是压块还是焦化？如何在有不同类型的燃料需求的消费者群体间进行分配？在价格方面，应在多大程度上偏向工业消费者而牺牲家庭消费者的利益？等级和大小规模不同的煤矿各应生产多少？

关于这些问题的正确答案对德国的高速经济增长是非常重要的，因为有两个特殊的原因与矿产本身特点有关：一是煤层位于莱茵河和北欧主要的东西贸易路线（所谓的"海尔威格"）的交会处；二是鲁尔煤炭的焦炭质量上乘，可供高炉生产钢铁使用。由于这两个原因，鲁尔地区是钢铁生产的有利地点，也是焦化厂、钢铁厂、焦炉以及围绕钢铁厂的副产品生产和辅助性产业集聚的理想地点。鲁尔地区由于优越的地理位置，非常适合运输包括煤炭在内的所有产品，从莱茵河上游到下游，横跨德国北部和中部的大部分地区以及海外市场。

鲁尔地区煤炭的合理开发和资源配置可为该地区密集的工业综合体奠定基础，也有助于维持德国在国际贸易中的地位。在德意志帝国时期、20世纪20年代末和第二次世界大战初期阶段，鲁尔地区都为德国实现显著和持续的经济发展做出贡献，这表明存在一种深藏于德国工业体系中的智慧。

这些涉及国民经济的大问题，从来没有被任何一个在德国煤炭工业中承担企业家责任的个体遇到过。即使是弗里德里希·李斯特（Friedrich List）设想中的德国铁路系统，也没有给德国燃料供应的发展规划画出草图来。在行业内部，煤炭生产商之间的竞争在19世纪60年代到80年代的快速经济增长中持续着，在1893年后则由一个垄断组织取代，其权力非常大，其结构已成为德国卡特尔的教科书模型，即莱茵—威斯特伐利亚煤业辛迪加（简称煤业辛迪加）。

1900年后随着大型煤钢垂直联合企业（如克虏伯、蒂森等）为满足自身燃料需求购买和兼并煤矿，它们在煤业辛迪加内部的影响力不断增长。德国政府通过战时政策施加了名义上的影响，使煤业辛迪加中的成员资格成为强制性的，最后在1919年的《煤炭法》通过后固定下来。然而，政府干预的主要结果是在所有矿区永久性实行强制性的辛迪加制度，并在辛迪加结构之上建立一个半公共性的等级制度，由煤业辛迪加进行实际控制。1893~1930年，没有证据表明煤业辛迪加有意识地按照德国的工业发展计划运作。

1893~1930年的37年间，也就是1893~1900年以及1925~1929

年这两个阶段内，可以用两个典型的垄断组织对煤业辛迪加的结构进行分析，这有助于厘清整个37年煤炭行业的运作逻辑。

在这两个发展阶段，煤业辛迪加都在实际上控制着鲁尔煤炭的销售，尤其是在后一个阶段，主要通过其内部的委员会（将在第四部分讨论）有效地控制新煤矿的加入和已有煤矿和焦化厂的扩张，规定了煤炭的周产量、焦化量和销售量。这两个时期的不同之处在于，在1925年之前，是独立的煤矿完全控制煤业辛迪加组织的运作，而在1925年之后则是鲁尔钢铁联合公司名义上控制了煤业辛迪加组织。1900~1913年，钢铁厂增加了其在煤矿的股份，但还没有控制煤业辛迪加，这一阶段正处于上述两种极端情况之间。而1913~1925年的情况比较混乱，无助于本研究的分析。

为了初步分析的目的，在这两种极端情况下，企业家的职能可以被认为落在一个人身上，或一个小的、协调良好的群体身上，其目的实现利润最大化。在第一种情况下，利润最大化是指整个煤炭开采和加工工业的净收入最大化；在第二种情况下，利润是指单个煤钢联合企业的利润。在第二种情况的分析中，可以假设这些联合企业在钢铁销售方面相互竞争，但在煤炭燃料的生产和销售方面没有产生严重利益冲突，因为在整个煤炭燃料的销售中，市场的利润最大化也是单个煤钢联合体的利润最大化。在像煤炭这样复杂的产品生产和销售中，利润最大化的细节无须赘述。然而，独立煤矿主导的辛迪加行为可能与钢铁生产商主导的辛迪加行为有所不同，这样的观察具有特别的意义，更值得关注。

这两种垄断组织在许多方面的行为都是相同的，为了实现利润最大化，在受运输成本保护的区域内，价格应根据需求弹性来确定；而在此区域外，垄断组织在保证盈利的前提下，系统地承担超额运费来提高竞争力，直到矿山的收入低于开采的边际成本为止。

不同等级的煤炭只是作为不同的产品出售，可替代性相当有限。

在同一等级的煤炭中，两种垄断组织都应考虑将块煤转化为粉煤以及将精炼焦煤转化为焦炭及其副产品的技术可能性。考虑这些产品在竞争市场上的价格差异、垄断市场上每种不同规格和类型燃料的需求弹性，就可以确定煤炭的最优产量、最优加工程度和炼焦程度、垄断和竞争市场之间的最佳分配关系，以及垄断市场的最佳价格范围。

在一般的垄断行为中，上述两种类型的垄断组织之间没有明显差异。然而经过仔细研究，发现实际上存在一些差异，其原因可归结为燃料销售中的利润最大化、政策考虑以及对市场前景的展望与态度不同。下文将对上述三点原因进行分析。

从狭义上考虑，两种垄断组织的利润最大化行为会有所不同，体现在煤矿区运往矿区钢铁厂的高炉焦炭数量的不同上。钢铁厂对高炉焦炭的需求是缺乏价格弹性的。事实上，唯一影响价格弹性的重要因素不是被另一种燃料替代的可能性，甚至不是焦炭-生铁比率的实质性变化，而主要是焦炭价格对钢材本身价格的影响。由独立煤矿主导的垄断所定的非常高的价格将在相当程度上限制钢铁产量，相应地，对高炉焦炭产量的相应限制将导致小块焦煤、焦炉煤气和焦炉副产品产量的减少；而对焦煤产量的相应限制也会导致矿山块煤产量的减少，除非焦煤或焦炭本身可以卖给钢铁厂以外的客户。

由钢铁厂控制的辛迪加的垄断行为将受到更好的限制。每个钢铁厂的利益取决于把煤、钢视为一个整体的利润，尤其是当钢铁厂相互竞争且对钢铁的需求具有相当大的弹性时，随着钢铁、焦炭和煤炭产量的增加，煤矿在并入煤钢联合体之前所取得的垄断利润可能会被"竞争掉"。钢铁企业之间的联合，就使通过增加钢铁产量来增加利润的可能性仍然存在，即使这种做法会导致联合体中煤矿部分的利润有所减少。这是因为煤钢联合企业通过辛迪加增加了焦炭等燃料的生产和销售数量，所需的额外高炉焦炭也增加了。如果钢铁厂对煤炭辛迪加的控制使其能够操纵辛迪加的政策，使政策对自己有利而对其余独立成员煤矿不利,那么可能会进一步刺激钢铁厂的扩张政策。

对钢铁生产商垄断地位的限制,可能会以一种更为迂回的方式出现,而不是通过直截了当的利润计算。为占主导地位的钢铁生产商的最大利益行事的组织,在制定有关燃料价格和分配的政策时,可能会考虑到其对钢铁市场的最终影响。由于对销售钢铁感兴趣,钢铁企业家应该利用煤炭辛迪加作为扩大钢铁市场的手段,特别是如果这样做可以使成本部分转嫁到其他独立的煤矿上。有两种方法可供选择:一是减少向钢铁生产商竞争对手出口高炉焦炭;二是扭曲国内市场的价格,这有利于钢铁消费行业,而不利于家庭燃料消费者。第一项政策可能会大幅减少煤炭的总产量。事实上,由于独立煤矿将只能在出口市场上出售焦炭,这就要求它们或关闭焦炭冶炼业务,或在不向欧洲其他地区的钢铁厂出口的前提下处置掉库存。这对外国钢铁生产商的影响比较大,但只要外国客户不采取报复措施,就可以扩大国内钢铁工业的出口市场。

最后,两种垄断组织对煤矿的态度存在较大差异。这种差异取决于钢铁工业的产业组织、投入的资本和可用的财务资源、使用的会计方法和两种垄断组织中的企业家精神。在钢铁工业中,一个竞争性的组织可能会极大地刺激钢铁厂主导的采矿业,不仅可刺激产量,而且会促进生产工艺的改进、新市场的开拓和推动高效运营。然而,即使没有这样一个组织,同样的影响也会存在。不管钢铁生产商的钢厂有多落后,工厂主都会要求以尽可能低的价格从自己控制的矿山中获得焦炭,并可能把这些矿山视为过剩投资资金的好去处。如果内部会计制度在考虑到所有其他矿产品的净收益后,将高炉焦炭按剩余成本定价,这种态度在某种程度上也可以起到促进生产的作用。

经济史学家们争论的焦点"企业家精神"是很难在这里找到的。人们常说钢铁工业比煤炭工业更"进步"或更"有活力",其理由是在同一地理区域内,人们倾向于观察每个行业的企业家在行业结构中所能获得的发展机会。

三 两种垄断组织下鲁尔煤钢的发展

上述这两种垄断组织中的任何一个都可能会限制德国煤炭的产量，都体现为限制钢铁厂获得焦炭的愿望。在煤矿主导煤业辛迪加时期，这种限制发生在焦炭需求弹性小的国内市场上。在纯粹由矿山主导的辛迪加中，这种限制将发生在国内市场上，因为对鲁尔地区的高炉焦炭的需求非常缺乏弹性；鲁尔钢铁生产商主导的垄断寻求限制向竞争对手钢铁生产商的出口，特别是在法国、卢森堡和比利时。在这些垄断组织的行为中，所能预期的其他特征没有那么确定，也没有那么重要，因为限制性规定适用于焦化煤的生产，会以不同的形式与焦炭营销有关。

从 19 世纪 90 年代焦炭辛迪加与莱茵-威斯特伐利亚煤炭辛迪加合并前后的历史来看，垄断组织对钢铁企业的限制是显而易见的。

1900~1913 年，鲁尔地区的钢铁厂开始收购煤矿，部分原因是为了使自己免受辛迪加的焦炭价格政策的影响，以获得稳定的焦炭供应和为投资资金找到一个出路。到 1913 年，鲁尔地区的钢铁厂已经实现焦炭的自给自足，并控制鲁尔地区 45% 的焦炭产量。然而，在独立煤矿控制下的煤业辛迪加仍能控制市场上的销量、设定价格和确定出口量。

1900~1913 年期间，鲁尔的煤炭工业处于一种组织形式下，这种组织形式非但没有受到限制，而且在某种意义上是双重扩张的。鲁尔地区钢铁厂在高炉焦炭供应方面摆脱了辛迪加的控制，而与此同时，独立煤矿可以自由地向其他地方的钢铁生产商出口焦炭。在卡特尔化的基础上进行行业整合并没有加强辛迪加行动的限制性。相反，在某种意义上，煤钢联合体抵消并挫败了本应非常严重且对地区工业化破坏性极大的垄断的限制。其结果是形成了一个既不阻碍鲁尔地区规模庞大的焦化工业的发展，又能满足国内需求和出口需求的产业组织。这些焦炭被提供给拥有自己的矿山和焦化厂的鲁尔地区钢铁厂，其有效价格等于煤炭的生产成本减去所有相关产品（块煤、小焦炭、天然气和化学品）的销售收益。

在1925年之后的一段时间里，通过最大的煤炭公司之一与最大的联合公司合并的方式，以及煤钢联合公司本身扩大了基本的采矿能力，鲁尔地区钢铁厂实现了对鲁尔燃料工业的主导地位。因此，有可能将这些年来煤炭工业运行的实际结果与高炉焦炭的钢铁厂消费者垄断所预期的结果进行比较。

在许多方面，这些年中该产业的市场行为与本文第二部分描述的垄断行为相吻合。当然，最显著的发展是焦炭产能和产量的增长足以为该产业投入运营的新增高炉产能提供焦炭。

1926年以后，鲁尔地区钢铁厂的生铁产量比第一次世界大战前的最高年份还高出30%；即使是在节约煤炭燃料的情况下，焦炭的消耗量仍增加了20%左右。为了解生铁产量增加的原因，就需要考察第一次世界大战后德国钢铁工业的情况、洛林地区部分高炉产能的损失、通货膨胀、国际钢铁卡特尔的形成，以及影响生产成本、市场和中心企业结构的所有复杂因素。焦炭供给的增加显然不是障碍。事实上，增加焦炭产量的好处是为辛迪加提供了更多的权力，为投资资金提供了有利可图的出路，这是扩大高炉产能本身的另一个诱因。

在提供额外的焦炭供应的同时，煤矿和焦化厂也实行"定量配给"计划，这方面的研究文献相当多。采矿业中，井下工人的生产率不断提高，这得益于改进的开采设备特别是井下运输条件的改善。

焦化行业的额外生产能力，主要是因为采用成本更低、产量更大的大型中央焦化厂，在燃料成本方面具有一定的经济性。最值得注意的是，焦化厂和高炉之间的热交换装置变得更加复杂了，增加的焦炉煤气，既来自为扩大焦炭生产而建立的综合煤气管道，也来自焦炉利用高炉煤气所节省的费用。通过建立广泛和统一的焦炉煤气配售网络，可把煤气销售给工业用户和家庭用户。正如我们如今所知的，钢铁厂的资金和董事会成员的进取精神在上述项目中都发挥了重要作用。

对这一时期鲁尔地区燃料销售价格的考察，也充分揭示了一种可能被认为对钢铁生产商有利的结构。与工业燃料相比，家用煤炭燃料的价格更贵，且在许多技术细节方面，钢铁厂处于有利地位。然而没有证据表明，在任何给定的价格范围内，钢铁企业都面临着强大的垄断限制。这个价格标准是由一个深受煤业辛迪加影响的半公开机构制定的名义价格。垄断定价加上传统的价格影响因素，这是德国国内市场定价的主要参考因素。

当人们寻找由钢铁公司主导的辛迪加可能会实施的那种垄断限制的证据时，几乎找不到任何证据。这里的问题首先是扩大焦炭生产的必要性。为什么鲁尔地区的钢铁厂选择扩大产量而不是减少出口来为它们的新高炉提供燃料？事实是这些钢铁厂非但没有干涉独立煤矿的焦炭出口，反而自己参与了这种出口。

为了满足鲁尔地区钢铁厂的燃料需求，扩大焦炭生产是必需的，因此，块煤和小块焦炭供应量的增长是必然的，可以预期，它们可能会以低于德国市场的价格在出口市场上出售，但高炉焦炭却以远低于德国名义价格的低价大量销往国外市场。没有理由说明，为什么在国外销售的焦炭不能在国内以更小的规格和更贵的价格出售给家庭用户和工业用户。

有人可能会说，扩大了的焦炭工业本身对鲁尔地区的钢铁厂来说是有利可图的，利润的吸引力足以克服任何扩大生产的阻力。这样的论点并没有解答所有的谜题，而且本身就存在疑问。

从煤矿和焦化厂所有者的实际利益的角度来看，没有证据表明煤炭工业是过度扩张的。从垄断利润最大化的角度来看，鲁尔地区钢铁厂融资和通过辛迪加实现焦炭产量增长或允许以低价将大量焦炭出售给洛林地区的竞争对手这些做法并不是明智的。可以说，这种生产扩张甚至包括维持出口，对德国经济和整个鲁尔地区的发展是最为有利的。

四 鲁尔煤钢中个体的产业组织

在解释钢铁厂"统治"下的鲁尔煤炭产业的市场行为时，我们需要重新审视"统治"一词的含义。在此我们不可能再现钢铁联合体这一辛迪加系统的全貌，以及1919年《煤炭法》颁布背景下名义上的公共企业的运作情况。关于辛迪加结构的细节、联合钢铁厂的内部组织、帝国煤炭委员会控制下的强制性辛迪加制度的详细情况已有文献论述，但这一经济系统中决策职能的性质和地位没有被强调和论及。

煤业辛迪加本身是根据一份定期续约的基本合同组织起来的，所有成员都签署了这项基本合同，并须定期续签。即使在战时法规和1919年的《煤炭法》规定必须加入这个辛迪加之前，持有不同意见的煤矿就面临着很大的压力，要求它们同意所控制集团提出的合同条款。与此类组织的惯例一样，成员的投票权及其总产出权重取决于它们所持有的生产和销售的配额，这些配额与成员的产能关系不是那么大。确定和发放新的配额是在现有生产者控制下的辛迪加委员会的主要职能。各煤矿成员获得的销售额度，是根据其产量占总产量的百分比决定的，这个数字也是由辛迪加委员会确定的，该委员会的成员根据他们的配额进行投票。焦炭的配额和产量与煤炭是分开的，由与炼焦有利益关系的成员制定。钢铁工业联合会也制定钢铁厂的消费配额，但不受百分比限制。

煤矿在向辛迪加交付各种等级和规格的煤炭后，按照辛迪加委员会设定的价格标准记录在账簿上。实际上，这些所谓的"会计价格"

遵循的是在"非竞争性"的西德市场的销售价格标准。

然而，实际的销售合同是由辛迪加官员签订的，他们属于官僚机构，并非煤矿成员的代表，是一个根深蒂固的官僚机构，反过来又控制着非竞争性市场和出口市场的销售配额，正是他们的政策决定了最终的实际收益，然后将这个总利润与辛迪加账簿上煤矿的账簿记录比较，减去每吨的固定征收费，使其与辛迪加实际可支付给成员的金额相一致。

在这种制度下，煤钢联合企业中有权势的企业家为自己的利益行使巨大权力的机会当然是非常大的。任何一个集团只要获得总配额的大部分，就意味着控制了新配额的制定，从而控制了该组织产能的扩张趋势。能够确定出售配额的百分比意味着对产量的严密控制，而钢铁厂自己的消费配额则不受任何限制，使钢铁厂可以完全自由行使这种权力。更重要的是，控制会计核算价格的能力意味着，控制者可以"榨干"生产某些类型煤炭的煤矿，同时牺牲其他矿场的利益。例如，钢铁厂可以为其焦化业务的副产品规格设定较高的会计核算价格，而不考虑这些规格的产品在市场上的实际售价。最后，控制实际销售政策的辛迪加官员对成员负责，至少在纸面上没有独立的权力。

作为一个利益集团，在满足了自己的焦炭需求之后，煤钢联合公司的董事们有机会在燃料行业推行一种极度不公平的限制政策，惩罚其余的独立煤矿和国外的焦炭消费者，这在辛迪加合同中表现得非常明显。然而，除少数几个小问题之外，事实上推行的政策几乎都是与此相反的。

实际发生情况的原因是多元且复杂的，无法完全溯及。然而，其核心原因在于，没有一个钢铁企业主或企业主集体能够以如此广阔的视角看待这个机遇。他们没有意识到其对整个产业结构的支配权。企业职能的主要部分，包括产能扩张政策、产出水平的决策、关于定价和销售的决策，都由企业联合体的主管、辛迪加委员会和辛迪加官员所承担。

在这种结构下，当煤钢联合企业的负责人扩大产能时，他们的机会和权力在他们看来似乎已经达到极限，且这些决定与市场需求并不协调，因为满足市场需求是辛迪加官员的职责，扰乱既定的会计核算价格将是一件不可想象的事情，独立的煤矿、辛迪加委员会和政府官员都会反对。

表1中列出了20世纪20年代后期鲁尔地区煤业的产业结构的主要内容，并描述了每个群体的能力、决策的类型、动机特征等。即使在这里，产业的机会从来没有落到实际存在的个体层面。每个群体都是由个人组成的，他们以一种更狭隘、更复杂的方式看待自己的机会；其他群体的存在，包括表1中的煤矿经理，是为了进一步限制联合公司和辛迪加官员的机会。

表1　20世纪20年代后期鲁尔地区煤业的产业结构

群　　体	权限限制	做出的决策	可能的动机
煤业辛迪加运营人员	辛迪加的规则，委员会的决议和市场的需求情况	确定销售方向和有效价格	内部晋升、在辛迪加中的权势
煤业辛迪加委员会	煤炭市场的长期情况，辛迪加的结构和传统，煤矿成员的需求	扩大配额，确定总产量以及制定用于煤矿交付量的信用标准	促进成员煤矿的利益
煤钢联合企业董事和官员	钢材市场，原材料成本，采矿和炼焦成本，副产品市场，煤炭辛迪加合同及运营规则等	扩大产能，扩大钢铁产量，购买煤矿和焦化厂，决定联合体内部的会计方法	增加联合企业的长期利润和收入
煤矿经理	预算内运营，辛迪加配额，规定的交付量，价格范围，煤矿的情况	日常运营管理、机械和劳动力的选择、扩张和投资的建议	在行业中的地位

注：这些群体还可以进一步细分，以显示每个群体中的职位，并进一步扩展，以显示企业家精神在各种钢铁集团、银行、铁矿石生产商、工会和公共机构中所设定的限制。

表1和这个结构的逻辑表明，煤炭产业之中存在一个强势的企业集团，它活跃于联合企业的煤炭部门，并控制着辛迪加的官僚机构，这在很大程度上维持了1913年之前的工业扩张局面，而在1925年之

后,钢铁厂占主导地位。

本文无意贬低成本和市场条件的重要性,研究它们是经济学家的专长,也无意贬低深受历史学家钟爱的少数魅力四射的企业家的作用,如斯廷内斯、沃格勒、蒂森等人。但不应该忽视激励着这个结构中所有次要个体的精神。整个结构就像掌握在经济学家所称的伟大的上帝之手中一样,即基于价格和成本之间的差距,其成员根据自己的心理刺激而行动。然而,当这些经济机会被结构化和细分之后,每个人尽管有动机,但他们看到的是一个有限的工作领域。一个最终问题自然而然地出现了:表1中的结构是如何在社会中形成的?我们也可就此给出答案。

当我们仔细研究这些结构中运作的任何个人的实际机会时,答案就会浮出水面。对这种机会可以从三个方面加以分析:一是个人可以完全在他的既定工作范围内工作,把每天的日常工作当作锻炼他创业能力的机会;二是个人可以在不同的工作之间切换,找到最适合自己的能力和抱负的工作;三是个人可以在其工作范围的极限内努力工作,并努力扩大工作范围,或被动地让工作范围缩小。

对于从事采矿业的德国人来说,所有这三种类型的活动似乎都是有雄心抱负的表现。第一种活动最为明显地体现了经济上的"企业家精神",有助于经济的运转,并与其他有利条件一起促进经济的增长;个人对第二种活动(可称为"社会企业家精神")的兴趣取决于德国社会结构的流动性、晋升标准和个人不安于现状的程度。这类活动的经济功能是使个人找到最有可能有效工作的工作岗位。第三种活动是政治活动的一种形式,也有其经济重要性。通过它,行业结构得以形成和改变,从而使个人的能力或抱负得到应有的发挥和实现。

如果一个社会在办公室和工厂之外的社会结构是相对流动的,有充足且适合的工作岗位提供给个人选择,且经济活动能够将个人的创业精神、抱负和精力直接有效地引导到生产性活动中来,那么生活在这个社会确实是幸运的。这样的社会就不需要那些有阴暗面的"英雄"企业家群体，只需要适度的经济机会，以及在组织良好的人口中广泛存在的勤劳、智慧和主动性，就能实现显著的经济增长。毕竟，蚁丘可以快速生长，但我们很难说某一只蚂蚁比其他蚂蚁更有进取心。

美国内战前路易斯安那州的黑人企业家

〔美〕戴维·惠顿 侯冠宇 杜秋阳 译[*]

【摘　要】本文旨在综合分析美国内战前夕,黑人企业家安德鲁·邓福德在路易斯安那州所经营的糖厂的资本投入、产量、收入及利润状况。作为当时极为罕见的黑人种植园主,邓福德在白人主导的经济体系中展开竞争,并取得一定程度的商业成功。通过历史文献和档案资料的分析,并结合对奴隶价格和生产成本的估算,文章对1835~1860年邓福德的资本投入、产出及收益进行近似性分析,以评估其作为企业家的成就。尽管在某些年份邓福德取得较好的经济效益,但总体盈利有限,难以将其视为成功的企业家。其主要盈利来源为资本增值,而非直接的经营活动。在对比分析邓福德的经营表现与同期路易斯安那州糖业的整体发展状况后,发现其种植园在产量和盈利能力方面不及大多数糖厂。但在面对重重社会经济困难时,黑人企业家邓福德仍取得了一定成就,体现了其对抗逆境的决心与努力,是一个值得关注的个案。

【关　键　词】美国内战前　黑人企业家　路易斯安那州　糖业种植园经营

---

[*] 本文原文系美国学者戴维·惠顿所著,原文及出处:Whitten, David O., "A Black Entrepreneur in Antebellum Louisiana", *Business History Review*, Summer, 1971, Vol. 45, No. 2, pp. 201~219, https://www.jstor.org/stable/3113102;东北大学马克思主义学院教师侯冠宇、延边大学经济管理学院本科生杜秋阳对原文进行翻译并提炼摘要和关键词;中国政法大学商学院巫云仙教授对全文进行译校。

引　言

美国内战前南部地区的黑人种植园主阶层肯定是美国历史上最小的群体之一。在那些获得自由或被解放的黑人中，只有少数被允许留在南方，其中仅有极少数成为奴隶主，只有少数奴隶主能够成为种植园主。作为有色人种中的自由人，安德鲁·邓福德（Andrew Durnford，1800-1859）成为黑人精英群体的典型代表，在美国南方主要由白人控制的经济环境中展开竞争，并在白人制定的规则下取得一定程度的商业成功。

1828~1859年，邓福德在路易斯安那州普拉克明郡的圣罗萨莉种植园使用奴隶劳工种植甘蔗。本研究的目的是深入分析邓福德作为甘蔗种植园主和奴隶主的经历，以评估他作为企业家的创业成功程度。与这段经历有关的零星数据都在邓福德写给其代理人的信函中，还有1本留存的种植园日记、2份公证记录、3份契约记录、4份人口普查报告手稿和5份当时的公开出版物。

这些数据和文献与对一些相关的未知因素（如奴隶价格和可变生产成本）的估计和概括结合起来，可以提供邓福德在26年间（1835~1860年）的资本投入、生产和回报的近似值。这些近似值为计算邓福德利润的三种估算方法提供了依据。至于哪一种估算方法最为合理，本文将留给读者自行判断。最后，本研究还将邓福德的经营经验与路易斯安那州糖业的整体表现进行了对比分析。

一　资本投入

对企业成功的分析需要对利润进行研究。反过来，对经济利润的研究需要对资本成本进行估算。对依赖奴隶劳动力的种植园而言,关于资本的估计就需要对土地和劳动力价值进行调查研究。

表1按日期详细列出了邓福德圣罗萨莉种植园的土地购买和后续的出售情况,包括交易的具体日期、金额以及地理位置。研究发现,1835~1840年,该种植园土地的年均价值约为72500美元,这一估值相当于实际土地购置的总支出,并假设该估值已包含该时期中(6年)种植园的牲畜、农场建筑物及农业设备和工具的价值。

表1 圣罗萨莉种植园土地交易记录

1828年11月24日	约翰·麦克多诺赫将位于普拉克明县密西西比河下游西岸新奥尔良第11联盟处的一块土地出售给安德鲁·邓福德。该土地沿河岸向内陆延伸,宽10阿邪(arpents),长80阿邪,总面积约为800阿邪。此次交易的价格为25000美元。
1829年7月22日	约翰·麦克多诺赫再次将同一位置的另一块土地出售给安德鲁·邓福德。该地块自河岸向内陆延伸,宽5阿邪,长80阿邪,且后方扩展角度为13度13分。该土地南侧与邓福德先前所拥有的土地相邻,而北侧则与卖方的土地接壤。其北侧边界线向东北偏北方向延伸,角度为60度54分。此次土地交易的价格确定为22500美元。
1832年3月1日	约翰·麦克多诺赫将其位于新奥尔良市下游第11联盟、密西西比河西岸的土地出售给安德鲁·邓福德。该地块沿河岸的宽度为9阿邪又165.4英尺寸,长80阿邪。此次土地交易的价格定为25000美元。
1851年4月21日	安德鲁·邓福德与夏洛特·雷米·邓福德(Charlotte Remy Durnford)将一块土地出售给乔治·厄克哈特(George Urquhart),该土地沿河岸向内陆延伸,宽9阿邪,长80阿邪,交易价格为25000美元。此块土地为先前所列物业的一部分。

注:"阿邪"(arpent)是一个源自法国的旧的土地测量单位。该单位曾在法国以及受法国文化影响的其他地区使用,包括美国路易斯安那州和加拿大部分地区。阿邪作为长度和面积单位,在不同地区和历史时期可能有所差异,但一般而言,一阿邪的长度大约为58.47米(约192英尺),面积大约为0.34公顷(约0.85英亩)。在土地测量实践中,阿邪通常指的是宽度固定的长条形土地。

1850年的农业普查手稿列出了邓福德的农业资产,包括土地、牲畜和农业工具和设备,总值为82800美元。由于1840~1850年没有记录显示邓福德有进一步购置土地的活动，因此 1841~1850 年，土地价值以线性方式增长。

根据这一假设，1840~1850 年这项研究的土地价值估计是每年增加 1030 美元。邓福德地产价值的增长可能归因于土地价格总体上涨，也是 10 多年来圣罗萨莉种植园对堤防、沟渠、建筑物和牲畜饲养设施进行的投资得到改善的表现。1851 年 4 月，邓福德以 25000 美元的价格出售了部分圣罗萨莉地产，具体交易情况详见表 1。

1851~1852 年邓福德的土地持有总量有所减少，并进行了重新分摊，因为该部分土地在 1850 年可用于 1851 年的作物种植，并在 1851 年的数月内继续用于 1852 年的作物种植。基于此，1851 年圣罗萨莉种植园的土地估值被确定为 70000 美元，而至 1852 年则降至 57800 美元。根据农业普查资料的评估，1860 年，邓福德的庄园，包括土地、牲畜以及农具和机械等估值为 51500 美元。1852 年的估值从之前的 57800 美元降至 51500 美元，这一变化反映了种植园整体条件的显著恶化，其原因可能与土壤肥力枯竭有关。

土壤肥力枯竭的迹象首先可从邓福德本人关于此问题的书信内容中得到证实，其次是 19 世纪 50 年代圣罗萨莉种植园的糖产量的显著下降，如表 6 所示。在确定土地价值的年度估算数时，假定 1852~1860 年土地价值以线性方式递减，1835~1860 年圣罗萨莉种植园土地价值的估算结果见表 5。

在估算 1835~1860 年邓福德购买的劳动力的市场价值时，需要估算每年他所拥有的奴隶数量，以及奴隶的年龄和性别分布情况。此外，为了评估每个奴隶的市场价值，还必须估计不同年龄和性别的奴隶的市场价格。表 2 详细记录了邓福德购置奴隶的年份、购置价格（实际或估算）、出生年份和性别。

表 2 安德鲁·邓福德的奴隶购置情况

购置年份	姓名	性别	出生年份	估计购置价格（美元）
1836	Henry	男	1830	275
	Hanah	女	1831	275
	Maria	女	1834	275
	Robert	男	1836	0（出生于种植园）
	Martine	女	1836	0（出生于种植园）
	Berthelemy	女	1836	0（出生于种植园）
	Edmond	男	1836	0（出生于种植园）
1837	Austin	男	1837	0（出生于种植园）
1838	Bolany Child	女	1838	0（出生于种植园）
1839	Pertonille	女	1839	0（出生于种植园）
1842	Harry	男	1815	1100
	William	男	1820	1100
	Philip	男	1814	1100
	Dolly	女	1820	1100
	Minny	女	1822	1100

表 3[①] 则基于表 2 的数据以及 1840 年、1850 年和 1860 年的人口普查资料，对这 25 年间邓福德所持有的奴隶的年龄和性别分布进行估算。同时，人口普查手稿中记录的 10 岁以下儿童的年龄被追溯至其出生年份，并纳入表中。如 1 名在 1850 年记录为 6 岁的男童，在 1849 年应记录为 5 岁，以此类推，随后每年都对其年龄进行递增记录。如在 1851 年被记录为 7 岁，1852 年应记录为 8 岁，以此类推。虽然每年的估计仅近似于 10 年一次的人口普查手稿中列出的清单，但两者的数据是可以兼容匹配的。

尽管这种年度估算与每 10 年进行一次的人口普查手稿大体一致，但仍需进行匹配。当年度估算的近似值显著高于某一特定年龄组的实际值时，将根据人口普查的 10 年数据进行调整，把一些奴隶的数据

---

① 由于表 3 内容较多，在此省略不做翻译，读者可查看英文原文。

剔除，使估计总数与人口调查手稿的10年总数相等，以及平衡那些未记录的死亡、逃逸、销售或解放奴隶的估计数。这些调整是基于10年考察期的研究假设，奴隶平均有5年在种植园工作，这样每次减少的奴隶数量就可以追溯到5年前。通过这种方法，可以更准确地反映邓福德所持有奴隶的市场价值及其劳动力的动态变化。

在表3和表4中，奴隶的年龄分组是基于"市场价值大致相等"的假设进行的。尽管存在多种可能的分组方式，但本研究所采用的分组方法在合理性上与其他方法并无显著差异，这个假设适用于表4，即根据年龄和性别对1835~1860年的奴隶价格进行评估。表4所提供的数据是基于公开的奴隶贩卖记录以及阿尔弗雷德·康拉德（Alfred Conrad）和约翰·迈耶（John Meyer）关于奴隶营利性的研究观察。

表4 按年龄和性别估算的奴隶价格

年龄分组	1835~1849年（美元）		1850~1860年（美元）	
	男性	女性	男性	女性
小于6岁	300	200	500	400
6~13岁	500	400	800	700
14~17岁	750	650	1200	1100
18~29岁	950	850	1600	1500
30~39岁	900	800	1500	1400
40~45岁	800	700	1300	1200
46~50岁	650	550	1150	1050
51~55岁	450	350	800	700
56~60岁	200	100	400	300

数据来源：阿尔弗雷德·康拉德和约翰·迈耶合著的《奴隶制经济学及其他计量经济史研究》第85~92页。

一般而言，19世纪50年代奴隶的价格普遍高于前几十年，因此本研究采用了双倍价格体系进行分析。此外，考虑到女性奴隶的市场售价通常低于同龄男性,本研究在评估男女奴隶价格时设定了 100 美元的差价。总的来说,表 4 的奴隶价格估计值是美国内战前路易斯安那州按年龄和性别划分比较合理的奴隶市场价格。结合表 3 和表 4 的估计值来计算评估邓福德圣罗萨莉种植园奴隶劳动力的年度市场价值,而这些估计值又被汇总到表 5 中,其中列出了 1835~1860 年的土地和奴隶价值的综合估算值。

表 5　圣罗萨莉种植园的资本估值(1835~1860)(美元)

年份	土地价值	奴隶价值	总计
1835	72500	21250	93750
1836	72500	29450	101950
1837	72500	30350	102850
1838	72500	31800	104300
1839	72500	31300	103800
1840	72500	31950	104450
1841	73530	33050	106580
1842	74560	39850	114410
1843	75590	40050	115640
1844	76620	40150	116770
1845	77650	40700	118350
1846	78680	42800	121480
1847	79710	42750	122460
1848	80740	43700	124440
1849	81770	43700	125470
1850	82800	78500	161300
1851	70300	79200	149500
1852	57800	79900	137700
1853	57012	79450	136462
1854	56225	80450	136675
1855	55438	84750	140188
1856	54650	68550	123200

续表

年份	土地价值	奴隶价值	总计
1857	53862	71650	125512
1858	53075	70900	123975
1859	52288	72650	124938
1860	51500	71550	123050

通过这种方法，本研究旨在更准确地反映邓福德所持有奴隶的市场价值及其劳动力的动态变化，为评估其作为企业家的成就提供了重要依据。

在进行奴隶年度价值评估的过程中，存在两个特殊情况需予以特别考量：一是马塞林（Marcellin）曾有逃逸记录，这导致其市场价值被评估为低于同龄同性别奴隶的平均水平；二是威廉（William）是一名技艺精湛的木工，因此其市场价值显著高于同龄同性别的普通田间劳动者。这种差异化的评估反映了个体特征对奴隶市场价格的影响，体现了奴隶贸易对个体技能和行为的考量。

二 产量与收入

表6提供了1835~1860年邓福德圣罗萨莉种植园的产量和收入的估算数据。在这26年的生产数据记录中，有22条数据是通过直接或间接的方式获得的；余下的4条数据则是基于这些记录的平均值计算得出。邓福德所提供的收入数据反映了其从负责销售糖和糖蜜的代理商处收到的款项。根据常规做法，这些收入数据已经扣除了市场费用，包括称重费、处理费和代理费等。总收入的计算方法是将净收入除以0.9，这一做法旨在调整市场因素对收入的影响。

表6 圣罗萨莉种植园的估算的产量和收入（1835~1860）

年份	产糖数量（桶）	扣除市场费用的净收入（美元）	毛收入（美元）
1835	163	8802	9780
1836	170	13770	15300
1837	170	9180	10200
1838	86	4838	5376
1839	112	6229	6921
1840	245	14352	15947
1841	170	8415	9350
1842	266	9580	10644
1843	229	8777	9752
1844	304	10618	11798
1845	300	12364	13738
1846	306	15157	16841
1847	151	9520	10578
1848	170	6120	6800
1849	55	2747	3052
1850	163	8104	9004
1851	197	10638	11820
1852	107	4815	5350
1853	90	3888	4320
1854	280	8820	9800
1855	180	8424	9360
1856	139	8757	9730
1857	45	4455	4950
1858	140	8064	8960
1859	25	1552	1724
1860	16	12177	13530

在观察到的几年数据中，收入数据是用扣除市场销售费用后的净收入估算的。糖的产量是通过将净收入除以当年路易斯安那州糖的平均售价估算得出的。在某些情况下，扣除市场费用后的净收入是通过

将产量乘以当年糖的平均售价再减去10%的市场费用估算出来的。

为了估算净收入,还需估算可变生产成本和资本成本。在本研究的时期内,资本的机会成本被设定为6%。康拉德和迈耶为类似的奴隶制种植园的投资的机会成本范围估计为4%~8%。可变生产成本的估算则需要进行更为详细和复杂的分析,这涉及对种植园运营成本的深入考察,包括劳动力、原材料和其他生产要素的可变成本。

生产成本因各种植园而异。一般而言,运营成本与糖的生产函数紧密相关,每桶糖的成本通常超过10美元。诺伯特·里耶（Norbert Rillieux）在对1848年一家年产650桶糖的种植园进行评估时,发现其每桶糖的成本介于10.8美元和12.3美元之间;对于年产1000桶糖的种植园,他估计的成本大约为每桶10.4美元。因此,可以推断,在1848年前后,大多数种植园的可变生产成本可能是10~12美元。

即使假设该研究期间的实际成本范围不变,对一个有26年历史的种植园的研究也需要把成本更精细化,以适应价格水平的变化。为了调整可变生产成本估算以适应通用价格水平的变化,采用了泰勒（Taylor）为新奥尔良制定的批发价格指数。根据研究需要,这些指数被用来对1848年的可变生产成本估算值（10美元、11美元和12美元）进行通胀或通缩调整,从而计算出1835~1860年每年近似的1848年美元现价。这些按1848年美元现价计算的每桶糖的可变生产成本估算结果见表7。

表7 路易斯安那州每桶糖的可变生产成本估计（1835~1860）（美元）

年份	不同可变生产成本假设的1848年现价		
	10	11	12
1835	18.10	19.91	21.72
1836	19.40	21.44	23.28
1837	15.90	17.49	19.08
1838	15.70	17.27	18.84

续表

年份	不同可变生产成本假设的 1848 年现价		
	10	11	12
1839	17.00	18.70	20.40
1840	13.40	14.74	16.08
1841	13.70	15.17	16.54
1842	11.00	12.10	13.20
1843	10.30	11.33	12.36
1844	11.00	12.10	13.20
1845	10.90	11.99	13.18
1846	11.50	12.75	13.90
1847	13.70	15.07	16.44
1848	10.00	11.00	12.00
1849	11.80	12.98	14.16
1850	15.10	16.71	18.22
1851	13.10	14.41	15.72
1852	12.50	13.75	15.00
1853	13.40	14.74	16.08
1854	13.20	14.52	15.84
1855	15.10	16.71	18.22
1856	16.80	18.48	20.16
1857	20.00	22.00	24.00
1858	15.30	16.83	18.36
1859	15.70	17.27	18.84
1860	15.40	16.94	18.48

数据来源：诺伯特·里耶《路易斯安那的糖制造》，载《德博评论》1848 年第 5 卷，第 285~288 页；美国经济分析局《美国从殖民时期到 1957 年的统计数据》。E 列 96 号，第 122 页。

表 7 中的估算数据可用于计算每年的可变生产成本总额。这些可变成本的估计与表 7 中的资本估计一同编制，用以研究 1835~1860 年邓福德种植园的盈利情况。通过这种方法，可以更准确地评估种植园在不同年份的经济表现，为理解其长期经营状况提供重要视角。

表8　圣罗萨莉种植园的资本成本与可变生产成本估计（1835~1860）（美元）

年份	资本成本 6%	可变生产成本 $10	$11	$12
1835	5625	2950	3245	3540
1836	6117	3298	3645	3958
1837	6171	2703	2973	3244
1838	6258	2920	3212	3504
1839	6228	1904	2094	2285
1840	6267	3283	3611	3940
1841	6395	2329	2579	2812
1842	6865	2926	3219	3511
1843	6938	2359	2595	2830
1844	7006	3344	3678	4013
1845	7101	3270	3597	3954
1846	7289	3419	3902	4253
1847	7348	2069	2276	2482
1848	7466	1700	1870	2040
1849	7528	649	714	779
1850	9678	2461	2724	2970
1851	8970	2581	2839	3097
1852	8262	1338	1471	1605
1853	8188	1206	1327	1447
1854	8200	3696	4066	4435
1855	8411	2718	3008	3280
1856	7392	2335	2569	2802
1857	7531	900	990	1080
1858	7438	2142	2356	2570
1859	7496	392	432	471
1860	7383	2541	2795	3049

三 利润的估算

表9展示了圣罗萨莉种植园在不同年份的利润和累计利润的三种估算方法，这些估算均基于6%的年回报率（或成本率）。估算结果显示，利润范围是从1859年最低点的-6243美元（当每桶糖的可变生产成本为1859年的12美元时）到1840年最高点的6397美元（当每桶糖的可变生产成本为1848年的10美元时）。一般而言，无论可变生产成本的具体数值如何，年度利润的估算可分为两个阶段进行。

表9 圣罗萨莉种植园利润及累积利润估值（1835~1860）（美元）

年份	利润（假设6%的资本成本和每桶糖x元可变生产成本）			累计利润（资本回报率为6%）		
	$10	$11	$12	$10	$11	$12
1835	1205	910	615	1205	910	615
1836	5885	5538	5225	7162	6503	5877
1837	1326	1056	785	8918	7949	7015
1838	-3802	-4094	-4386	5651	4332	3050
1839	-1211	-1401	-1592	4779	3191	1641
1840	6397	6069	5740	11463	9451	7479
1841	626	376	143	12777	10394	8071
1842	853	560	268	14397	11578	8823
1843	455	219	-16	15716	12492	9336
1844	1448	1114	779	18107	14356	10675
1845	3368	3040	2683	22561	18257	13998
1846	6033	5650	5299	29948	25002	20137
1847	1161	954	748	32906	27456	22093
1848	-2366	-2536	-2706	32514	26567	20713
1849	-5125	-5190	-5255	29340	22971	16701
1850	-3135	-3398	-3644	27965	20951	14059
1851	269	11	-247	29912	22219	14656

续表

年份	利润（假设6%的资本成本和每桶糖 x 元可变生产成本）			累计利润（资本回报率为6%）		
	$10	$11	$12	$10	$11	$12
1852	-4250	-4383	-4517	27457	19169	11018
1853	-5074	-5195	-5315	24030	15124	6364
1854	-2096	-2466	-2835	23376	13565	3911
1855	-1769	-2059	-2331	23010	12320	1815
1856	3	-231	-464	24394	12828	1460
1857	-3481	-3571	-3661	22377	10027	-2113
1858	-620	-834	-1048	23100	9795	-3288
1859	-6164	-6204	-6243	18322	4179	-9728
1860	3606	3352	3098	23027	7782	-7214

1835~1847年，种植园总体上呈现盈利状态。在这最初的13年中，39个年度利润估算中有32个表现为正值，累计利润在这一阶段末达到峰值。至1847年，基于6%的年复利计算，13年中的年度估算收益分别为1741美元、1454美元和1170美元，这些估算对应每桶糖的可变生产成本分别为1848年的10美元、11美元和12美元。这一结果清晰地展示了种植园在不同成本条件下的经济表现及其波动性。通过上述数据，可以对圣罗萨莉种植园在不同年份的财务状况进行深入分析，从而评估其长期的盈利能力和经营效率。同时，这些估算也反映了种植园经营中面临的成本波动和市场变化，为进一步研究提供了重要的经济指标和参考依据。

自1847年起，圣罗萨莉种植园的经济状况显著下滑。1848~1860年的13年间，39个的利润估算中有33个显示亏损，累计利润亦随之减少。在这13年间，以6%的年复利计算，当每桶糖的可变生产成本分别设定为1848年的10美元和11美元时，相应的年收益分别为1220美元和412美元。若将可变生产成本设定为12美元，年复利为6%，那么1848~1860年的年均收益为负，具体表现为每年亏损

382 美元。尽管邓福德种植园的盈利下降与美国糖税政策的改革（由定额税调整为从价税，税率降低）同时发生，但种植园收益的减少主要是由于产量的下降。在本文研究的 26 年间，食糖种植园的平均年产量从最初的 206 桶下降至 135 桶。

研究期间的利润评估结果令人失望。在 10 美元或 11 美元的可变生产成本假设下，以 6% 的年复利计算，这一时期的累计利润分别仅为 389 美元和 132 美元。若可变成本为 12 美元，按 6% 的年复利计算，邓福德种植园的年均亏损为 122 美元。如果这些估算准确反映了邓福德的种植园的经营实践，则其收入可能仅足以覆盖所有直接和间接成本。

尽管面临长期的亏损或微薄的盈利，邓福德的种植园实际上也经历一些经营相对成功的年份，这可能激励他继续追求糖业的利润。此外，邓福德可能未将隐性资本成本考虑在内，错误地将大部分实际上是利息收入的现金盈余视为利润。1860 年的农业生产普查资料显示，邓福德对圣罗萨莉的资本价值有清晰的认识，奴隶和土地的总资本价值仅比本研究中的表 5 关于 1860 年的估算值低 4000 美元，这些估计值当然受到累计利润规模的影响。因此，即使在持续亏损的情况下，邓福德可能还会继续种植甘蔗。这一发现非常重要，因为邓福德的大部分资本都是在美国内战前的最后 10 年时间里得到的，对他的经营绩效也可以根据路易斯安那州制糖业的整体表现进行新的评估。

四 对 1853 年路易斯安那州制糖业的分析

关于 1853 年路易斯安那州制糖业的详细统计分析见表 10，该表涵盖了该州制糖业的产能和资本的估算值。

表 10　1853 年路易斯安那州制糖业生产能力和资本情况的估计

种植园园数	生产能力（桶）	平均资本（千美元）	总资本（千美元）
548	小于 100	40	21920
347	100~200	75	26920
232	200~300	90	20884
132	300~400	125	16500
81	400~500	150	12150
64	500~600	175	11200
33	600~700	200	6600
14	700~800	225	3150
9	800~900	250	2250
10	900~1000	275	2750
6	1000~1100	300	1800
2	1100~1200	325	650
3	1200~2000	350	1050

这些数据被用于评估邓福德圣罗萨莉种植园的盈利状况，并据此编制了表 11，其中列出了基于各种植园产量和利润的估算值。与表 10 和表 11 所展示的 1853 年该州制糖业情况相比，邓福德并不符合一个成功的甘蔗种植园主的标准。值得注意的是，表 11 中采用的 1853 年的糖价为每桶 48 美元，这一价格低于 1835~1860 年的平均糖价。因此，表 11 中可能低估了当时制糖业的实际盈利水平。

表 11　根据庄园产量对 1853 年路易斯安那州制糖产业利润的估值情况

预估产量（桶）	利润（美元）		
	$ 10	$ 11	$ 12
50	-670	-737	-804
150	690	489	288
250	3250	2915	2580
350	4610	4141	3672
450	6570	5967	5364

续表

预估产量（桶）	利润（美元）		
	$ 10	$ 11	$ 12
550	8530	7793	7056
650	10490	9619	8748
750	12450	11445	10440
850	14410	13271	12132
950	16370	15097	13824
1050	18330	16923	15516
1150	20290	18749	17208
1600	34360	32316	30072

考虑到邓福德的甘蔗种植园在研究期间的年产量从未超过 306 桶，圣罗萨莉种植园在表 10 中被归到 200~300 桶的产量组。在此分类中，232 个种植园的平均资本估值为 90000 美元，这表明邓福德在生产设施上的资本投入显著高于平均水平，超出约 52%。

经过对具有 26 年经营期的种植园的研究分析，邓福德种植园的年产量在后期阶段未曾超越 200 桶这一数值。特别是在 1853 年，圣罗萨莉种植园的产量更适宜被归到 100~200 桶这一组。相较于同一产能等级的其他生产者，邓福德的资本投入格外大，其在 1853 年的资本投入额几乎比该组的平均水平还高出 83%。根据表 10 和表 11 的数据，无论与 100~200 桶还是 200~300 桶的产能组相比较，圣罗萨莉种植园的盈利表现均低于行业平均水平。这一研究结果显示邓福德种植园的盈利能力较差，特别是在其相对较高的资本投入背景下，其产出与收益之间的不匹配更为明显。

五　作为企业家的安德鲁·邓福德

在综合考虑 6% 的资本机会成本以及前述盈利能力分析中采用的

三种可变生产成本估算的任何一种时，都可以得出结论：安德鲁·邓福德甘蔗种植园的经营并不是那么成功。然而作为奴隶和土地所有者，他在资产增值方面则取得相对成功。他最初以 47500 美元的投资购置土地，并在 1851 年通过出售部分土地回收了资金。据记录，到 1860 年，种植园的土地、设备和牲畜的总价值已达到 51500 美元。此外，邓福德对奴隶的初始投资为 24320 美元，根据表 5，到 1860 年这些奴隶的市场估值已上升至 71500 美元。因此，1835~1860 年，邓福德的圣罗萨莉种植园在土地和奴隶上的投资累计增值 51180 美元。

将资本收益与表 9 中展示的三种累计利润的估算方法相结合，圣罗萨莉种植园的年均盈利分别为 1254 美元、997 美元和 743 美元，这些估算是基于每年 6% 的年复利以及 1848 年现价每桶糖的可变生产成本分别为 10 美元、11 美元和 12 美元的计算得出的。即便将资本增值纳入考量，邓福德的年均收入仍未能达到与同等资本投入的其他种植园主相当的水平。

对安德鲁·邓福德的经营生涯的研究表明，他并非一位成功的企业家，而是美国内战前路易斯安那州众多仅获得微薄利润或甚至亏损的甘蔗种植园主之一。由于可变生产成本、资本价值和产出数据的不足，这一结论的确定性受到一定限制。然而，实际产出与本研究所采用的估算方法得出的结果不会存在较大差异。此外，年度资本估算与邓福德的自我评估相契合，他的资产记录在普查手册中，且邓福德的生产成本低于 1848 年现价每桶糖 10 美元的可能性微乎其微。

最后，即便完全不考虑可变生产成本的估算值，表 10 的数据亦表明，与产量相当的其他生产者相比，邓福德投入的资本过多，而即便这些生产者投入的资本较少，也只能获得有限的利润或面临亏损。作为一位黑人种植园主，安德鲁·邓福德可能属于未能穷尽所有盈利可能的经营者。这类经营者无法获得足够的规模经济优势，而规模经济是少数资本雄厚的生产者获得巨额利润的原因。尽管在种植业生涯中，邓福德可能未遭受重大财务损失，但现有证据并不足以支持他通过合理配置生产资源而获得经济利润的假设。因此，现有的这些证据并不足以将邓福德描述为一位成功的企业家。

然而，除了创业成功之外还有一个事实，即安德鲁·邓福德是黑人，进入了白人主导的社会经济环境的主流，并站稳了脚跟，拥有一定社会地位。在种族歧视和奴隶制的双重压力下，他成为黑人可以成功做事的一个"榜样"，即便面临极大困难，黑人仍有可能取得成就。这样的历史个案对于理解当时社会结构中的种族发展动态和个人奋斗具有重要的研究价值。

◎学术研究述评◎

第七届蓟门经济史学论坛暨《企业史评论》出版发布会观点汇编

仇江宁　侯冠宇[*]

构建中国经济学自主知识体系是当代中国经济学研究的核心任务，也是经济史学科应尽的使命职责。以"经济史学与中国经济学自主知识体系构建"为主题的第七届蓟门经济史学论坛暨《企业史评论》第5期出版发布会于2023年12月22日在中国政法大学海淀校区举行。本次会议由中国政法大学商学院与社会科学文献出版社联合主办，来自国内高校和科研院所的专家和校内师生共50多人参加会议。

第一阶段开幕式和新书发布仪式由中国政法大学商学院副院长熊金武教授主持。中国政法大学科研单位党委书记兼科研处副处长杜学亮、中国政法大学商学院副院长刘志雄教授分别致辞。

杜学亮书记对参会的专家学者表示感谢，并介绍了中国政法大学在法学学科领域的特色和优势，以及在科研方面取得的突出成就。他指出，商学院的各个学科是学校学科建设的重要支撑力量，学校方面始终给予全力支持，希望商学院和企业史研究所能够为国家经济发展和学校的"双一流"建设做出更大贡献。

---

[*] 仇江宁，中国政法大学商学院硕士研究生，主要研究领域为经济史、经济思想史和金融学；侯冠宇，东北大学马克思主义学院教师、经济学博士，主要研究领域为政治经济学、经济史。

刘志雄副院长对各位嘉宾在百忙之中能够于冬至之日来学校参会表示由衷感谢，并介绍了商学院自建院以来的学科发展和人才培养情况，高度肯定了经济史团队和企业史研究所在教学和科研方面取得的突出成绩，强调了本次论坛将会有助于推动中国经济学自主知识体系建设。

在《企业史评论》第 5 期出版发布仪式环节，社会科学文献出版社经管分社总编辑、编审陈凤玲介绍了《企业史评论》集刊的策划与出版思路，即打造一个优质的学术发表平台，为经济史和企业史研究者提供学术交流机会，并对出席会议的领导、专家，以及主编单位中国政法大学商学院对《企业史评论》的支持表示衷心的感谢。她希望未来在专家们的持续支持下，进一步推动《企业史评论》集刊高质量发展，使其尽快进入南京大学 CSSCI 集刊目录中，得到良性可持续发展。

叶坦教授以《中国经济学自主知识体系之经济学基础》为题，围绕学理逻辑与学科优势、中国式现代化的新视域进行了阐述。她强调文化自信在中国经济学自主知识体系构建中的重要性，指出创造性转化和创新性发展的必要性，着重分析"经世济民"之学和经济史与经济思想史的交汇点，以及经济史学研究方法的重要性，特别是在理解现代化的核心实质以及变化与不变之间的关系方面所具有的重要解释力。

武力研究员深入讲述了中国企业史在理解和评估中国经济发展中的重要作用，认为尽管对国有企业的内部结构和市场关系的理解目前还存在一定分歧，但这正是需要加强研究的核心所在。中国经济学自主知识体系的建设应聚焦三个核心方向：国有企业、民营企业和外资企业。构建适当的法律框架是确保企业发展稳定性和预期清晰性的关键，这对于中国经济学自主知识体系的发展具有重要意义。

程霖教授报告的主题为《汲取中华优秀传统经济思想精华 建构

中国自主经济学知识体系》，他着重阐释了中国传统经济思想的丰富性、独特性、创新性和分析性，指出这些思想不仅根植于中国深厚的历史文化底蕴中，还体现在国外对中国传统经济思想的借鉴上。他强调，应当通过汲取中国传统经济思想，以建构经济学知识体系的规律性特征；应立足传统经济思想的丰富性和独特性，以建构中国自主的经济学话语体系；应立足传统经济思想的创新性和分析性，建构中国自主的经济学理论体系。

龙登高教授的报告主题为《中华传统的中国经济学解释与创新》。他深入探讨了中华传统经济学思想从怀疑到自信、从否定到复兴的转变，并对传统中国经济学中的地权与资源配置问题进行深度分析。他特别强调了传统中国以地权为轴心的资源配置，尤其是土地产权制度的重要性。为此，他提出占有权理论，将其界定为一种居于所有权与使用权之间的财产性权利，可独立进行转让、抵押和担保等交易。这一理论为理解中国古代土地制度提供了新的视角，对于现代经济学的资源配置理论也具有深远影响。

周建波教授报告的主题为《天下同归而殊途，一致而百虑》。他深入探讨了全球现代化进程中的共性与普遍性问题，并分析了由不同历史文化传统导致的各国现代化的个性与特殊性，特别聚焦于中国式现代化的独特发展路径，并指出由于中国历史发展的特殊性，要正确处理好中国式现代化的一些关键要素，如政府在经济发展中的重要角色，以及近现代以来官督商办企业的发展模式及其影响问题。

兰日旭教授的报告主题为《经济史对中国经济学自主知识体系构建的作用》，分析了建立具有中国特色的经济学理论体系的重要性及面临的挑战，并强调了经济史学科在这一过程中所扮演的不可或缺的角色。经济史不仅提供了丰富的历史素材和实证基础，而且能够在理论和实践层面对经济学理论进行修正和发展。

第二阶段学术研讨由中国政法大学商学院岳清唐教授主持。先后发言的嘉宾分别是中国社会科学院世界经济与政治研究所李毅研究员、中国社会科学院经济研究所赵学军研究员、中国人民大学经济学院王珏教授、中国人民大学书报资料中心理论经济学执行主编刘然、中国人民大学经济学院孙圣民教授。

李毅研究员以《传统知识历史学视角下的中日制造企业创新动力比较：以企业的市场竞争为原动力的历史考察》为题，基于比较研究视角深入探讨了中日两国制造业企业的创新动力。她指出，通过跨学科和比较研究方法，可以更深入地理解不同国家的经济发展路径和制造业创新动力，并强调了中国经济制度和经济史研究在全球经济学界的重要性和积极贡献。

赵学军研究员以《国有企业研究的多个维度》为题，详细分析了国有企业在中国工业化道路中所扮演的角色、国有经济发展过程中的国有企业、产业发展中的国有企业，以及国有企业自身的发展与改革等问题，并深入探讨了国有企业与国家关系、国有企业与工业城市发展的关系，以及国有企业与国有金融业的互动关系。他同时介绍了"156项"重点建设项目研究的最新进展及存在的主要问题，为与会学者提供了深入的分析和思考。

王珏教授做了题为《分工与技术进步——景德镇传统陶瓷产业的现代化》的报告，深入剖析了景德镇陶瓷产业的历史发展、现代化转型及其在全球化背景下的挑战与机遇。她谈到了景德镇的职业分工对于产业发展的影响，以及这种分工在技术进步和工业化方面所展现出的局限性。她还分享了在市场需求和政府支持下，景德镇的产业创新和技术引进历史，并探讨了当前景德镇陶瓷产业有回归传统的趋势这一具有后工业时代特征的有趣现象。

刘然主编详细介绍了中国人民大学书报资料中心在建构中国自主知识体系研究的过程中，重点围绕中国经济学自主知识体系的构建方面工作的进展，涵盖研究命题的提出、该领域研究的重要性和必要性、相关学者的贡献,以及学术活动的推动等多个方面。她还详细介绍了中国人民大学书报资料中心主持建设的中国哲学社会科学自主知识体系数字创新平台,以及该平台在推动中国哲学社会科学自主知识体系建设和发展中的关键作用。

孙圣民教授以《经济学的科学性及局限与中国经济学自主知识体系的构建——经济思想史视角下的本土化》为题,剖析了现代经济学的科学性及其局限性,并探讨了如何在此基础上构建具有中国特色的自主经济学知识体系。他强调了经济史和经济学研究在中国哲学社会科学领域的重要性,指出在借鉴西方经济学方法的同时,应立足于中国的经济实践,提炼出具有本土特色的理论创新成果。

中国政法大学商学院教授、《企业史评论》主编李晓教授做总结发言。他首先强调了理论经济学和文献建设的重要性,并探讨了这些领域如何为中国经济学的自主知识体系和话语体系做出贡献、其理论和思维方式如何为经济学提供新的发展路径。在回顾中国历史的过程中,李晓教授强调了针对中国问题的相关研究具备研究对象方面的优势和丰厚的积淀,指出中国独特的历史和文化背景为现代经济学研究提供了独特的视角和丰富的素材,这对构建中国经济学自主知识体系具有重要的原创性意义。

中国经济学自主知识体系构建是一个长期的任务,需要各个不同学科从不同视角加以研究和贡献原创性理论成果。本次论坛着重于经济史学科相关问题的探讨。各位专家的真知灼见不仅给法大师生带来了最前沿的研究成果,为进一步办好《企业史评论》指明了努力的方向,也为整个中国经济学界提供了宝贵的研究经验和思想。本次论坛在嘉宾们的热烈讨论和智慧碰撞中成功落幕。这次会议既是思想的盛宴,也是友谊的盛会,相信在众多专家学者的鼎力相助下,《企业史评论》集刊定能日益精进,而企业史研究也将在持续的交流与研讨中激发出更多创新的火花!

《企业史评论》投稿须知

本刊坚持马克思主义唯物史观，秉持历史与现实相结合的原则，密切跟踪国内外企业史研究的前沿进展，关注新时代中国特色社会主义建设中的重大理论与实践问题，突出中国企业发展和改革、经营管理经验总结，以及中外企业史的比较研究等研究重点，旨在打造一个崭新的中国企业史学交流的跨学科学术园地，为有志于企业史研究的同道学人集中展现国内外有关成果提供交流平台，为推动本学科发展贡献我们的绵薄之力。有关注意事项如下。

（一）征稿对象

本刊面向企业史、经济史等领域知名学者、高校教师、研究人员，以及研究生等，欢迎投稿。

（二）投稿要求

投稿文章须有一定学术价值，内容新颖，方法得当，语言规范；欢迎就企业史学某一领域的问题展开深入研究，篇幅在8000~10000字为宜；译稿5000~8000字为宜。

（三）投稿邮箱

qysyj_CUPL@163.com，每年6月20日和12月20日两次截稿。

（四）文章要件

如有资助说明，以页下注形式置入首页；作者简介（姓名，单位，职务，职称，主要研究领域），同样以页下注标注；中文摘要（300~500字）、关键词（3~5个）；引言、正文、注释（脚注）、结论。

（五）体例格式

1. 标题：一般分为三级，第一级标题（文章标题）：宋体三号字，加粗；第二级用"一""二""三"等，宋体四号字，加粗；第三级标题用"（一）""（二）""（三）"等，宋体小四号字，加粗。不宜用更多层级的标题。

2. 注释：需实质性引用，页下注，用①②③，每页重新编号，行间距统一为最小值12磅。文后不列参考文献。

3. 作者署名：在文章标题下方，用宋体四号字。

4. ［摘要］［关键词］：置于作者名字下方。宋体小五号字，行间距为固定值18磅。

［摘　要］以300~500字为宜，以简明扼要的语言概括论文的基本内容和观点，避免以主观化语言对论文水平做自我评价或脱离具体内容的解释。

［关键词］一般为3~5个，相互之间用空格隔开。

5. 项目来源。论文为基金项目时，应注明来源、类别、名称、批准号等。项目名称用引号标出，不用书名号，用脚注形式标出。

6. 正文格式要求。正文内容，宋体小四号字，行间距为固定值20磅。

（1）文字。应使用规范的简化字，一般不直接出现外文，第一次出现时需括注相应的外文单词。外来学术术语、外籍人名、外国地名等，凡已有通行中文翻译和定名的，一律沿用原中文翻译名称。

（2）纪年。同一篇文稿纪年应统一，不宜同时混用历史纪年和公历纪年。

（3）标点符号。标点符号以2011年发布的新版国家标准《标点符号用法》（GB/T 15834—2011）为依据。标有书名号或引号的并列成分之间通常不用顿号，若有其他成分插在并列的书名号或引号之间，宜用顿号，如：《国富论》《经济学原理》《通论》是西方经济学的经典之作。

（4）引文。征引中外文献须谨慎核对，必须完整准确，不得断章取义、误解或歪曲原意。引用文献应注意选择最好的、信实的版本，《马克思恩格斯全集》《列宁全集》等经典著作应使用最新版本。

（5）图表。应居中，方向与正文一致，图的标题置于图的下端并居中。有两个或两个以上的图，应加序号，连续编号。表格需有表题，位于表格的上端并居中，两个及两个以上表格应有序号，连续编号。资料来源在表、图下方，用"资料来源：××××"标出。

（6）数字用法。凡是可以使用阿拉伯数字而又很得体的地方，均应使用阿拉伯数字。遇特殊情况可以灵活变通，但应力求保持相对统一。

如长度、容积、面积、体积、质量、温度、经纬度、音量、频率等，一般应采用阿拉伯数字；除温度、经纬度外，正文计量单位一般应用汉字，如850.56千米、500克、145.34平方米、5万元、22个月等。

5位以上数字，可用万、亿、千、百来表示，如5.95亿吨；倍数、比数、分数应用阿拉伯数字，如8.5倍、6∶19、1/4、5‰、4.05%等；公历世纪、年代、年、月、日、时刻应用阿拉伯数字；引文注释中的出版年、卷册、页码等用阿拉伯数字。

脚注中引证文献标注项目一般规则为：中文文章名、刊物名、书名、报纸名等用书名号标注；英文中，文章名用双引号标注，书名以及刊物名用斜体标注。责任方式为著时，"著"字可省略，用冒号替代，其他责任方式不可省略；如作者名之后有"编""编著""主编""编译"等词语时，则不加冒号。如作者名前有"转引自""参见""见"等词语时，文献与作者之间的冒号也可省略。责任者本人的选集、文集等可省略责任者。

《企业史评论》脚注标注格式要求，请参考《企业史评论》第1期的附录部分。

图书在版编目（CIP）数据

企业史评论. 第 6 期 / 李晓，巫云仙主编. -- 北京：社会科学文献出版社，2024.12. -- ISBN 978-7-5228-4204-2

Ⅰ. F279.19

中国国家版本馆 CIP 数据核字第 20241TD415 号

企业史评论　第 6 期

主　　编 / 李　晓　巫云仙

出 版 人 / 冀祥德
组稿编辑 / 陈凤玲
责任编辑 / 宋淑洁　武广汉
责任印制 / 王京美

出　　版 / 社会科学文献出版社·经济与管理分社（010）59367226
　　　　　　地址：北京市北三环中路甲 29 号院华龙大厦　邮编：100029
　　　　　　网址：www.ssap.com.cn
发　　行 / 社会科学文献出版社（010）59367028
印　　装 / 三河市龙林印务有限公司

规　　格 / 开　本：787mm×1092mm　1/16
　　　　　　印　张：25　字　数：336 千字
版　　次 / 2024 年 12 月第 1 版　2024 年 12 月第 1 次印刷
书　　号 / ISBN 978-7-5228-4204-2
定　　价 / 128.00 元

读者服务电话：4008918866

版权所有 翻印必究